CARGAS

CARGAS

GREG CLYDESDALE

TRADUÇÃO DE **DINAH AZEVEDO**

1ª edição

EDITORA RECORD
RIO DE JANEIRO • SÃO PAULO
2012

CIP-BRASIL. CATALOGAÇÃO NA FONTE
SINDICATO NACIONAL DOS EDITORES DE LIVROS, RJ

Clydesdale, Greg

C579c Cargas: como os negócios mudaram o mundo / Greg Clydesdale; [tradução Dinah Azevedo]. – Rio de Janeiro: Record, 2012.

Tradução de: Cargoes: how business changed the world
ISBN 978-85-01-08573-3

1. Transporte de mercadorias – História. 2. Comércio internacional I. Título.

CDD: 382.09
12-2896 CDU: 339.5

Título original em inglês:
Cargoes: How Business Changed the World

Texto revisado segundo o novo Acordo Ortográfico da Língua Portuguesa.

Direitos exclusivos de publicação em língua portuguesa para o Brasil
adquiridos pela
EDITORA RECORD LTDA.
Rua Argentina 171 – 20921-380 Rio de Janeiro, RJ – Tel.: 2585-2000
que se reserva a propriedade literária desta tradução

Impresso no Brasil

ISBN 978-85-01-08573-3

Seja um leitor preferencial Record.
Cadastre-se e receba informações sobre nossos lançamentos e nossas promoções.

Atendimento direto ao leitor:
mdireto@record.com.br ou (21) 2585-2002

SUMÁRIO

Quinquerreme de Nínive da distante Ofir,
Rema para casa, vá para a Palestina ensolarada,
Com sua carga de marfim,
E macacos, e pavões,
Sândalo, cedro e doce vinho branco.

Imponente galeão espanhol vindo do Istmo,
Navega pelos trópicos, em praias de palmeiras verdes,
Com sua carga de diamantes,
Esmeraldas, ametistas,
Topázios, e canela, e moedas de ouro.

Sujo costeiro britânico, sal grudado na chaminé,
Lança-se no canal nos dias turbulentos de março,
Com sua carga de carvão do Tyne,
Trilhos de ferrovia, barras de chumbo,
Lenha, ferragens e bandejas de metal barato.

John Masefield

INTRODUÇÃO

O transporte de cargas para terras distantes estimula poderosamente a imaginação. O poema de John Masefield apresenta uma visão romântica dos navios e dos negócios ao longo das eras; as cargas exóticas, as praias de palmeiras verdes. Mas acaba preso a um preconceito emocional. Suas cargas do passado são maravilhosas, os barcos imponentes, ao passo que os navios modernos são sujos e carregam bandejas de metal barato. O decorrer do tempo não foi tão negativo assim e os economistas têm condições de pintar um quadro mais alegre, mesmo que seja menos colorido. O transporte de cargas enriquece a vida dos que as mandam e dos que as recebem. Criou uma economia global em que mais gente vive com mais conforto do que em qualquer outra época da história.

O poema de Masefield revela outro preconceito, este agora em comum com os economistas. Sua visão do comércio tem um preconceito ocidental: não menciona as riquezas do Extremo Oriente. Podemos dar licença poética a Masefield, mas os economistas não têm desculpa. Uma visão preconceituosa do passado pode nos levar a tomar um caminho errado para o futuro. A supremacia econômica do Ocidente é um fenômeno relativamente recente e ignoramos a verdade por nossa conta e risco.

Quando Marco Polo visitou a China no fim do século XIII, estava visitando a nação mais rica do mundo. A China possuía o sistema agrícola mais produtivo da época, suas indústrias criavam os produtos tecnológicos mais avançados que havia, enquanto o vasto mercado da nação gerava um grau sem precedentes de atividade econômica. A China poderia ser definida como líder mundial em termos de tecnologia e indústria e também de qualidade de vida. Mas, nos séculos seguintes, a China caiu em desgraça. Tal foi a extensão do seu declínio que, em meados do século XX, tinha se tornado um dos países mais pobres do mundo. A decadência econômica da China trouxe também uma redução de sua influência cultural, política e militar, e seu lugar foi assumido por outras nações, em particular pela Grã-Bretanha e pelos Estados Unidos, que, em sua época de supremacia, também tiveram o mais robusto setor comercial do mundo.

Ao entrarmos no século XXI, o Oriente está de novo em ascensão e somos obrigados a enfrentar uma questão muito antiga: por que os países ficam ricos ou pobres? Será que o Ocidente pode acordar um belo dia e descobrir que perdeu o que antes considerava ponto pacífico? As consequências de uma mudança desse calibre são imensas, pois a prosperidade econômica, além de ter grande impacto sobre nossa vida, também é a base do poder militar e político. A natureza mutável do comércio e da indústria é importante não só em si mesma, mas também por causa de suas implicações.

Muitos livros tentaram explicar a riqueza das nações, mas a maior parte deles sofre de um foco eurocêntrico. Livros como *The Rise of the Western World* [A ascensão do mundo ocidental], de Douglass North e Robert Thomas, e *How the West Grew Rich* [Como o Ocidente enriqueceu], de Nathan Rosenberg e L.E. Birdcell Jr., concentraram-se explicitamente no Ocidente, uma vez que, nos últimos 300 anos, as nações ocidentais foram as mais bem-sucedidas em termos de geração de riqueza. Mas, ao limitar seu estudo ao período da supremacia ocidental, esses livros deixaram de explicar alguns dos aspectos mais importantes da mudança. Até David Landes, o respeitado historiador econômico da Universidade de Harvard, caiu nessa armadilha. Em seu livro *The Wealth and Poverty of Nations* [A riqueza e a pobreza das nações], seu foco são os pontos fortes da cultura e das instituições do Ocidente que culminaram na Revolução Industrial. Mas isso ignora o fato de que a China e a Índia tiveram indústrias prósperas muito tempo antes da Europa. Landes reconhece que os mercadores indianos enriqueceram, mas sua explanação subestima dramaticamente o talento comercial dos indianos.

> Como foi, então, que mercadores, banqueiros e financistas conseguiram enriquecer? A resposta é que eles punham ovos de ouro. Pagavam e subornavam, acumulavam e dividiam; e, quando morriam, a família escondia a riqueza o máximo que podia.[1]

Landes trata os chineses com mais respeito, reconhecendo que tiveram uma economia sofisticada. No entanto, com referência ao declínio da China no século XX, ele diz que "o mistério está no fato de a China não ter conseguido realizar seu potencial".[2] A ironia é que, se voltarmos no tempo até 1500, a China estava tão à frente da Europa que o mistério consistiria no fato de o Ocidente não ter realizado seu potencial. Comparada com os grandes mercados da Ásia, a Europa não tinha muito com que impressionar. Vasco da Gama descobriu isso em sua primeira visita ao Oriente. Quando chegou à Índia, nos mais modernos navios europeus, os habitantes locais riram dos produtos que ele ofereceu ao comércio. Sugeriram-lhe que lhes oferecesse ouro em lugar das mercadorias. Na verdade, os europeus dependeriam durante séculos — até a Revolução Industrial — dos lingotes de ouro e prata para pagar as importações da Ásia.

Este livro tenta apresentar um quadro mais completo da face mutável da riqueza global. Começa na época em que "as riquezas do Oriente" causavam inveja a todo mercador europeu e, nos séculos seguintes, vemos a liderança econômica mudar das mãos de um país para outro. Ao longo de todo esse processo, os oceanos do mundo são dominados, oferecendo as primeiras conexões do que viria a se tornar a economia global. Cada novo líder introduz tecnologias e conhecimentos que fazem do mundo um lugar menor.

À medida que os oceanos do mundo foram se aproximando uns dos outros, cada nação surfou sua onda econômica individual, tomando caminhos que às vezes levaram à riqueza e outras, à pobreza. Se não quisermos repetir as experiências das nações que entraram em decadência antes de nós, temos de compreender o protótipo dessas mudanças.

Este livro explica como o comércio mudou ao longo do tempo e deu forma ao mundo em que vivemos. Não deve ser interpretado como um louvor monolítico ao materialismo. O crescimento econômico nunca é homogêneo ou regular, e muita gente dos países desenvolvidos não desfruta a riqueza de alguns. Às vezes, as empresas causaram efeitos negativos irreversíveis no meio ambiente e, recentemente, muitos cientistas associaram as alterações climáticas à produção industrial. Esses efeitos negativos estão bem-documentados e, por conseguinte, não precisam ser repetidos neste livro, que tem outros objetivos. Este livro explora a maneira pela qual o comércio mudou o mundo nos últimos 800 anos, envolvendo o globo em uma rede de troca que melhorou a vida de seus habitantes.

Cargas mostra a ascensão e a queda das nações mais ricas da história, da China da dinastia Sung ao Japão e aos Estados Unidos de nossos dias, nações que, em momentos diferentes, encontraram novas formas de criar riqueza e desenvolver culturas econômicas bem-sucedidas. Vemos um grande número de indústrias em atividade, entre as quais a ceramista, a têxtil e a automobilística. Mas, para identificar claramente alguns traços recorrentes, é necessário acompanhar bem de perto a trajetória de um determinado setor. Para isso foi escolhido aqui o dos transportes.

Há várias razões para a escolha dos transportes. Em primeiro lugar, é uma área de atividade econômica muito antiga, de modo que há dados históricos consideráveis à nossa disposição. Em segundo lugar, os transportes têm uma natureza internacional que nos possibilita fazer uma comparação entre as lideranças comerciais das nações. Finalmente, o transporte é aquele setor responsável pelas cargas e, por isso, lança luz sobre as atividades comerciais à sua volta. O setor dos transportes existe em um grande número de ambientes, contextos históricos e culturas, revelando as forças que agiram para levá-los ao êxito ou ao fracasso.

Nos capítulos que se seguem, passamos da China da época de Marco Polo para a grande Companhia das Índias Ocidentais até chegarmos a Astor, Vanderbilt, a família Toyota, do Japão, e Andrew Grove, da Intel. Com isso, este livro mostra de que maneira o comércio mudou ao longo do tempo e como traçou o caminho para a globalização. O resultado é uma visão global da evolução econômica e das mudanças da vida dos povos de nosso planeta.

★★★

Ao buscar uma explicação para a riqueza das nações, em geral começamos com Adam Smith, o pai da economia moderna, que deu aulas na Universidade de Glasgow em meados do século XVIII. Mas até o fato de começar com Smith indica um preconceito eurocêntrico, porque, 400 anos antes de Smith escrever qualquer coisa, um intelectual muçulmano chamado Ibn Khaldun fez muitas das observações que depois se tornariam célebres com Smith. Ibn Khaldun nasceu em Túnis em 1332. Muito instruído, sua carreira política teve início aos 20 anos e duraria até 1375, quando começou a escrever a sua história do mundo. O primeiro volume, intitulado *Muqaddimah,* contém muitas das observações sobre economia que Adam Smith faria mais tarde.[3]

Para Ibn Khaldun, o principal motor da produção e da prosperidade era o trabalho humano: "Tudo vem de Deus. Mas o trabalho humano é necessário para [a sobrevivência do homem]." Para maximizar o produto do trabalho humano, as pessoas têm de se especializar e de cooperar:

> [...] o que é obtido através da cooperação de um grupo de seres humanos satisfaz a necessidade de um número muitas vezes maior do que o desse grupo. Por exemplo: sozinho, ninguém consegue a quantidade de trigo necessária à sua alimentação. Mas quando seis ou dez pessoas — entre as quais um ferreiro e um carpinteiro para fabricar as ferramentas, e outros que se encarreguem dos bois, de arar o solo, de colher o grão maduro e de outras atividades agrícolas, realizadas com vistas a obter comida e a trabalhar nesse sentido, tanto individual quanto coletivamente — obtêm por meio do seu trabalho certa quantidade de alimento, essa quantidade de comida vai alimentar um número de pessoas muito maior do que o grupo original.[4]

A prosperidade aumenta quando as pessoas se especializam. Quando se concentram em um único trabalho, como arar o solo ou fabricar ferramentas, ficam mais hábeis e mais produtivas. Mas a especialização requer que as pessoas cooperem umas com as outras, e isso significa que o Estado deve desempenhar um papel importante no sentido de oferecer uma infraestrutura sólida e estabilidade política. Sem ordem e estabilidade política, os produtores não têm incentivo para trabalhar.

Ibn Khaldun enfatizava a ideia de que os aumentos da produtividade baseados na especialização são determinados pelo tamanho do mercado (ou pelo grau de civilização): "A respeito do nível de prosperidade e da atividade comercial que existe nelas, as cidades grandes e pequenas diferem de acordo com a discrepância entre seus graus de civilização." Uma pessoa não pode se especializar em algo como o fabrico de ferramentas a menos que haja fregueses suficientes para elas, e é por isso que Khaldun sublinha que a produção é determinada pela população: quanto maior a população, tanto maior a produção. É por isso que esperamos uma prosperidade maior nas cidades do que no campo.

Por meio da especialização e da cooperação social, as pessoas conseguem uma produção muito maior do que a necessária para satisfazer suas necessidades pessoais, e esse excedente pode ser negociado com outras regiões. Os lucros do comércio permitem que as pessoas comprem bens e serviços importados, o que, naquela época, eram objetos de luxo. Para Ibn Khaldun, eram "as condições e os hábitos do luxo" que lançavam as bases do comércio. Não é por acaso que Ibn Khaldun fez essas observações quatro séculos antes de Adam Smith. A atividade do mercado islâmico era muito maior e muito mais próspera do que qualquer coisa que estivesse acontecendo na Europa nessa época. As observações de Adam Smith diziam respeito somente à Europa, onde observou os mesmos fenômenos em uma escala significativa em seu meio ambiente.

Se há um problema com o que Ibh Khaldun escreveu, é que ele se concentra demasiadamente no trabalho como fonte da prosperidade e ignora a importância dos recursos naturais. Os primeiros impérios podem todos atribuir sua prosperidade inicial à existência de recursos naturais favoráveis. Por exemplo: tanto a China quanto a Índia se beneficiaram dos sistemas fluviais que forneciam água e minerais para a agricultura, o que, por sua vez, permitia manter uma população grande. Por isso, os primeiros centros de população e civilização do mundo inteiro situaram-se todos onde havia bacias hidrográficas férteis. Isso pode explicar por que países como a China e a Índia têm populações tão grandes: são áreas extremamente férteis com sistemas fluviais dinâmicos. Mesmo hoje a China tem 2,5% da massa de terra do planeta, mas 20% de sua população.

O pensamento chinês sobre o comércio internacional nasceu do debate político sobre a questão de a China fazer negócios ou não com nações estrangeiras que considerava bárbaras. Embora a doutrina confucionista fosse tradicionalmente hostil aos mercadores, funcionários públicos progressistas como T'ang Shu e Chang Han, que escreveram em meados do século XVI, achavam que a China se beneficiaria com o comércio internacional. Defendiam o livre comércio por causa dos "benefícios mútuos" para todos os envolvidos. Esses benefícios mútuos reconhecem que as diferentes regiões têm bens diferentes com graus diferentes de abundância e que seria vantagem para as pessoas "trocarem o que têm pelo que não têm". Outro funcionário público chinês que defendeu o comércio foi Lan Ting Yuan (1680-1733), que enfatizava que os países deviam comerciar mesmo que houvesse diferenças de custo entre eles. Observou que navios e arroz poderiam ser produzidos a preços menores no sudeste da Ásia do que na China, de modo que fazia sentido importá-los de lá. Por outro lado, a China produzia muitos bens manufaturados a baixo custo. Portanto, o comércio permitiria a ambas as populações se beneficiarem com as vantagens do custo absoluto.[5]

No Ocidente, foi só no século XVIII que Adam Smith apresentou o conceito de "vantagem absoluta", segundo o qual uma nação deve exportar quando é o produtor de mais baixo custo do mundo. O livro de Adam Smith *A riqueza das nações* inspiraria outro inglês, David Ricardo, no campo dos estudos econômicos. Em 1817, Ricardo introduziu a ideia da "vantagem comparativa", segundo a qual uma nação poderia abrir mão de sua vantagem de custo baixo em um setor se fosse mais competitiva na produção de outros bens. As vantagens da especialização são tão grandes que todos os países vão se beneficiar caso se concentrem no que fazem melhor, mesmo que outro o produza mais barato. O conceito de vantagem comparativa tornou-se o alicerce do pensamento ocidental clássico sobre comércio internacional.

Nossa compreensão do comércio e da riqueza aumentou dramaticamente a partir do século XIX. Uma população grande deixou de ser necessária para a produção das riquezas, desde que os países consigam acesso aos mercados por meio da exportação. Na verdade, em geral, os países com as maiores populações estão entre os mais pobres. Não é necessário repassar aqui todas as teorias do comércio internacional, mas há um economista que vale a pena mencionar: Michael Posner, que trabalhou na Universidade de Cambridge. Em 1961, Posner sugeriu que o comércio é gerado por diferenças do ritmo e da natureza da inovação entre os países. A vantagem comparativa dos diversos setores é determinada pelo ritmo da mudança técnica em um ramo, resultante de diferenças de investimento. Desde então, grande parte da obra de economistas e analistas do comércio girou em torno da importância da inovação.

O comércio e a riqueza são impulsionados pela inovação: um novo produto, novos processos, novos mercados. No fim do governo da dinastia T'ang (618-907 d.C.) e da dinastia Sung (960-1279 d.C.), a China criou muitos produtos e processos novos que fizeram sua economia progredir, como aconteceu na Holanda em fins do século XVI e começos do século XVII. A época de liderança da Grã-Bretanha também resultou de um período de inovação. De ferrovias a fábricas, de porcelanas a barcos a vapor, foi uma era de inovação e aperfeiçoamentos. O historiador John H. Plumb chega a dizer que a palavra "aperfeiçoamento" foi o termo mais usado na Grã-Bretanha do século XVIII, seguido de perto por "novo método" e "última moda". No fim do século XX, foram os japoneses que transformaram o *kaizen* (aperfeiçoamento constante) em uma filosofia empresarial que lhes deu o impulso para chegar à liderança global.

A história mostra que as nações mais ricas são aquelas que passaram por um período de inovação. Ironicamente, muitas delas começaram seus períodos de inovação imitando outras que tiveram um desempenho superior antes. Por exemplo: no começo do século XVII, quando os países europeus estavam começando a formar seus impérios marítimos, Francis Bacon afirmava que as três maiores invenções que o mundo conhecia eram a bússola, a imprensa e a pólvora. Essas invenções, que permitiram à Europa alcançar a supremacia global, foram todas elas criadas na China. Esse não é um fenômeno isolado. No fim do século XIX, os Estados Unidos imitaram tecnologias desenvolvidas na Europa e as aperfeiçoaram. Na segunda metade do século XX, muitas invenções americanas caíram nas mãos magistrais dos japoneses, criticados por serem capazes somente de imitar. Mas logo essa crítica deixou de proceder.

O preocupante é que nações que já foram prósperas podem passar por períodos de estagnação e decadência. À primeira vista, parece que a liderança industrial é um processo de imitação, inovação, supremacia e decadência. Quando um processo desses está em vigor, os economistas precisam ter uma compreensão maior das forças envolvidas para entender o desenvolvimento e a competição industrial.

Nem todas as inovações levam ao crescimento. Entre as primeiras companhias a participar da Bolsa de Valores inglesa havia uma que se propunha fabricar balas de canhão quadradas e outra que queria extrair manteiga das faias. Para dar certo, as inovações têm de ser fiéis à premissa básica do comércio: "a criação e a troca de valor." As cargas que atravessam os oceanos distantes o fazem porque alguém, em algum lugar, lhes dá valor. Com isso em mente, podemos dizer que as inovações que levam ao crescimento têm ao menos um de quatro aspectos: envolvem o desenvolvimento de recursos de formas que as pessoas valorizam; adicionam valor a produtos e serviços já existentes; conquistam mercados; ou reduzem custos de tal maneira que mais gente pode adquirir esses bens.

A história do mundo que se segue é uma história da criação e da troca de valores. Nossa história começa com "As riquezas do Oriente", quando um jovem veneziano chamado Marco Polo chegou à China, onde encontrou uma economia dinâmica e flexível em que toda cidade, grande ou pequena, parecia "viver do comércio e da indústria". A China construiu uma grande economia de mercado graças à sua população numerosa e à sua base agrícola. E, para coroar, também foram construídas redes de transporte e comunicação por meio das quais as mercadorias eram levadas de uma região para outra. Marco Polo viu os imensos juncos chineses que dominavam os oceanos orientais levarem bens manufaturados como seda e cerâmica para outros países da região.

No oceano Índico, entre os séculos XV e XVIII, o Guzerate também desenvolveu uma sólida economia de mercado em uma região extremamente fértil. Era uma economia de primeira linha: um sistema de artesãos, tecelões, tintureiros, representantes comerciais, mercadores e marinheiros extremamente especializados, todos eles contando uns com os outros para a sua prosperidade. Navios de Guzerate velejavam com o impulso dos ventos de monção, transportando tecidos, especiarias e produtos manufaturados de qualidade para as principais civilizações do oceano Índico. As redes marítimas foram as vias através das quais muitos mercadores fizeram fortuna.

A Europa precisou de tempo para desenvolver seu potencial comercial; mas, assim que o processo começou, ela criou as redes que fizeram do mundo um todo integrado. Com o fervor dos cruzados, os espanhóis e os portugueses capitalizaram-se graças às rotas comerciais traçadas por Cristóvão Colombo e Fernão de Magalhães para criar a primeira rede comercial verdadeiramente global. Dominaram o Atlântico e o Pacífico, constituindo novos mercados e desenvolvendo os recursos recém-descobertos. Lubrificados pelo ouro e pela prata da América do Sul, os ibéricos comerciavam de Macau, a leste, até o Brasil, a oeste, enquanto o famoso galeão *Manila* ofereceu a primeira ligação sólida entre a Ásia e a América do Norte. No Ocidente é comum ver essa rede como evidência de uma supremacia comercial europeia, mas os chineses e os guzerates ainda dominavam os oceanos do Oriente. Os europeus podiam até viajar para mais longe, mas as cargas da Ásia tinham um volume e um valor maiores.

Enquanto as nações ibéricas realizavam pesquisas geográficas e descobriam novas rotas comerciais, os europeus do norte investiam em novas técnicas industriais e novas formas de organização. Os holandeses construíram um sistema econômico em que o comércio e a indústria impulsionavam um ao outro em um processo de crescimento mutuamente reforçador. Ingredientes importados como açúcar, especiarias e tabaco iam de lugares como o Brasil e a Indonésia para a Holanda, onde indústrias movidas a carvão de turfa e vento criaram novos produtos e hábitos de consumo. Os moinhos de vento tornaram-se símbolo da supremacia industrial, principalmente no cinturão industrial de Zaan, na periferia de Amsterdã. Nos oceanos, a Companhia das Índias Ocidentais dos holandeses tornou-se uma empresa multinacional que coordenava atividades espalhadas pelo mundo todo, o marco de uma nova era de globalização.

Havia muito tempo que os ingleses tinham inveja do êxito dos holandeses e resolveram imitar suas façanhas. O governo inglês construiu barreiras para proteger as indústrias que estavam tentando assimilar as tecnologias holandesas. Mas os ingleses logo deixaram a imitação de lado e começaram a produzir as próprias inovações, explorando seus recursos de carvão para se tornarem uma potência industrial mais poderosa ainda. Máquinas em fábricas movidas a carvão agora produziam as cargas que viajavam pelo mundo. Aquelas mesmas tecnologias colocadas a bordo dos navios liberaram o comércio da tirania dos ventos e das ondas. Barcos a vapor não dependiam dos ventos e podiam transportar cargas quando quisessem, para onde quisessem. Pela primeira vez, os asiáticos começaram a perder a supremacia nas próprias águas.

Os ingleses introduziram a América do Norte na economia global, abrindo os recursos de um novo continente para pessoas como Vanderbilt, Astor e Ford os explorarem mais tarde. As demandas de um mercado de massas levaram a inovações na forma de organização e levaram a novos tipos de cooperação. O método comercial americano baseava-se na produção em massa, nas economias de escala, na administração científica e nas grandes corporações. Os americanos introduziram os japoneses na economia global, e a Terra do Sol Nascente logo criou suas variantes da corporação moderna. Os japoneses também estabeleceram inovações na produção, como "pontualidade" e "círculos de qualidade", que aumentaram ainda mais o valor do dinheiro de sua clientela.

O processo de especialização e coordenação que Ibn Khaldun viu nas cidades islâmicas há 700 anos agora se espalhou pelo mundo inteiro. Com a internacionalização da produção, uma mercadoria pode ter componentes de vários países do mundo. A economia global vincula países que, sem ela, poderiam estar em guerra por causa do desejo de chegar à prosperidade, que é de natureza pacífica. Mas, na era das máquinas, o foco de Ibn Khaldun nos seres humanos enquanto motores da produtividade parece que deixou de ser apropriado. Apesar disso, o saber humano ainda é o motor da inovação.

O desejo de criar valor leva as empresas a promover avanços na ciência. Na verdade, as companhias são muitas vezes os motores do progresso científico.

Embora todos os países estudados neste livro tenham suas peculiaridades, têm mais ou menos os mesmos tipos de desenvolvimento. Nenhuma nação consegue se destacar a não ser que crie bens e serviços que as pessoas queiram comprar. Por isso, o primeiro estágio do desenvolvimento é aquele no qual o país adquire novas capacidades produtivas, o que em geral implica o uso de barreiras para proteger a indústria nascente, como fez a Inglaterra no início de sua ascensão comercial. Em seguida, as nações que tiveram mais êxito passam por um período de inovação durante o qual fabricam produtos novos ou melhores, geram novos mercados ou reduzem custos. Para explorar os novos produtos e as novas técnicas de produção, e as novas relações sociais, há necessidade de novas formas de pensar e de novas qualificações. Depois de adotados, esses novos métodos têm tanto sucesso que as indústrias passam a ser definidas por eles e acham difícil mudar quando o mundo sofre transformações. Infelizmente, isso leva ao último estágio, no qual o país fica preso na armadilha de seu passado e entra em um período de decadência.

Embora o foco deste livro seja o transporte, não podemos ignorar outros setores, pois o transporte só floresce se existirem cargas a levar de um local para outro, e as cargas são produtos de outros ramos da economia. Não é mera coincidência, por exemplo, os chineses terem sido a nação mais avançada do mundo em matéria de transporte ao mesmo tempo que se destacavam em muitos outros setores. Com o transporte, conseguimos ter um vislumbre das atividades comerciais básicas de cada nação e, ao mesmo tempo, do ambiente comercial. O transporte reflete a natureza instável dos negócios e do mundo. Afinal de contas, foram os navios de Colombo, Magalhães e Tasman os primeiros a ligar a América, a Ásia e a Austrália, transformando-as em um todo integrado. E as mudanças que aconteceram a bordo dos navios refletem as transformações dos modos de produção que ocorreram ao longo do tempo, do vento ao vapor, do vapor à automação.

Esta história também é uma história de pessoas — comerciantes, banqueiros, donos de fábricas — que desempenharam um papel especial no desenvolvimento de seu país. Este livro apresenta um elenco internacional de inovadores, empresários e administradores, entre os quais Zheng He, Howqua, Josiah Child, Jan Pietersz Coen, Virji Vora, Abdul Ghafur e Josiah Wedgwood. Infelizmente, este livro não conta a história de marinheiros ou tecelões comuns, simplesmente porque não foi dada muita atenção às suas palavras e a seus feitos. O quadro parece, à primeira vista, algo como "Os grandes homens da história", mas não é essa a intenção. Homens como Marco Polo e Magalhães foram produto de seu ambiente e só chegaram às alturas que chegaram por causa das oportunidades técnicas que herdaram. As descobertas de Magalhães só aconteceram depois de séculos de evolução das embarcações, que desembocaram em um navio que lhe permitiu velejar por todo o planeta. É possível que, antes dele, tenham existido outros com um potencial semelhante, mas que não alcançaram um estágio que possibilitasse viagens para lugares distantes. Sob essa luz, Magalhães deve seu êxito a indivíduos obscuros, cujos esforços levaram à evolução do desenho dos navios que ele herdou.

Esta é uma história da humanidade. Afinal, são seres humanos que compram, produzem e consomem. Hoje consideramos ponto pacífico o nosso café vir do Brasil ou do Quênia, nossos carros do Japão, ou a tecnologia da internet vir dos Estados Unidos; mas, sem esses produtos, nossa vida seria evidentemente mais pobre. Nossa vida é uma imensa variedade de cargas que atravessaram os sete mares. E essa variedade está prestes a ficar mais complicada ainda à medida que os gigantes orientais entram mais uma vez em uma fase de ascensão. A Índia e a China estão passando por um processo de imitação, adquirindo capacidade de produzir os bens que vamos consumir. Este livro explica o processo pelo qual chegamos à nossa posição atual. Revela a dinâmica básica da competitividade industrial e a natureza instável do comércio global. Com esse saber, podemos compreender melhor as coisas e nos preparar para nosso futuro.

1

AS RIQUEZAS DO ORIENTE

> No fim de uma viagem de cinco dias chega-se à esplêndida cidade de Zaiton, onde fica o porto para onde se dirigem todos os navios que chegam da Índia carregados de produtos caros e pedras preciosas de grande valor, e pérolas grandes da melhor qualidade. Também é o porto dos mercadores de Manzi, isto é, do território vizinho, de modo que a quantidade de tráfico de gemas e outras mercadorias que entram e saem deste porto é um espetáculo digno de ser visto. Desta cidade e de seu porto são exportadas mercadorias para toda a província de Manzi. E eu lhe asseguro que para cada navio que vai para Alexandria buscar pimenta para exportar para a cristandade, Zaiton é visitada por outros cem.
>
> Marco Polo

O livro mais lido na Europa durante a Idade Média foi *As viagens de Marco Polo*. Lá estavam as histórias que inspiraram Cristóvão Colombo a atravessar o Atlântico em busca das riquezas do Oriente. O livro falava da riqueza da China, uma terra de comércio e indústria florescentes, onde os mercadores eram "tantos e tão ricos e trabalham com uma quantidade tão grande de mercadorias que ninguém poderia fazer uma descrição exata delas".

Apesar de vir da cidade mais rica da Europa, Marco Polo ficou abismado com a prosperidade que vira. Se alguém dissesse que a economia chinesa foi a mais bem-sucedida da história do mundo, teria muitos argumentos para defender essa opinião. Durante 800 anos, manteve mais gente em um grau superior de prosperidade do que qualquer outro país do globo.

Essa onda de prosperidade teve suas origens nos primórdios da história da China e culminou em uma revolução econômica na época das dinastias T'ang e Sung (618-1279 d.C.). Nesse período, a China tornou-se uma das primeiras nações do planeta a abandonar os limites do feudalismo. Foi uma das primeiras economias de mercado do mundo e a maior delas, e teve apoio de uma sofisticada burocracia governamental.

O fato de a China ter construído uma economia de mercado tão cedo pode ser atribuído tanto à sua geografia quanto a razões políticas. Já na primeira dinastia, os chineses perceberam que um sistema feudal não convinha aos interesses do país. De acordo com esse sistema antigo, os senhores feudais tinham bases de poder regional das quais podiam se valer para travar guerras e desestabilizar o país. Por causa disso, foi feito um esforço sistemático para eliminar essas bases.[1] Ao longo dos séculos seguintes, os senhores feudais desapareceram e foram substituídos pela primeira burocracia governamental do mundo, os mandarins.

Para treinar esse corpo de funcionários públicos foi fundada uma academia em que os aspirantes a mandarim recebiam uma educação baseada em princípios confucionistas. O confucionismo foi uma filosofia idealista que enfatizava a harmonia social e esperava de seus adeptos o exercício dos mais elevados princípios morais. Segundo Confúcio, as pessoas deviam agir com respeito, humildade, obediência e submissão, valores que ajudariam o governo a conquistar a aceitação do campesinato. Em troca, o Estado tinha a obrigação de oferecer um "governo harmonioso".

De acordo com a crença confucionista, o imperador só mantinha seu "mandado do céu" se governasse de forma competente e justa. Quando o imperador fracassava, ficava vulnerável e podia ser destituído. Por isso o governo se preocupava com a manutenção da ordem econômica e social. Os mandarins desempenharam um papel importante nesse sentido. Para conseguir harmonia, os funcionários-intelectuais administravam os recursos da nação e realizavam tarefas-chave na economia. Uma delas era administrar os celeiros públicos para uso em épocas de fome ou de outros desastres naturais. Outra tarefa crucial era o controle das vias fluviais. A agricultura, que era a pedra fundamental da economia, dependia das cheias e inundações dos rios Amarelo e Yangtsé. Esse controle era essencial para maximizar o potencial econômico do país, e os mandarins introduziram muitas inovações na engenharia hidráulica. Outras atividades governamentais eram o preparo do calendário segundo o qual deviam ser realizadas as atividades agrícolas, a construção e manutenção de todas as obras públicas e a organização da defesa do país. Graças à realização dessas tarefas-chave, os funcionários-intelectuais adquiriram uma posição de onipotência na sociedade, mesmo sendo em pequeno número.[2]

Outros fatores que contribuíram para essa transformação econômica foram as diversas melhorias no transporte e na produção agrícola. As inovações nas técnicas de produção foram adotadas por todo o país. Os lavradores descobriram os benefícios de adubar suas terras com esterco, visgo e lama dos rios. As ferramentas existentes foram aperfeiçoadas e outras foram inventadas. Novas sementes foram introduzidas, sendo a mais comum a do arroz champa, do Vietnã, por volta de 1012 d.C., que produzia duas a três safras por ano.[3]

O status das pessoas na sociedade confucionista refletia seus papéis econômicos. Os funcionários-intelectuais estavam no topo da sociedade, seguidos pelos lavradores e artesãos. O respeito devido aos lavradores refletia o fato de a produtividade agrícola ser a base da economia confucionista. Os mercadores, que não produziam nada e ganhavam dinheiro comprando e vendendo bens fabricados por outras pessoas, tinham uma posição modesta na pirâmide social chinesa.

Apesar da posição humilde atribuída aos mercadores, na verdade o paradigma confucionista contribuiu para o desenvolvimento de uma economia de mercado. Na China, as pessoas produziam bens para o comércio, ao contrário da Europa, que ainda tinha uma economia feudal, na qual as pessoas produziam para o seu senhor e para satisfazer as próprias necessidades. A passagem para uma economia de mercado não foi uma inovação planejada, mas representou um avanço colossal. O governo também desempenhava um papel crucial no aumento da produtividade. Os funcionários abriam e operavam grandes pôlderes, as terras baixas conquistadas ao mar e usadas para a produção de arroz. Ensinavam técnicas hidráulicas e introduziram equipamentos para bombear água em áreas onde eles não eram conhecidos. Para incentivar os agricultores a investir em novas safras de arroz, o governo oferecia isenção de impostos e sistemas de crédito. A disseminação do cultivo do arroz resultou em uma produtividade agrícola muito maior do que a que encontraríamos no Ocidente. A produção da China tinha condições de sustentar uma população duas vezes maior do que a da Europa.

O aumento da produtividade levou ao excedente. Se os agricultores conseguissem transportar suas safras até um mercado, teriam condições de vendê-las. Para isso, o país precisava melhorar seu sistema de transporte e de comunicações, e muitos aperfeiçoamentos foram feitos durante esse período.[4] O reboque, o arrimo com varas ou pedaços de pau, canais e cadeados são algumas das inovações dessa época, ao lado do desenvolvimento de artesanatos especializados. Logo se tornou possível transportar grandes quantidades de mercadorias por todo o país. Marco Polo fala que os habitantes da cidade de Ho-kien-fu (Cacianfu) modificaram o curso de seus rios para ter condições de comerciar com Pequim.

> No meio da cidade passa um grande rio, pelo qual um grande número de mercadorias é transportado para Khan-balik (Pequim); pois eles o fizeram correr através de muitos canais diferentes e cursos d'água artificiais.

Essas melhorias abriram mercados distantes para os agricultores, que logo perceberam que poderiam ganhar mais cultivando produtos para aqueles mercados, em vez de tentar ser autossuficientes. Começaram a dedicar suas energias àquelas safras que davam melhor em seu clima e em suas terras. Ao fazer uso do mercado, o campesinato passou da agricultura de subsistência para a condição de pequenos empresários flexíveis e voltados para o lucro.

A agricultura não foi a única área onde surgiram novas qualificações e novas técnicas. A expansão do mercado gerou novas ocupações e indústrias, entre as quais a cerâmica. No começo, os potes de barro eram fabricados pelas famílias dos agricultores quando elas não estavam trabalhando nos campos. O mercado crescente possibilitou que alguns produtores vivessem exclusivamente do fabrico da cerâmica e, no período Sung, algumas famílias abandonaram a agricultura por completo. Com todo o seu tempo concentrado no fabrico da cerâmica, ganharam experiência com a qual aprenderam a fazer mais depressa produtos de qualidade superior.

As vantagens da especialização também podem ser vistas na indústria da seda. A China tem uma longa história de produção de seda e, na época da dinastia T'ang (618-907 d.C.), tinha se tornado a viga mestra da economia das províncias de Zheijiang e Jiangsu. O processo de fabricação da seda exigia a criação dos bichos da seda, o cultivo de amoreiras, a fiação da seda, tintura e tecelagem. Na dinastia Sung, tintureiros e tecelões distanciaram-se cada vez mais daqueles envolvidos com a sericultura. Tecer e tingir tornaram-se atividades econômicas importantes em áreas urbanas onde viviam aglomerados cada vez maiores de artesãos. Muitas das cidades que Marco Polo visitou tinham como base a indústria da seda. Um exemplo: em Suzhou, ele notou que as pessoas "vivem do comércio e da indústria, têm seda em grande quantidade e fazem muitos tecidos de seda para se vestir com eles. Há mercadores de grande riqueza e prestígio".

Nos séculos XV e XVI, grandes fábricas com mais de 20 teares funcionavam em cidades como Hangzhou, Jiaxing e Suzhou. Ao mesmo tempo, surgiu um grande número de inovações tecnológicas e aperfeiçoamentos dos teares e das técnicas de tingimento. O resultado desse aumento da produçáo e da capacidade de comercializá-la foi uma diversificação impressionante de produtos da seda.[5]

Durante a dinastia Sung (960-1279 d.C.), uma mudança na política do governo aumentou a importância do papel central do mercado. Com uma ameaça de invasão no norte do país, o governo precisava de mais recursos e, por isso, suspendeu as restrições à atividade do mercado. As políticas tributárias foram modificadas de tal forma que o governo só se apropriava de uma parcela fixa da produção dos agricultores e depois esses podiam guardar ou vender tudo o que produzissem. Essa medida serviu de incentivo para aumentar a produção e promover a atividade do mercado.[6] Os mercados foram estabelecidos como alianças entre os chefes dos clãs locais, mercadores e funcionários públicos da região. Os comerciantes precisavam de uma permissão oficial para atuar nos mercados e, em geral, os mandarins estavam dispostos a lhes dar essa permissão em troca de um pagamento em dinheiro.[7] Foi assim que se desenvolveu uma relação simbiótica entre o Estado e o comércio.

Um mercado nacional do tamanho daquele da China oferecia um leque variado de produtos. Desenvolveram-se mercados para óleos, legumes e verduras, frutas, açúcar, madeira, gado, peixe e papéis dos mais diversos tipos, inclusive higiênico. Os ricos usavam uma seda finíssima para se vestir e comiam em pratos de porcelana. Nos restaurantes da capital, os *gourmets* podiam escolher entre cozinhas do norte, do sul e da província de Szechwan, que ficava no centro-sul da China. Os chineses passaram a ser a população mais bem-alimentada do mundo e aquela que usufruía os mais elevados padrões de vida da época.[8]

As aldeias também criaram seus mercados e se transformaram em cidades pequenas ou médias, todas elas com sua parcela de mercadores e artesãos. Na época em que Marco Polo chegou lá, as pessoas estavam vivendo do comércio e da indústria em todas as cidades que ele visitou. Hangzhou, a capital da dinastia Sung do Sul, com 6 milhões de habitantes, tornou-se a cidade mais populosa de seu tempo. Em comparação com ela, Veneza, a maior cidade europeia, tinha só 160 mil.[9]

Marco Polo ficou impressionado com Hangzhou. O nome que ele usa para designá-la, Kinsai, significa "Cidade do Céu". Ele afirmava que ela merecia esse título, "porque é, sem dúvida, a mais bela e a mais esplêndida cidade do mundo". A cidade tinha dez praças de mercados centrais e inúmeras outras locais. Os principais mercados estavam ligados por um canal:

> Na margem mais próxima dele foram construídos grandes edifícios de pedra, nos quais todos os mercadores que vêm da Índia e de outros lugares guardam seus utensílios e suas mercadorias, para que fiquem à mão e perto das praças de mercado. E, em cada uma dessas praças, três dias por semana, há uma reunião de 40 a 50 mil pessoas, que vêm comerciar trazendo tudo o que pode ser desejável para manter a vida. Sempre há abundância de víveres, tanto produtos da caça de animais selvagens, como cabritos

> monteses, veados, cervos, lebres, coelhos, aves domésticas, como perdizes comuns, faisões, perdizes africanas e asiáticas, codornas, galinhas, frangos capões e uma quantidade enorme de patos e gansos.

Em volta das praças de mercado havia edifícios altos onde "todo tipo de artesanato é praticado e todo tipo de artigo de luxo está à venda". Mas foi nas ruas longe das praças de mercado que Marco Polo fez suas compras mais memoráveis: os favores sexuais das mulheres da cidade:

> Essas damas são extremamente competentes, peritas no uso do afeto e das carícias, com palavras apropriadas e adaptadas a todo tipo de pessoa, de modo que os estrangeiros que um dia desfrutaram delas ficam completamente fora de si e tão cativados por sua doçura e seu charme que nunca mais as esquecem. E por isso acontece que, quando voltam para casa, dizem ter estado em Kinsai, isto é, na Cidade do Céu, e mal podem esperar o momento de voltar para lá.

Outra atividade popular era alugar uma barcaça e fazer um cruzeiro no lago que ficava na parte sul da cidade. Cercado de palácios e mansões, esse cruzeiro oferecia paisagens e outros prazeres que Marco Polo saboreou com o maior gosto:

> Qualquer um que goste da companhia feminina, ou com seus companheiros de diversões, aluga uma dessas barcaças, onde sempre há bons assentos e mesas e todos os outros requisitos para se dar uma festa... No próprio lago há uma procissão interminável de barcaças apinhadas de amantes do prazer. Pois os habitantes dessa cidade não pensam em mais nada depois que terminaram de fazer o trabalho de seu ofício ou comércio além de passar o dia com suas mulheres, ou com mulheres alugadas, divertindo-se nessas barcaças ou andando pela cidade em carruagens.

A extensão com que uma empresa poderia florescer em um ambiente desses pode ser medida pelo tamanho de sua força de trabalho. Os documentos referentes aos primórdios do período T'ang falam de um homem de negócios chamado Ming-yuan, responsável pelo funcionamento de 500 teares que fabricavam seda adamascada, graças aos quais ficou muito rico. Durante a dinastia Sung, Wang Ko administrou uma fundição de ferro com uma força de trabalho que totalizava vários milhares de pessoas. Esses níveis de emprego na indústria do ferro só seriam ultrapassados com a criação desse setor nos Urais, na Rússia, no século XVIII.[10] Marco Polo conheceu mercadores muito ricos que, afirmava ele, levavam "uma vida de refinamento, como se fossem reis. E suas mulheres também são as criaturas mais refinadas e angelicais que existem, e tão enfeitadas com sedas e joias que o valor de seus adornos é incalculável".

Dada a atitude confucionista em relação ao lucro, a comercialização da sociedade chinesa nem sempre foi bem-recebida. Por exemplo: no século XI, Feng Shan deixou claro que "o Céu e a terra geram coisas em [quantidade] constante e o acúmulo de riqueza não é uma política que deva ser aprovada".[11] Mas outros, como Ts'ai Hsiang, aprovavam a busca da riqueza: "É da natureza humana desejar riquezas. Até os camponeses, os artesãos e os mercadores, todos dedicam seus dias e noites à busca do lucro."[12]

A riqueza econômica também gerou avanços na ciência e na tecnologia. À medida que a economia crescia, mais gente tinha condições de assumir trabalhos que não tivessem a agricultura como base, inclusive o sacerdócio.[13] Os monges budistas e taoistas foram uma fonte ativa de inovação. Durante a dinastia T'ang, monges budistas inventaram uma prensa de madeira para publicar material de propaganda religiosa. A dinastia Sung construiu bibliotecas colossais de livros de astronomia, medicina, matemática, botânica e teoria política e econômica. O país alcançou os maiores níveis de alfabetização do mundo e a imprensa se tornou a base da discussão científica em toda a nação.

A estrutura da organização comercial aumentou em complexidade e foram introduzidas inovações para incrementar a eficiência. Para ajudar a realizar cálculos, o ábaco tornou-se a ferramenta preferida dos homens de negócios. Para facilitar a transferência de dinheiro, uma forma primitiva de letra de câmbio foi inventada por mercadores que achavam incômodo e perigoso transportar grandes somas em moedas. Com esse novo dinheiro "voador" [isto é, tendo o papel como suporte], os mercadores podiam depositar dinheiro vivo no escritório situado em uma determinada província em troca de um recibo escrito que garantia seu reembolso em outra.

Os agentes comerciais tornaram-se uma força poderosa na economia. Desempenhavam um papel crucial nas transações de mercado, fazendo a mediação entre compradores e vendedores e promovendo verdadeiras façanhas em termos de negócios. Sua atividade ajudou a reduzir os custos das transações e a aumentar a eficiência do mercado. Em geral os agentes comerciais eram mais instruídos e mais engenhosos do que as pessoas comuns. Alguém se referiu ao agente comercial Wang Keng da seguinte forma:

> Entendia profundamente como o mundo funcionava e tinha talento para traçar planos. Sempre que os membros de sua comunidade desejavam alguma coisa, procuravam-no e ele lhes dizia que meios deviam usar. A população rural que o cercava tinha grande confiança nele.[14]

Dado que a legislação das dinastias T'ang e Sung só oferecia um mínimo de proteção ao comércio, o governo promoveu o uso dos representantes comerciais para assegurar justiça nas transações. Os representantes comerciais também informavam sobre transações e coletavam impostos em nome do governo. A coleta dos impostos sobre a intermediação dos representantes comerciais fazia parte de uma tendência generalizada do governo no sentido de deixar de cobrar impostos sobre a produção agrícola e passar a cobrá-los do comércio.

Essa atitude, por sua vez, refletia uma mudança na visão que o governo tinha do comércio. O paradigma confucionista tradicional coexistia com uma mentalidade de mercado-mercador; mas, em todos os casos, era o Estado quem tinha o controle. Existia um grau elevado de cooperação entre o Estado e o comércio em um grande número de setores, como no comércio do ferro e do sal. Nesses ramos, o governo exercia um monopólio estatal, mas concedia licenças a mercadores privados para eles administrarem os monopólios em nome do governo. Essa "supervisão governamental da atividade dos mercadores" tornou-se uma estrutura organizacional que teve vida longa na economia e foi uma das principais fontes de renda do governo.[15] Refletia uma parceria bem-sucedida entre os mercadores e o Estado.

Durante a dinastia Sung, melhorias no sistema educacional levaram a um salto colossal na eficiência do governo. Em particular, uma nova forma de exames foi introduzida como pré-requisito para entrar no funcionalismo público. Antes disso, os cargos no governo eram concedidos na base das conexões das famílias; mas, com o novo exame de "oito partes", os candidatos eram escolhidos por mérito. Isso garantia à burocracia chinesa a absorção das melhores cabeças do país. Em escolas patrocinadas pelo Estado, os estudantes recebiam educação em direito, arte, poesia, matemática e engenharia, com base nos ensinamentos de Confúcio. Essas escolas davam à futura elite uma base de qualificação e saber muito mais avançada do que qualquer outra nação do mundo.

Esse sistema no qual os funcionários públicos eram nomeados com base em sua capacidade tinha um defeito importante. Em um sistema de mérito, o funcionário não pode transmitir o cargo aos filhos. E, por isso, os funcionários-intelectuais perceberam que tinham de malhar o ferro enquanto ele estava quente, o que levou a todo tipo de corrupção e raciocínio de curto prazo. Ao entrar na burocracia, um jovem funcionário estabelecia relações com protetores e começava a melhorar sua situação financeira explorando as pessoas sob suas ordens. A doutrina confucionista, que enfatizava a importância da família em relação às forças externas, na verdade incentivou essa orgia de protecionismo e nepotismo.[16] Por causa dela, a extorsão e a corrupção tornaram-se uma característica do sistema econômico.

Os burocratas frequentemente extorquiam dinheiro dos homens de negócios, que sofreram muito em suas mãos. Mas há diferenças de opinião quanto ao grau em que isso afetava os negócios. Alguns pesquisadores[17] acham que o Estado tinha a tendência de desconfiar de qualquer tipo de empreendimento privado, matando a iniciativa e a mais leve tentativa de inovação. Essa situação piorou ainda mais com a atmosfera de espionagem e com o caráter arbitrário da justiça chinesa. No entanto, uma pesquisa mais recente[18] sugere que havia uma preocupação genuína entre os funcionários públicos de não arruinar os mercadores, nem de estorvar gravemente suas atividades, mesmo nas dinastias Ming e Ching, relativamente conservadoras. Agir de outra forma destruiria uma fonte de renda.

Apesar disso, o comportamento mercantil era afetado pelos mandarins onipresentes. Os mercadores nunca ousavam se contrapor ao Estado para conquistar leis e liberdades que os mercadores europeus tinham. Isso criou uma cultura comercial em que os homens de negócios preferiam contemporizar a lutar, imitar precedentes confiáveis e investir dinheiro de forma segura a entrar em empreendimentos industriais arriscados. Para adquirir riqueza, o objetivo de um mercador era financiar a educação dos filhos ou netos para que eles próprios se tornassem membros da elite de funcionários-intelectuais.

O êxito comercial passou a depender, em grande medida, das relações do mercador com a burocracia.[19] Além de estocar os bens certos e maximizar as vendas, um mercador tinha de canalizar energia e recursos significativos para o cultivo de relações com os funcionários públicos locais. Dessa forma, o confucionismo definiu os objetivos dos homens de negócios e definiu o que era considerado um comportamento mercantil racional.

A combinação de produção elevada, grande mercado nacional e burocracia confucionista tornou a China o país mais rico do mundo. No entanto, os mandarins continuavam vendo o comércio e o transporte internacionais com desconfiança. Nos primeiros tempos, a política governamental foi impulsionada pelo pensamento confucionista, que dava pouco valor à troca e aos mercadores, de modo que o comércio e o transporte tiveram pouco apoio ou pouca aprovação do Estado. Este foi um dos motivos pelos quais a Marinha Mercante internacional da China se desenvolveu pouco. O transporte para lugares distantes era considerado arriscado demais por causa das tempestades e de situações difíceis no mar.

Durante a dinastia T'ang (618-907 d.C.), as embarcações chinesas viajavam para a Coreia e o Japão, mas não para os mares do sul, onde o comércio estava nas mãos de navios do sudeste asiático, persas e árabes que vinham do oceano Índico. O desenvolvimento de qualquer indústria é consequência de oportunidades e restrições comerciais, e a transformação da economia chinesa durante as dinastias T'ang e Sung criou um ambiente favorável para os empresários do setor do transporte. A política do governo passou a facilitar um pouco mais o comércio exterior e o transporte internacional à medida que os objetivos comerciais e estatais passaram a ter mais em comum. O aumento da produção de bens manufaturados oferecia cargas de exportação aos navios, enquanto o aumento da riqueza nacional expandia a quantidade de capital disponível para financiar companhias de transporte. Finalmente, o crescimento econômico promoveu a educação e a tecnologia, com aplicações no transporte.

Se os chineses quisessem desenvolver suas capacidades produtivas no setor de transporte, faria sentido adotar alguns dos procedimentos daquelas nações que estavam navegando tranquilamente pelos sete mares. A navegação e os conhecimentos de geografia dos árabes e indianos foram estudados por intelectuais chineses, que acabaram fazendo os próprios mapas celestes e marítimos, estudos de marés e correntes e manuais de navegação.[20] Dos indonésios, os chineses adotaram a vela quadrada chanfrada, que evoluiu posteriormente para a catita, uma vela mais equilibrada.[21]

Essas inovações resultaram no junco marítimo que surgiu nos séculos X e XI. Com o desenvolvimento do junco, os chineses passaram a ter uma embarcação segura com a qual podiam realizar um comércio internacional.[22] Os chineses introduziram uma série de inovações que fizeram do junco um navio seguro e resistente, com divisórias impermeáveis, câmaras de flutuação e defensas de bambu [colocadas do lado externo do navio para protegê-lo de avarias ao atracar] para impedir que o navio afundasse. Os juncos eram construídos com pregos de ferro e tinham uma capacidade superior à dos barcos rivais; e, no óleo da árvore *t'ung*, os chineses tinham um ingrediente natural esplêndido para impermeabilização. Houve um avanço importante na maneira de dirigir a embarcação: o leme na popa aumentou substancialmente o controle da mesma. Marco Polo ficou impressionado ao ver navios com até quatro mastros em Ch'uan-chou:

> Eles têm um deque: e acima do deque, na maioria dos navios, há no mínimo 60 cabines e todas elas poderiam acomodar confortavelmente um mercador. Têm um remo que funciona como leme e quatro mastros. É frequente adicionarem mais dois mastros, que são erguidos e baixados à vontade.

Os mastros eram fixados de forma alternada, e não colocados diretamente atrás uns dos outros, para nenhuma vela atrapalhar as outras. As velas chinesas lembravam uma veneziana ou um leque. Eram feitas de faixas estreitas de lona ou esteira dispostas entre varas transversais de bambu. Embora menos eficientes do que as velas árabes ou ocidentais, tinham a vantagem de ser mais fáceis de controlar quando torcidas ou danificadas.

Os monges taoistas foram uma fonte valiosa de conhecimentos muito úteis para os navegadores chineses. Os taoistas procuravam entender a harmonia do cosmo e, entre seus interesses, estava a busca da imortalidade. E, nessa busca, acabaram descobrindo que um de seus preparados medicinais (uma mistura de enxofre, salitre e carvão), usado originalmente para tratar doenças de pele e para fazer fumigações contra insetos, tinha outras propriedades importantes para a defesa dos navios: a pólvora.

Outra inovação taoista foi a bússola magnética, criada originalmente para o feng shui (a arte de determinar a localização de túmulos e edifícios de acordo com supostas forças terrestres). Antes da invenção da bússola, os marinheiros navegavam estudando as estrelas, coisa que só era possível quando o céu estava limpo o bastante para que pudessem vê-las. Segurança e velocidade não podiam ser garantidas em dias de céu encoberto. A bússola acabou sendo introduzida na navegação e é mencionada pela primeira vez em um contexto náutico em 1119. A bússola revolucionou a navegação, permitindo fazer viagens com praticamente qualquer tempo — a exceção eram as tempestades violentas. Agora os navios podiam ser utilizados de forma mais econômica, transportando cargas em dias de céu encoberto, que antes os mantinham confinados ao porto.

A contribuição mais sistemática ao avanço tecnológico na indústria foi feita pelo sistema de educação oficial. A ciência oficial dedicava-se basicamente àquelas áreas que ajudariam a manter a ordem na sociedade.

Isso incluía a interpretação das estrelas para prever acontecimentos.[23] A navegação marítima na China teve uma grande vantagem: a astronomia era um assunto ao qual os funcionários públicos davam muita atenção. Já na dinastia Chou (1111-25 a.C.), a observação astronômica havia se tornado uma profissão.[24] Os astrônomos chineses não demoraram a ter documentos mostrando que a altura de uma estrela acima do horizonte variava dependendo da distância do norte ou do sul de onde a medição estava sendo feita. Embora esse estudo tenha sido realizado em terra, os marinheiros acabaram por usá-lo para determinar sua localização em alto-mar e, na época da dinastia T'ang, foram inventadas "uma régua de medição de estrelas" e "uma régua de fácil manejo", que permitiram a navegação astronômica. Com um conhecimento maior das rotas marítimas e um grande número de informações astronômicas, tornou-se possível criar mapas de navegação. Os mais antigos deles são *A Chart to Overseas Countries* [Um mapa para países estrangeiros], que foi apresentado ao trono em 1003 d.C., e *Comprehensive Charts of Islands on the Way to Korea* [Mapas abrangentes das ilhas na rota para a Coreia] produzidos por Xu Jing em 1123 d.C.

Com essas inovações, os navegadores chineses estavam acumulando experiência e colhendo os frutos da especialização. À medida que foram desenvolvendo sua capacidade de navegar e ganharam experiência com o sistema de ventos, reduziram enormemente o tempo de que precisavam para suas viagens. Enquanto na época da dinastia Han (202 a.C.-220 d.C) uma viagem para Cingapura levava 150 dias, no período Sung-Yuan (960-1368 d.C.) uma viagem semelhante para Sumatra levava só 40 dias.[25]

Durante a dinastia Sung do Sul, uma mudança na política governamental levou a uma rápida expansão do comércio exterior. A causa dessa mudança política foi uma ameaça militar externa. Naquela época, a nação sofria ataques constantes de invasores ao norte, e eles acabaram capturando a cidade de Kaifeng — a capital da dinastia Sung — em 1127. O governo fugiu para o sul, fundando uma nova capital em Hangzhou, ao sul do rio Yangtsé. A invasão resultou no fato de agora o governo ter somente metade das terras aráveis para tributar. Para compensar a perda da renda, o comércio foi liberado. Uma comissão de comércio marítimo foi criada e mais sete portos foram abertos ao comércio exterior ao longo da costa de Guangdong e Fujien.

A mudança de política não refletia o sistema de valores confucionista, de modo que um processo de legitimação se fez necessário. Dado que a ocupação de mercador era tradicionalmente considerada humilde na China, havia necessidade de uma nova atitude em relação ao comércio e ao lucro. O imperador Gao Zong (1127-62) exclamou: "Os lucros do comércio marítimo são muito grandes. Se forem bem-administrados, podem equivaler a milhões de fieiras de moedas.* Não é melhor do que cobrar impostos das pessoas?"[26]

A mudança de política refletia uma nova confluência de objetivos dos mercadores e do governo. Um cargo público foi dado a todo mercador cujo comércio anual no exterior excedesse 50 mil fieiras de moedas, e todo funcionário do governo que supervisionasse uma atividade comercial superior a 1 milhão de fieiras de moedas seria promovido para o cargo imediatamente acima. Embora a nova política permitisse aos mercadores aumentar sua riqueza e seu status além daqueles normalmente aprovados, também trouxe os retornos desejados ao governo. A renda do comércio exterior saltou de meio milhão de fieiras de moedas no fim do século XI para 1 milhão no começo do século XII e para 2 milhões em meados do século XII.[27] A contribuição do comércio exterior para as rendas totais do governo passou de 0,82% em 1098 para 20% em 1131.[28]

Para ajudar a aumentar a competitividade da Marinha Mercante chinesa, o governo concentrou-se no setor dos transportes com uma série de formas de assistência, entre as quais a ajuda financeira.[29] Fundos governamentais foram alocados para aumentar os portos, alargar canais para que dessem

* Depois da adoção de moedas circulares após a unificação da China por Qin Shi Huang, o tipo mais comum era uma moeda redonda de cobre com um buraco quadrado ou circular no centro. O buraco permitia que as moedas fossem dispostas como um colar, presas por um fio, para criar quantias maiores. O número de moedas em uma fieira de moedas (*yīguànqián* 一貫錢) variou de acordo com a época e o lugar, mas costumava ser de mil. Os equivalentes em papel-moeda, conhecidos como *dinheiro voador*, às vezes mostravam imagens do número correspondente de moedas de metal reunidas em uma fieira. [*N. da T.*]

passagem aos juncos marítimos, construir armazéns para os mercadores e instalar um dispendioso sistema de faróis ao longo da costa. A experiência chinesa mostrou que uma política de investimentos diretos podia levar ao desenvolvimento de um setor impulsionado pela inovação.

Muitos avanços da Marinha Mercante foram resultado de investimentos do governo na tecnologia naval. A Marinha era uma fonte importante de pesquisa e desenvolvimento, e o imperador oferecia recompensas em dinheiro para incentivar a inovação no desenho dos navios. Essa foi uma época de inovações e invenções contínuas, entre as quais embarcações dirigidas por lemes elaborados pelo engenheiro Kao Hsuan e um revestimento de ferro desenvolvido por Chin Shih-Fu.[30] Com os melhores navios do mundo, os chineses se apoderaram do comércio marítimo que estava em mãos de seus concorrentes[31] e Ch'uan-chou tornou-se a maior cidade mercantil da Ásia Oriental.[32] Surgiu um cinturão de comércio pan-asiático no qual os chineses comerciavam com os coreanos, os japoneses, os vietnamitas, os siameses (hoje os tailandeses), os habitantes do sudeste da Ásia, os bengalis, os persas e os árabes.

Existiam duas formas de comércio entre a China e seus vizinhos asiáticos: o comércio realizado por mercadores privados e o comércio tributário, sob a responsabilidade do governo. O comércio tributário era um braço da diplomacia, na qual as nações adjacentes enviavam presentes à China como sinal de respeito. O sistema tributário deu à China reservas de objetos de luxo de países estrangeiros, ao mesmo tempo que consolidava sua supremacia sobre os reinos subordinados. Em troca, a China exportava produtos como se fossem um presente ou recompensa pelo respeito por sua ordem imperialista.[33] Para dar uma ideia dos volumes do comércio tributário, em 1394 Zenla (hoje Camboja) enviou 60 mil *jin* de incenso para a China como tributo (35,8 toneladas métricas) e, em 1475, os enviados japoneses mandaram 38.610 espadas para a China, o suficiente para equipar todos os oficiais do Exército Ming até o grau da companhia.[34]

Mas o grosso do comércio internacional estava em mãos privadas e o lucro era o seu principal motor. A mais antiga forma de transporte era aquela em que o mercador carregava seus artigos em navios próprios.

O pequeno negócio de família ocupava um lugar crucial no setor dos transportes, principalmente nas rotas do interior e do litoral. Em geral, a empresa da família extensa era dirigida por um homem maduro que dividia a tomada de decisões com outros membros mais velhos. A empresa da família era uma forma eficiente de organização. Sua estrutura, pequena e descentralizada, dava-lhe flexibilidade para reagir às mudanças do mercado. As famílias também resolviam os problemas de controle e fiscalização dos trabalhadores. As relações comerciais construídas com base em laços de sangue tinham uma confiança básica que promovia a lealdade. Além disso, o sistema de valores confucionistas dava grande importância à família, de modo que o funcionalismo público aprovava essa estrutura.

Um grande problema da empresa familiar era que seu crescimento era limitado pelo tamanho da família e de sua base de recursos. Essas eram restrições graves, dado o preço dos navios, o risco elevado e o tempo exigido por uma viagem, que imobilizava o capital por longos períodos. Com o tempo, surgiram novas formas de organização que facilitaram o levantamento de capital para o transporte em uma escala maior. Era frequente pequenas empresas formarem redes e sociedades comerciais com outras do mesmo ramo. Muitas dessas sociedades eram feitas só para uma viagem e os lucros eram divididos no fim da empreitada. Outras tinham um caráter mais duradouro.

Hsu Meng-hsin escreveu em 1137, em sua obra *Collected Materials on Relations with the Northern Tribes* [Material compilado sobre as relações com as tribos do norte], que o investimento em transporte e comércio tinha se tornado um lugar-comum:

> Há numerosas transações comerciais na capital realizadas por mercadores de todas as partes do país e, por isso, a cidade tem fama de ser rica e populosa. A maioria daqueles que dispõem de capital trabalha com estocagem ou armazenamento [...] agiotagem [...] ou comércio em navios. Como poderiam deixar sua riqueza ficar ociosa, ou comprar ouro para guardá-lo em casa?[35]

Pao Hui, outro comentarista que escreveu durante a dinastia Shung do Sul, fala da disposição que até pessoas relativamente pobres tinham para investir em empreitadas marítimas de terceiros. "Investem de 10 a 100 fieiras de moedas e, em geral, fazem seu dinheiro se multiplicar várias vezes."[36]

Com o apoio oficial, as famílias ricas das cidades portuárias investiram em cargas e navios que iam para o exterior. Seu êxito tinha um efeito demonstrativo para as famílias que se dedicavam menos ao comércio, para artesãos habilidosos e para as classes mercantis de portos menores, que também começaram a investir em navios para o comércio com o exterior. Durante a dinastia Sung, os donos de navios passaram a incluir membros da casa imperial, funcionários públicos civis e militares, mosteiros budistas e taoistas, donos de solares, famílias poderosas, camponeses e pescadores. Uma distribuição geográfica dos investimentos criou uma cadeia de portos menores ao longo da costa, que acabaram se tornando centros comerciais importantes.[37]

Os navios partiam dos portos chineses em direção às praias estrangeiras, onde os mercadores fundaram muitos entrepostos comerciais. Surgiram pequenas comunidades de mercadores em lugares tão distantes como Champa (Vietnã), Camboja, Sumatra e Java. Os agentes comerciais dos portos estrangeiros desempenhavam um papel econômico importantíssimo. Quando um navio chegava, promovia um aumento colossal na demanda por mercadorias locais e empurrava os preços para cima. Também podia se deparar com uma oferta insuficiente para encher os porões. Uma companhia que empregasse agentes comerciais superava esses problemas. O agente comprava mercadorias ao longo de um período maior a preços mais baixos para garantir que, ao chegar, o navio teria uma carga. Da mesma forma, quando um navio chegava e descarregava de uma vez só o equivalente a um armazém inteiro cheio de mercadorias, reduzia dramaticamente os preços dos bens que estava vendendo. Um agente resolvia esse problema estocando as mercadorias e liberando-as gradualmente ao longo do tempo, mantendo assim um preço mais alto.

Os agentes comerciais desempenharam um papel-chave na conquista de novos mercados. Davam informações sobre as condições de compra e venda em portos estrangeiros e indicavam os tipos de mercadorias que deviam ser levados para um determinado lugar e que tipo de preço esperar. Portanto, com o uso dos agentes comerciais, os mercadores chineses estavam passando dos mercados livres para os mercados organizados, o que aumentou seus lucros.

As exportações chinesas eram principalmente de bens manufaturados, enquanto as importações eram dominadas pelas matérias-primas.[38] A confiança em seus produtos facilitou a entrada dos mercadores chineses em alto-mar, em busca de mercados estrangeiros ávidos por suas mercadorias: seda, cerâmica, óleo de *t'ung*, cestos de bambu, pentes de madeira, esteiras de palha, papel, açúcar refinado, madeiras e livros.

O transporte e os setores manufatureiros criaram uma relação complementar na qual o êxito de um lado beneficiava o outro. As manufaturas de produtos de qualidade forneciam cargas importantes aos navios. Por sua vez, o transporte expandiu os mercados para as manufaturas chinesas. Um fluxo de informações entre os dois setores garantia que as cargas fossem preparadas de modo a maximizar a competitividade no mercado estrangeiro.

O comércio exterior em ascensão, em particular, estimulou o desenvolvimento do ramo da cerâmica. Os fabricantes chineses aprenderam a fazer produtos e formas voltados para a exportação, levando em conta as exigências rituais e culturais do mercado-alvo.[39] Fábricas de porcelana diferentes trabalhavam para mercados diferentes. Dentro dessas fábricas, uma divisão de trabalho mais sofisticada aumentou a eficiência. Trabalhadores diferentes desenhavam, modelavam e davam o acabamento ao produto. Esse tipo de divisão de trabalho aumentou substancialmente a qualidade. Em 1712, quando o missionário jesuíta Père d'Entrecolles visitou as fábricas de porcelana de Ching-te Chen, o setor havia chegado a uma divisão de trabalho excepcional:

> Um operário não faz mais nada além de traçar a primeira linha de cor nas bordas das peças; outro desenha flores, enquanto um terceiro as pinta... Os homens que traçam as linhas aprendem a desenhar, mas não a pintar; os que pintam (isto é, aplicam a cor) só estudam pintura e nada sabem de desenho.[40]

As demandas da produção criadas pelo mercado crescente das exportações pressionaram o setor para ele adquirir um grau de industrialização sem paralelos no Ocidente. Entre o fim do século XIII e o início do século XIV, as fábricas de porcelana que eram empresas familiares foram substituídas por complexos industriais de grande escala, controlados por sindicatos comerciais.[41] À medida que aumentavam as demandas do setor, um número cada vez maior de artesãos cedeu à segurança maior oferecida por uma indústria bem-organizada.

A transformação em uma indústria de grande escala foi possibilitada pela grande demanda e pelos avanços na tecnologia da produção. Enquanto desenvolviam sua capacidade produtiva, os chineses acumularam muitas informações sobre as argilas, os pontos de fusão, a química de vitrificação, o controle sobre temperaturas elevadas e os métodos de produção industrial. Com uma divisão de trabalho bem avançada e fábricas de porcelana de grande escala, os chineses criaram a primeira indústria com base na produção em massa, beneficiando-se das vantagens das economias de escala e da especialização. Na época da visita do missionário jesuíta Père d'Entrecolles, a cidade industrial de Ching-te Chen tinha 1 milhão de habitantes e 3 mil fábricas de porcelana.

Nenhum caminho que leve ao crescimento é fácil ou sem problemas. Mudanças nas safras agrícolas e nos regimes políticos são apenas dois dos fatores que podem definir o futuro, e a China não estava imune a nenhum dos dois. Em 1279, a dinastia Sung foi derrubada pelo líder mongol Khublai Khan, que fundou a dinastia Yuan. Khublai Khan tinha plena consciência da importância dos negócios para a economia, e a indústria e o comércio provavelmente receberam seu maior apoio estatal durante o seu reinado. Sendo mongol, Khublai não foi influenciado pelas atitudes confucionistas para com os mercadores[42] e apoiou ativamente as comunidades mercantis. Atribuiu-lhes um status superior na escala social, para grande ressentimento da elite confucionista.

O novo regime continuou a dar uma assistência especial ao setor dos transportes. Foi introduzido um sistema de *joint venture* [que difere da sociedade comercial por estar relacionado a um único projeto] chamado Navios com Investimento Governamental, no qual o Estado dava navios a mercadores experientes para o comércio marítimo. Os lucros desses empreendimentos eram divididos em uma proporção de sete para três. Em 1285, o governo alocou 100 mil *ding* (cerca de 9 toneladas) de prata para a construção de navios destinados ao comércio marítimo. Os mercadores também tiveram a oportunidade de conseguir financiamento com taxas de juros de 3% a 4% ao mês.[43]

Khublai Khan também apoiou as fábricas de cerâmica por causa da renda de exportação que elas geravam. Foi fundado o Departamento da Cerâmica, que promulgou regulamentos a respeito da capacidade e da produção das fábricas, e esses regulamentos aceleraram a passagem do artesanato para as fábricas industriais. O governo também desempenhou um papel importante no setor na condição de consumidor sofisticado. Foram criadas fábricas de porcelana para atender à corte. Os representantes da corte imperial visitavam as fábricas e selecionavam os produtos de que tinham gostado. As exigências da demanda ajudaram a melhorar o padrão técnico das fábricas de porcelana.

Além disso, a China de Khublai Khan era apenas uma parte do grande Império Mongol que se estendia da China ao mar Cáspio. Khublai utilizou toda a gama de talentos do império e promoveu estrangeiros habilidosos a altos cargos do funcionalismo civil chinês, apesar de eles não terem sido aprovados nos exames para o serviço público. Isso levou a uma mentalidade xenófoba entre os mandarins, que viram seu status entrar em decadência. Entre todas as atividades mercantis, os mandarins eram particularmente zelosos na hora de reprimir o comércio exterior, pois seu componente estrangeiro o tornava muito difícil de controlar. Além disso, os mandarins não aprovavam o lucro dos mercadores privados, obtido a expensas das missões comerciais oficiais.

Em 1368, os mongóis foram derrubados pela dinastia Ming. A nova dinastia trouxe consigo o retorno às atitudes tradicionais em relação ao comércio: o governo proibiu todo e qualquer comércio privado e também as viagens para o exterior. O comércio marítimo com países estrangeiros ficou restrito ao comércio tributário oficial das nações que reconheciam a soberania chinesa. Por sorte, os funcionários públicos confucionistas não eram os únicos a ter prestígio na corte chinesa. Grande parte do poder estava nas mãos dos eunucos, profundamente envolvidos com o comércio exterior. Os mandarins podiam restringir o comércio privado, mas os eunucos aumentariam a escala do comércio tributário.

Os eunucos tiveram influência suficiente para conseguir apoio para as grandes viagens do almirante Zheng He, ele próprio um eunuco. Zheng He nasceu em 1371, na província sul-ocidental de Yunnan. Sua família ocupava cargos elevados no governo do condado sob os mongóis; mas quando as forças Ming invadiram a região, em 1382, seu pai foi morto e Zheng He, então com 11 anos, foi feito prisioneiro. Uma prática comum da época era a castração dos prisioneiros capturados. Zheng He foi vítima dela e, depois, foi levado como escravo para a corte do futuro imperador. Com uma personalidade extraordinária e uma inteligência excepcional, ele ascendeu rapidamente na corte e, como estrategista militar, desempenhou um papel-chave na consolidação do novo imperador no trono chinês. Foi em reconhecimento à sua lealdade e aos serviços prestados que o imperador lhe deu o nome de Zheng He, "o eunuco das Três Gemas".

Em 1405, Zheng He foi enviado na primeira de sete grandes expedições marítimas para o oceano Índico. Os chineses já tinham percorrido toda essa distância em várias ocasiões. Na verdade, Marco Polo voltou para a Europa em uma dessas viagens — uma missão diplomática da China em 1298. Mas as missões do século XV atingiram um novo patamar de atividade marítima. As viagens de Zheng He são a prova de que o transporte chinês conseguia carregar uma tonelagem maior por mais quilômetros do que qualquer outra nação poderia sonhar. A frota da quarta viagem (1413-15) consistia em 63 navios grandes com uma tripulação de 22.670 homens, enquanto a frota da quinta viagem chegou até a África Oriental.[44] As frotas eram compostas de navios mercantes, vasos de guerra e embarcações de apoio. Os navios do tesouro representaram um apogeu da engenharia naval e eram as maiores embarcações da época. Há controvérsia quanto ao seu tamanho, mas até estimativas conservadoras de 1.500 toneladas mostram que eram no mínimo cinco vezes maiores do que os navios usados por Vasco da Gama no fim do século.[45]

As frotas do tesouro foram o exemplo mais eloquente do sistema tributário, que incentivou o comércio e dava às outras nações a impressão de que a China era a maior potência cultural e política da época. Com seus exércitos poderosos, essas frotas cobriram as longas distâncias que as separavam do Ceilão (hoje Sri Lanka) e de Zanzibar, onde usaram seu poder para obrigar os governantes dessas terras a reconhecer a supremacia da China e do imperador chinês. Na África, chegaram às cidades sualis de Mogadishu e Mombaça. Em Jidda e Dhufar, trocaram suas sedas e porcelanas por babosa, mirra e outras drogas medicinais.

O prestígio das viagens de Zheng He irritou os burocratas confucionistas, que adorariam dar-lhes um fim. Em uma batalha entre forças opostas, as ameaças externas desempenhariam um papel importante na determinação dos resultados. Durante a primeira metade do século XV, as circunstâncias mudaram de um modo que fortaleceu os conservadores da corte. Uma ameaça mais séria de invasão pelos mongóis obrigou o governo a desviar seus limitados recursos militares das costas para proteger pontos vulneráveis no norte.[46] A construção da Grande Muralha da China foi uma das medidas tomadas nesse sentido. O país não podia mais se permitir luxos dispendiosos como as viagens.

Outro fator que contribuiu para uma mudança de política foi a preocupação do governo com ataques de piratas japoneses[47] ao litoral da China. Muitos chineses se juntaram aos piratas e, por isso, o governo restringiu a navegação ao máximo. A inflação também contribuiu para uma mudança de política. O comércio tributário usava o papel-moeda, mas uma inflação grave reduziu o valor do dinheiro para 1% de seu valor nominal. A taxa de câmbio favorável que a dinastia Ming desfrutava em relação aos países estrangeiros evaporou-se, em parte por causa da perda de prestígio que se seguiu à captura do imperador pelos mongóis e à estocagem de mercadorias para o comércio privado. Os países estrangeiros não estavam mais dispostos a aceitar papel-moeda e o governo Ming foi obrigado a pagar o valor de mercado pelos bens que adquiria, o que corroeu a lucratividade e a razão de ser do comércio tributário.[48]

O resultado dessas mudanças foi que os confucionistas assumiram o poder na corte e foram promulgados editos imperiais proibindo o comércio e as viagens para o exterior em 1433, 1449 e 1452. Qualquer mercador pego realizando comércio com estrangeiros era considerado pirata e executado. A contribuição do comércio exterior para as rendas do governo despencou de 20% durante a dinastia Sung do Sul para 0,77% sob a dinastia Ming.[49]

A proibição do comércio exterior teria um efeito devastador sobre a economia de províncias marítimas como Fukien. Dada sua importância como ganha-pão de tanta gente, surgiu um comércio ilegal de grandes proporções. Esse comércio ilegal tinha o apoio de funcionários do governo local, muitos dos quais eram cúmplices. Por exemplo: a família de Lin Xiyuan (*c.* 1480-1560), um juiz do supremo tribunal de Fukien, possuía uma grande frota comercial com uma rede de negócios que se estendia pelo sudeste da Ásia. A influência dos comerciantes era tal que Zhu Wan, o comandante responsável por reprimir a navegação, foi posto na cadeia por pressão dos contrabandistas e de seu *lobby* oficial na corte imperial. Zhu cometera o erro de dar início a uma cruzada para impor a legislação antinavegação marítima. Foi demitido do cargo e posto na cadeia, onde acabou cometendo suicídio.[50]

Por fim, em 1567, o governo revogou a proibição de navegação marítima. Mesmo que agora os mercadores tivessem liberdade para exercer seu ofício, não receberam apoio do governo, antes uma fonte de vantagem competitiva. Apesar disso, os mercadores chineses privados continuaram dominando o comércio pan-asiático, dada a superioridade tecnológica dos produtos que vendiam e compravam. Mas faziam viagens muito mais curtas, restringindo-se ao mar da China. O comércio dos juncos seguia os ritmos das monções do sul do mar da China, viajando para o norte em junho ou julho; também ia para o sul, partindo da China em janeiro ou fevereiro, mas rumava igualmente para o sul partindo do Japão um pouco antes.[51] Ao longo do caminho, às vezes os barcos paravam em portos menores na esperança de fazer alguns negócios. Comunidades de mercadores chineses disseminaram-se por todos os centros comerciais importantes da Ásia Oriental, formando redes que coordenavam o fluxo de mercadorias e informações.

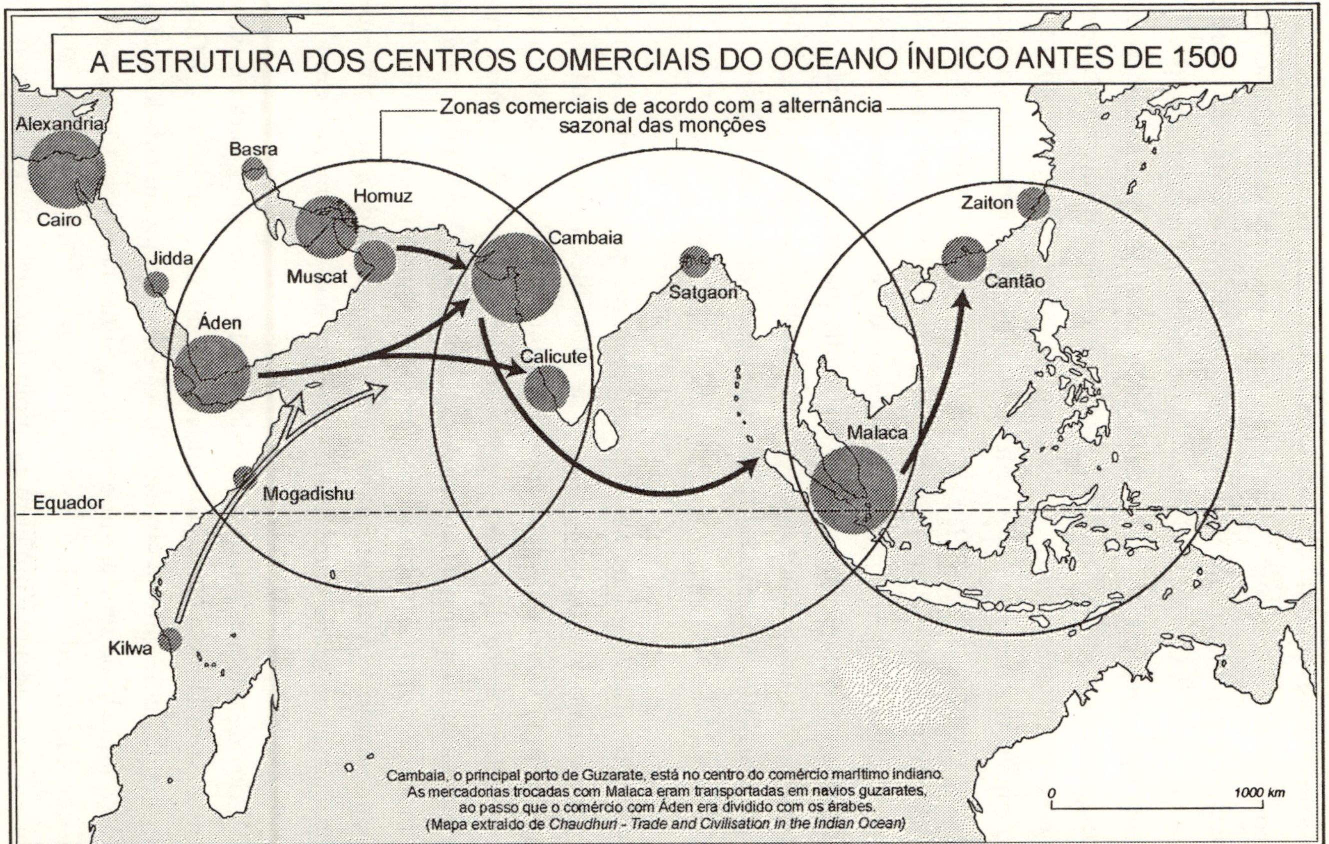
A ESTRUTURA DOS CENTROS COMERCIAIS DO OCEANO ÍNDICO ANTES DE 1500
Zonas comerciais de acordo com a alternância sazonal das monções
Alexandria
Cairo
Basra
Homuz
Jidda
Muscat
Áden
Cambaia
Calicute
Satgaon
Zaiton
Cantão
Malaca
Mogadishu
Equador
Kilwa
Cambaia, o principal porto de Guzarate, está no centro do comércio marítimo indiano.
As mercadorias trocadas com Malaca eram transportadas em navios guzarates,
ao passo que o comércio com Áden era dividido com os árabes.
(Mapa extraído de Chaudhuri - Trade and Civilisation in the Indian Ocean)
0
1000 km

Os marinheiros chineses não viajavam mais para o oceano Índico, preferindo encontrar-se com os mercadores indianos em pontos que ficavam a meio caminho. Havia uma grande lógica econômica nessa decisão. Em primeiro lugar, o regime de ventos do oceano Índico era muito diferente daquele do mar da China. Os juncos chineses foram desenhados especificamente para o regime de ventos da Ásia Oriental. Em segundo lugar, ao restringir suas viagens às águas da Ásia Oriental, os marinheiros chineses podiam concentrar suas energias e sua capacidade de navegantes em rotas em que havia regimes de ventos com os quais tinham grande experiência. Ao mesmo tempo, os indianos viajavam em embarcações desenhadas especificamente para o oceano Índico e aumentaram sua experiência nessas águas, o que aumentou também a eficiência de suas operações. Não há dúvida de que a experiência levou a viagens mais rápidas e à redução das perdas. Um outro fator que teria influenciado a decisão dos donos de navios privados no sentido de restringir suas atividades à China foi a ascensão de Malaca.

Malaca foi fundada por Parameswara, um príncipe que fugiu de Palimbão [um reino malaio de Sumatra] por volta de 1400. Nessa época, Malaca não passava de uma aldeia de pescadores, mas a intenção de Parameswara era criar o melhor porto da região. Persuadiu alguns donos de navios e comerciantes a usar o porto e construiu excelentes depósitos de mercadorias e acomodações para os marinheiros à espera de ventos favoráveis. Em três anos a população de Malaca tinha aumentado para mais de 2 mil habitantes e a cidade acabou sendo considerada o melhor porto e o melhor empório de todo o sudeste da Ásia.[52]

O êxito de Malaca foi consolidado em 1405, quando Parameswara visitou a corte chinesa. Jurando lealdade a Zhu Di, o imperador Ming, conseguiu proteção chinesa em uma época em que a jovem cidade-Estado estava com medo de seus vizinhos de Java, Sumatra e Sião. O imperador chinês enviou um edito ao rei do Sião, no qual o aconselhava a não atacar Malaca. Esse incidente é um bom exemplo da maneira pela qual o comércio tributário chinês podia ser explorado por Estados contribuintes para atender as necessidades desses últimos. O edito também ilustra a visão de mundo chinesa e fala descaradamente de sua superioridade:

> Assumi reverentemente o mandado do Céu e governo os chineses e os *yi*... Você, rei, respeitou o Céu e serve o superior, e cumpriu suas obrigações tributárias. Tive muito prazer com isso durante muito tempo. Recentemente, Iskandar Shah, o rei do país de Malaca, herdou o trono. Ele conseguiu cumprir a vontade do pai e trouxe pessoalmente sua mulher e seus filhos à corte para pagar seus tributos. Essa lealdade ao servir um superior não é diferente da sua. Mas fiquei sabendo que, sem razão, você pretende enviar tropas contra ele... Você não deve enviar tropas para lá impensadamente.[53]

O apoio chinês tornou-se uma realidade visível quando Zheng He desembarcou em Malaca durante uma de suas grandes viagens. Ma Huan, que viajava nos navios de Zheng He, descreve a maneira pela qual, quando chegaram ao porto, tomaram a cidade:

> Sempre que os navios do tesouro do País Central chegavam lá, construíam imediatamente uma paliçada, como uma muralha de cidade, e instalavam torres para os vigias — que davam o alarme tocando tambores — nos quatro portões; à noite tinham patrulhas de policiais que andavam com sinos; um pouco mais para dentro, construíam uma segunda paliçada, como uma pequena muralha de cidade [dentro da qual] construíam armazéns e celeiros; [e] todo o dinheiro e todas as provisões ficavam guardados lá dentro. Os navios que tinham ido para vários países voltavam a esse lugar e se reuniam; colocavam as mercadorias estrangeiras em ordem e as levavam para os navios.[54]

Com a proteção chinesa e o comércio das frotas, o período de 1403-30 foi de expansão. Mas a mudança de política do governo chinês contra o comércio exterior e o fim das grandes frotas provocaram uma pequena recessão em Malaca. A partir desse momento, nenhuma nação dominou o comércio como a China dominara. Malaca entrou em uma fase de crescimento mais equilibrado, atraindo mercadores de muitos países.

O êxito de Malaca teve como base a sua localização. Na península malaia, era um ponto onde as monções do oceano Índico se encontravam com os ventos do mar da China, um ponto natural de descanso e baldeação dos navios em trânsito. Os mercadores chineses que queriam comerciar com o oceano Índico preferiam descansar em Malaca, onde se encontravam com centenas de mercadores da Arábia, da Pérsia, da Índia e da região malaia-indonésia,[55] com quem trocavam mercadorias. Na época em que os primeiros europeus visitaram o porto, no começo do século XVI, Malaca era um cadinho cosmopolita em que o mais humilde dos pescadores malaios convivia com mercadores de todo o globo. O viajante português Tomé Pires descreve a cidade:

> Não se conhece nenhum porto tão grande quanto Malaca, nem outro qualquer onde se comerciem mercadorias tão finas e de tão alto preço. Ali há artigos vindos de todo o Oriente; artigos de todo o Ocidente são vendidos ali. É no fim das monções, onde você encontra o que quer e, às vezes, mais do que o que está procurando.[56]

O crescimento de Malaca ofereceu muitas oportunidades de mobilidade social. Os mercadores que pegaram essa maré crescente do comércio ficaram muito ricos e poderosos. Naquele tempo, um mercador rico era alguém que podia comprar cargas valiosas de três ou quatro navios e depois carregar as próprias embarcações com artigos de seu estoque privado de mercadorias. Os mercadores mais ricos tinham casa na cidade e no campo, e algumas delas eram verdadeiros jardins do Éden, com pomares, lagos artificiais e muitos escravos para servi-los.

Com a ascensão de Malaca como ponto de baldeação, o transporte chinês cresceu, explorando sua competitividade nas condições da Ásia Oriental. Também contribuiu para o desenvolvimento do transporte no oceano Índico, onde muitas outras nações desfrutavam os benefícios do comércio florescente, mas nenhuma mais do que Guzerate.

2

TÊXTEIS E ESPECIARIAS

> O reino de Guzerate é muito grande e possui muitas cidades grandes e pequenas, tanto no litoral quanto no interior, e muitos portos marítimos com muito comércio, onde moram grandes mercadores, tanto mouros quanto pagãos, que comerciam ali uma grande variedade de mercadorias.[1]
>
> Duarte Barbosa

No século XV, o oceano Índico era uma região de comércio florescente. Os navios impelidos pelos ventos das monções ligavam as principais culturas da região em uma rede cada vez maior de rotas e portos comerciais. Essa nova onda econômica produziu um sistema capitalista mercantil extremamente desenvolvido e flexível. Mas o crescimento não foi estável, nem regular. Flutuava com os fluxos e refluxos das atividades políticas e econômicas em terra, inclusive a ascensão e queda de governos, retração e expansão de economias, e períodos de fome e abundância. Todos esses elementos afetavam a direção do comércio e exigiam uma flexibilidade muito grande dos mercadores. O resultado foi um sistema capitalista mercantil no qual os comerciantes flexíveis reagiam às mudanças das condições por meio de suas decisões de compra e venda.

A nação que mais explorou esse tipo de crescimento e mais contribuiu para ele foi Guzerate, no noroeste da Índia. No século XIV, Guzerate fazia parte do sultanato de Délhi, que governava o norte da Índia. Em 1398, o sultanato foi abalado por guerreiros turcos, que invadiram a Índia e deixaram o império em frangalhos. Guzerate surgiu como reino independente e entrou em um período de desenvolvimento econômico que faria dele uma das nações mais ricas do mundo.

O governante que mais contribuiu para o desenvolvimento do reino foi o sultão Mahmud Begada (1459-1511).[2] No início de seu reinado, Mahmud tomou a decisão de dedicar toda a renda do Estado ao Exército, que usou para expandir as fronteiras do reino. Havia muitas razões para essa expansão e seu desejo de disseminar o islamismo não era a menos importante delas. Suas guerras eram *jihads*, campanhas militares para derrotar os indianos, pelos quais tinha pouca tolerância. Mas muitas dessas campanhas também tiveram objetivos comerciais. Um exemplo: sua conquista de Barur e de Surate foi inspirada em parte pela necessidade de controlar a pirataria, um dos motivos para Mahmud constituir e manter uma frota grande.[3]

O êxito de Mahmud com a expansão de suas fronteiras assegurou-lhe a reputação de grande líder. Era considerado um estadista, soldado e diplomata astuto, e sua política nacional revela um dirigente generoso comprometido com a justiça e a lei islâmica. Uma figura imponente na vida e na história, Mahmud tornou-se matéria-prima de muitas lendas. O bigode era tão comprido que ele o enrolava em volta da cabeça, e a barba lhe chegava à cintura. Dizem que, no café da manhã, ele tomava uma xícara de mel com 150 bananas, evidentemente um exagero, mas sem dúvida uma referência a um grande apetite. Seu cronista observa: “se Deus não tivesse posto Mahumud no trono de Guzerate, quem teria matado a sua fome?”[4] Seu desejo sexual não era menor do que o apetite por comida; dizem que o número de suas mulheres estava entre 3 mil e 4 mil, e que aquelas com quem passava a noite sempre eram encontradas mortas de manhã. É claro que isso não acontecia, uma vez que teve filhos com mulheres que sobreviveram ao encontro.

O reinado de Mahmud foi uma idade de ouro para as artes, a literatura e a filosofia. Os pintores muçulmanos receberam apoio do Estado, enquanto os pintores hindus exploravam motivos religiosos próprios. As cidades foram decoradas com belos jardins e foram construídas escolas e mesquitas para promover a educação. Às vezes as mesquitas eram templos hindus reformados, criando uma combinação interessante de arquitetura islâmica e hindu. Os arquitetos de todo o reino foram postos a trabalhar em palácios, tumbas e mesquitas. Tal era a efervescência que dizem não haver nenhuma obra de arquitetura em Guzerate que não estivesse associada ao nome de Mahmud.

Mahmud tinha plena consciência de que a prosperidade da região dependia do comércio e da indústria. Introduziu o que seria o equivalente de uma política industrial medieval em seus primórdios, na qual o Estado promovia ativamente a produção artesanal de todo o reino. Um dos primeiros historiadores de Guzerate diz o seguinte:

> A maior parte dos artesanatos elegantes e das artes engenhosas praticadas agora em Guzerate foi introduzida por Mahmud. Homens inteligentes de várias cidades distantes estabeleceram-se no seu reino; e, por conseguinte, o povo de Guzerate, por iniciativa do sultão, foi instruído no saber e na prática das comodidades e elegâncias da vida civilizada.[5]

As políticas de Mahmud tiveram êxito no sentido de desenvolver a capacidade produtiva da nação, e logo surgiu uma base industrial com atividade intensa. As artes e os ofícios floresceram em uma atmosfera de atenção e patrocínio do Estado e, no fim do reinado de Mahmud, a cidade tinha um amplo leque de artistas e artesãos de grande prestígio. Entre eles, havia ourives que trabalhavam com pedras preciosas e ouro, e artesãos que produziam braceletes de marfim, cabos de espadas, peças e tabuleiros de xadrez. Na importante cidade de Cambaia, o explorador português Duarte Barbosa declarou que "eram encontrados os melhores operários de todos os ramos de trabalho".[6]

A região também dispunha de um amplo leque de produtos agrícolas. O reino de Guzerate foi abençoado com quatro rios que irrigavam a região que um comerciante inglês descreveria mais tarde como "o Jardim do Mundo". A região produzia anil, goma-laca, ópio, mel, cera, trigo, cevada, painço, arroz, óleo de gergelim, carne, manteiga, sabão, couro cru e artigos de couro, além de alguns tipos de remédios.[7] Mas o produto com o qual o comércio de Guzerate mais se identificava eram os tecidos de algodão. Os vales dos rios que passavam por Guzerate eram dotados de uma terra negra muito boa para o cultivo do algodão.[8] Os tecidos de algodão talvez fossem o artigo manufaturado mais importante do mundo nessa época e a Índia era o seu maior produtor.[9]

Ter produtos vendáveis foi o incentivo para os mercadores locais comprarem navios e procurarem mercados no ultramar, e logo os tecidos de Guzerate estavam sendo vendidos em todos os mercados de peso do oceano Índico. Um explorador português observou que "todos, homem ou mulher, do cabo da Boa Esperança à China, vestem-se da cabeça aos pés com tecidos de algodão feitos em Guzerate".

A natureza dotou o sultanato de uma última vantagem para ajudar a desenvolver seu comércio marítimo: uma posição estratégica no oceano Índico. Guzerate estava no centro das principais rotas comerciais entre Áden e Malaca. No litoral do norte da Índia, Guzerate era uma passagem natural do noroeste da Índia para o mar.[10] A facilidade de comunicações com o interior deu ao comércio uma base sólida sobre a qual se desenvolver e, à medida que o comércio se expandia, a área coberta cresceu a ponto de incluir os planaltos do Ganges a nordeste e o vale do Indo a noroeste.[11]

O porto e a cidade fabril de Cambaia foram o primeiro centro do comércio marítimo de Guzerate; mas o lodo das margens superiores do golfo de Cambaia era perigoso para navios grandes, de modo que o comércio se mudou para Surate. Juntos, esses dois portos garantiram a supremacia da Índia sobre o comércio marítimo por cerca de quatro séculos. A partir dessas duas cidades, os produtos do norte da Índia eram distribuídos por todo o oceano Índico. Na parte oriental do oceano Índico, os navios de Guzerate viajavam para as ilhas Maldivas, para Pegu, em Burma, para o Sião, para a península malaia, para o arquipélago indonésio e para o Ceilão, de onde eram importados elefantes e canela.

O MAR DO SUL DA CHINA

Os negociantes e marinheiros chineses dominam o comércio do mar da China.

No entanto, o comércio mais importante de todos era o de Malaca. Ele é que era a chave da fortuna da nação e o transporte que utilizava essa rota foi praticamente monopolizado pelos navios de Guzerate.[12] Os portugueses que chegaram ao oceano Índico no começo do século XVI foram dos primeiros europeus a tomar conhecimento desse comércio. Um deles, Tomé Pires, escreveu que "os mercadores de Cambaia fizeram de Malaca o seu principal centro comercial... Malaca não pode viver sem Cambaia, nem Cambaia sem Malaca, se [essas cidades] quiserem ser muito ricas e prósperas".[13]

Os navios de Guzerate também viajavam para um grande número de portos da parte ocidental do oceano Índico. O maior porto do Ocidente era Áden, na península Arábica, e desempenhava um papel semelhante ao de Malaca no Oriente, embora o comércio ali não tivesse a mesma intensidade. Aqui os navios de Guzerate se encontravam com mercadores de portos próximos, como Jida, Zeila e Berbera, e outros distantes, como o Cairo e o mundo mediterrâneo. Eles supriam com ópio, cobre, mercúrio, cinabre, ouro, tecidos de lã, água de rosas e garança[14] os mercadores de Guzerate, que os levavam para a Índia. A costa oriental da África era outro destino na parte ocidental do oceano Índico, onde os tecidos de algodão eram trocados por ouro e marfim. Em Hormuz, no golfo Pérsico, os produtos indianos eram levados para a Pérsia e o Iraque, e depois transportados por terra para a Ásia Central, para a Ásia Ocidental e para a Europa.

Esses centros forneceram a Guzerate mercados para escoar a sua produção e artigos para a viagem de volta. Com Guzerate no centro, esses portos comerciais se transformaram em eixos, graças aos quais o transporte do oceano Índico chegou a novas alturas. Tomé Pires escreveu o seguinte a respeito:

> Em geral, Cambaia estende os dois braços; com o direito, ela chega a Áden e, com o esquerdo, a Malaca, os lugares mais importantes para onde viajar; os outros lugares são considerados de somenos importância.[15]

Os navios iam e vinham de Guzerate, cujos portos começaram a ganhar reputação de entrepostos importantes para a redistribuição de produtos vindos de todos os cantos do oceano Índico. E logo Guzerate adquiriu uma fama que o ajudou a atrair mais negócios ainda. Também se beneficiou das economias de escala, isto é, à medida que a escala dos negócios aumentava, ele se tornava mais eficiente e os custos caíam, o que fazia dele um local atraente para o comércio. Mercadores do mundo todo iam para Guzerate, pois sabiam que podiam conseguir bons artigos e bons serviços de frete ali. O êxito alimentava o êxito e Guzerate se tornou a pedra de toque do comércio no oceano Índico.

Hoje tendemos a pensar o desenvolvimento econômico em termos de avanço tecnológico, mas esse não foi o caso de Guzerate. A região ascendeu graças a tecnologias que existiam havia séculos no oceano Índico. Não houve mudanças significativas nas principais rotas marítimas, nem nos produtos comercializados, nem nos conhecimentos dos capitães de navio do oceano Índico.[16]

Os navios usados pelos guzerates desenvolveram-se a partir da tradição marítima árabe-indiana. Eram da categoria ampla de embarcações designadas geralmente como *dhow*. O *dhow* marítimo típico era um vaso de dois mastros e cerca de 125 toneladas, com velas latinas triangulares. Parece que os guzerates criaram uma variação regional do *dhow*. Seus navios eram maiores, pesando em média de 300 a 600 toneladas, e podiam chegar a até 800 toneladas. E, ao contrário das quilhas tradicionais em forma de V, os *dhows* de Guzerate tinham quilhas redondas que sem dúvida lhes davam uma capacidade maior de transporte. As tecnologias usadas pelos pilotos de Guzerate também se baseavam em uma tradição mais antiga e não eram diferentes daquelas usadas por outros da região. Usavam a bússola e os mapas marítimos e, no fim do século XV, havia guias sofisticados de navegação relativos à maior parte da área do oceano Índico e da Indonésia. Utilizavam a navegação celeste, na qual o Cruzeiro do Sul ou a Estrela Polar do Sul eram os pontos de referência.

Embora os métodos de produção não fossem novos, o ambiente comercial de Guzerate era tão favorável que incentivou seus habitantes a desenvolver uma capacidade produtiva que não existiu em outras regiões. A localização estratégica e os produtos vendáveis deram aos mercadores locais oportunidades melhores de investir no transporte do que os de outros lugares. Os marinheiros de Guzerate estavam em uma situação vantajosa para ganhar experiência nas demandas do transporte e da navegação pelo oceano Índico. Qualquer mercador que quisesse transportar produtos pelo mar com segurança preferia naturalmente utilizar um operador experiente e de confiança, em vez de um novato, ou desenvolver serviços próprios de transporte. E aqui os guzerates primavam, como observou Tomé Pires: "Os guzerates são marinheiros melhores e navegam mais do que as outras populações dessas regiões e, por isso, têm navios maiores e tripulações maiores. Têm pilotos excelentes e viajam muito."[17]

Esse êxito atraía invariavelmente homens que queriam fazer fortuna. Havia membros de todas as comunidades da Ásia Ocidental nos portos de Guzerate. Hinduístas, jainistas, turcos, persas e muçulmanos nativos de Guzerate, todos eles faziam negócios e acumularam grandes capitais. Alguns estrangeiros que desejavam enriquecer chegaram a posições elevadas entre a nobreza local. Um exemplo: Khwaja Safar havia sido soldado nas guerras italianas antes de chegar à Índia em busca de fortuna. Foi um dos mercadores mais bem-sucedidos do século XVI e acabou se tornando nobre e governador de Surate.[18]

Na grande cidade de Cambaia, mercadores ricos competiam uns com os outros na construção de belas casas e mesquitas maravilhosas, transformando a cidade em uma das mais esplêndidas da época. Numerosos comerciantes e artesãos habilidosos levavam uma vida de luxo, prazeres e vícios. Estavam todos habituados à boa comida e a boas roupas, "lavavam e untavam o corpo com unguentos perfumados e enfeitavam os cabelos com jasmim e outras flores".[19] Mas a riqueza não era distribuída de forma justa. Muitas das classes mais pobres sofriam restrições das leis das castas nas suas oportunidades econômicas e ganhavam pouco dinheiro. Apesar disso, pelos padrões da época, Guzerate era um reino fabulosamente rico.

Os observadores europeus ficavam maravilhados com a riqueza e o comércio do país. Um italiano da década de 1560 observou· "Em suma, o reino de Cambaia é um lugar de comércio intenso e faz muito tráfico com todos os homens." Na década de 1570, só a renda do país derivada das tarifas alfandegárias era quase três vezes maior do que a renda total de todo o império português na Ásia, que chegou a seu apogeu em 1586-7. Como disse um visitante português, "se é possível dizer que há rios de ouro e prata correndo em algum lugar, é em Cambaia".[20]

A partir do início do século XV, Guzerate desfrutou uma onda de prosperidade econômica, até que uma série de guerras com nações fronteiriças criou barreiras ao comércio exterior.[21] As restrições continuaram até 1573, quando Guzerate foi conquistado pelos mugalis, uma população muçulmana proveniente da região que é hoje o Afeganistão.

Mesmo indesejável, a derrota na guerra ao menos eliminou muitos obstáculos ao comércio com áreas remotas e atrasadas, pois Guzerate se tornou parte do império mugal e não havia mais barreiras ou conflitos para limitar o movimento do comércio com os mercadores do norte da Índia. Uma redução dramática da violência organizada promoveu o aumento da atividade comercial. Como no caso da China, a estabilidade política criada por um império unificado acelerou o desenvolvimento de uma economia de mercado.

Com paz, estabilidade e liberdade para comerciar, foi liberado um grande fluxo de recursos. Mercadorias e materiais podiam circular livremente por todo o império, uma circulação facilitada por políticas de apoio do governo. Akbar, um imperador mugal, introduziu uma série de medidas que contribuíram para a prosperidade da região. Uma delas foi um programa de construção de estradas que melhorou o transporte e as comunicações em todo o império. O sistema tributário foi racionalizado com a fixação de uma tarifa alfandegária uniforme de 2,5% do valor das mercadorias que circulavam no império e, em 1590-91, Akbar aboliu completamente uma série de impostos. Repetindo: como na China, as mudanças da política tributária aumentaram a velocidade na direção de uma economia de mercado, principalmente a decisão de Akbar de aceitar pagamentos dos impostos agrícolas em dinheiro vivo no lugar de parte das safras. Essa medida levou as pessoas a se envolverem com a atividade de mercado para levantar dinheiro.[22] Nos distritos rurais, os lavradores, que antes dividiam sua atividade produtiva entre as exigências das safras voltadas para a sobrevivência e as do algodão, começaram a se concentrar em produtos que davam dinheiro. O foco da agricultura mudou, passando da produção para uso próprio para a produção voltada para o mercado.

A expansão do mercado levou a um aumento da especialização. Francisco Pelsaert, que viajara para a Índia com a Companhia das Índias Orientais Holandesas, observou que "um trabalho que na Holanda seria feito por um único homem, aqui passa pelas mãos de quatro antes de seu acabamento".[23] Essa especialização deve ter contribuído para a alta qualidade dos artigos fabricados.

O imperador Akbar criou uma burocracia centralizada para administrar o império.[24] Abaixo do imperador, havia quatro ministérios, com responsabilidade pelas finanças e rendas, pelo Exército e serviço de inteligência, pelas questões judiciárias e religiosas, e pela casa real. Outra camada do governo incluía os *amires* (nobres) e *mensabdares*, que ocupavam altos cargos e constituíram uma classe aristocrática de guerreiros em todo o país. O sistema *mensabdar* atribuía aos nobres o seu respectivo status pessoal (*zat*) e terras que lhes proporcionavam uma renda (*jagir*). Deviam usar a *jagir* para manter um determinado número de soldados. Portanto, exerciam os papéis simultâneos de coletores de impostos e comandantes militares, contribuindo enormemente para a segurança da região. Leis rigorosas promulgadas pelo ministério das finanças determinavam os métodos e as quantias que deviam ser coletadas como impostos, o que restringia o abuso de poder entre os *mensabdares*.

A política do governo também contribuiu para o crescimento da indústria têxtil. Os imperadores mugalis introduziram um grande número de medidas para promover o setor, entre as quais concessões de terras para quem cultivasse o algodão.[25] O governo também realizou atividades que aumentaram a confiança de quem usava o mercado. Por exemplo: parece que, depois de uma roupa ser produzida, era levada ao mercado, onde funcionários do governo punham o seu selo em todas as peças e coletavam dos comerciantes de roupas impostos sobre toda transação realizada. O selo dos funcionários públicos nas roupas era uma espécie de medida de segurança que impedia os mercadores de explorar os tecelões. Também se exigia dos mercadores que assinassem um documento com o qual se comprometiam a declarar todas as transações comerciais que realizassem. Depois os mercadores davam o acabamento à roupa, ou vendiam as mercadorias no varejo, pois eram os atacadistas que faziam a distribuição para os vendedores e mascates locais, e para os mercadores estrangeiros. Esses procedimentos aumentavam os custos para os mercadores, mas as despesas implícitas neles eram mais do que compensadas pela redução da possibilidade de fraude.

A atenção que os mugalis davam aos tecidos era um reflexo da importância que essa indústria tinha adquirido. Agora o setor dos tecidos de algodão era universal: "Nenhuma cidade grande ou pequena, nenhuma paraganá, nenhuma casbá ou aldeia parece carecer dessa indústria."[26] Na verdade, o impacto que ela teve sobre a economia da região foi tão grande que as alterações no número das populações urbanas foram associadas às alterações na produção têxtil.

Os nobres investiam frequentemente em instalações para facilitar o funcionamento dos mercados locais.[27] Sua motivação tinha tanto de egoísmo quanto de espírito público. Um empório ajudava a população local, o que dava ao nobre mérito religioso. Também aumentava a renda proveniente da arrecadação de impostos, enquanto a produção vendida no empório satisfazia as necessidades da *entourage* do próprio nobre. Alguns nobres menos escrupulosos ignoravam as regras imperiais e impunham o próprio poder aos mercados locais, comprando mercadorias a preço baixo e assumindo o papel de monopolistas. Nobres com mais espírito empresarial investiam no comércio de longas distâncias, chegando até a comprar navios para o transporte marítimo. Mas os nobres não queriam ser alvo do ódio que despertava o simples *banya* (mercador da aldeia). Quando os aristocratas investiam realmente no comércio (como fazia a própria família imperial), distanciavam-se da atividade, entregando-a aos cuidados de um mercador.[28]

A riqueza e o poder dos nobres faziam deles figuras públicas e os comentários a respeito de seus escândalos e casos amorosos ocupavam os frequentadores dos bazares e cafés da Índia urbana.[29] Suas personalidades e seus hábitos eram assunto de boatos e especulações intermináveis. Notícias de nobres que desfrutavam os favores imperiais, casamentos e doenças espalhavam-se por todo o império. Nobres cruéis e excêntricos eram muito condenados, ao passo que nobres humanos e responsáveis eram elogiados.

Como na China, o sistema mugal de valores estava intrinsecamente ligado à terra. A terra era o recurso crucial, pois o controle sobre ela dava controle sobre os homens. Um homem rico e de prestígio era um homem que possuía terras populosas sob seu poder e um grande contingente de cavalaria. Isso se reflete no fato de Guzerate ter mantido um Exército grande, mas praticamente não possuir Marinha. A glória não era conquistada no mar. A crença predominante era: "As guerras marítimas são problema dos mercadores, sem interesse algum para o prestígio dos reis."[30]

Esse *ethos* baseado na terra e territórios vastos que podiam ser tributados significava que o Estado tinha pouco interesse pelo comércio marítimo. O governo raramente interferia na atividade dos mercadores e essa atitude era particularmente evidente no comércio marítimo. Enquanto o comércio funcionasse perfeitamente bem e contribuísse para a renda do Estado, os governantes muçulmanos de Guzerate gostavam de dar proteção aos mercadores; caso contrário, deixavam-nos a ver navios.[31] A falta de interesse do governo pelo comércio significava que os mercadores trabalhavam com grande liberdade. Habitantes locais e estrangeiros tinham todos livre acesso ao comércio marítimo, e não foi feita qualquer tentativa de regulamentar seus movimentos no litoral. A lei tradicional *(qanun)* — que não era escrita — da sociedade indiana era que todo indivíduo tinha direito ao trabalho da casta na qual havia nascido e aos lucros gerados por ele.[32]

Esse individualismo podia ser visto na estrutura organizacional do comércio. A unidade básica era o mercador individual e sua empresa familiar, com um sócio comercial de quando em quando, proveniente do mesmo grupo social. Essas pequenas empresas flexíveis eram extremamente competitivas e a autonomia era uma vantagem a mais. Tinham muita facilidade para enfrentar as mudanças das condições do mercado, decidindo o que produzir e com que materiais, com base nas forças de mercado. A empresa familiar também era onde os homens de negócios aprendiam o seu ofício. O viajante francês Jean-Baptiste Tavernier, que visitou a Índia seis vezes em meados do século XVII, explica como funcionava a educação comercial:

> Eles acostumam os filhos, desde tenra idade, a combater a preguiça e, em vez de os soltarem nas ruas, ensinam-lhes aritmética, que eles aprendem com perfeição, para o que não usam canetas, nem fichas, só a memória, de modo que fazem uma soma na hora, por mais difícil que seja. Os meninos estão sempre em companhia dos pais, que os instruem no comércio, e esses não fazem nada sem ao mesmo tempo explicar aos filhos o porquê.[33]

A especialização no comércio era do mais alto padrão que o mundo daquela época podia oferecer e era muito admirada pelos europeus que tiveram contato com ela. O viajante português Tomé Pires[34] comparou os hindus com os italianos, que eram os melhores mercadores europeus daquele tempo. Elogiou sua contabilidade e suas táticas comerciais e aconselhava os jovens portugueses que desejavam se tornar escriturários a fazer seu aprendizado com os mercadores hindus de Guzerate. O holandês Jan van Linschoten afirmou que os *vânias* de Guzerate

> [...] são os mercadores mais inteligentes e hábeis de toda a Índia... São os mais inteligentes e peritos em fazer contas e escrever, de modo que superam e vão além não só de todos os outros indianos e os habitantes de todas as nações vizinhas, mas também dos portugueses: e, nesse sentido, têm muita vantagem, pois são muito perfeitos no comércio de mercadorias e muito competentes para enganar os homens.[35]

As empresas familiares funcionavam em uma cultura individualista, definida como "um mundo impiedoso de competição quase irrestrita que muitas vezes degenerava em rixas".[36] Essas podiam desembocar em um conflito e aí estava um dos pontos fracos do livre mercado de Guzerate. Embora geralmente o governo desse liberdade aos mercadores para realizar suas atividades econômicas sem interferência, o outro lado dessa moeda era que o Estado lhes dava pouca assistência. O Estado não aprovava leis que tornassem o comércio mais seguro.

Quando um mercador desejava fazer valer um contrato ou resgatar uma dívida, não podia apelar para os serviços de advogados, pois esses simplesmente não existiam. O mercador teria de comparecer diante das autoridades e defender sua causa pessoalmente. Deveria ter plena consciência de que, por mais justa que fosse a sua causa, ela teria de ser reforçada com um suborno ou com uma declaração de alguém influente falando em seu favor. Quando o mercador conseguia vencer o oponente tanto no suborno quanto no tráfico de influência, era possível chegar rapidamente a uma decisão. Sem conhecimento prévio do poder ou do orçamento do adversário, o mercador tinha de concluir ele mesmo se valia a pena acionar as rodas da justiça. Dada essa natureza arbitrária da justiça, os mercadores cultivavam o acesso ao poder político e empregavam frequentemente um *vakil* (alguém que defende ou representa uma causa em nome de terceiros) e agregados das cortes de imperadores e príncipes para representá-los quando tinham uma queixa.[37]

Dada a fraqueza da justiça oficial, os mercadores preferiam restringir sua atividade comercial aos membros do mesmo grupo social (hinduístas, jainistas, muçulmanos). Essa preferência se fazia sentir particularmente no caso do comércio exterior, em que a distância e os problemas de comunicação dificultavam o controle das atividades em portos estrangeiros. Os membros do mesmo grupo social tinham valores semelhantes e um senso de comunidade mais forte, de modo que havia menos probabilidade de haver disputas. A resolução de conflitos por meio do costume e da tradição era muito mais barata do que as custas dispendiosas dos tribunais e dispensava a interferência de funcionários do governo. Esse fato também ajudou os homens de negócios a manter um grau de autonomia em relação ao governo.

A independência e a autonomia em relação ao Estado foram alimentadas pelas corporações comerciais. As corporações comerciais indianas *(mahajan)* eram semelhantes àquelas que existiram na Europa durante a Idade Média. Elas cuidavam de todos os interesses econômicos da cidade, fiscalizavam seus comerciantes e organizavam a vida econômica dos mercadores. Sua autoridade incluía o poder de fixar preços e graus de produtividade, evitando, assim, toda e qualquer competição desonesta.[38]

Mas as diferenças religiosas tiveram um impacto muito grande sobre a estrutura do comércio. Na sociedade islâmica, a ocupação de mercador estava aberta a todos, ao passo que outros grupos sociais — como os hinduístas — tinham restrições de casta impostas a eles pelo nascimento.[39] Em Surate, os muçulmanos dominavam o transporte. O profeta Maomé havia sido ele próprio um mercador, de modo que o comércio e o transporte eram perfeitamente compatíveis com os valores islâmicos. Mas a doutrina islâmica proibia a usura, o que impediu os muçulmanos de entrar na área das finanças. Por causa disso, fazer empréstimos e prestar outros serviços financeiros ficaram a cargo de homens de outras religiões.

Os hinduístas eram particularmente ativos na prestação de serviços financeiros e de intermediação das atividades mercantis no papel de agentes comerciais, mas relutavam em se envolver com o transporte. Não embarcavam em navios muçulmanos por temer o contato com pessoas impuras.[40] Mas, em Diu e outros portos do litoral, os hinduístas envolveram-se com o transporte. É claro que as oportunidades do capitalismo mercantil eram boas a ponto de não deixarem as proibições religiosas cruzarem o mar. Mas, quando estavam viajando, os hinduístas faziam de tudo para evitar ofender sua fé, não consumindo comida contaminada no mar, por exemplo, ou compensando um carma hostil levando uma vida devota em terra. Uma descrição interessante que mostra o quanto as crenças religiosas afetaram os negócios indianos foi feita por Jan van Linschoten, que observou os hinduístas de Konkan:

> Quando vão viajar por mar, levam ao menos 14 dias antes do embarque em seus navios fazendo um barulho tão ensurdecedor tocando trombetas e batendo em panelas que podem ser ouvidos e vistos tanto de dia quanto de noite, e são hasteadas bandeiras nos navios, por meio das quais (dizem eles) agradam suas divindades, para poderem fazer uma boa viagem.[41]

As crenças religiosas também afetaram as práticas comerciais em terra. O empréstimo de dinheiro e as práticas bancárias dos jainistas e hinduístas foram reforçados por um modo de vida de devoção ao comércio. "As ferramentas de seu ofício, livros contábeis, penas e tinta, passaram a simbolizar divindades no extenso panteão hinduísta/jainista."[42] Os jainistas são muito religiosos, não matam nenhum pássaro, animal ou ser vivo, e destinam uma grande parte de sua fortuna à caridade. Alguém já sugeriu que essa é a razão pela qual se tornaram mercadores, e não guerreiros.[43] Alguns muçulmanos descobriram uma nova forma de explorar essas diferenças religiosas. Manipulavam frequentemente o coração mole dos jainistas ameaçando matar animais, como ratos e cobras, na sua frente. Os jainistas, por compaixão, ofereciam dinheiro para que os animais não fossem mortos.

A localização de Guzerate como porta do império mugal era uma vantagem estratégica que outras regiões florescentes em matéria de transporte não tinham como imitar. Colocava o transporte marítimo de Guzerate no centro de um complexo mais amplo de comércio e frete, o que reforçou sua competitividade. Com Guzerate no centro, o comércio do oceano Índico constituiu um sistema flexível, cujas artérias eram os navios e o transporte pelas estradas de terra que ligavam as principais regiões produtoras com os empórios comerciais. Dos portos de Guzerate, camelos, cavalos, burros, bois e veículos de rodas ligavam áreas remotas e atrasadas ao mar, onde os navios esperavam a carga. O resultado foi uma longa cadeia de produtores e distribuidores, todos eles desempenhando papéis cruciais.

Um elo vital da cadeia eram os fabricantes de tecidos que produziam os artigos de exportação. O processo de manufatura dos tecidos de algodão começava com a colheita do algodão nos campos, depois do que ele era limpo e fiado. Depois o fio era transformado em tecido, que era alvejado e tingido. O tecido podia ser usado para fabricar colchas, colchões, travesseiros, lençóis de algodão e roupa de cama em geral, cortinas, almofadas, tapetes, tendas e o mais importante de todos os artigos: roupas.

O setor têxtil tornou-se mais eficiente nessa época, resultado de uma atividade mais voltada para o mercado, de um aumento da especialização e da divisão de trabalho entre os produtores. Muitos camponeses que se dedicavam à agricultura desistiram da terra para se tornar tecelões e fiandeiros em regime de período integral. À medida que o volume da produção crescia, a divisão de trabalho ficava mais evidente: fiar, tecer, alvejar e tingir tornaram-se profissões especializadas. Um resultado concomitante do aumento da escala da produção foi o desenvolvimento de um mercado de compra e venda de ferramentas para os tecelões.[44]

Os tecidos e outros produtos de áreas remotas eram transportados por terra até os portos. O principal elo da cadeia eram os agentes comerciais que compravam as mercadorias e as ofereciam aos mercadores donos de navios. Obtinham e distribuíam as mercadorias por meio de uma rede de intermediários e subagentes comerciais das regiões das cidades pequenas. Também forneciam instalações para estocar mercadorias e reduziam os riscos comerciais testando e pesando os produtos. Nos portos, seus artigos eram comprados por mercadores e marinheiros, que os transportavam para terras distantes.

Os *sarrafs* (ou *shroffs*) da casa da moeda eram outro elo do sistema econômico. Eram os mercadores de dinheiro do império, trocando moedas estrangeiras por rupias mugalis. Também compravam e vendiam letras de câmbio, ofereciam seguro marítimo (para as mercadorias, não para os navios) e empréstimos. Desenvolveram também uma forma primitiva de depósito bancário e foram um elemento importante para o fluxo e a utilização eficiente do capital financeiro.

Os portos estrangeiros onde os guzerates vendiam suas mercadorias eram mais um elo de peso da cadeia. Nesses portos, era frequente os mercadores colocarem para atuar como agentes comerciais membros da família nos quais podiam confiar. Quando o seu grau de atividade não era muito intenso, eles usavam os serviços de um agente do mesmo grupo social sediado naquele porto. O agente recebia uma comissão e o mercador não tinha de arcar com os custos permanentes representados pelo pagamento de salários quando não estava havendo transação comercial. Os mercadores mantinham correspondência regular com seus agentes comerciais no exterior, trocando informações sigilosas sobre a situação dos mercados, que produtos estavam em demanda e quais corriam o risco de estar com excesso de oferta.

Em grandes portos estrangeiros como Malaca, os guzerates nomeavam um dos seus para ser um *shahbander.* O *shahbander* cuidava dos interesses dos mercadores, administrando mercados e armazéns, garantindo padrões de qualidade e observando os pesos e as medidas, além de atuar como árbitro em disputas no seio da comunidade expatriada. Também representava os guzerates no comércio com o sultão de Malaca. Havia um arranjo semelhante em outros portos importantes onde os guzerates comerciavam, como Mombaça e Malidi.[45]

Como mostra essa descrição, um mercador que possuía um navio era apenas um elo de uma longa cadeia de indivíduos extremamente especializados. Até os mercadores mais ricos dependiam dos outros elos da cadeia e tinham pouco controle sobre os processos que levavam um produto ao porto. A ideia de investir em um elo mais à frente da cadeia não teria sido atraente para um mercador, dada a incerteza dos mercados do exterior.[46] Em um mercado que mudava rapidamente, seria loucura fazer acordos permanentes com tecelões e outros produtores mais à frente na cadeia produtiva.

A carreira de Abdul Ghafur é um bom exemplo das características do comércio dessa época.[47] Seu êxito fez dele o mercador mais rico de Surate no fim do século XVII. Parece que Abdul Ghafur chegou a Surate no fim da década de 1660, vindo da cidade setentrional de Patan, onde havia sido professor em uma mesquita. Era muito pobre quando chegou a Surate, mas sua história sugere que ele era letrado e instruído, o que lhe deu algumas qualificações necessárias para ser bem-sucedido no comércio. Logo fez fortuna, muito provavelmente com o comércio no mar Vermelho. O mar Vermelho era o destino de muitos indianos muçulmanos que saíam em peregrinação a Meca, e um comércio ativo desenvolveu-se em torno do transporte que servia essa rota.

A experiência nessa rota tinha grande valor competitivo, pois o primeiro navio desse mercado (e o primeiro a voltar) encontrou uma demanda reprimida e pôde cobrar preços elevados. Os primeiros navios a voltar também foram os primeiros a dar informações comerciais valiosas sobre a situação do mercado, informações que foram muito úteis para o planejamento das encomendas. Ghafur sabia da existência de certa vantagem em ser o último navio e pegar o último frete. O tamanho de sua frota permitia-lhe o uso de um grande número de estratégias.

No interior de Guzerate, Ghafur dependia de agentes e subagentes comerciais que tratavam com os líderes dos tecelões em cadeias longas e tortuosas que o mantinham a certa distância do processo produtivo. Com pouco interesse ou controle sobre a produção, seria pouco provável que ele quisesse investir em outros elos dessas cadeias, dada a incerteza dos mercados do exterior.

Abdul Ghafur era um homem frugal. Em meados da década de 1680, era um dos mais ricos mercadores que também eram donos de navios de Surate e, em 1700, estava fabulosamente rico. Mas a ascensão meteórica de sua fortuna não aconteceu sem que ele fizesse muitos inimigos ao longo do caminho. Quando Ghafur percebia uma vantagem qualquer, impunha as próprias regras e esmagava os concorrentes menores. Certa vez tentou conseguir o monopólio sobre o comércio do mar Vermelho, arruinando vários pequenos comerciantes no processo, mas o mercado era aberto demais para impedir o surgimento de novos rivais. Por isso era detestado pelos outros mercadores da cidade, que adoravam ter qualquer notícia de que ele havia perdido dinheiro.

Mesmo quando ele parecia estar cooperando com outros mercadores, explorava a situação em benefício próprio, como mostra a época em que os navios europeus chegaram ao oceano Índico e começaram a prejudicar o transporte de Guzerate. Ghafur era quem possuía o maior número de navios e foi quem mais perdeu com as investidas europeias, de modo que estava ansioso por dar um limite aos europeus. Convenceu os outros donos de navios locais a parar de viajar até os europeus os compensarem por suas perdas; mas, antes disso, mandou encher seus armazéns e depósitos de Moca. Os guzerates concordaram em parar de viajar e, sem suprimentos entrando no mar Vermelho, Ghafur podia vender os produtos em seu armazém a preços altíssimos. Os outros donos de navio tomaram conhecimento do que estava se passando e a ação conjunta teve fim.

Ghafur dependia dos *shroffs* para cunhar os lingotes de ouro e prata que levava para o país. É claro que o dinheiro de Ghafur era indiano, assim como seu agente, Gangaram. O nome de seu representante ficou registrado quando ele e Ghafur tiveram uma desavença na segunda década do século XVIII. Não sabemos dos detalhes, mas causou furor na cidade e falou-se dela durante anos a fio.

A escala das operações de Ghafur não tem precedentes. Da frota de 112 navios da cidade no fim do século XVII, 17 eram dele. A família turca Chellabie, que era concorrente sua, tinha só cinco. Os navios de Ghafur utilizavam todas as rotas comerciais asiáticas entre Manilha e Moca. Em 1701, eram dele oito dos 19 navios que faziam o trajeto entre o mar Vermelho e Moca, onde ele tinha armazéns e uma das maiores mansões da cidade. Seus *nakhudas* (ou capitães) ficavam nessa casa durante suas estadas e às vezes o ano todo, para supervisionar a compra de mercadorias. Os *nakhudas* que assumiam a direção de um empreendimento eram parentes seus, ou homens de negócios importantes da cidade com quem ele mantinha boas relações. A tomada de decisões era centralizada pelo próprio Ghafur, com instruções rigorosas dadas a cada *nakhuda*. Com um peso bruto de sua frota totalizando 5 mil toneladas, suas operações eram comparáveis às companhias europeias que operavam na Ásia nessa época. Mas ele nunca desfrutou o apoio social e político que uma empresa como a Companhia das Índias Orientais Holandesas recebeu de seu governo.

Abdul Ghafur, como outros empresários bem-sucedidos de Guzerate, surfou uma onda de prosperidade gerada pelo ambiente econômico favorável que produzia estruturas comerciais e formas de pensar próprias. O *dhow* era a forma de transporte mais eficiente para as condições do oceano Índico; mas, sendo uma embarcação leve, não tinha como carregar grande parte dos armamentos, de modo que era vantajoso para o comerciante fazer seus negócios em paz. Essa atitude também refletia a visão religiosa de alguns mercadores.

Uma outra prática racional era a colocação de um agente comercial em um porto estrangeiro, tendo em vista prever a demanda do mercado e a compra dos produtos que ele achava que seriam procurados. Esses produtos eram enviados quando os ventos das monções eram favoráveis. Um mercador que dispunha de muitos recursos podia até tentar açambarcar o mercado de um determinado artigo, mas corria o risco de uma reação agressiva. Ao adotar essas formas de pensar, o mercador acomodava-se ao que a cultura considerava um comportamento econômico racional.

As grandes semelhanças entre a ascensão do transporte da China e de Guzerate são evidentes. Ambos criaram um ambiente favorável aos empresários do transporte e à aquisição de *know-how* marítimo. Em particular, a união e a estabilidade política deram aos homens de negócios desses países o acesso a grandes mercados e a sólidas bases produtivas. Os donos de navios de ambas as nações fortaleceram-se com o apoio que deram aos setores que apresentaram as melhores tecnologias produtivas da época e condições prósperas de demanda local. Essas vantagens acabaram fazendo com que eles ganhassem experiência e conhecimentos que atraíram clientela de outros países. É claro que ser porta de um império poderoso era uma prerrogativa de valor para a indústria.

As estruturas organizacionais eram muito parecidas, sendo a família a base de todas as companhias de transporte (com a exceção do comércio tributário chinês). As diferenças organizacionais eram maiores nos setores de apoio. A cerâmica chinesa transformou-se em um setor de produção em massa, ao passo que os têxteis indianos continuaram fragmentados e muito dispersos. Apesar disso, ambos os setores atingiram um alto grau de especialização. A razão das diferenças de estrutura talvez tenha a ver com a distribuição geográfica de matéria-prima e também com a tecnologia da produção. Com as tecnologias da época, era mais fácil construir um grande forno de cerâmica do que máquinas para produzir tecidos.

Um ponto fraco visível da economia de Guzerate era a falta de um órgão que promovesse o avanço do saber. Esse tipo de órgão explica uma boa parte da razão pela qual o êxito de Guzerate se baseou na difusão das tecnologias existentes, e não na inovação. [Os monges e funcionários públicos intelectualizados contribuíram com um grande número de inovações, mas Guzerate não passou pelo mesmo processo]. Nos séculos anteriores, o mundo islâmico da Índia tinha produzido uma série de inovações e façanhas tecnológicas muito superiores às da Europa, mas quando Guzerate chegou a seu apogeu, a inovação parece ter deixado de existir, o que pode ser explicado em parte pela natureza de sua vida intelectual, comparada à dos chineses; esses eram muito mundanos e materialistas, ao passo que a grande maioria dos hindus estava empenhada em sua luta para se liberar da existência física, considerando o mundo visível uma ilusão. O efeito disso talvez não tenha sido muito grande na vida cotidiana do camponês médio, mas certamente influenciou os membros mais instruídos da comunidade hindu da qual poderíamos esperar inovações.

A comunidade muçulmana não tinha essas limitações, de modo que, dado que Guzerate dispunha de centros importantes de saber islâmico, poderíamos esperar um grau maior de inovação. Mas o saber islâmico parece ter passado pelo seu próprio processo de institucionalização nessa época. O debate intelectual perdeu a importância dos primeiros anos e tinha se transformado em uma tradição erudita. Deixara de ser excitante e inovador e tinha se tornado um mundo fechado de erudição estritamente livresca. Mas, nessa fase, a estagnação científica não afetou a competitividade do comércio de Guzerate. A competitividade do setor de transportes de Guzerate era uma função de características do ambiente doméstico, como indústrias de apoio, recursos intelectuais e demanda nacional.

Para entender a eficiência do transporte de Guzerate e da China, é bom considerar o sudeste da Ásia, que tinha um importante legado marítimo. Até o fim do século XV, Java possuía frotas de navios mercantes (os *jong*), que navegavam tanto no oceano Índico quanto no mar da China. Mas, à medida que os guzerates e os chineses foram intensificando suas atividades, os donos de navios japoneses começaram a ter dificuldade de competir.

Diante dessa competição, seria de se esperar que, para sobreviver, os javaneses imitassem o rival superior e adaptassem suas tecnologias e suas formas de fazer negócios. Parece que houve algumas modificações, principalmente durante a época em que a dinastia Ming impôs restrições ao comércio, que obrigaram os mercadores chineses a construir seus navios no exterior.[48] Esse fato deu aos javaneses uma oportunidade de aperfeiçoar sua tecnologia de transportes. Mas as embarcações híbridas que eles construíram não tinham o mesmo leque de características técnicas de suas congêneres chinesas, que tinham uma supremacia tecnológica inegável em termos de desenho e construção naval.[49] A tecnologia era só um fator do êxito dos nortistas. O sucesso dos donos de navios chineses e guzerates também se deveu ao sistema econômico de suas respectivas nações, que alavancou sua competitividade. Era muito mais difícil imitar esse sistema.

Embora o comércio do sudeste da Ásia tenha tido um florescimento considerável no século XVI, o transporte javanês não participou dele. O transporte de longa distância mudou de mãos, com os guzerates ampliando seu mercado para o ocidente e os chineses para o oriente. No século XVI, a força competitiva dos guzerates e chineses era fabulosa. Os javaneses foram reduzidos a operar redes nacionais e suas grandes frotas de *jongs* marítimos desapareceram.[50]

3

DEUS, OURO E GLÓRIA

O mercador de Veneza, peça escrita por William Shakespeare em 1598, baseia-se em duas histórias italianas do século XIV e trata de muitos temas do comércio europeu medieval. Ambientada em uma grande cidade mercantil, o personagem principal é um judeu, um homem do povo sobre cujos ombros recaiu grande parte dos primórdios do comércio europeu. Na peça, o judeu Shylock empresta dinheiro a Bassânio, que está cortejando uma bela herdeira. Antônio, amigo de Bassânio, oferece-se como avalista do empréstimo, apesar da animosidade entre ele próprio e Shylock. A hostilidade de Antônio contra Shylock era tal que acabou se tornando um hábito e chegou a ponto de cuspir nele. Apesar disso, foi feito um empréstimo, mas com uma condição — se não fosse pago, Shylock poderia tirar "meio quilo de carne" de Antônio.

A peça revela aspectos importantes da economia medieval, em particular uma cultura em que "nem tudo o que reluz é ouro". Embora os economistas vejam a Idade Média como uma "era dos lingotes", quando o ouro e a prata reinavam soberanos, a peça de Shakespeare mostra um incentivo e um valor enorme que os economistas ignoram frequentemente: a combinação de valores cristãos e atividade econômica.

As instituições e os valores cristãos influenciaram profundamente o desenvolvimento econômico da época. Ouro, glória e Deus foram os motivos que levaram os exploradores europeus a traçar as primeiras rotas comerciais. Foi a era do paradigma da reconquista, quando os marinheiros espanhóis e portugueses dominavam as ondas. Homens do mar como Colombo e Magalhães abriram uma nova trilha de desenvolvimento em uma época em que os marinheiros da península Ibérica viajavam pelo globo como ninguém antes.

Durante séculos a Europa foi o nanico econômico do continente eurasiano. Depois da queda de Roma, o sul fragmentou-se em Estados distintos. Dividida por barreiras geográficas, a Europa era uma colcha de retalhos políticos de reinos e principados sem força, sem estabilidade e sem a vitalidade econômica de seus vizinhos orientais. Os governos da Europa eram pequenos e ignorantes, e o comércio era praticamente inexistente. Essa era a economia feudal de camponeses, padres, guerreiros e artesãos.

A Europa não ofereceu um ambiente favorável aos empresários. Havia poucos setores com a capacidade produtiva do Oriente. Essa base fabril precária oferecia poucos artigos ao comércio, uma situação em que a falta de instrução generalizada não ajudava em nada. A pobreza da região significava que a demanda era insuficiente para sustentar o comércio, ao mesmo tempo que poucos mercadores — quando havia algum — tinham capital para financiar empreendimentos de transporte internacional. Esse ambiente teria de mudar para viabilizar qualquer tipo de comércio exterior ou setor de transporte internacional.

Durante a Idade Média, a economia europeia passou por um processo de mudança agrícola, comercial e tecnológica. Esse processo foi longo e gradual e nele houve tanto inovações autóctones quanto imitação da tecnologia e dos métodos comerciais do Oriente. Nessa fase, os europeus desenvolveram a capacidade de produzir novos produtos e serviços. Na agricultura, houve um aumento sistemático das safras à medida que a drenagem, a irrigação e o desmatamento aumentaram a quantidade de terra própria para a agricultura. Os aumentos da produção favoreceram o crescimento da população e geraram excedentes que podiam ser comercializados (ou tributados). Mais gente poderia ser empregada em outras atividades que não as agrícolas e houve também um aumento de empregos no governo, na Igreja, nas artes e nos ofícios. Como na China e nas nações islâmicas, os mercados se tornaram o método mais comum de alocação de recursos, no começo em feiras temporárias, que acabaram se transformando em cidades com um comércio mais permanente.

A instituição dominante da época era a Igreja e os valores cristãos não eram totalmente favoráveis a uma economia de base mercantil. Os cristãos atribuíam um status humilde aos mercadores, vendo-os como homens ávidos por ouro que nada produziam. A usura, a prática de emprestar dinheiro e cobrar juros, era considerada antiética. Os judeus não eram limitados por esses valores, de modo que preencheram o vácuo e se tornaram comerciantes e banqueiros bem-sucedidos. Muitos judeus se espalharam pelos portos e cidades importantes da Europa, tanto para fugir à perseguição quanto em busca de comércio. Os judeus tiveram um peso muito grande na história europeia, pois constituíram um elo comercial neutro entre a Europa católica e os países mais avançados do mundo islâmico.[1]

É nesse papel de emprestador de dinheiro que Shakespeare coloca Shylock em sua peça *O mercador de Veneza*. Apesar de toda a importância que os judeus tiveram na economia europeia, esse conflito de valores fazia deles um alvo fácil de discriminação e Shakespeare usou esse conflito para criar uma das falas mais eloquentes do teatro inglês:

> Um judeu não tem olhos? Um judeu não tem mãos, órgãos, dimensões, sentidos, afetos, paixões? Não é alimentado com a mesma comida, ferido com as mesmas armas, sujeito às mesmas doenças, curado pelos mesmos meios, aquecido e resfriado pelo mesmo inverno e verão que os cristãos? Se vocês nos picarem, não sangramos? Se vocês nos fizerem cócegas, não rimos? Se vocês nos envenenarem, nós não morremos? E, se nos fizerem mal, não devemos nos vingar? Se somos como vocês no resto, devemos ser parecidos nisso. Quando um judeu prejudica um cristão, qual é sua resposta? Vingança. Quando um cristão prejudica um judeu, por que seu sofrimento não deveria seguir o exemplo cristão? Vingança, ora essa.

A relação entre a Igreja medieval e os negócios era íntima, complexa e embaraçosa. No século XII, o clero opôs-se à fundação de escolas que procuravam ensinar os conhecimentos básicos para o comércio, pois achava que elas ameaçariam seu monopólio no setor da educação. Na Itália, os livros de contabilidade de uma empresa em geral abriam com uma oração pelo êxito do negócio e pela saúde e segurança do quadro de funcionários. No norte, os flamengos faziam suas declarações financeiras "para a Glória de Deus". O conceito de "preço justo" sancionado pela Igreja era de relevância particular para a atividade comercial cotidiana. Os preços não deviam ser abusivos, deviam se pautar em um senso de justiça básico que reconhecia tanto a demanda quanto os custos.[2]

A capacidade produtiva dos europeus melhorou muito quando adotaram técnicas estrangeiras de produção. As nações islâmicas foram uma fonte importante de novas tecnologias. Os europeus adotaram métodos de produção de tecidos dos povos islâmicos, que também introduziram o algodão na Espanha. A roda de fiar chegou à Europa vinda do Oriente no século XIII. Veneza adquiriu da Síria a sua famosa capacidade de produzir vidro, enquanto a produção do açúcar foi aprendida pelos cruzados, que a levaram para a Europa. A influência islâmica também se fez sentir na mineração, um tema sobre o qual as únicas publicações existentes até meados do século XV eram traduções do árabe.[3]

Durante o século XII, o processo de imitação deu um salto monumental quando os cruzados aumentaram as interações com o mundo islâmico, o que lhes deu acesso a um vasto patrimônio de bens tecnológicos, como a redescoberta dos clássicos gregos da Antiguidade e textos islâmicos mais recentes, que passaram a estar à disposição dos europeus em quantidades cada vez maiores. Entre eles havia textos de Al-Khwarismi sobre matemática, obras médicas de Galeno e Hipócrates e a *Geografia* de Ptolomeu, que teve grande influência sobre donos de navios e exploradores europeus. Foram fundadas universidades com base no estilo islâmico de aprendizado. A primeira foi em Bolonha, por volta de 1100, seguida pela Universidade de Paris mais ou menos em 1150. O sistema islâmico de *madrassas* tornou-se o modelo, e a ênfase era no debate e na exploração da questão de ambos os lados, ao contrário dos exames chineses, que tinham a memória como base.

A linguagem que usamos hoje revela a natureza imitativa dos primórdios do comércio europeu. A palavra cheque deriva do termo árabe *sakk*. A palavra resma vem de *rismah,* que designava um conjunto de quinhentas folhas de papel do mesmo formato. A palavra fundo vem do árabe *funduq*, enquanto risco vem do termo árabe *rizq*.

Foi nos portos marítimos do Mediterrâneo que o processo de imitação foi mais intenso, em particular nas cidades italianas de Veneza e Gênova. Essas cidades se beneficiaram com as cruzadas, que apresentaram aos europeus produtos exóticos do Oriente Médio. Galés de cidades italianas visitavam regularmente portos comerciais islâmicos, levando produtos e tecnologias do Oriente. Os italianos foram os primeiros europeus a usar a bússola e a se apropriar de outras inovações, como as velas latinas e os mapas de navegação. Muito provavelmente adotaram a forma de organização comercial da *commenda* [uma sociedade em que uma parte entra com o trabalho e a outra com o capital] dos sócios comerciais islâmicos, um ingrediente vital para o rápido crescimento do comércio marítimo europeu.[4] O modelo da comenda implicava uma responsabilidade limitada dos investidores que ficavam em terra. Embora o sócio que estava viajando com as cargas estivesse completamente vulnerável, a segurança dos que estavam em terra incentivou o comércio marítimo.

A introdução da contabilidade de entrada dupla, provavelmente uma herança dos hindus, ajudou os mercadores a acompanhar suas operações e as atividades dos sócios e agentes comerciais no exterior. Também era um documento com o qual podiam aprender com o passado a planejar o futuro. As letras de câmbio passaram a ser de uso comum e, no fim do século XIV, os italianos já tinham encontrado fórmulas de contratos de seguros marítimos. Todos esses fatores reduziram o custo de utilizar o mercado, que se tornou um método cada vez mais eficiente de alocação de recursos.[5]

Uma diferença crucial entre a Europa e o Oriente apareceu na área de resolução de conflitos. No começo, os mercadores dependiam do costume para resolver disputas, da mesma forma que os indianos. Mas, à medida que a alfabetização se disseminou, os costumes associados ao comércio passaram a ser codificados e a Itália promulgou a primeira lei escrita para fazer valer acordos comerciais. No início, não havia muita diferença entre o costume e a lei escrita; todavia, à proporção que os governos tomaram medidas para impor essas leis, os comerciantes ficaram mais confiantes para realizar negócios. Com a segurança de saber que seus contratos seriam garantidos pela lei, a atividade dos mercadores expandiu-se. Essas cidades italianas tinham uma base agrícola precária e, por isso, tornaram-se dependentes do comércio marítimo. Foi por esse motivo que os interesses dos mercadores adquiriram tanta importância que o Estado assumiu a responsabilidade por sua proteção e os mercadores tornaram-se muito ativos no governo municipal.[6]

Foi graças aos italianos que os outros europeus se deram conta do valor do comércio marítimo. Embora os portos italianos não fossem grandes segundo os padrões mundiais, a riqueza que criaram estabeleceu um parâmetro para a Europa e era muito invejada por outros Estados europeus. Essa riqueza podia financiar navios e exércitos e a Europa passou a ter uma consciência aguda do valor econômico e estratégico do poder marítimo. Como *sir* Walter Raleigh diria mais tarde: "Quem domina os mares domina o comércio, quem domina o comércio do mundo domina as riquezas do mundo e, por conseguinte, o próprio mundo."[7]

O sucesso dos italianos serviu de modelo para outros Estados europeus imitarem. Os governos reconheceram que, se apoiassem os comerciantes, poderiam expandir sua base de arrecadação de impostos. Para favorecer os negócios, aprovaram as leis que obrigavam o cumprimento dos contratos e protegiam a propriedade privada, e nisso também os italianos serviram de modelo.[8] Os mercadores tiveram permissão de exercer o monopólio e recebiam cartas de apresentação para se estabelecer em cortes estrangeiras. Podiam ter o status de embaixadores por motivos semelhantes.

O grau de apoio governamental concedido aos mercadores era muito maior do que aquele recebido de seu governo pelos comerciantes chineses ou indianos. Esse alto grau de apoio do Estado era consequência da paisagem política fragmentada da Europa. Nações menores na Europa significavam que os governantes tinham menos terras aráveis para tributar do que a China e o império mugal, de modo que tinham mais probabilidade de apoiar os mercadores na tentativa de aumentar sua renda.[9] O tamanho pequeno significava também que os governantes estavam mais próximos dos mercadores e de outras pessoas sob seu poder. Tinham, portanto, mais consciência de suas necessidades. Há semelhanças aqui com as empresas comerciais modernas, em que as estruturas comerciais descentralizadas permitem que as decisões sejam tomadas mais perto do lugar onde os problemas acontecem. Isso contribuiria para aumentar a eficiência econômica da Europa em comparação com os gigantes do Oriente.

A descentralização também implicava um outro fator vital — a competição. Os Estados europeus estavam constantemente lutando entre si e era preciso financiar uma corrida armamentista competitiva. Os governantes europeus tornaram-se dependentes de seus mercadores como fonte de renda. Por causa disso, embora a China e a Europa tivessem ambas pouca consideração pelo ofício dos mercadores, era do interesse dos Estados europeus apoiar seus comerciantes.

A natureza do mapa político da Europa apresentou outras vantagens para o progresso econômico. A existência de muitos reinos divididos significava que não havia um poder central para reprimir a atividade comercial ou o pensamento original. Se um governo europeu tentasse acabar com o comércio, como aconteceu na China da dinastia Ming, os mercadores se mudavam para outro país. Sempre havia um senhor ou um príncipe em algum lugar que tolerava os mercadores e, se fossem oprimidos aqui também, mudavam-se de novo. É claro que a Europa tinha a sua parcela de governantes incompetentes, mas eles só podiam restringir os negócios ou o avanço científico dentro dos limites de sua região. Por exemplo: embora o papa tenha reprimido as descobertas de Galileu, elas foram assumidas pelos pensadores protestantes da Holanda, da Inglaterra e de Genebra.

O ambiente competitivo e descentralizado da Europa afetou a maneira pela qual a tecnologia se desenvolveu, e muitas tecnologias imitadas pelos europeus foram aperfeiçoadas em seu novo ambiente. Por exemplo: os altos-fornos haviam sido herdados da China e possibilitaram fundir o ferro a temperaturas mais elevadas. Os sinos das igrejas foram a demanda inicial para a tecnologia dos altos-fornos, mas foi em conjunção com outra invenção chinesa, a pólvora, que o ambiente político competitivo da Europa promoveu a invenção. Os altos-fornos foram usados pela primeira vez na Europa para fabricar canhões em 1380. Uma demanda crescente por Exércitos e Marinhas nacionais competitivos (e, mais tarde, por exploradores geográficos) levou os metalúrgicos europeus a criar as menores peças de artilharia do mundo, que também eram as mais precisas e as que tinham mais mobilidade.

As quantidades maiores e a qualidade melhor do ferro tiveram efeito cascata em outros setores, como o de ferramentas para a construção de navios e a prensa. Na cidade alemã de Mainz, Johannes Gutenberg, que havia aprendido metalurgia com o pai, um ourives, adaptou as novas possibilidades metalúrgicas a outra invenção chinesa, a prensa. Inventou a prensa de tipos móveis que tornou os livros mais baratos e disponíveis para um público maior. Em 1840, havia mais de 380 prensas em atividade na Europa. A imprensa expandiu enormemente as possibilidades de documentar, arquivar e disseminar ideias, sendo um fator vital para a revolução tecnológica da Europa. Surgiu uma literatura técnica, escrita por engenheiros para engenheiros, e, à medida que esse conhecimento se espalhou, um número crescente de pessoas contribuiu para o avanço da tecnologia. Dessa forma, a tecnologia europeia avançou como uma bola de neve.

Os europeus passaram a respeitar as máquinas, a inovação e as pessoas que as faziam. As melhores cabeças interessavam-se pela produção de tecnologia. Mas o progresso não foi sistemático. Houve muita duplicação e tempo perdido com a alquimia. Apesar disso, em 1500 a Europa tinha chegado à posição de paridade com o resto do mundo.[10]

Esses processos de imitação e inovação fortaleceram o sistema econômico europeu, gerando excedentes para o comércio, a educação, demanda e capital para investimento. Criaram as condições sob as quais os empresários podiam investir em transporte e comércio.

No começo da Idade Média, os europeus donos de navios estavam muito atrás dos chineses e árabes, como em muitas outras áreas tecnológicas. Os vikings tinham cruzado o Atlântico e, em vez de serem viagens transoceânicas, as suas eram mais de exploração das ilhas, pulando de uma para outra, o que os conduziu da Europa para a Islândia e depois para a Groenlândia, antes de finalmente chegarem à América do Norte. Não os levaram ao desenvolvimento de novas rotas comerciais. As viagens de Leif Ericson transformaram-se em um folclore obscuro e fora da Islândia ninguém jamais ouviu falar delas.

Os navios europeus não tinham condições de enfrentar as tempestades violentas do mar, nem de navegar efetivamente contra ventos contrários. As limitações da potência da embarcação e das técnicas de navegação significavam que as viagens eram feitas bem perto da costa, em vez de entrar em mar aberto e atravessar oceanos. Os pilotos orientavam-se pela experiência e pelo conhecimento de pontos de referência geográficos. Mas viajar contornando o litoral implicava os perigos da pirataria e os riscos de destruição contra os rochedos com ventos de sul a oeste. Por isso os marinheiros perdiam muito tempo esperando ventos favoráveis e, ao primeiro sinal de mau tempo, fugiam para o porto seguro mais próximo. Muitas vezes, viagens que poderiam levar só alguns dias levavam vários meses. As viagens longas elevavam o custo do transporte, obrigando a um aumento dos salários, dos preços e das tarifas portuárias. As variações na duração das viagens dificultavam o cálculo dos custos do frete e a resposta rápida a oportunidades de mercado.[11] O transporte europeu era um serviço caro e ruim, limitado a rotas regionais.

O aperfeiçoamento da navegação reduziria enormemente o custo do transporte, e uma série de instrumentos e métodos foram implantados com essa finalidade. A bússola chinesa, que era um ponteiro primitivo, foi introduzida e melhorada com a fixação do ponteiro em um pino em torno do qual podia girar e embaixo dele foi colocada uma rosa dos ventos para indicar a direção desses. No fim do século XIII, essa bússola aperfeiçoada estava sendo usada junto com mapas portulanos (com as coordenadas de navegação). No norte, onde a variação das marés era maior, os marinheiros estavam usando tabelas de marés no fim do século XIV.[12] Essas melhorias dos métodos de navegação tornaram as viagens mais seguras e mais produtivas. Elas se tornaram mais previsíveis, a quantidade de naufrágios diminuiu e agora era possível navegar durante o inverno, ampliando a temporada de viagens, e o capital investido em navios estava tendo mais lucros. Os marinheiros ainda evitavam as tempestades de inverno; mas, com os novos métodos, sabiam qual era a distância até o porto mais próximo. Viagens mais garantidas também reduziram o preço do seguro. Esses avanços reduziram os custos do transporte, o que alimentou ainda mais a expansão do comércio.

Durante séculos o transporte europeu evoluiu em duas esferas distintas. No norte, a hostilidade do mar Báltico e do mar do Norte gerou uma demanda por uma embarcação mais pesada, e o veleiro acabou evoluindo no sentido de facilitar a navegação nessas condições. O desenho do veleiro também foi determinado por fatores econômicos. A queda do preço dos cereais, associada à Peste Negra, significou que os exportadores alemães precisavam melhorar o transporte para aumentar a sua competitividade. A solução foi o veleiro. Sua quilha era arredondada e o fundo era amplo e achatado, com uma capacidade maior de transporte de cargas. A tração superficial do veleiro diminuiu sua vulnerabilidade às mudanças da maré. Tinha um único mastro e a vela era quadrada, o que facilitava seu manejo com menos braços, pois a mão de obra encarecera com a Peste Negra. Suas laterais altas eram boas para a defesa e o posicionamento de arqueiros. Descendente das tradições vikings e celtas, o veleiro tinha o costado trincado, isto é, feito de pranchas sobrepostas.

Os navios sulistas da área do Mediterrâneo foram mais expostos à influência árabe e evoluíram de forma bem diferente. Adotaram a vela latina, com a qual os marinheiros faziam um percurso em zigue-zague para navegar com ventos contrários, uma coisa que a vela quadrada não tinha condições de permitir. Ao contrário da engenharia naval do norte, os navios do sul eram fabricados construindo-se primeiro um esqueleto de madeira, no qual as pranchas eram adicionadas pelo lado de fora. O esqueleto interno aumentava a potência da embarcação. As pranchas não se sobrepunham, eram fixadas ponta com ponta em um processo chamado construção de caravela, economizando madeira na região do Mediterrâneo, que tinha reservas menores. Os navios do sul também diferiam em termos de massame [o conjunto de todos os cabos usados no aparelho de uma embarcação], quilha e forma de fixar o mastro.

O desenvolvimento do comércio entre o norte e o sul da Europa nos últimos 25 anos do século XIII facilitou a interação entre os donos de navios das duas regiões e permitiu que conhecessem as embarcações de ambas. Durante o século seguinte, as melhores características das duas tradições navais foram combinadas e, nos últimos anos do século XIV, surgiu o galeão. Os primeiros galeões tinham dois mastros, uma vela quadrada (influência do norte) e uma vela latina (influência do sul). Com o tempo, os capitães e os construtores de navios perceberam que a adição de um terceiro mastro permitia equilibrar as forças dos ventos nas diferentes velas, dando um controle maior do navio.[13] Com o acréscimo do terceiro mastro no começo do século XV, a Europa teve seu primeiro navio capaz de realizar viagens longas pelos oceanos.

O galeão foi o primeiro navio europeu de três velas. Desenvolveu-se ao longo do tempo por meio de um processo de imitação e evolução interna. O resultado foi uma embarcação rápida, forte, em condições de navegar no mar e que também podia viajar com ventos contrários e ser manobrada com mais facilidade do que qualquer uma de suas predecessoras.[14] Unger considerava esses galeões uma "grande invenção". Mas não houve nenhum salto tecnológico aqui. Esse foi um processo lento e gradual de melhorias no qual os projetistas reagiram às oportunidades e restrições do ambiente; mas, ao mesmo tempo, eram limitados pelos conhecimentos anteriores. Por fim, transpuseram um umbral, o que lhes permitiu aventurar-se nos grandes oceanos. Com o desenvolvimento do comércio, uma demanda mais sistemática por cargas permitiu aos construtores de navios o luxo de fabricar embarcações maiores.[15] Os comerciantes de Gênova, com suas cargas dispendiosas, tiveram mais condições de arcar com as despesas da experimentação em desenho de navios e foram os primeiros a empregar o galeão, que, em 1500, constituía 90% da frota mercantil de Gênova.[16]

Os avanços da metalurgia resultaram em ferramentas de qualidade superior.[17] Agora era possível produzir serras que conseguiam cortar efetivamente a madeira de lei, ao passo que a introdução da braçadeira permitiu abrir buracos para os parafusos. Navios mais resistentes podiam ser construídos mais depressa. Os governos contribuíam de forma intermitente para o avanço técnico e mais eficiência,[18] embora certas direções que os governos tomaram acabassem levando a um desperdício fabuloso, principalmente quando os monarcas queriam construir embarcações grandes por conta do prestígio que elas lhes davam.

A última mudança importante no transporte europeu foi a colocação de artilharia a bordo dos navios. A estrutura competitiva do sistema de governo europeu levou-o a fabricar armas confiáveis que, mesmo pequenas, tinham uma potência igual aos monstruosos instrumentos de ferro usados nos cercos de épocas anteriores. Sua colocação nos navios mudou a defesa naval, uma vez que sua capacidade de inutilizar ou até de afundar um vaso inimigo não exigia a presença de homens para abordar o navio adversário.[19] Isso dava uma grande vantagem aos europeus quando se aventurassem em águas hostis. Reduziu os riscos do transporte e os custos associados à pirataria e a governos hostis.

Com esses aperfeiçoamentos, os europeus tiveram condições de navegar lucrativamente em suas águas locais. Mas, no século XV, ainda tinham um longo caminho pela frente em termos de desenvolvimento das capacidades que lhes permitiriam cruzar os oceanos. Essas capacidades acabariam sendo adquiridas pela Espanha e por Portugal, que criaram novas ondas econômicas que os levariam à liderança global.

Os países da península Ibérica tinham duas vantagens vitais sobre os do norte da Europa. Beneficiaram-se da posição geográfica com o Atlântico de um lado e de outro o Mediterrâneo, um lugar estratégico para absorver os conhecimentos especializados dos vizinhos italianos.[20] Os genoveses eram muito valorizados, oferecendo tanto capital quanto o *know-how* necessários para as viagens marítimas. Os italianos de Gênova dominaram o corpo de oficiais da Marinha portuguesa desde o tempo do rei Dinis (1279-1325). A primeira colônia de Portugal, as ilhas Canárias (mais tarde reivindicadas pela Espanha), foi uma descoberta de marinheiros genoveses a serviço do governo português.[21]

Tanto a Espanha quanto Portugal haviam sido ocupados por invasores islâmicos, uma experiência que os encheu de fervor pelas cruzadas. No século VIII, um Exército mouro vindo do norte da África dominou a península Ibérica. Durante os sete séculos seguintes, os cristãos de Portugal e da Espanha tiveram de lutar pela sua liberdade. Essas eram sociedades de militares que lutaram em nome do cristianismo, combateram os infiéis e conquistaram seu título de nobreza. Inicialmente, Espanha e Portugal lutaram contra os muçulmanos no próprio território, mas a mentalidade da reconquista evoluiu para um imperialismo cristão que os levaria para o alto-mar. O sistema de valores da reconquista incorporou-se às principais instituições da época: a Coroa, a Igreja e as ordens militares.

Em 1415, a mentalidade da reconquista levou o rei português a atacar e capturar a fortaleza marroquina de Ceuta. A campanha exigiu a equipagem e organização de 100 navios de transporte, uma tarefa que coube ao terceiro filho do rei, Henrique. Depois que a fortaleza foi tomada, o príncipe Henrique recebeu a incumbência de garantir a defesa da cidade, que agora era portuguesa. Isso significou financiar, organizar e distribuir o fluxo de suprimentos mandados para lá. Essas atividades foram realizadas pela recém-criada Casa de Ceuta em Lisboa, um órgão encarregado de compras, distribuição e transporte. Também chegou a incluir ceramistas e tanoeiros, que fabricavam artigos para exportar para Ceuta, e muitos construtores de navios.

Henrique desejava que a captura de Ceuta fosse o primeiro estágio de uma campanha de conquista do Marrocos, na qual ele brilharia. Mas suas atividades militares foram desastrosas. Durante toda a sua vida, Henrique continuou alimentando sua fama de estrategista militar incompetente e temerário, e muitos à sua volta questionavam sua capacidade de julgamento.[22] Mas, depois que teve êxito, os cronistas e historiadores passaram a descrevê-lo como homem astuto e muito previdente, apresentando suas façanhas como prova.

Suas primeiras iniciativas no setor de transporte foram dirigidas para a colonização das ilhas do Atlântico, os Açores e a ilha da Madeira, onde teve início o cultivo da cana-de-açúcar.[23] Navegar para essas ilhas deu aos portugueses os conhecimentos indispensáveis sobre o regime de ventos do Atlântico e sobre as viagens marítimas. A partir dessa época, Henrique patrocinou uma série de expedições às costas africanas para dar combate aos muçulmanos que viviam ali. Traçar e usar novas rotas era uma empreitada perigosa. Diziam que, se um navio passasse pelo cabo Bojador, cairia presa de um grande número de possíveis calamidades, porque depois dele havia mares de água fervente onde espreitavam monstros aterrorizantes e, se o sol tropical não deixasse os marinheiros negros como carvão, Satã em pessoa estaria à sua espera.[24] Essas histórias de horror eram baseadas nas correntes e nos ventos do norte, que dificultavam a volta, e foram uma grande barreira para a entrada no comércio africano.

Em 1434, os marinheiros do príncipe Henrique passaram pelo cabo Bojador sem ser queimados, fervidos ou devorados por monstros submarinos. Apesar disso, o êxito de Henrique não foi aplaudido imediatamente. Ele enfrentou todas as críticas de um empresário sonhador que estaria desperdiçando recursos em um projeto inédito, como registrou o cronista:

> durante os primeiros anos, vendo o grande número de navios que o príncipe equipara com essa finalidade e a custos tão elevados [...] eles passaram a criticar uma coisa da qual pouco entendiam. Quanto mais tempo a empreitada levava para dar resultados, tanto mais frequentes as críticas. O pior de tudo foi que não só o povo plebeu, mas também os membros da nobreza falavam da questão em tom de desprezo, acreditando que toda aquela despesa e todo aquele esforço não dariam lucro algum.[25]

Os motivos de Henrique para suas empreitadas não eram só a caça ao ouro.[26] Ele se via como um cruzado e suas caravelas receberam ordens de fazer tanto estrago quanto possível aos mouros do litoral africano. Suas missões não eram dirigidas por mercadores, e sim por fidalgos de sua família. As velas de seus navios eram decoradas com a cruz da Ordem de Cristo. Mas, em 1447, quando chegaram à África negra, a natureza militar das viagens evaporou-se. Ali os portugueses enfrentaram lanças e flechas envenenadas, de modo que chegaram à conclusão de que só fazer comércio seria uma opção mais segura. No começo, os portugueses trocavam cavalos por escravos; mas, à medida que foram descendo pelo litoral africano, novos mercados se abriram, em particular de ouro e pimenta. Esses artigos deram os lucros e o incentivo em que se basearíam as viagens seguintes.

O tráfico de escravos abriu uma nova trilha econômica incoerente com os valores cristãos e exigiu legitimação. Um novo viés lhe foi dado pelo comércio. Agora Henrique era apresentado como salvador das almas dos negros pagãos, como afirma o cronista Zurara, do século XV:

> A única coisa que ocupava seu coração generoso não era a ideia do pequeno ganho material... Em vez dele, o senhor era movido somente pela intenção piedosa de buscar a salvação daquelas almas condenadas... É por isso que, ao ver os cativos postos à sua frente, tão grande foi o prazer que lhes causou a vista deles, que o senhor considerou insignificantes as despesas que fez com esse empreendimento.[27]

A pesquisa patrocinada pelo Estado continuou depois da morte do príncipe Henrique. Em 1486, o rei João II designou Bartolomeu Dias, o superintendente dos armazéns reais, para dirigir uma expedição. Dias participara de viagens anteriores até a Costa do Ouro e, por conseguinte, tinha experiência em navegação ao longo do litoral africano. Em 1487, Dias tornou-se o primeiro capitão de navio europeu a contornar o cabo da Boa Esperança. Uma década mais tarde, Vasco da Gama deu a volta completa ao cabo e entrou no oceano Índico e, com a ajuda de um navegador guzerate que subira a bordo de seu navio na África, chegou até Calicute, Índia.[28] Outro guzerate, Malemo Cana, mostrou instrumentos náuticos e um mapa do oceano Índico a Vasco da Gama, explicando o regime de ventos e correntes que determinava a navegação nesse oceano. A lição não impediu o português de cometer erros em sua viagem de volta, mas não deixou de ser uma estreia da navegação no oceano Índico, que um processo de tentativa e erro melhoraria.

Os avanços portugueses no comércio internacional deveram muito ao que eles aprenderam com os italianos e as nações islâmicas. Mas eles se depararam com problemas que os levaram a desenvolver tecnologias próprias. As viagens pelo Atlântico exigiam cálculos que lhes permitissem determinar sua posição no mar. Em uma época em que a redescoberta de livros clássicos de geografia dera mais importância e respeito ao estudo da navegação, matemáticos, cartógrafos e astrólogos[29] eram instruídos nos conhecimentos superiores do Oriente. O príncipe Henrique reunira especialistas nesses campos que acabaram desenvolvendo o sistema de altura na navegação, em que a latitude do navio era determinada pelo cálculo da altura do sol ao meio-dia. Essa medida facilitou o uso de instrumentos mais confiáveis, o quadrante e as tabelas que relacionavam a altura do sol a graus de latitude. No século XVI foram publicados guias e tabelas para pilotos, e praticamente todos tinham acesso a eles. Essas mudanças levaram a novas exigências aos capitães, que agora tinham de conhecer um pouco de matemática para saber fazer observações astronômicas e calcular posições. Embora esses conhecimentos fossem novidade para os europeus, os pilotos árabes, indianos e chineses usavam métodos semelhantes havia muito tempo. Só aos poucos é que os europeus começaram a alcançar os orientais.

A expansão do saber foi cumulativa. À medida que novas técnicas de navegação permitiram que os navios fossem mais longe, as descobertas resultantes deram aos cartógrafos a oportunidade de desenhar mapas mais precisos. Isso, por sua vez, deu mais confiança aos capitães para velejar sem terra à vista. Foi assim que os portugueses aumentaram sua capacidade e segurança em longas viagens marítimas.

Na década de 1480, o rei João II de Portugal recebeu uma proposta de Cristóvão Colombo para financiar uma viagem à Índia, tomando o rumo do ocidente no oceano Atlântico. Depois de pensar um pouco, ele resolveu não financiar o projeto, de modo que Colombo fez a mesma proposta à Espanha, onde a competição política entre países europeus promoveu mais uma vez o avanço tecnológico. Fernando e Isabel foram convencidos pelo argumento de que, se não apoiassem Cristóvão Colombo, ele procuraria uma potência estrangeira. Eles não queriam perder os possíveis benefícios para um rival.[30]

O êxito final de Colombo foi resultado direto do ambiente de sua terra natal. Era de Gênova, uma importante cidade mercantil italiana que lhe deu parte de sua formação inicial em questões marítimas e comerciais. Depois viveu alguns anos em Portugal, de onde viajara para a ilha da Madeira e pelo litoral da Costa do Ouro. Nas caravelas portuguesas, obteve informações sobre as correntes, os ventos, as ilhas e praias que não estavam à disposição da geração anterior.

A nova era da imprensa permitira a Colombo ler Marco Polo, e ele usou a riqueza da Ásia como argumento de venda em sua proposta ao rei da Espanha. Ele também devia conhecer uma obra de Silvio Piccolomani (mais tarde o papa Pio II), que resumia a *Geografia* redescoberta de Ptolomeu, mas repudiava a ideia de que o oceano Índico era um mar fechado. Leu ainda a *Imago Mundi*, de Pierre d'Ailly, que sugeria a possibilidade de uma viagem da Europa para o ocidente chegar à Ásia, e foi nessa obra que ele baseou seus cálculos.[31]

Colombo também se beneficiou dos avanços impressionantes da tecnologia naval que tinham acontecido na Europa durante o século anterior. Os navios com os quais atravessou o Atlântico — duas caravelas reformadas e um galeão — eram o que havia de mais moderno na tecnologia europeia. Colombo estava no lugar certo, na hora certa.

Colombo não foi o único europeu a se aventurar pelo Atlântico. Entre 1452 e 1487, ao menos oito delegações partiram de Portugal e, de Bristol, marinheiros ingleses aventuravam-se pelo Atlântico em busca da ilha mítica de Brasile, que, segundo uma lenda irlandesa, ficava a oeste da Cornualha. Mas os espanhóis é que foram os primeiros a dominar o Atlântico, graças à sorte. A Espanha já tinha ocupado as ilhas Canárias como sua primeira colônia marítima. Felizmente para ela, as Canárias ficavam perto dos principais ventos norte-leste. Colombo chegou à América porque, tendo as ilhas Canárias como ponto de partida, estava o mais próximo que era possível dos ventos propícios que o levariam para o outro lado do Atlântico. Mas, infelizmente, o objetivo de Colombo era chegar à Ásia, não à América. A aventura de Colombo não conseguiu encontrar a rota para a Ásia, e a riqueza que ele encontrou nas Índias Ocidentais não foi suficiente para compensar seu fracasso. Seriam precisos mais 30 anos para o Novo Mundo dar retornos substanciais.[32]

A essa altura, os espanhóis e os portugueses tinham chegado mais longe do que qualquer outra nação marítima antes deles. Em 1494, consciente das possibilidades de uma rivalidade destrutiva, o papa Alexandre VI dividiu o mundo em duas esferas de influência, a espanhola e a portuguesa. Infelizmente, os mapas do século XVI eram muito imprecisos e deixavam em aberto áreas potenciais de conflito. Apesar disso, o Tratado de Tordesilhas tornou-se a base de um documento relativo à divisão de poder. A implicação para o transporte foi que o mundo foi dividido em um acordo que era quase uma divisão de mercados. Portugal ficou com o Brasil e a rota para a Ásia via África e oceano Índico, enquanto a Espanha ficou com a maior parte das Américas.

A Espanha também queria comerciar com a Ásia, mas o Tratado de Tordesilhas punha as rédeas do oceano Índico firmemente nas mãos de Portugal. De modo que era natural ela se interessar quando o marinheiro português Fernão de Magalhães chegou à corte sugerindo outra rota para a Ásia através do Atlântico. Um excelente navegador português, Magalhães tinha viajado para as Índias Orientais na juventude e lera muito a respeito das teorias geográficas da época. Dispensado do serviço pelos portugueses depois de uma acusação de traição, ele viajou para a corte espanhola, onde ofereceu seus préstimos. Estava convencido de que a única razão pela qual Colombo e Cabot não conseguiram encontrar a rota para a Ásia foi porque o caminho que atravessava as Américas ainda estava por ser descoberto.[33] O governo espanhol concordou em patrocinar Magalhães. Embora ele não tenha sobrevivido à viagem, seus homens completariam a primeira circum-navegação do globo.

Durante a viagem, Magalhães viu as ilhas Luzon, que foram colonizadas depois e batizadas de Filipinas em homenagem ao príncipe Filipe. Essas ilhas desempenhariam um papel crucial em uma nova rota mercantil e em um novo sistema comercial jamais imaginados por qualquer visionário. Depois que a experiência ensinou aos espanhóis qual era a natureza do regime de ventos do Pacífico, foi construído um elo comercial entre as Filipinas e as Américas, o famoso Galeão de Manilha. Essa nova rota comercial viu galeões espanhóis levarem grandes quantidades de prata das Américas para as Filipinas. Em Manilha, eles se encontravam com navios, mercadores e artesãos chineses habilidosos que iam para as Filipinas tirar proveito de seu comércio. Dali a prata era distribuída por toda a Ásia, enquanto os galeões voltavam à América com artigos do Oriente.

A pesquisa marítima ibérica tinha traçado novas rotas comerciais e revolucionado o comércio, abrindo um novo caminho para a riqueza. Mas os primeiros empreendimentos foram muito caros. A primeira viagem de Vasco da Gama para a Índia perdeu 65% de sua tonelagem e 63% da tripulação. A carga de pimenta que levaram para casa foi só de seis toneladas.[34] Os portugueses logo aprenderam com a experiência e reduziram dramaticamente os custos. Em 1500, já sabiam da necessidade de programar suas viagens para elas estarem de acordo com as monções. Embora a viagem de Vasco da Gama tenha durado de 733 a 804 dias, a frota seguinte, dirigida por Pedro Álvares Cabral, levou de 471 a 505 dias.

Foi preciso um século de tentativa e erro para os ibéricos dominarem o conhecimento das rotas comerciais, vital para o êxito das atividades mercantis. As informações que tinham sobre o regime dos ventos do Atlântico foram de grande importância. Durante a viagem, os pilotos eram obrigados a manter diários de bordo e registrar a posição do sol, o regime dos ventos, as condições climáticas, o curso que tomaram e qualquer outra informação relevante.[35] Na volta, os pilotos entregavam seus diários de bordo às autoridades, que os usavam para melhorar os mapas e as instruções de navegação. Dessa forma, os governos assumiam o papel de celeiros do saber e mandavam instruções aos navios antes da partida, assim como as regras que deviam assegurar a higiene, a ordem e a disciplina a bordo.[36]

Portugal deu um passo à frente ao criar uma escola de navegação no começo do século XVI. Os pilotos portugueses tinham de saber ler, escrever e dominar o astrolábio, o quadrante e outros avanços navais. Com a vantagem extra da experiência e da interação com os habitantes nativos das várias regiões por onde viajavam, os portugueses se tornaram navegadores por excelência. Um dado importante é que o percentual de tonelagem perdida na rota para a Ásia reduziu-se, passando dos 65% de Vasco da Gama para uma média de 5,4% na década de 1570.[37] Sua fama era tal que outros governos europeus fizeram tudo o que podiam para tentar os navegadores portugueses a entrar para o seu serviço.[38]

Os portugueses colheram os frutos de seu investimento colossal em tecnologia, qualificação e conhecimento. Complementaram esses fatores construindo fortes e entrepostos comerciais por toda a Ásia. Com uma infraestrutura e *know-how* superiores, ganharam prestígio e uma aura de supremacia que os protegia ainda mais de qualquer desafio.

Mas, sem o patrocínio governamental, a revolução nos negócios desencadeada pela abertura de rotas comerciais simplesmente não teria acontecido. Os investidores privados fugiram assustados desse projeto de alto risco. Tanto Colombo quanto Vasco da Gama tiveram dificuldade para conseguir financiamento privado. Mas os investidores privados estavam dispostos a emprestar dinheiro à Coroa, pois seria ela quem correria o risco. Portanto, o Estado desempenhou um papel-chave no sentido de mobilizar as finanças, e os oficiais dos navios portugueses não eram mercadores, e sim aristocratas.

O comércio africano de Portugal era um monopólio do Estado desde os tempos do príncipe Henrique, o que também foi importante para o desenvolvimento do setor. Os primeiros avanços implicaram custos enormes com pouco retorno, de modo que o monopólio foi importante, pois reduziu os riscos da competição. Isso incentivou o príncipe a investir, pois o investimento aumentava suas chances de conseguir um retorno. Mas, na verdade, o monopólio criou algumas oportunidades para os empresários privados. Às vezes, a rota era terceirizada. Um exemplo: em 1469, Fernão Gomes assinou um contrato de cinco anos com o rei Afonso V, segundo o qual ele se comprometia a cobrir um número mínimo de léguas da costa todo ano e pagar à Coroa 200 mil-réis anuais em troca do monopólio comercial nessas áreas.[39] A terceirização expandiu a base de recursos a que a Coroa tinha acesso e diminuiu os seus riscos.

Depois da morte do príncipe Henrique, o comércio africano passou a ser controlado pela Casa da Mina. A Casa consistia em um escritório e em um armazém situados no andar térreo do palácio real, que ficava às margens do rio Tejo, onde mais tarde o rei João assistiria pessoalmente aos navios serem carregados e descarregados.[40] Assim que o comércio asiático foi aberto, o palácio também passou a ter um espaço destinado à Casa da Índia para fiscalizar o comércio da Coroa com a Ásia. Ela administrava duas empresas: a Carreira da Índia, que fazia a rota do Cabo para a Índia, e o Estado da Índia, que fazia comércio no interior da Ásia.

Todo ano, a Casa organizava e enviava uma frota para a Ásia, onde uma rede de fatores, ou entrepostos comerciais, era responsável pelo comércio do rei. Cada fator era constituído de escriturários, um tesoureiro e um fiscal dos pesos. Havia fatores espalhados por todo o oceano Índico e sua tarefa era comprar e vender cargas em nome da Coroa. O rei proibia qualquer indivíduo que não fosse seu representante ou concessionário comerciar pimenta, cravo, noz-moscada, macis, canela, pérolas e elefantes do Ceilão. Quando as frotas retornavam a Lisboa, as especiarias e outros artigos eram estocados e registrados pela Casa da Índia, e sua distribuição por toda a Europa era feita por mercadores privados.

Depois que o comércio se consolidou, os investidores privados passaram a se interessar em financiá-lo. Mas a Coroa reservou ciumentamente o seu fluxo de renda para si, mesmo que o fim do monopólio pudesse ter aumentado seus rendimentos por meio dos impostos sobre um comércio privado mais intenso. Apesar disso, os mercadores privados tornaram-se elementos importantes do comércio português, mesmo com o monopólio. Aristocratas, capitães, pilotos e membros da tripulação eram todos agraciados com certo espaço para carga nos navios da Coroa para transportar seus bens. Alguns faziam negócios próprios, mas o mais comum era esse direito ser vendido aos mercadores. Por exemplo: Duarte Gomes Solis transportava cravo e canela nos navios de carreira graças às concessões comerciais do duque de Bragança.[41] Muitos desses mercadores também faziam comércio em áreas que não estavam sob o controle do rei. No começo, um grande número de oficiais, soldados e outros cidadãos portugueses sediados na Ásia investiam pequenas somas nesses comércios privados; mas, com o tempo, o grosso do comércio foi parar nas mãos de meia dúzia de famílias de Lisboa. Enquanto a casa real insistia nas cargas consagradas pelo tempo, de pimenta em particular, esses mercadores diversificaram suas atividades, negociando também diamantes e tecidos.

Embora as rédeas da rota mercantil oriental para a Ásia estivessem presas firmemente nas mãos dos portugueses, o comércio no interior da Ásia era uma história bem diferente. Os portugueses alimentaram esperanças de estabelecer mais um monopólio comercial no interior do oceano Índico. Os mercadores de Guzerate, que no início receberam os portugueses de braços abertos, surpreenderam-se lutando pelo ganha-pão. Os portugueses não conseguiam se livrar da sua mentalidade de reconquista. Para eles, o comércio e a religião eram dois lados da mesma moeda: privar os pagãos dos lucros mercantis e matá-los como inimigos do cristianismo eram verdadeiras paixões.[42] Com o apoio do papa, acreditavam ter o direito divino à metade do novo mundo.

Com seus métodos antiquados de abrir brechas em outros navios com aríetes e assaltá-los, os asiáticos não eram páreo para a artilharia potente dos europeus. Os asiáticos tinham condições de formar frotas de navios cheios de combatentes, mas os portugueses simplesmente os faziam explodir. Os portugueses venceram as batalhas navais, mas logo descobriram que seria muito dispendioso manter o monopólio sobre uma região do tamanho do oceano Índico. O custo de manter uma cadeia de fortificações e grandes frotas para interceptar o comércio reduzia drasticamente os lucros. O oceano Índico era simplesmente grande demais para ser controlado por um país pequeno como Portugal. As longas distâncias impossibilitavam um controle efetivo e a falta desse levou à corrupção e à insubordinação.[43]

Apesar disso, os portugueses conseguiram uma medida de controle do comércio impondo um sistema de passes. Se os navios indianos quisessem navegar sem ser atacados pelos portugueses, teriam de comprar passes (ou cartazes), ou ter seus navios e cargas roubados.[44] Com esse sistema, quanto mais os guzerates comerciavam, tanto mais passes eram vendidos. Por isso, era interesse dos portugueses incentivar o transporte guzerate e o comércio marítimo guzerate prosperou sob o poder dos portugueses. Embora o sistema de passes tenha aumentado o preço dos transportes e desviado parte do comércio para os portos portugueses, a extorsão disfarçada de proteção oferecia proteção de fato,[45] pois reduziu os ataques de ladrões e piratas.

Os guzerates mantiveram sua supremacia no oceano Índico. Embora grande parte do comércio fosse desviada para o centro português de Goa, os guzerates não estavam deixando de comerciar enquanto produziam as cargas a serem transportadas. Isso quer dizer que os portugueses desempenharam um papel secundário para os guzerates, que estavam seguros de suas vantagens competitivas: suas cargas, sua localização estratégica e sua experiência superior. No entanto, uma mudança vital levou à redução da importância de Malaca. Os portugueses capturaram Malaca no início do século XVI, obtendo controle sobre o que tinha sido o maior empório do mundo. Mas os guzerates e outros mercadores locais reagiram distribuindo seu comércio por uma área maior e a importância de portos como Achém e Bantam aumentou.[46]

Os ibéricos também não conseguiram desbancar o transporte chinês no Extremo Oriente. Na verdade, deram um novo dinamismo ao comércio chinês no Oriente. Quando os portugueses chegaram à China na década de 1540, a proibição da dinastia Ming ao transporte privado ainda estava em vigor. Embora exercessem um comércio ilegal, foram recebidos de braços abertos pelos mercadores locais e acabaram fundando uma colônia mercantil na ilha de Macau com autorização do governo. Quando os chineses revogaram suas proibições ao comércio em 1567, mantiveram a interdição ao comércio com os japoneses, uma fonte de pirataria de longa data. Por causa disso, os portugueses tornaram-se intermediários-chave no comércio China-Japão, fundando uma colônia permanente em Nagasaki em 1571. O vínculo comercial tornou-se um dos mais lucrativos que os portugueses tinham. Foi essa rota que constituiu a base do romance *Xógum*, de James Clavell.

No século XVI, o foco português estava na Ásia e pouca atenção foi dada ao Brasil, pois ele não tinha os produtos e mercados do Oriente. Mas o Brasil oferecia algumas vantagens. A rota para o Brasil era mais curta, menos perigosa e menos dependente dos regimes de ventos, e as tribos nativas esparsas não ofereciam a resistência das grandes civilizações da Ásia.[47] Os colonizadores começaram a explorar os recursos intactos do Brasil, exportando produtos das ricas florestas da região com o uso do trabalho nativo escravo. No fim do século XVI, teve início o cultivo da cana-de-açúcar, que se tornou uma das mais valiosas exportações brasileiras e, no século XVII, o tabaco também estava sendo cultivado. À medida que a colonização se intensificou, ofereceu um mercado cada vez maior para a importação de artigos da Europa. Durante o processo, os portugueses construíram uma economia agromarítima vinculada ao transporte.

Ao contrário dos empreendimentos da Ásia, cuja razão de ser era o comércio, o desenvolvimento econômico dos territórios portugueses nas Américas caracterizou-se pela iniciativa particular. O comércio entre Portugal e o Brasil era feito por muitos pequenos mercadores e donos de navios que tinham pequenas caravelas em um grande número de portos portugueses. Havia poucas barreiras a esse comércio e os navios pequenos eram rápidos e ágeis.[48] A iniciativa privada também foi importante para o desenvolvimento das plantações e usinas de açúcar que supriam as caravelas. O comércio brasileiro dava ao governo 20% de sua renda com os impostos sobre importações e exportações.

O império comercial da Espanha também foi impulsionado pela iniciativa privada. Desde a época da segunda viagem de Colombo, os navios espanhóis começaram a cruzar o Atlântico. A Coroa espanhola alimentara esperanças de impor um monopólio ao comércio com as Américas semelhante àquele dos portugueses na Índia, mas logo descobriu que as colônias tinham necessidades que os recursos do governo não tinham condições de satisfazer. O comércio foi entregue aos mercadores privados e o papel do governo era de órgão regulamentador, e não de órgão comercial.

O império espanhol já foi descrito como "um vasto sistema de terceirização".[49] A Coroa terceirizou a extração de minérios e outras atividades cruciais, ficando com um quinto de todos os lucros. Até os colonizadores que conquistaram a América do Sul organizaram-se com base em uma sociedade na qual pagavam "um quinto real". Diego Velasquez e Fernão Cortez fundaram uma sociedade com vistas a conquistar o México, segundo a qual ambos deviam entrar com metade de tudo quanto era necessário e ficar com metade de todos os ganhos, se houvesse (e o rei ficava com a sua quinta parte de praxe). Francisco Pizarro, Diego de Almagro e Fernando Luque também fundaram uma companhia para explorar o Peru. Luque desempenhava o papel de sócio metropolitano, fornecendo dinheiro, enquanto os outros dois conquistavam um império.[50]

Esse arranjo teve um efeito visível sobre a mentalidade de reconquista dos espanhóis, mas o desejo de servir a Deus não foi o único motivo. Bernal Diaz Del Castillo, que participou da conquista do México, declarou: "Vimos aqui servir a Deus e também para enriquecer."[51] Da mesma forma, quando um padre repreendeu Francisco Pizarro pelos maus-tratos aos nativos e por não conseguir lhes ensinar o Evangelho, a resposta foi: "Não vim para cá por nenhuma dessas razões. Vim para cá pegar o ouro deles."[52] Cristóvão Colombo foi motivado por ambas as razões, mas tinha muita clareza sobre qual delas era a mais importante. "O ouro", disse ele, "é uma coisa maravilhosa! Quem quer que o possua satisfaz todos os seus desejos. Com ouro você consegue até levar almas ao paraíso."[53] Um incentivo óbvio para todos os empreendedores da península Ibérica era o desejo de se tornar um fidalgo (ou *hidalgo*).

Para administrar o império espanhol, foi criado o Conselho das Índias, por meio do qual advogados com diploma universitário governavam. Foi uma mudança que reconhecia que a manutenção do império exigia qualificações diferentes daquelas possuídas pelos que o construíram. O conquistador coberto de cicatrizes de batalhas foi substituído pelo funcionário do governo e pelo advogado na administração das Índias[54] e surgiu um corpo imenso de funcionários subalternos (*escrivanes*). A Espanha estava criando os seus próprios mandarins.

A Casa de Contracion de las Indias (Casa de Comércio) também foi criada em 1503 para regulamentar e incentivar o comércio nas regiões recém-descobertas. A Casa era o órgão que coletava impostos para a Coroa e, por isso, era ela que inspecionava as cargas dos navios e arrecadava as devidas tarifas alfandegárias, principalmente daqueles que transportavam metais preciosos. Registrava todas as cargas e todos os passageiros que estavam indo para as Índias, atividades que não só mantinham a Coroa em contato com o que estava acontecendo no comércio, mas também davam clareza nos contratos de frete entre donos de navios e mercadores.[55] Embora essas atividades tenham sido introduzidas para proteger os interesses da Coroa, tiveram o efeito adicional de reduzir os custos das transações dos donos de navios privados, apesar dos custos da regulamentação.

A Casa exercia um grau considerável de controle. Era responsável por equipar as frotas que viajavam pela Coroa, por impor regras de segurança e por inspecionar as embarcações privadas para garantir que tinham condições de viajar pelo oceano. A Casa emitia licenças para os navegadores, e seus técnicos documentavam sistematicamente todas as descobertas das Índias por meio de um *padron real,* ou quadro de referências. Os quadros de referências dos navios eram examinados para garantir que eles estavam de acordo com as informações mais recentes. A Casa nomeava um piloto-chefe, sob cuja direção se desenvolveu uma escola de navegação. Com o tempo, foram acrescentados um departamento hidrográfico, uma escola de cosmografia e uma escola náutica. Embora criticada pelas limitações que impunha, nos primeiros anos o desenvolvimento da Casa significou prestação de serviços essenciais para a expansão do comércio.[56]

De acordo com as regras da Casa, o comércio devia restringir-se a Sevilha (mais tarde, expandiu-se até Cádiz). A lógica de restrição do comércio a um único porto era a maior facilidade de manter o controle. Mas teve também a vantagem de favorecer as economias de escala por meio das instalações que tinha ali. Sevilha tinha condições de satisfazer todas as necessidades do comércio, fornecendo inclusive o mecanismo dos serviços portuários e de empresas financeiras e comerciais. O porto era seguro e tinha facilidade de comunicação com o interior. Esses fatores se combinaram para tornar o monopólio de Sevilha legal e competente.[57]

No início, os mercadores preferiam providenciar o próprio transporte entre a Espanha e as Américas; mas, depois de 1526, os navios mercantes foram proibidos de viajar sozinhos para a América[58] e foi introduzido um sistema de comboio para proteger as embarcações dos piratas e também para impor o monopólio do porto de Sevilha. Na década de 1540, a frota viajava uma vez por ano em um comboio para o Caribe, onde se dividia em duas: metade ia para a Nova Espanha (México) e a outra para Tierra Firme (norte da América do Sul e Panamá). Com o tempo, duas frotas distintas passaram a se dirigir para esses dois destinos.[59] Uma esquadra de defesa acompanhava a frota, de seis a oito galeões acompanhavam a frota de Tierra Firme e dois garantiam a segurança da que ia para a Nova Espanha. O sistema era extremamente eficaz, uma vez que, em seus 300 anos de existência, só uma vez a frota foi vencida em um ataque de estrangeiros.

À medida que os recursos e mercados das Américas passaram a ser explorados, uma nova onda de crescimento ofereceu oportunidades para os empreendedores enriquecerem. A migração para as Índias permitiu que os artesãos se transformassem em mercadores. Um bom exemplo disso é a carreira de Francisco de Esquivel Castaneda, que viveu no início do século XVI.[60] Francisco era filho de um mestre-artesão da seda com certificado de sua corporação e também comerciante de Granada. Seu círculo familiar era composto de tecelões, tintureiros e mercadores da seda. Emigrou para a Nova Espanha e instalou-se na Cidade do México, de onde começou a exportar cochonilha e anil, usados como produtos para tingir tecidos. Também comprava seda chinesa que chegava ao México pelo Galeão de Manilha e a exportava para a Espanha. Sua experiência com a seda, seu conhecimento de tinturas e seus contatos familiares eram vantagens óbvias. Os recursos da América do Sul permitiram que ele se tornasse mais ativo ainda como empresário e entrasse em um novo caminho de desenvolvimento.

Quando os mercadores começaram a exercer suas atividades no Atlântico, mandavam seus artigos para as feiras dos principais portos da América em uma base especulativa. Os chefes das casas de comércio de Sevilha não podiam abandonar seus negócios em momento algum, de modo que enviavam representantes de confiança, com quem assinavam contratos comerciais. Dessa forma, os empreendedores ousados que arriscavam a vida aventurando-se pelo novo continente obtinham acesso ao capital e a uma atividade empresarial impossível em outras circunstâncias. À medida que esses empresários se estabeleceram na América em uma base mais permanente, essas relações foram formalizadas e então o contato americano se propunha vender todas as mercadorias enviadas pela família espanhola e comprava metais e produtos para a viagem de volta.[61]

Embora a América ficasse mais perto que a Ásia, esses contratos criaram problemas organizacionais. No comércio entre a América e Sevilha, os capitalistas europeus ofereciam ao sócio que viajava um quarto dos lucros obtidos com 2 mil ducados em mercadorias, mas lhe forneciam artigos para vender que excediam em muito esse valor.[62] Por outro lado, as casas de comércio europeias se queixavam de que seus representantes não lhes prestavam contas, ou faziam malversação dos fundos. Como no Oriente, esse problema entre matriz e filial era o principal motivo para escolher membros da própria família como representante e sócio comercial e a família era a forma dominante de organização mercantil.

A empresa familiar de Álvaro Jorge, ex-negociante de tecidos de seda, é um bom exemplo. Seus membros eram ativos no tráfico de escravos entre a África e as Américas e muitos dos navios usados eram seus. Mantinham uma rede de agentes no Novo Mundo, em geral escolhidos entre os membros mais jovens da família (filhos ou sobrinhos). Se houvesse necessidade de empregar alguém de fora, eles procuravam alguém com origem semelhante. Sendo *conversos* — os judeus que se converteram ao cristianismo para escapar à perseguição —, isso significava outros judeus convertidos. Muitos sócios comerciais estabeleceram suas relações através do casamento.[63] Essa dependência da confiança em membros da família para o controle comercial também revela os limites do sistema espanhol.

Pequenos comerciantes fundaram empresas de transporte que, em meados do século XVI, tinham se tornado importantes dinastias mercantis. Essas famílias de mercadores criaram um grande negócio de representação e comissão comercial que importava e exportava para toda a Europa e o Novo Mundo. Muitos desses mercadores eram *conversos*. Um dos homens de negócios mais ricos de Sevilha foi Ruy Diaz de Segura, que aprendeu seu ofício como vendedor de roupas usadas (*trapero*). Possuía três caravelas envolvidas no comércio com as Índias: a *Santa Maria Del Cabo*, a *Santa Maria de la Consolacion* e a *Santa Maria de la Regla*, que era sua em sociedade com o primo.[64]

O novo sistema econômico aumentou a mobilidade social e revolucionou os valores da época.[65] Mas o aumento dos valores comerciais nem sempre era bem-vindo, como mostra um comentário de Cervantes, o autor de *Don Quixote*, queixando-se de que "o dinheiro é mais apreciado do que o valor". A aristocracia espanhola não aprovava recompensar o mérito a expensas do sangue azul e de uma linhagem comprovada. O dramaturgo e poeta Lope de Vega acreditava que "os Estados são destruídos por homens que desejam mudar seu status".[66] Para esses nobres, não se devia conseguir prestígio a não ser através das armas. Enfatizavam os valores antigos da virtude, da lealdade à Coroa e o poder exclusivo do príncipe de criar nobreza.

À medida que o século avançava, surgiam mais instituições que aumentavam a eficiência do sistema do Atlântico. Conforme o comércio com as Índias se expandia, o número de demandas judiciais aumentava, e a Casa de Contracion ficou entupida de trabalho. Em 1543, depois de várias petições, as casas de comércio que dominavam os negócios nessa época foram congregadas legalmente em um consulado, ou corporação mercantil. A corporação simplificou e abreviou os procedimentos da justiça, o que levou a um aumento da eficiência na jurisdição comercial, mas ao custo de instituir um monopólio fechado para as casas de comércio que dominavam o setor. A corporação tornou-se uma instituição rica e poderosa que tinha condições de defender sua posição privilegiada com litígios pagos pelos empréstimos que fazia a um governo pobre.[67]

Outra instituição-chave criada nessa época foi a ordem de padres jesuítas, instituída inicialmente em resposta aos ataques protestantes que expuseram muitos pontos fracos da Igreja Católica. Embora não tenha sido criada para exercer o comércio, a ordem tornou-se realmente uma peça importante do sistema econômico, cumprindo a promessa de conversão e lucro da reconquista. As missões jesuítas (e o Conselho da Inquisição) acompanhavam os entrepostos comerciais no mundo todo e, embora significassem um custo maior, às vezes os jesuítas desempenharam um importante papel diplomático para conseguir um tratamento diferente para os mercadores por governantes locais.

A ordem jesuíta também estimulou o avanço intelectual e técnico. Havia uma necessidade evidente de padres mais qualificados e surgiu toda uma série de instituições de ensino superior, a maioria colégios jesuítas. O sistema de educação jesuíta foi construído em torno dos conhecimentos mais recentes e teve benefícios óbvios para a economia. Levou a uma melhoria na qualidade dos administradores e promoveu o progresso científico. Também ajudou a satisfazer as necessidades burocráticas do Estado com profissionais instruídos. Durante essa época, os ibéricos estavam percebendo cada vez mais claramente as vantagens da educação superior, e os mercadores mandavam os filhos para os colégios na tentativa de melhorar seu status. Esse processo resultou na fundação de um grande número de universidades. Aos quatro *estudios generales* de 1450, somaram-se vinte no século XVI.[68]

Combinadas ao estímulo representado pela descoberta das Américas, as melhorias da educação lançaram os espanhóis na vanguarda da investigação científica. Elas incentivaram a pesquisa de todos os aspectos das ciências naturais, da geografia, da navegação, da engenharia e da medicina. O primeiro tratado de construção naval foi publicado no México em 1587. Esse foi um período de liderança científica e tecnológica da Espanha que ajudou a desenvolver a capacidade produtiva do país.

O governo foi outro fator crucial para a inovação no setor da construção naval. O governo espanhol mantinha um controle rigoroso sobre seus construtores, de modo que todo e qualquer navio privado também serviria às necessidades de defesa do Estado. Embora o governo ditasse uma série de requisitos, era obrigado a consultar os construtores navais a esse respeito. O Estado mostrou disposição para experimentar[69] e os construtores tinham uma liberdade de ação considerável. Foi um período de experimentação com alguns resultados bizarros e alguns êxitos retumbantes. Exemplos disso são a obra de Menendez de Aviles e Álvaro de Bazan, que desenvolveram o *vesselei,* uma embarcação mais estreita e mais veloz do que qualquer outra existente anteriormente na frota espanhola e, na década de 1550, foi feito um grande esforço para desenvolver o galeão, também sob as ordens do almirante Álvaro de Bazan.[70] O incentivo do governo fez muito pelo desenvolvimento da ciência da arquitetura naval e, por isso, os navios espanhóis eram melhores do que os das outras nações europeias.[71]

Os outros setores de apoio cruciais eram aqueles que enchiam os porões dos navios de mercadorias. Da América espanhola partiam cargas de peles, sebo, açúcar, anil, cochonilha, madeiras exóticas e plantas medicinais. Mas a parte mais valiosa das exportações era o ouro, a prata, pérolas e pedras preciosas vindas das Índias. Nas décadas de 1540 e 1550, a importância da mineração da prata deu um salto com a descoberta da mina de Potosí, no Peru Superior (hoje Bolívia), e de várias outras na Nova Espanha (México).

Nessa época, os primeiros investimentos em entrepostos comerciais africanos feitos por Henrique, o Navegador, mostraram ser uma grande vantagem. Uma escassez de mão de obra nas plantações brasileiras foi resolvida com a importação de escravos de suas colônias africanas. A Espanha não tinha entrepostos comerciais na África, de modo que fez um contrato (*asiento*) com Portugal para obter escravos para suas colônias. Portugal honrou esse contrato de 1573 a 1676, o que deu grande alento a seu transporte.

As demandas complementares dessas cargas permitiram aos ibéricos constituir um sistema econômico global. Os escravos eram transportados da África para a América do Sul, onde trabalhavam nas minas e plantações. Lingotes de ouro e prata e outros artigos da América do Sul eram enviados para a Ásia e trocados por mercadorias que depois eram enviadas para a América do Sul e Europa. Ao mesmo tempo, os lingotes de ouro e prata, o açúcar e outros produtos da América do Sul eram transportados diretamente para a Europa através do Atlântico.

Embora esse novo sistema econômico tenha liberado recursos até então inacessíveis, esse não era um mercado livre.[72] Quando estavam na China e no oceano Índico, é claro que os ibéricos tinham de aceitar o preço de mercado, mas a carga crucial de lingotes de ouro e prata era extraída por escravos retirados da África à força. A principal fonte de renda dos portugueses na Ásia era a venda de passes imposta aos donos dos navios locais. Os ibéricos não obtinham nenhuma vantagem competitiva com os artigos que eles mesmos produziam, com exceção de navios e minérios. Como sua riqueza e seus recursos tinham a conquista como base, esse fato ajudou a consolidar a mentalidade da reconquista e seu sistema de valores. A economia era personificada nas imagens de cavaleiros militantes, e não de capitães da indústria.

Ao longo de todo esse processo, os ibéricos desenvolveram novas formas de pensar que consolidaram os antigos valores da reconquista. Com isso construíram um sistema econômico com definição própria do que era racional. Ao velho paradigma da reconquista — combate aos muçulmanos — foi acrescentada a conveniência de aperfeiçoar a tecnologia dos transportes e explorar os recursos da América do Sul. Mas a lógica predominante significava que a Igreja e a nobreza ainda tinham primazia sobre os mercadores e seu ofício. A Coroa, que havia dirigido grande parte desse avanço, continuou mantendo sua posição central. O maior império comercial que o mundo vira até então foi construído com base na aspiração de converter e conquistar. Depois de estabelecidas, as competências organizacionais ajudaram a criar um monopólio duradouro. Durante um século, a Espanha e Portugal não tiveram concorrentes sérios nas rotas comerciais que instituíram.

4

OS INDUSTRIAIS DO NORTE

No fim do século XVI, os oceanos do mundo podiam ser descritos como uma série de mercados regionais dominados por líderes regionais do transporte. Os chineses controlavam o mar da China, os guzerates o oceano Índico e os ibéricos tinham a supremacia no Atlântico e nas rotas marítimas que ligavam essas áreas de atividade entre si. É difícil dizer qual dessas nações produziu mais. As personalidades históricas dessa época estão envoltas por imprecisões e só podem ser consideradas símbolos. Em termos de valor, parece que o comércio marítimo de Guzerate era o maior. Com base nos recibos das tarifas alfandegárias, o valor do comércio marítimo de Guzerate foi estimado em 40 milhões de cruzados. Em comparação, o valor do comércio ibérico era só a metade dessa quantia. O comércio espanhol do outro lado do Atlântico foi avaliado entre 7 e 10 milhões de cruzados e o Galeão de Manilha, entre 3 e 4 milhões. Na mesma época, o comércio português de carreira foi estimado em 5 milhões de cruzados.[1]

Infelizmente, não temos valores relativos ao comércio chinês, nem ao transporte guzerate desse período. Mas sabemos que 137 navios vindos da China praticavam um comércio legal em 1597,[2] número que pode ser comparado ao máximo de 200 embarcações espanholas do mesmo tamanho (aproximadamente 200 toneladas) que viajavam na direção do ocidente para visitar as Américas.[3] Os documentos sugerem que a Espanha e Portugal tinham uma frota transoceânica maior em termos de número, mas é preciso sublinhar que a China tinha um comércio litorâneo fabuloso. A costa da China é tão grande que algumas viagens consideradas internacionais pelos guzerates (e europeus) lá seriam consideradas nacionais. Por fim, se a liderança for definida em termos de quilômetros percorridos no mar, os portugueses e espanhóis estavam claramente na frente.

Apesar dessa igualdade relativa, a Europa estava introduzindo inovações marítimas e outras afins em um ritmo mais acelerado do que seus vizinhos orientais. Agora o transporte asiático parecia estar passando por uma estagnação técnica. Muitos economistas acham que o declínio da inovação está ligado a graus reduzidos de competição, mas tanto a China quanto Guzerate possuíam ambientes comerciais muito competitivos e não produziram avanços tecnológicos. Uma área em que os europeus estavam tendo uma competição mais acirrada era a guerra naval e muitos dos progressos técnicos que aconteceram na Europa derivaram dessa tecnologia naval.

Parece que os chineses e indianos não faziam tantos experimentos com velas e cordame quanto os europeus. Contentaram-se em manter o junco e o *dhow*, que eram burros de carga confiáveis em seus respectivos contextos. Por outro lado, os navios construídos na Europa estavam com uma margem de manobra maior. Na segunda metade do século XVI, os europeus trocaram algumas velas grandes por muitas velas menores, um aperfeiçoamento associado às mudanças no cordame. Esse processo gerou melhorias colossais e, depois que começou, entrou em um círculo virtuoso à medida que essas levavam a outras experimentações.[4]

Parece que os mercadores orientais contentaram-se em usar o que já estava provado e comprovado; procuravam o lucro, mas não através de inovação técnica, e sim de boas estratégias comerciais, como a de fazer a melhor combinação possível de cargas para seus respectivos destinos. Essas eram estratégias consideradas racionais em seus sistemas econômicos. A estratégia comercial chinesa foi impulsionada por soluções baseadas no mercado e pela necessidade de manter boas relações com os mandarins. No oceano Índico, a economia guzerate era, entre todas, a mais voltada para o mercado. Sua lógica comercial girava em torno da necessidade de prever a demanda e vincular a ela o suprimento de mercadorias. Por outro lado, os mercadores e donos de navios europeus parecem ter sido os mais abertos à possibilidade das mudanças tecnológicas aumentarem a lucratividade.

Todos os mercadores tinham de tomar decisões políticas, técnicas e comerciais. Mas parece que os mercadores de todas as nações tinham diferenças de ênfase. Os europeus eram mais inclinados a considerar as mudanças técnicas, um reflexo de seu ambiente, onde estava surgindo um novo respeito pela tecnologia. As melhorias podem ter sido só marginais e com pouca influência sobre o cotidiano; mas, depois de um século, elas se acumularam. No início do século XVI, os europeus não conseguiram obter nenhuma vantagem com sua tecnologia de transporte; mas, com o tempo, essa diferença se fez sentir.

Em 1580, o rei português dom Henrique morreu sem deixar herdeiro, o que levou a uma crise de sucessão que o rei espanhol resolveu anexando Portugal. O rei espanhol Filipe II agora governava as duas nações marítimas mais poderosas do mundo, com uma rede comercial que se estendia da China ao Peru. Os espanhóis e os portugueses dominavam completamente o oceano Atlântico. Os portugueses eram os únicos mercadores a ligar regularmente a Ásia e a Europa, enquanto o Galeão de Manilha era a única rota regular a cruzar o Pacífico.

O resto da Europa admirava esse gigante marítimo e econômico e muitos Estados também queriam ter o êxito dos ibéricos. O sucesso da Espanha foi uma demonstração do que era possível conseguir. No entanto, mais importante ainda era o fato de a Espanha ser uma ameaça de peso à segurança de muitos países por vincular valores militares e cristãos e ter a riqueza necessária para financiar ações militares e navais consideráveis. As nações protestantes do norte estavam preocupadas.

A Inglaterra era um país atrasado. Olhava para a força e riqueza de seus vizinhos do sul com uma mistura de medo e inveja. Tinha uma única indústria respeitável e só uma empresa importante envolvida com o comércio exterior. Essa indústria era a de roupas de lã, e a empresa era a Company of Merchant Adventurers [Companhia de Investidores Comerciais] que exportava as roupas de lã para Antuérpia.[5]

Embora cercada pelo mar, a Grã-Bretanha não tinha nada que se comparasse às frotas dos espanhóis e dos portugueses. Os ingleses já tinham feito um grande número de viagens exploratórias na tentativa de encontrar uma rota para a Ásia via ocidente, e também a mítica ilha de Brasile,[6] mas os resultados foram modestos. Foi preciso um italiano para eles terem o seu primeiro êxito transoceânico. John Cabot (Giovanni Caboto) era filho de um mercador italiano que vendia especiarias no Mediterrâneo, o que deu a John o melhor *pedigree* marítimo que a Europa tinha a oferecer. Por volta de 1490, ele se mudou para a Espanha na esperança de ter acesso a seus empreendimentos sensacionais. Ofereceu seus serviços à corte espanhola, mas ela não se interessou. De modo que ele foi para a Inglaterra e instalou-se em Bristol, onde conseguiu patrocínio para uma viagem para a Ásia velejando para oeste pelo Atlântico, uma viagem semelhante à de Colombo, mas com uma rota mais setentrional. Como Colombo, Cabot não conseguiu chegar à Ásia, mas desembarcou em uma "terra nova recém-descoberta". Infelizmente, a Terra Nova não tinha minas de ouro ou prata às quais o acesso fosse tão fácil quanto as do sul e o único ganho foram os cardumes de bacalhau nas águas vizinhas. O desenvolvimento econômico e marítimo do século XVI teria sido muito diferente se a Terra Nova tivesse os mesmos recursos que a Espanha encontrou no sul.

A fraqueza do Estado inglês e sua vulnerabilidade a ataques serviram de impulso para o governo adotar um programa de desenvolvimento para o setor de transporte. Com pouca diferença entre navios mercantes e vasos de guerra, os primeiros desempenharam um papel importante na guerra. Os monarcas Tudor incentivaram ativamente o desenvolvimento de uma classe mercantil e do setor de transportes. Henrique VIII promulgou uma legislação protecionista que reservava certas cargas a navios britânicos.[7] Na tentativa de construir sua marinha, Henrique VIII recrutou construtores de navios da Europa continental, conseguindo assim o acesso às últimas novidades tecnológicas do veleiro com três mastros ou mais. Também fundou a Casa da Trindade para o Avanço da Navegação e Treinamento em Pilotagem.

Os ibéricos foram o modelo segundo o qual os ingleses desenvolveram seus conhecimentos marítimos. Foram traduzidos livros sobre navegação a vela e outros, como a *Arte de marear*, do português Ruy Faliero, e a *Arte de navegar*, do espanhol Pedro de Medinas.[8] Para incentivar o desenvolvimento das técnicas de navegação, a rainha Elizabeth criou o cargo de "piloto-chefe", imitando aquele que existia na Casa espanhola.[9]

A pobreza da indústria britânica significava que todos os suprimentos do setor de transportes do país tinham de ser importados, o que podia ser uma deficiência grave em época de guerra, de modo que a assistência foi ampliada para abarcar os suprimentos navais. Foram importados especialistas franceses e italianos para ensinar os ingleses a fabricar armas, ao mesmo tempo que o governo incentivava a pesquisa do uso do ferro doméstico para substituir o bronze importado.

Sem apoio estatal, dois setores em desenvolvimento ajudaram a disseminar conhecimentos marítimos básicos: a pesca e o carvão. Depois que os ingleses se deram conta do potencial dos cardumes da Terra Nova, os barcos de pesca ajudaram a instruir muitos marinheiros, dando-lhes as informações indispensáveis para viajar pelo oceano, enquanto o peixe que pescavam serviu de base para um comércio de exportação para a Espanha e o Mediterrâneo. A indústria doméstica de carvão também estimulou o progresso marítimo. O carvão, transportado pelo oceano, foi responsável pela transformação de muitos habitantes da terra firme em homens do mar.[10]

Uma influência crucial para o desenvolvimento da capacidade de fazer longas viagens marítimas foi Sebastian Cabot, o filho do mercador italiano que descobriu a Terra Nova para os ingleses. Graças às suas conexões no Mediterrâneo, Cabot introduziu uma série de técnicas marítimas e co merciais. Foi consultor da primeira tentativa da nação de fazer comércio a longa distância, que aconteceu quando um grupo de homens de negócios combinou seus recursos na esperança de encontrar uma rota setentrional para as riquezas do Oriente através do mar Ártico.[11] O empreendimento foi batizado de Mysterie and Companie of the Merchant Adventurers for the Discoveries of Regions, Dominions, Islands and Places Unknown [Viagem Sem Destino Certo e Companhia de Investidores Comerciais para a Descoberta de Regiões, Domínios, Ilhas e Lugares Desconhecidos]. Infelizmente, os navios da companhia não conseguiram passar pela baía do Arcanjo, na Rússia. Embora não tenham chegado à China, o czar russo,

Ivan, o Terrível, tinha um fraco por homens de condição humilde, como os mercadores, e deu aos ingleses permissão para praticar o comércio.

Mais ou menos na mesma época, os mercadores ingleses começaram a comerciar com o norte da África. O comércio com o Marrocos teve início com James Alday, antigo ajudante de Sebastian Cabot. Junto com Henry Ostrich (que se casou com uma das filhas de Cabot) e dois comandantes navais, instituiu o comércio empregando intermediários judeus que organizaram a troca de tecidos, ferragens e outros artigos ingleses pelo caríssimo açúcar islâmico. Thomas Wyndham também dirigiu um sindicato que inaugurou o comércio com a costa da Guiné, com a ajuda de um piloto judeu português.

Embora fossem lugar-comum para os portugueses, esses empreendimentos de longa distância eram mais ambiciosos do que qualquer coisa que os ingleses tinham tentado antes, e oneraram os recursos limitados da nação. O transporte para essas terras distantes exigia mais capital e uma organização mais sofisticada. Os ingleses precisariam de mais navios, e de navios mais resistentes, e investimentos em estoques grandes o bastante para cobrir os longos períodos necessários. Esse comércio também era muito mais arriscado. Não sendo ricos em capital, os mercadores tiveram de combinar seus recursos, criando uma nova forma de organização, a sociedade anônima por ações. Essa estrutura tinha a vantagem adicional de dividir o risco entre os investidores.

O risco diminuiu ainda mais quando o Estado deu a essas companhias o monopólio de seus respectivos setores, aumentando as chances de obter lucros. Os monopólios não eram populares entre os donos de navios privados menores, e o desrespeito aos direitos dos outros era comum no comércio russo e báltico. Quando seis usurpadores tentaram acabar com o monopólio da Companhia Russa na década de 1560, a companhia teve de apresentar os motivos para exigir um tratamento diferente. A companhia incluiu em sua defesa o papel de promover o avanço da competência marítima da nação, afirmando que mantinha a seu serviço um grande número de pilotos e mestres qualificados e que pagava 20 libras anuais a um homem "instruído em cosmografia" para ele ensinar seus marinheiros.[12]

A companhia estava investindo em uma base de dados sobre rotas, com a qual seria possível aumentar a velocidade, reduzir os custos e atrair novos capitães para o comércio. Graças a esses argumentos, o governo inglês confirmou e ampliou o monopólio da companhia.

Enquanto isso, acontecimentos políticos fortuitos ajudaram a estruturar o desenvolvimento do setor. Nos últimos 25 anos do século XVI, os protestantes da Holanda revoltaram-se contra seus governantes católicos da Espanha. O conflito deu fim ao papel exercido por Antuérpia de centro comercial e maior mercado da época para os tecidos de lã inglesa. Com a queda de Antuérpia, os mercadores ingleses foram obrigados a procurar novos mercados e criar sistemas de distribuição. Surgiu então um grande número de novas companhias autorizadas. A Eastland Company foi criada em 1579 para fazer comércio no mar Báltico, seguida pela Turkey Company (1581), pela Venice Company (1583) e, em 1585, a Barbary Company foi fundada para explorar o comércio iniciado por James Alday. Em 1592, as companhias Turkey e Venice fundiram-se, constituindo a Levant Company, que levava passas, vinhos e sedas da região oriental do Mediterrâneo. Essas primeiras companhias eram todas voltadas para a exportação, na tentativa de encontrar mercados para as lãs inglesas e, nas viagens de volta, levavam artigos exóticos para a Inglaterra.[13]

Outro efeito da guerra de Flandres foi o fluxo de refugiados que ela criou. Essas pessoas levaram para a Inglaterra tecnologias que permitiram à nação criar produtos de lã de qualidade superior. Esses "novos tecidos" constituíram uma carga valiosa, que ajudou os mercadores ingleses a entrar em mercados nos quais havia pouca demanda por sua produção antiga.[14] Por causa disso, a perda do mercado de Flandres foi um mal que veio para o bem, pois revelou muitas oportunidades novas. Com os holandeses ocupados com a guerra contra a Espanha, os ingleses conseguiram penetrar no comércio dos mares Báltico e Mediterrâneo, e então navios ingleses levavam para casa artigos que antes chegavam via Antuérpia.

A atmosfera de guerra fria entre a Espanha e a Inglaterra gerou uma outra atividade que contribuiu para o crescimento do setor de transporte inglês: a guerrilha marítima contra o comércio. Os ataques de corsários (e da pirataria patrocinada pelo governo) aumentaram a competência de muitos marinheiros e eram extremamente lucrativos. A pirataria foi tão importante para a economia de Elizabeth I quanto a produção de automóveis foi nos primeiros anos de Elizabeth II. Os lucros provenientes da pirataria foram usados para fundar a Companhia das Índias Orientais e para explorar as primeiras colônias.[15] A guerrilha contra o comércio também expandiu o mercado e o *know-how* daqueles setores produtivos em terra responsáveis pela equipagem dos navios, entre os quais carpinteiros, fabricantes de velas e cordame de navios e fornecedores de mantimentos, munição e armas.

Quem melhor representa esse ramo da indústria marítima é *sir* Francis Drake. O pai havia sido um vigário protestante e o jovem Drake cresceu com um ódio fervoroso pelos católicos. Depois de viajar como aprendiz em uma barca que ia para a França e a Holanda, Drake juntou-se a John Hawkins, que era parente seu e que, em 1562, fundou uma companhia de tráfico de escravos entre a África e o Caribe, um mercado dominado pelos portugueses. Essa associação deu a Drake os conhecimentos de navegação que ele usou bem ao partir para a pirataria, uma carreira possibilitada pelo clima político que existia entre a Espanha e a Inglaterra naquela época. Esse novo ramo de atividade foi extremamente lucrativo para Drake, que usou sua riqueza recém-adquirida para investir em imóveis e em uma frota de navios.

Em 1577, Drake mudou de novo de ramo de atividade e fundou uma empresa que ajudaria enormemente os ingleses a alcançarem os espanhóis e os portugueses. Com o apoio financeiro da rainha Elizabeth, começou o que seria a primeira viagem de um inglês ao redor do mundo. Foi uma intrusão deliberada em uma área que os espanhóis e portugueses acreditavam ser sua por direito divino. Drake partiu da Inglaterra com cinco navios. Dirigiu-se primeiro para a África, depois cruzou o Atlântico, navegou até o estreito de Magalhães, no Pacífico, e aventurou-se a subir o litoral ocidental da América até onde hoje fica a fronteira canadense. Atacou e saqueou colônias espanholas em Valparaíso, Lima e Arica, e capturou muitos navios. O maior deles foi a *Nuestra Señora de la Conception,* uma embarcação usada na rota Galeão de Manilha, entre a América e as

Filipinas. Só esse navio carregava cerca de 40 quilos de ouro e 26 toneladas de prata em estado bruto, entre outras mercadorias apropriadas por ele.

Dadas as condições do transporte inglês, o êxito de Drake dependia dos estrangeiros. Sua tripulação era composta de muitos deles com conhecimentos especializados em navegação[16] e a rota de Magalhães foi usada como referência para a viagem. Quando capturava navios espanhóis, ele se apoderava dos mapas e material náutico em geral com tanta avidez quanto se apoderava do ouro, por causa do valor dessas informações sobre as rotas marítimas.

Depois de três anos no mar, o homem que os espanhóis chamavam de Dragon (El Draque) voltou à Inglaterra. Levava consigo o maior tesouro já visto em sua terra natal. Com especiarias compradas em Ternate, Indonésia, e lingotes de ouro e prata roubados aos espanhóis, os homens que investiram nele tiveram um lucro de 4.700% do capital original de 5 mil libras. Só a parte da rainha foi de 300 mil libras, o suficiente para pagar a dívida nacional e ainda sobrar 42 mil libras para investir na Levant Company. Drake foi feito cavaleiro como recompensa por suas atividades.

A viagem mostrou tanto a riqueza quanto a vulnerabilidade do império espanhol no Oriente e deu à Inglaterra conhecimentos náuticos e informações sobre a maneira de penetrar no mercado das Índias Orientais. O mais importante de tudo foi que Drake abalou a reputação que tinha deixado muitos nortistas com medo de competir com os ibéricos. Agora parecia que aquele mercado estava aberto a todos. Infelizmente, os ingleses estavam prestes a conhecer as dificuldades do comércio marítimo de longa distância do jeito mais difícil.

A viagem seguinte para o Oriente foi dirigida por Edward Fenton, que devia levar uma frota para as Índias Orientais.[17] Lamentavelmente, no meio do caminho ele resolveu não ir para as Índias, e sim parar na ilha de Santa Helena, onde pretendia se fazer coroar rei. Mas seus sonhos de realeza não tiveram o aval da tripulação e a frota voltou a Londres sem ter saído do Atlântico.

Em 1591, outra viagem começou com a liderança competente de James Lancaster. Mas nada que Lancaster tinha vivido antes o preparara para os longos períodos em mares desconhecidos sem água e alimentos frescos. Indo para o Ceilão, o navio perdeu-se no oceano Índico e, com muitos membros da tripulação doentes, ou morrendo, a viagem chegou ao fim. Dos 198 homens que contornaram o Cabo, só 25 voltaram e dois dos três navios que saíram da Inglaterra se perderam.[18] Com essa experiência, os mercadores de Londres ficaram sabendo que o comércio de especiarias era um investimento de alto risco que, com os conhecimentos náuticos de que dispunham na época, não podiam se dar ao luxo de fazer.

Esse tipo de problemas não se limitava ao oceano Índico. No mesmo período, foi feita uma tentativa de colonizar a América do Norte fundando um assentamento na Virginia. A colônia foi promovida por *sir* Walter Raleigh, que encontrou investidores entre os mercadores mais ricos de Londres. As colônias espanholas tinham tido a riqueza mineral como base, mas as fontes de renda do empreendimento inglês eram menos concretas. Raleigh estava transplantando uma aldeia inglesa para uma terra virgem sobre a qual pouco sabia. Depois de três anos, a colônia desapareceu sem deixar vestígios e Raleigh pessoalmente perdeu 30 mil libras no projeto. Mais três décadas se passariam antes de os ingleses desenvolverem um comércio marítimo com a América do Norte. Entre outros fracassos, houve um grande número de viagens exploratórias que pretendiam encontrar uma rota para o Oriente através do Ártico.

Apesar de todos esses malogros, os ingleses estavam de posse de alguns conhecimentos e algumas experiências vitais. Tinham companhias comerciando regularmente com o Levante e a Rússia e agora possuíam dezenas de marinheiros com domínio da tecnologia náutica, com capacidade e experiência.[19] Apesar disso, os navios mercantes espanhóis e portugueses continuavam seguros de suas vantagens competitivas em rotas de longa distância. Mas um desafio mais arrojado estava prestes a surgir.

Se, em meados do século XVI, os economistas pudessem ter escolhido o próximo líder global, a Holanda estaria lá no fim da lista. Não tinha muitos comerciantes de peso, nem facilidades financeiras, e dependia de Antuérpia para satisfazer a maior parte de suas necessidades de comércio com o exterior. As terras baixas da Holanda eram o submundo da Europa. Construída sobre o delta pantanoso de um rio, parecia não ter nada que sugerisse sua futura grandeza. Os holandeses eram trabalhadores, mas grande parte de sua energia era gasta na luta contra as forças da natureza. Suas terras baixas eram sujeitas às enchentes, uma vulnerabilidade que alimentara um grande respeito pela mão de Deus. Simon Schama[20] a descreve como uma "sociedade das cheias", e só com trabalho árduo e com a ajuda de Deus é que os holandeses teriam condições de vencer as forças da natureza; mas, caso se entregassem demasiadamente à gula, à vaidade e ao pecado, a ira divina os puniria.

Durante o meio século seguinte, esses vulneráveis habitantes dos pântanos transformaram sua economia de uma forma miraculosa. Como na China, onde os mandarins tiveram de domesticar os regimes dos rios, os holandeses, antes de haver condições para a economia decolar, também foram obrigados a dominar as forças da natureza que zombavam deles. Esse foi um processo sistemático que ocorreu ao longo de séculos. Foram construídos diques e canais para uma drenagem melhor e conquista de mais terras para a agricultura e a ocupação humana. À medida que os lavradores foram se mudando para essas terras conquistadas à água, também criaram uma estrutura social, única na Europa da época. Essa nova sociedade não herdou as instituições feudais que dominavam o resto da Europa. Gerou uma sociedade mais igualitária, consciente das necessidades de cooperação mútua.

Apesar dessas melhorias, as terras baixas ainda podiam sofrer inundações da água do mar e estava provado que era praticamente impossível cultivar cereais como o trigo ou a cevada em solos pantanosos. Muitos agricultores passaram a criar gado. Dessa forma, a natureza obrigou os holandeses a se especializar e o resultado foi um excedente enorme de laticínios para exportar, mas dependiam de importações para atender a suas necessidades de cereais. O queijo holandês conquistou o mercado belga, e os mercadores e cargueiros belgas começaram a desempenhar um papel importante no comércio de cereais do Báltico.

À medida que o comércio crescia, os holandeses começaram a ter mais oportunidades de observar os métodos que os sulistas usavam para negociar e a assimilá-los. Seguros marítimos, sociedades, uso de fatores, agentes comerciais e correspondentes eram todos práticas que chegaram ao norte da Holanda. Com o desenvolvimento e a diversificação industrial veio uma especialização cada vez maior, assim como a Marinha Mercante, com os empregos de marinheiro e capitão se transformando em ocupações de tempo integral.[21]

O desenvolvimento do setor de transportes também incentivou a pesca. Os rios, lagos e canais do interior da Holanda ofereciam muitas oportunidades para a pesca de água doce. Por fim, os holandeses levaram seus barcos pelo Zuider Zee e pelo mar do Norte, onde podiam explorar os cardumes de arenques. Depois que os cardumes mais próximos se esgotaram, os holandeses foram obrigados a se aventurar em alto-mar em busca de peixe. Isso exigiu que seus marinheiros aprendessem a navegar no oceano, e também barcos mais resistentes.

A pesca era uma atividade sazonal e durante a baixa temporada os barcos holandeses começaram a ser usados no transporte de mercadorias. Com a tecnologia dos veleiros de três mastros, os holandeses conquistaram o comércio báltico às nações hanseáticas que até então haviam dominado o transporte da região.[22] Uma das fontes da competitividade holandesa nessa rota era a localização mais meridional de seus portos, que descongelavam antes. Isso significava que podiam pegar cargas na França, levá-las para o Báltico e voltar para casa antes de o inverno começar. No entanto, o principal componente da competitividade holandesa era o baixo custo. Os holandeses usavam barcos de pesca fora da temporada e a mão de obra barata dava-lhes a vantagem competitiva para a qual as nações hanseáticas não eram páreo. Em 1532, os holandeses tinham cerca de quatrocentos navios entrando no Báltico anualmente.[23]

Apesar do crescimento econômico significativo, na década de 1570 a Holanda ainda não tinha industriais ou mercadores de estatura internacional.[24] No entanto, mudanças políticas deram início a um novo estágio de desenvolvimento econômico quando a guerra de Flandres foi deflagrada. Em 1585, os espanhóis capturaram Antuérpia, provocando uma enxurrada de refugiados para o norte e para a Inglaterra. Os operários têxteis de

Flandres e Brabante foram para Leiden e Haarlen. O crescimento subsequente da produção têxtil ofereceu mais uma carga ao setor de transportes e reforçou a posição dos holandeses no comércio de carreira do Báltico.[25]

Os holandeses adquiriram os conhecimentos náuticos necessários às viagens em alto-mar imitando a navegação e os métodos de construção de navios do sul. Com o tempo, o desenho dos navios holandeses começou a evoluir a partir do modelo sulista, respondendo às demandas e condições geográficas locais. O primeiro projeto independente a ter êxito foi o do *buss*, criado para satisfazer as necessidades dos pescadores holandeses. Na baixa temporada, os barcos de pesca aceitavam transportar cargas, tarefa para a qual o *buss* era particularmente apropriado, pois conseguia resistir às tempestades do norte. Por fim, os navios passaram a ser desenhados tendo em vista somente o transporte de cargas. As modificações levaram ao desenvolvimento do *boyer,* um barco de fundo achatado e tração superficial que lhe possibilitava navegar facilmente pelos cursos d'água do interior da Holanda. No século XVI ele foi levado para o mar e, por causa disso, os construtores de navios tiveram de fabricar um modelo maior, aumentando as laterais e o número de velas.[26] O *vlieboot* (barco voador) foi desenhado com objetivos mais específicos ainda, dando prioridade ao transporte de grandes cargas, em lugar da velocidade. Tinha a quilha quadrada e um mastro largo que aumentava a capacidade de transporte. A experiência com o barco voador levou ao desenvolvimento do cargueiro por excelência, o *fluyt*.

Construído pela primeira vez em Hoorn em 1595, o desenho da quilha do *fluyt* tinha um centro de gravidade baixo que era excelente para enfrentar o mau tempo. A área das velas do barco foi mantida pequena e seus mastros também eram pequenos em relação à sua capacidade de transporte. Isso significava que ele não precisava de uma tripulação grande para manejar as velas. Mas também significava um navio mais lento; mas, desde que as embarcações tivessem velocidade suficiente para fazer o comércio com o Báltico antes de o inverno começar, muita velocidade não era vantagem. Embora as viagens mais longas aumentassem os gastos com os salários da tripulação e as despesas com mantimentos, a redução do tamanho da tripulação, conseguida com o uso de dispositivos que economizavam mão de obra, como polias e pedestais de mastros, compensava esse aumento com folga. A facilidade de manejo, as tripulações pequenas e o espaço para a carga deram ao *fluyt* uma enorme vantagem competitiva no comércio marítimo. Permitiu que os holandeses ultrapassassem os franceses e os ingleses transportando mercadorias por 30% a 50% do preço desses.[27] Como explicou *sir* Walter Raleigh, os holandeses construíam embarcações "para transportar grandes cargas e para viajar com poucos homens por lucro".[28]

Os dispositivos que economizavam trabalho a bordo do *fluyt* eram reflexo de muitas melhorias semelhantes feitas em terra naquela época.[29] As mais cruciais foram os aperfeiçoamentos da tecnologia do moinho de vento, uma antiga fonte de energia apropriada do Oriente muitos séculos antes. Os holandeses precisavam de moinhos de vento eficientes para auxiliar na drenagem das terras destinadas à agricultura.[30] Sua contribuição para a tecnologia do moinho de vento resultou no *bovenkruier,* uma tampa do moinho de vento que podia ser girada para as velas poderem ser movimentadas pelo vento. Isso significou que grandes moinhos de vento se tornaram uma fonte eficiente de energia. Em 1592, Cornelis Corneliszoon van Uitgeest licenciou a patente de uma serra movida pela energia do vento. No começo, essas serras se depararam com resistência por parte das corporações de ofício, de modo que a fábrica foi instalada em Zaan, região ao norte de Amsterdã, onde essas corporações não existiam e também onde não havia edifícios e só umas poucas árvores para impedir a circulação dos ventos. Depois de iniciada a produção industrial movida pela energia dos ventos, outras fábricas surgiram na região.[31] Com o tempo, a tecnologia do moinho de vento foi aplicada a vários setores industriais, entre os quais o acabamento de tecidos e a debulha do arroz.[32]

Em 1600, a região de Zaan havia se tornado uma zona industrial que incluía a fabricação e o corte de tecido para velas de navios, que chegou a empregar até mil pessoas, pesca da baleia (que absorvia entre 2 mil e 2.700 trabalhadores), produção de pães para os navios, de bússolas, de mastros e suas bases, de cordas e de certos artigos de metal, como pregos e âncoras.[33] Esses setores se desenvolveram, transformando-se no que hoje chamamos de conglomerado industrial, no qual as companhias obtêm vantagens competitivas de fabricantes relacionados a elas. O fluxo desimpedido de informações entre elas facilitou a inovação e melhorou a qualidade de seus produtos. Também facilitou o acesso aos fornecedores. Durante o processo, os holandeses construíram uma base industrial com os métodos mais avançados da época.

Um setor vital para o desenvolvimento do comércio foi o de construção naval, e ele também aumentou sua eficiência. À medida que crescia, a especialização tornou-se mais comum e alguns construtores passaram a terceirizar tarefas como a fabricação de mastros e suas bases. Os construtores também começaram a padronizar os componentes, uma prática comum nas fábricas modernas; mas, no século XVII, foi um salto enorme em termos de eficiência. Um desenho de navio relativamente padronizado, com algumas peças padronizadas, reduziu os custos dos navios e dos reparos, dando aos holandeses que eram donos de navios uma vantagem na competição com os espanhóis e os portugueses. Em decorrência dessas mudanças, e da introdução de dispositivos que economizavam trabalho, o cais onde os navios eram fabricados deixaram de ser uma oficina e passaram a se assemelhar mais a uma fábrica moderna.

Outro impulso ao comércio marítimo foi consequência da política da península Ibérica. Na Espanha e em Portugal, a mentalidade da reconquista desembocou em surtos frequentes de antissemitismo. Muitos judeus expulsos de Portugal fugiram para o norte, para Amsterdã. Esses imigrantes tinham talento produtivo e comercial, riqueza e conexões financeiras internacionais com os quais os holandeses poderiam explorar viagens marítimas mais longas. No início da década de 1590, o comércio com a África Ocidental e o Caribe começou.[34] Nos primeiros tempos, o crescimento não foi rápido, mas isso mudou em 1598, quando a Espanha impôs um embargo aos navios holandeses que visitavam portos espanhóis e portugueses. Filipe II da Espanha estava preocupado com o fato de a expansão comercial estar aumentando a capacidade de as províncias rebeldes continuarem lutando contra ele. Antes os holandeses obtinham muitos de seus estrangeiros via Lisboa, como o sal, necessário ao comércio de arenque. Como a alternativa era a falência, os holandeses foram obrigados a entrar no comércio de longa distância e obter produtos das colônias diretamente da fonte. A guerra política travada havia três décadas se transformou em guerra comercial. Os holandeses iam diretamente às bases espanholas e portuguesas de ultramar com a intenção de pegar suas mercadorias e destruí-las.[35]

O transporte marítimo de longa distância não é fácil, nem para uma nação que possuía um grande número de marinheiros e navios resistentes. A experiência holandesa havia se limitado ao comércio próximo à Europa, e pouco se sabia a respeito das rotas do Atlântico para a Ásia e dos ventos das monções. Também não compreendiam o comportamento comercial do Oriente. E, para piorar as coisas ainda mais, os noviços do norte enfrentavam uma competição formidável dos experientes marinheiros ibéricos.

Obter os conhecimentos necessários foi uma necessidade alimentada pelo fato de um grande número de holandeses ter navegado nas frotas ibéricas, entre os quais Jan Hughen van Linschoten, que nascera em Enkhuizen, uma cidade intimamente ligada ao setor de pesca de arenque. Aos 17 anos, ele foi morar em Sevilha, onde seus dois meio-irmãos trabalhavam como mercadores. Como seu aprendiz, aprendeu espanhol e as regras do comércio e, depois de oito meses, foi para Portugal, onde aprendeu a arte de comerciar. Em 1583, assumiu o cargo de secretário do arcebispo de Goa e partiu no *San Salvador* para as Índias, onde aprendeu muito sobre a tradição marítima dos portugueses.[36]

Linschoten passou cinco anos em Goa, onde escreveu sobre sua experiência e incorporou trechos de obras portuguesas sobre história, geografia e ética às quais teve acesso. Quando voltou para casa, seu manuscrito foi publicado na íntegra, inclusive com as rotas marítimas para o Oriente. O livro tornou-se leitura obrigatória para todos os capitães que viajavam para o Oriente. Linschoten foi consultor da primeira frota holandesa a partir para as Índias e revelou a seus capitães os segredos náuticos dos portugueses. Mas aconselhou-os a não viajar para o norte em direção a Goa, como faziam os portugueses quando iam para as Ilhas das Especiarias, e sim velejar diretamente para o Oriente. Embora isso significasse mais tempo no mar, eles poderiam usar os ventos ocidentais predominantes na região para chegar às ilhas sem ter de depender dos regimes das monções. Dessa forma, os holandeses traçaram uma rota mais curta e menos dispendiosa, que lhes deu uma substancial vantagem estratégica sobre os portugueses.

Outro homem que ajudou a aumentar os conhecimentos marítimos dos holandeses foi Plancius, um ministro da Igreja Reformada da Holanda, da região sul do país. Em 1585, ele fugiu para o norte a fim de escapar à perseguição, e lá traduziu e publicou *rutters* — rotas e mapas de navegação — dos espanhóis e portugueses. Plancius recebeu 500 florins holandeses para ensinar métodos de navegação aos pilotos da frota que partiu em 1600. Também foi responsável pelos mapas e instrumentos de navegação de qualidade que usaram na ocasião.[37]

Apesar de seus conselhos, a primeira frota que foi para as Índias sofreu com a inexperiência e a má administração. Dos quatro navios e dos 289 homens que partiram, só voltaram três navios e 89 homens.[38] No entanto, a carga modesta de pimenta que levaram consigo cobriu todos os custos e ainda deu lucro, inspirando outros a lhes seguir o exemplo. No ano seguinte foram criadas cinco companhias, que despacharam 22 navios para o Oriente. Os holandeses aprenderam rapidamente e apenas cinco anos depois da fundação da primeira companhia o comércio holandês com a Ásia já tinha superado o de Portugal.[39]

O grande número de companhias holandesas que surgiram inicialmente para comerciar com as Índias Orientais criou uma competição desleal. Nos portos indonésios, concorriam umas com as outras e aumentavam o preço de seus artigos, o que reduziu drasticamente os lucros. Em 1602, depois da intervenção política do general holandês João Maurício, príncipe de Nassau, foi feita uma fusão e surgiu a Companhia das Índias Orientais Holandesas (Vereeigde Oost-Indische Compagnie, ou VOC). Dezessete diretores (Heren XVII) sentavam-se à mesa da diretoria da firma representando as várias regiões que estavam contribuindo para o negócio original. O governo deu à companhia uma autorização que incluía o direito de atacar o poder, o prestígio e as rendas da Espanha e de Portugal, e logo ela se tornou uma defensora nacional do comércio com a Ásia e teve grande êxito, crescendo até se transformar na maior organização comercial do mundo, com uma folha de pagamentos que, às vezes, chegou a ter 40 mil empregados.

A fusão de muitas empresas em uma só resultou em uma companhia muito diferente de tudo o que havia existido até então.[40] Não era dona só de um navio, mas de uma frota, e combinava transporte, comércio e construção naval em uma única estrutura empresarial. Normalmente, toda viagem feita por uma empresa comercial era financiada em separado por um grupo diferente de investidores. No entanto, a grande escala da operação, as longas distâncias e o muito tempo gasto nas viagens da Ásia para a Europa significavam um compromisso mais duradouro com o comércio. Por esses motivos, em 1612 a companhia mudou, a fim de dispor de uma base financeira permanente investida perpetuamente na firma. Os participantes compravam ações da companhia e esse capital cobria todas as viagens.

As primeiras viagens holandesas para o oceano Índico foram feitas na base da tentativa e erro e aos poucos foi sendo acumulado um grande número de informações e experiências. Os diários de bordo dos navios que realizaram essas primeiras viagens foram estudados e, em 1617, a companhia estabeleceu seus primeiros sistemas de navegação. Em 1627, já tinha dominado completamente as rotas e a autorização de Amsterdã à companhia incluía instruções detalhadas. Com algumas modificações e melhorias, essas instruções orientaram os navegadores holandeses durante os séculos XVII e XVIII.[41]

As atividades da companhia assemelhavam-se em muitos aspectos às multinacionais de hoje na forma como ela utilizava as informações para planejar e coordenar as tarefas em vários países. Da sede regional da companhia na Batávia — sede holandesa do que é hoje a Indonésia —, as atividades da companhia eram monitoradas como que por uma enorme tela de radar.[42] Do Japão à Arábia, depósitos de mercadorias e fábricas enviavam relatórios sobre a situação política e as tendências do mercado. As informações eram avaliadas junto com o desempenho dos vários entrepostos comerciais e usadas para traçar planos para o ano seguinte. Finanças, transporte e outros recursos eram alocados para as diversas atividades da companhia, dependendo do potencial de crescimento sugerido pelas informações coletadas. Antes de fazer compras na Ásia, a companhia levava em conta os estoques e as vendas na Europa, o que evitava situações de falta ou excesso de oferta, algo que só uma empresa com recursos integrados e redes de informações poderia fazer.

A VOC também mitigou outro problema, que irritava os portugueses havia muito tempo: os representantes comerciais da Ásia enchiam os bolsos a expensas da Coroa, um problema agravado pela falta de um sistema decente de relatórios financeiros. Os portugueses não tinham adotado o sistema de entrada dupla introduzido na Europa pelos italianos. Os holandeses não cometeram esse erro. Quando jovem, Jan Pietersz Coen, que mais tarde se tornou diretor-geral da companhia, estudara pessoalmente a contabilidade de entrada dupla na Itália. O sistema holandês não era infalível, mas dava informações para a tomada de decisões em geral e sobre preços em particular, em um nível muito superior ao da concorrência.

A estrutura empresarial da VOC permitia que a diretoria tomasse decisões em muitos níveis diferentes da companhia, dando-lhe a flexibilidade sobre a qual construir uma vasta rede de operações. Em várias fábricas espalhadas pela Ásia, a equipe tratava com mercadores locais, fazia pedidos de mercadorias, mantinha o estoque do armazém, inspecionava a qualidade dos produtos e mantinha um arquivo de contabilidade. Durante a temporada, os empregados ocupavam-se em carregar e despachar os navios, embora na baixa temporada não houvesse muito o que fazer.[43] Em um entreposto movimentado como o da Batávia, o horário regular do quadro de funcionários era das sete às onze de manhã e da uma às seis da tarde. Mas, em um porto mais remoto, a vida podia ser excepcionalmente maçante durante a espera da chegada do próximo navio. Por exemplo: no Ceilão, diziam que os holandeses começavam o dia com gim e tabaco e terminavam o dia com tabaco e gim.

No oceano Atlântico, a organização do comércio holandês foi muito diferente das operações da VOC na Ásia e era dominada por companhias *joint-venture* de pequena escala. Nos primeiros tempos, havia poucos mercadores holandeses em condições de financiar empreendimentos marítimos, o que significava que os pequenos comerciantes tinham de combinar seus recursos e dividir a posse de navios e projetos comerciais. Por causa disso, a propriedade de navios mercantes era repartida entre negociantes de madeira, construtores de navios, fabricantes de velas, cervejeiros, donos de moinhos e congêneres, em proporções de 1/16, 1/32 ou 1/64.[44] As atividades de uma companhia podiam girar em torno de um único navio, e cada um deles tinha o próprio grupo de acionistas. Embora não fosse possível um único indivíduo possuir um navio, à medida que as pessoas foram enriquecendo, tiveram condições de ter cotas em várias embarcações. Essa difusão tinha a vantagem adicional de diminuir o risco e, por isso, incentivou o investimento.

Essas jovens companhias holandesas revigoraram o comércio do Atlântico com sua energia exuberante, em contraste com os espanhóis, que mostraram pouca originalidade. O comércio espanhol tinha se concentrado em um punhado de casas de comércio que eram membros do privilegiado Consulado. Com a segurança de seu status garantido, esse pequeno grupo cobrava preços elevados e restringia seu transporte a mercadorias que poderia vender sem dificuldade. Demorou a explorar artigos novos como o tabaco, uma mercadoria que ficou na moda com os holandeses e os ingleses. Como o Estado dependia do crédito dado por esses mercadores ricos, e como o próprio Estado tinha o monopólio do sal, do mercúrio e de outros produtos, não via necessidade alguma de acabar com o monopólio. O comércio espanhol continuava com os métodos provados e comprovados.

As empresas holandesas do Atlântico eram jovens e competitivas, embora vulneráveis. Operar em lugares como a África Ocidental, o Brasil, a Venezuela e a América do Norte deixava-as expostas à agressividade política e militar da Espanha e de Portugal.[45] Esse ponto fraco levou à ideia de que era preciso fundar uma única companhia autorizada, como a VOC, com força bélica suficiente para defender seu comércio. Mas, quando foi assinada uma trégua de 12 anos com a Espanha em 1609, essa ideia foi engavetada. Quando a trégua expirou em 1621, ela foi apresentada de novo e a fusão de companhias menores em um monopólio criou a Companhia das Índias

Ocidentais (WIC). Muitos investidores experientes mantiveram distância dessa nova companhia por medo de que o esforço militar de combater tanto a Espanha quanto Portugal no Atlântico próximo seria uma tarefa mais difícil e mais dispendiosa do que aquela assumida pela VOC na Ásia.[46]

A Companhia das Índias Ocidentais nunca teve o mesmo êxito que sua congênere oriental. Sua fundação em 1621 não foi bem-recebida por aquelas casas de comércio independentes que comerciavam no Atlântico, e 30 anos se passariam até a companhia oferecer algo novo.[47] Grande parte de seu tempo foi dedicada a atividades militares que minaram sua lucratividade. Quando a paz chegou, ela já tinha sido obrigada a abrir mão de muitos de seus privilégios de monopólio. Saber se a estrutura de monopólio era tão valiosa no comércio mais arriscado da Ásia quanto no Atlântico foi uma questão controvertida. A capacidade defensiva da WIC só foi importante durante a guerra contra a Espanha; depois dela, companhias de transporte menores podiam operar em um ambiente de pouco risco, mas com mais flexibilidade. Também foi mais difícil para a WIC manter seu monopólio no Atlântico, que era mais acessível e implicava menos riscos do que o comércio mais distante com a Ásia.

Os holandeses introduziram muitas outras instituições que facilitaram o desenvolvimento do comércio.[48] Em 1609, o Wisselbank* foi criado imitando a estrutura e o *modus operandi* do Banco de Giro de Veneza. Sua função era controlar as operações cambiais e trabalhar com letras de câmbio. A Câmara de Seguros foi criada pelo Conselho Municipal de Amsterdã para resolver disputas e aumentar a confiança por meio do registro e processamento de apólices de seguro. Em 1614, foi criado o Banco de Empréstimos de Amsterdã, para ajudar a financiar o comércio. É inegável que essas instituições financeiras de Amsterdã foram importantes para alavancar o comércio holandês ao oferecer recursos e um grau de especialização que

* Banco de Operações Cambiais. A partir do século XVI, os bancos podem ser divididos em duas classes: os de depósitos e os de operações cambiais, estes últimos fundados para negociar com moedas estrangeiras e facilitar o comércio com outros países. [*N. da T.*]

nenhum de seus rivais possuía. Ao reduzir os custos de um financiamento, as instituições possibilitaram aos holandeses ter custos menores do que os dos concorrentes.

Para o bom funcionamento do mercado, um elemento crucial eram as informações e, segundo os padrões da época, elas transbordavam em Amsterdã.[49] Os navios traziam relatórios onde constavam os produtos à venda e a demanda do mundo inteiro. Surgiram os primeiros jornais: o *Amsterdamsche Courant* em 1618, o *Tydinghen* em 1619 e o *Oprechte Haarlemsche Courant* em 1667. Esses periódicos foram complementados por redes de serviços secretos entre os mercadores e companhias que davam conselhos sobre as condições de mercado a tempo e hora.

Outra instituição vital foi a *bourse,* a precursora da moderna bolsa de valores. A *bourse* foi uma evolução natural dos mercados à beira-mar que todos os portos tinham. Pôs sob um único teto os recursos e o espaço onde se podiam fazer negócios, conseguir financiamento e obter informações sobre transporte e mercadorias. A *bourse* de Amsterdã, construída em 1611, era evidentemente o centro nervoso de toda a economia.[50] Era um edifício com arcadas em torno de um pátio central onde os comerciantes e os corretores se reuniam e negociavam literalmente tudo o que era conhecido naquela sociedade. O alcance do comércio holandês permitiu à *bourse* oferecer mais opções de investimento do que qualquer bolsa de valores de outras nações, de mercadorias como pimenta a ações de empresas como a Companhia das Índias Orientais Holandesas.

Amsterdã tornou-se um entreposto com vantagens econômicas semelhantes às de Surate, no oceano Índico. A facilidade com que era possível encontrar e trocar mercadorias reduziu dramaticamente os custos de fazer negócios e acrescentou mais um fator à eficiência da economia holandesa. Novos títulos de crédito financeiro nasceram na *bourse* de Amsterdã. A prática de vender o estoque antes da chegada dos navios ao porto levou ao desenvolvimento dos mercados futuros. Como seria de se esperar, quando a riqueza depende de acontecimentos futuros, grande parte dos negócios realizados na *bourse* era nada menos do que apostas e ela ganhou fama de ser um bazar desprezível. Os nobres que participavam do comércio de ações recusavam-se a pôr os pés nesse lugar, preferindo usar os serviços de corretores profissionais.[51]

Um exemplo da instabilidade do mercado foi a quebra da tulipa de 1637. A tulipa era um artigo de luxo importado da Turquia e, na década de 1620, era a flor da moda e não tinha rivais. Inicialmente, o comércio esteve nas mãos de horticultores da nobreza e dos jardineiros de suas propriedades rurais, e seu interesse intenso levou a um rápido aumento do preço dos bulbos. Esse aumento de preço foi notado por gente que não era profissional e, no começo de 1634, os especuladores entraram nesse mercado. No início eles só queriam os bulbos mais raros; mas, em novembro de 1636, até as espécies mais comuns entraram no frenesi.

As flores prestaram-se imediatamente ao negócio de mercado futuro por causa da sua produção sazonal. Comprá-las no inverno para serem entregues na primavera era uma prática aceitável e, em 1636, surgiu um mercado futuro formal da planta. Os preços começaram a entrar em espiral antes de um único bulbo ter começado a germinar. Os pedidos de entregas eram como ouro, uma vez que os investidores estavam de olho na primavera seguinte e com expectativa de lucros fabulosos. Em janeiro de 1637, os preços dos bulbos multiplicaram-se por 20. Um bulbo foi vendido por 5.500 florins holandeses, equivalentes a 74 mil dólares de acordo com o preço do ouro de hoje.

Como os preços de um estoque que ninguém ainda tinha visto dobravam e triplicavam toda semana, as autoridades ficaram preocupadas com a possibilidade de a febre especulativa sair do controle. Os verdadeiros admiradores da tulipa também fizeram queixas da corrupção de seu passatempo que um dia fora tranquilo. Parecia que a intervenção oficial estava prestes a acontecer. Ninguém sabia ao certo se a quebra final seria resultado da intervenção estatal ou vice-versa, mas não é preciso dizer que, às vezes, uma insinuação é tudo quanto é necessário. Em 3 de fevereiro de 1637, a quebra fez os lucros virem por terra.

Como ilustra a febre das tulipas, muitas das atividades da *bourse* não pareciam mais do que um círculo especulativo, uma vez que os investidores manipulavam o mercado de acordo com suas necessidades. Mesmo assim a *bourse* desempenhou um papel importante ao facilitar o levantamento de fundos, sendo indispensável para as operações do comércio da cidade. Foi uma das muitas inovações com as quais os holandeses construíram uma economia maravilhosamente eficiente, produzindo bens e serviços de valor elevado e baixo custo. Com novas formas de gerar riqueza, ela desafiou o poder da Espanha e de Portugal.

5

A CRISE NA ESPANHA E A IDADE DE OURO HOLANDESA

> O império do Oriente é como um navio que está afundando. Todo mundo grita que estamos indo a pique, mas ninguém tira a água.[1]

Quando os holandeses e os ingleses entraram no comércio exterior, a Espanha e Portugal reinavam soberanos. Os espanhóis e os portugueses tinham construído uma base de vantagens competitivas com seu conhecimento superior dos regimes dos ventos e das rotas. Complementaram essas vantagens com investimentos em toda a Ásia e América, com políticas de apoio estatal e organização eficiente. A combinação de conhecimento, infraestrutura e reputação superiores produziu uma aura de supremacia que os protegeu ainda mais de qualquer desafio. Mas os holandeses e os ingleses estavam avançando rapidamente e alcançando os ibéricos, assimilando informações e acumulando experiência, indispensáveis à competição. A superioridade em termos de reputação e prática deixou de ser uma barreira para os novos concorrentes que estavam entrando no setor.

Os ibéricos jamais conseguiriam manter um monopólio que abarcasse o mundo inteiro depois que as outras nações tivessem as qualificações necessárias para desafiá-los. Para proteger seus monopólios, teriam de apelar para a força militar. Muitos anos de guerra se seguiram, mas essas batalhas não devem ser vistas somente como uma queda de braço comercial. Eram parte de uma disputa política mais ampla, refletida na mentalidade da reconquista.

O rei espanhol havia sido eleito imperador católico romano, responsável por terras no norte e no leste da Europa. Levou para esse cargo o desejo de promover o catolicismo e derrotar as forças protestantes. Esse projeto envolveu a Espanha em uma série de batalhas que dilapidaram o tesouro do país. Já em 1598, praticamente todas as fontes de renda estavam hipotecadas e os rendimentos americanos dados como garantia.[2] Isso privou a nação dos recursos que lhe teriam possibilitado defender seu sistema de transporte de imitadores que logo teriam sucesso no setor, os ingleses e os holandeses.

Além de estarem presas na armadilha de ideias "racionais" antigas — ideias que as havia levado ao êxito no passado — as nações ibéricas também estavam presas na armadilha do orgulho de suas façanhas.[3] Tornaram-se arrogantes e começaram a desprezar os outros países. Na América espanhola, os líderes da sociedade colonial consideravam-se herdeiros dos conquistadores. Os portugueses também estavam convencidos de que, como descendentes dos conquistadores que construíram seu império, eram muitíssimo superiores aos comerciantes novos-ricos do norte, por maior que fosse a sua fortuna. Essa identificação com o passado, combinada com a arrogância cultural decorrente dela, formou uma barreira ao progresso interno. Esses dois fatores mascararam o fato de que, no século XVII, as táticas e a forma de organização dos espanhóis tinham se tornado estáticas e obsoletas. Os portugueses estavam em uma situação pior ainda do que os espanhóis. "Não usam outras táticas além do ataque desordenado ao ouvir o grito de guerra de *Santiago e a elles*!"[4]

Os ibéricos também persistiram em suas velhas fórmulas de sucesso nas operações navais. Os espanhóis preservaram a tradição mediterrânea de usar artilharia para atacar e desorganizar o inimigo antes de abordar seu navio, ao passo que os ingleses, limitados em termos de efetivos militares, dependiam exclusivamente de manobrar de acordo com o vento e de usar simultaneamente todos os armamentos de um lado só do navio. Enquanto os espanhóis construíam galeões com um castelo de proa que facilitava a abordagem de uma embarcação inimiga, os ingleses produziam vasos muito leves e muito bem armados.[5] Os holandeses derrotaram os portugueses exatamente por essa razão. Um observador contemporâneo fala a respeito:

> Os vasos holandeses, que são mais fáceis de manobrar de acordo com o vento, vencem os galeões portugueses muito facilmente. Os holandeses podem fugir quando o vento é favorável ao inimigo e atacá-lo quando o inimigo está com um vento contrário. Para os holandeses, qualquer aragem basta, mas para movimentar os vasos portugueses é necessário um vento forte.[6]

Os ibéricos não conseguiram manter seu monopólio por meios militares e tiveram de aceitar que havia novos concorrentes no mercado.

A principal carga do comércio ibérico era de lingotes de ouro e prata. O volume de lingotes que chegou aos portos europeus gerou uma inflação que reduziu o valor da prata. Por causa disso, tornou-se menos lucrativo explorar as minas do Novo Mundo e houve um corte na produção. Da década de 1641-50 até 1671-80, os distritos de mineração do Novo México tiveram uma recessão de 21%.[7] Com uma carga menor, o transporte espanhol declinou. O número de navios registrados cruzando o Atlântico caiu de 1.363 em 1621-9 para 722 em 1640-9. Outras exportações também diminuíram, como as peles, que despencaram de um máximo de 134 mil no início da década de 1580 para 8 mil no fim da década de 1660.

Teoricamente, os holandeses não deviam ter acesso aos portos da América espanhola, de onde vinham os lingotes de ouro e prata e outros produtos. Mas as regras que os espanhóis haviam imposto para reduzir os custos foram uma vantagem efêmera. Em particular, o sistema espanhol de frota facilitava muito o contrabando. O sistema de frota foi introduzido como uma forma racional de reduzir a pirataria, mas ignorou totalmente a necessidade de suprimentos das colônias. O sistema de frota significava que os navios chegavam muito raramente. Por causa disso, os americanos das colônias receberam de braços abertos os barcos holandeses e ingleses que chegaram às suas praias carregados de mercadorias. Os contrabandistas forneciam uma grande quantidade de artigos aos sul-americanos a preços mais razoáveis do que aqueles cobrados pelas casas de comércio da Espanha.[8] Os habitantes locais não iam lhes recusar o direito de comerciar e ganhar em lingotes.

Da Ásia, a principal mercadoria transportada pelos navios portugueses era a pimenta, que correspondia de 65% a 89% do espaço destinado à carga em galeões que estavam voltando do Oriente.[9] Quando as Companhias das Índias Orientais Holandesas e Inglesas entraram no oceano Índico, com suas respectivas estruturas organizacionais de custo mais baixo, acirraram ainda mais a competição que ajudou a alimentar a queda de preços. A bolsa de valores de Amsterdã declarou que os preços da pimenta caíram de um índice de 145,5 no início do século XVII para 57,3 em 1680-4. Até a venda de proteção a donos de navios indianos sofreu com a saturação quando os holandeses e os ingleses se tornaram fornecedores concorrentes no século XVII.

Com a saturação dos principais mercados, só seria possível haver crescimento com o surgimento de novas oportunidades econômicas e os holandeses apostaram nos avanços industriais. Por meio da inovação técnica e do uso mais frequente de máquinas, os holandeses conseguiram progressos em toda a sua economia. Entre eles, a maquinaria têxtil, destilarias com peças de cobre, prensas, serras múltiplas para cortar madeira e máquinas de moer café. Na região industrial de Zaan, por volta de 1670 surgiu um novo tipo de máquinas de fabricar papel que usavam um equipamento muito mais pesado e dispendioso e que produzia um papel liso, branco, de qualidade superior. A Holanda tornou-se o laboratório de pesquisa técnica do mundo ocidental.[10] As novas tecnologias criaram produtos exportáveis cuja vantagem competitiva não era a quantidade, e sim a qualidade.

Por outro lado, a Espanha não tinha uma base industrial equivalente à da Holanda. Nos primeiros anos, os navios espanhóis transportaram alguns bens manufaturados para a América do Sul em troca de matérias-primas. Mas os habitantes da América espanhola acabaram produzindo artigos manufaturados próprios, o que diminuiu a necessidade de importações espanholas. As importações que agora eram objeto do desejo dos imigrantes eram produtos estrangeiros de qualidade.[11] Alguns deles eram contrabandeados para a América em navios holandeses e ingleses, ao passo que outros chegavam via Espanha, importados através das conexões do Consulado.

A capacidade dos holandeses de combinar *know-how* industrial e marítimo gerou uma nova onda de prosperidade econômica ao longo do litoral do Atlântico. Por outro lado, os ibéricos pareciam desprezar as artes manuais, principalmente porque o *know-how* industrial era dominado por judeus e muçulmanos. Esse desprezo foi considerado a principal causa da decadência econômica da Espanha.[12] Mas o progresso industrial foi inibido por um grande número de legados de seu êxito passado, em particular o custo elevado da produção doméstica. A riqueza da Espanha fez dela uma nação cara. A inflação era tão grave que os estrangeiros importavam a lã espanhola, fabricavam produtos acabados que depois mandavam de volta à Espanha com lucro. A única forma de combater a alta dos preços era oferecer mais qualidade, mas essa possibilidade foi minada pelo desejo do ganho fácil e pelo desprezo pelas artes manuais.[13]

Tanto na Espanha quanto em Portugal, a ordem social caracterizava-se por valores sociais que desencorajavam o investimento produtivo. Depois de ganho, o dinheiro não era destinado à indústria. Os mercadores bem-sucedidos preferiam comprar sua entrada na nobreza. Muitos aproveitaram a oportunidade de melhorar seu status enviando os filhos para a Igreja ou para o Exército e tornaram-se latifundiários. Sua riqueza ia para imóveis, joias e outras formas de expressão de status. Também era investida em empréstimos pessoais improdutivos e títulos do governo que pagavam taxas de juros mais elevadas do que os investimentos produtivos na agricultura ou na indústria.[14]

Os espanhóis já haviam liderado o ramo do desenho de navios, mas agora quem fabricava as melhores embarcações eram os estrangeiros. Os construtores de navios da Espanha introduziram poucas melhorias no desenho entre 1590 e 1630.[15] O governo tentou aperfeiçoar seu transporte com a qualidade superior dos navios holandeses. Enfatizou a assimilação do novo *know-how* que estava mudando o setor de construção naval no norte. Por exemplo: Thome Cano, um especialista do começo do século XVII, afirmou que "é extremamente necessário que o construtor ou mestre seja um matemático, saiba avaliar a tonelagem e saiba aplicar as regras à construção".[16] Mas os construtores espanhóis não dispunham dos conhecimentos de matemática necessários para isso. Incorporar princípios científicos era afastar-se radicalmente da maneira normal de um mestre construir, que era pela observação e pela experiência. Por causa disso, os construtores de navios limitaram-se aos métodos em que tinham competência, restringindo-se a pequenos aperfeiçoamentos. Como observou um autor contemporâneo, a Espanha estava sofrendo "por fabricar seus navios sem regras ou lógica, de acordo com a observação e os caprichos de cada construtor".[17]

O avanço técnico da economia holandesa foi estimulado por graus elevados de instrução. A Igreja Reformada que dominava a Holanda insistia em dizer que seus seguidores deviam ser capazes de ler a Bíblia.[18] Escolas da Igreja deram aos holandeses o maior índice de alfabetização da Europa, talvez do mundo, uma façanha possibilitada pela fundação de cinco universidades entre 1575 e 1636. A expansão marítima também melhorou a qualidade e a quantidade de conhecimentos à disposição dos holandeses.[19] A literatura de viagem passou a ser a mais abundante da Europa, uma liderança expressa nos manuais de navegação e nos atlas publicados pelas oficinas de impressão da Holanda. Em todos os portos relevantes, um grande número de professores ensinava a ciência da navegação a jovens aspirantes a marinheiros. Alguns eram antigos homens do mar que se valiam de sua experiência, enquanto outros eram especialistas em matemática e teoria.

Por outro lado, os espanhóis e portugueses sofriam de atraso científico e técnico. O sistema de educação jesuíta, que já havia sido o melhor em seus áureos tempos, caiu na armadilha do formalismo. Quando o sistema de educação jesuíta surgiu, seus fundadores analisaram as melhores universidades existentes e criaram um plano de estudos inovador. Depois de adotado, o sistema educacional deixou de evoluir.[20] Professores e alunos eram desencorajados a apresentar ideias que não se baseassem na ortodoxia católica. Enquanto o resto da Europa estava vivendo uma efervescência intelectual liderada por Galileu, Descartes, Newton e outros, os jesuítas mantiveram Portugal e a Espanha a distância desse progresso científico cumulativo.

A extensão da decadência tornou evidente a necessidade de mudar. Embora houvesse consenso sobre essa necessidade, foi muito difícil chegar a um acordo a respeito do remédio.[21] Um grande número de autores da década de 1620 se perguntava por que os portugueses perderam seu império no Oriente: seria por não terem sido mercadores competentes, motivados pela lógica comercial? Ou, ao contrário, ao se tornarem mercadores mais competentes, perderam o espírito cavalheiresco que os levou a conquistar o império?[22]

A necessidade de mudança intensificou-se quando Filipe IV (1621-63) subiu ao trono. Ele nomeou como primeiro-ministro o conde-duque de Olivares, um homem que levou consigo um projeto de mudança. Lamentando o estado da tecnologia espanhola, Olivares embarcou em um programa de reforma. Mas logo se deparou com muitos dos obstáculos que associamos à reforma organizacional hoje em dia; incerteza, desconfiança e resistência de interesses de peso. Para melhorar as condições do comércio no Atlântico, foram feitas tentativas de reformar o Consulado e a Casa de La Contracion, que haviam caído presa da corrupção. Mas a renda da Coroa dependia de membros do Consulado. Essa relação de dependência enfraqueceu o poder do Estado no sentido de concretizar mudanças e a investigação de suas atividades foi sustada em troca de uma multa de 206 mil ducados.[23]

Olivares também tentou reformar a Marinha. Suas reformas navais incluíam um programa vigoroso de construção de embarcações que desempenhou certo papel na derrota dos holandeses no Brasil. No entanto, nesse caso também muitas de suas propostas encontraram resistência institucional baseada no sistema de valores vigente e nos interesses já consolidados. Um exemplo: ele tentou acabar com o acesso da aristocracia às posições mais elevadas do comando naval. Em 1624, ele removeu um aristocrata da cúpula da posição de comandante-geral e aboliu o sistema de treinamento naval para os filhos da nobreza (um sistema que consistia em um verniz sobre a arte de navegar). Mas, quando Olivares caiu, o sistema foi reintroduzido.

Nem todos os projetos de Olivares fracassaram. A defesa que ele organizou na América do Sul era extremamente eficiente. Os portugueses recuperaram o norte do Brasil e os holandeses ficaram só com a Guiana no litoral norte. Por causa disso, os holandeses não tiveram no Atlântico o mesmo sucesso que tiveram na Ásia e, em 1648, assinaram um tratado de paz com a Espanha.

Nesse período de paz que se seguiu, as atividades comerciais dos holandeses prosperaram. Fundaram um entreposto comercial na ilha caribenha de Curaçao, que também servia de porta para a América do Sul, principalmente para o tráfico de escravos, que os holandeses levavam de seus fortes na África Ocidental. Na Ásia, os holandeses tomaram fortes portugueses, conquistando o Ceilão e o sul da Índia e, com isso, obtiveram o monopólio da canela e um grande controle sobre o comércio da pimenta. No Japão, de onde os portugueses foram expulsos por causa das atividades religiosas dos jesuítas, os holandeses conseguiram mais um monopólio. Com elefantes do Ceilão, o cobre japonês e a prata espanhola, tinham as mercadorias com as quais conquistaram o comércio de Bengala. Em 1648, os holandeses eram inquestionavelmente a maior nação comercial da Europa. Por outro lado, chegara ao fim a onda ibérica de crescimento econômico, incapaz de adotar as inovações dos holandeses.

Quando os guzerates tiveram os primeiros contatos com os holandeses e os ingleses no início do século XVII, não souberam como reagir e não queriam irritar os portugueses comerciando com os recém-chegados. Também não queriam perder nenhuma parcela de seu comércio com os navios do norte. Portanto, esse período inicial foi caracterizado pela animosidade. Mas, na década de 1630, a corte mugal foi convencida de que, se mantidos dentro de seus limites, o comércio com as companhias holandesas e as inglesas poderia ser benéfico a Surate. Embora talvez fizessem concorrência aos donos de navios locais, também davam acesso a mercados europeus para os seus produtos. Elas também eram boas freguesas dos mercadores locais com necessidade de crédito e outras facilidades comerciais.

Nos primeiros anos, os europeus do norte participaram do comércio do oceano Índico exatamente como qualquer outro grupo concorrente. Não ofereceram nada de novo em termos de *know-how* comercial. Na verdade no oceano Índico, os europeus não tinham muitas relações, como prova a quantidade de capital investido. Na década de 1620, os holandeses tinham um investimento de 500 mil rupias em toda a Índia. Por outro lado, alguns navios guzerates que comerciavam com o mar Vermelho no fim do século XVI valiam mais de 1 milhão de rupias cada.[24]

Nada ilustra melhor a riqueza superior dos indianos do que Virji Vora. Com bens no valor aproximado de 8 milhões de rupias (107 milhões de dólares em termos de hoje),[25] no século XVII Vora era o homem mais rico da Ásia, talvez do mundo. Parece que Virji Vora nasceu por volta de 1594-5 em uma família jainista abastada.[26] Aos 25 anos, já era um mercador importante de Surate e, em 1625, os ingleses o consideravam "o maior mercador desta cidade". Tinha agentes comerciais em todo o norte da Índia e interesses internacionais que iam de Malaia e Sumatra no sul a Gombrun e Moca no norte. Dominava o comércio da pimenta com Malabar, comerciava com o sudeste da Ásia e possuía muitos navios.[27]

Nos arquivos da Companhia das Índias Orientais Inglesas, podemos ter uma ideia do quanto Vora dominava o comércio. Eles dizem que Vora (e outro mercador) eram "homens prodigiosamente ricos, que sempre tinham um vasto tesouro à mão em casa, que consideravam mais seguro investir em sólidas mercadorias não perecíveis, embora ganhassem de 4% a 6% de seu valor, do que em dinheiro vivo ou taxa de juros". Os ingleses procuravam-no frequentemente para fazer empréstimos, mas Vora era um mercador, e não um banqueiro, e nem sempre se deixava tentar pelos juros que poderia ganhar, para grande irritação dos ingleses. "Virgee Vorah é o único dono dele [dinheiro de Surate] e é tão avarento que a oferta de nenhum juro consegue tirá-lo dele."[28]

Vora aplicava frequentemente seu enorme poder financeiro à velha estratégia de açambarcar o mercado. Um exemplo: em 1625, os ingleses tentaram comprar pimenta de Vora, mas desistiram por causa do preço absurdo que ele cobrou. Para driblar seu monopólio, os ingleses mandaram um representante a Deccan comprar pimenta e logo descobriram que Vora chegara na frente. Os ingleses não tiveram alternativa a não ser negociar com ele.[29]

Vora jogava facilmente as Companhias das Índias Orientais Holandesas e Inglesas uma contra a outra e ambas chegaram à conclusão de que não podiam se dar ao luxo de ofendê-lo. Os ingleses descobriram que dependiam de agentes de Vora para obter mercadorias e muitas vezes se endividaram com ele. Essa dependência era tamanha que ele tinha condições de obrigar os ingleses a transportar suas cargas nos navios dele.[30]

A área em que os ingleses tinham realmente a supremacia era na sua tecnologia naval e militar. Na década de 1640, os holandeses tentaram impor seu poder naval a Guzerate proibindo os navios que saíam de seus portos de viajar para o sudeste da Ásia. Os mugalis se vingaram em terra contra as fábricas holandesas. Os europeus não demoraram a perceber que, à medida que aumentavam seus investimentos em terra nas Índias Orientais, ficavam mais expostos ao controle mugal e à possibilidade de ter seus bens confiscados se prejudicassem os donos de navios locais. De modo que as hostilidades holandesas tiveram fim e o transporte indiano cresceu significativamente a partir de meados do século.[31]

O único comércio do oceano Índico sobre o qual os europeus tiveram realmente um impacto significativo foi o de especiarias. Os holandeses, como os portugueses antes deles, queriam ter o monopólio das especiarias, só que tiveram muito mais êxito.[32] Com uma combinação de uma força militar superior e implacável, apropriaram-se dos recursos estratégicos desse setor: as Ilhas de Especiarias da Indonésia. Em 1605, a VOC conquistou o forte português de Ambon, ganhando assim o controle sobre a produção de cravo-da-índia das ilhas próximas. Depois impuseram tratados aos governantes de Ternate, Tidore e Bican, por meio dos quais tinham permissão de destruir periodicamente as árvores jovens de cravo em sua área a fim de reduzir a oferta e manter seu monopólio. Tratados semelhantes foram impostos às ilhas Banda, as únicas regiões do mundo a produzir a noz-moscada e o macis. Quando os habitantes locais se cansaram de resistir a esses tratados, a VOC, sob a liderança de Jan Pietersz Coen, exterminou a população de aproximadamente 15 mil pessoas, reduzindo-a a algumas centenas. Embora tenha levado tempo para tapar todos os buracos do monopólio, nas décadas de 1630 e 1640 os holandeses podiam dizer que tinham uma supremacia total nas águas que cercavam as Ilhas das Especiarias.[33] Mas, por mais valiosas que as especiarias fossem para os europeus, eram apenas uma das muitas mercadorias trocadas no oceano Índico, e o poder holandês não se estendeu para além da Indonésia durante muitos anos.

De tempos em tempos, os europeus dominavam determinados mercados; mas, em geral, o comércio do oceano Índico continuou nas mãos dos mercadores indianos que possuíam navios.[34] O transporte de Guzerate ainda tinha uma base sólida de vantagens competitivas: organização flexível, excelente *know-how*, navios leves e rápidos e relações íntimas com os mercados e a produção do império mugal. Essas vantagens deram aos donos de navios guzerates a força para repelir concorrentes. Foi uma idade de ouro para o comércio marítimo e para os têxteis da Índia.[35]

O foco do comércio marítimo de Guzerate mudou durante o século XVII. Os mercadores guzerates diminuíram o comércio de longa distância com o sudeste da Ásia e abandonaram seus estabelecimentos nos portos dessa região. Não há dúvida de que a tomada de Malaca e das Ilhas das Especiarias pelos holandeses contribuiu para isso. Mas estavam surgindo oportunidades de crescimento a ocidente, um reflexo do desenvolvimento do poder mugal a oeste e das coordenadas econômicas do império, que incluíam o comércio florescente do mar Vermelho e a estabilidade política dos impérios otomano e safavide da Turquia e da Pérsia, que estavam contribuindo para um aumento do comércio.[36]

Embora os guzerates estivessem aproveitando as oportunidades comerciais oferecidas pelas viagens mais curtas para o ocidente, estavam diminuindo o comércio a longa distância em uma época em que, além do oceano Índico, as rotas marítimas de longa distância eram as que tinham o maior potencial. Essas rotas em crescimento rápido estavam sendo apropriadas pelos europeus.

No mar da China, a chegada dos holandeses não alterou dramaticamente a natureza do comércio e os chineses mantiveram sua posição preeminente. Uma contribuição vital foi o desenvolvimento da Batávia como base do comércio do sudeste da Ásia. Sendo a Batávia a sede holandesa do que é hoje a Indonésia, os holandeses adotaram uma política de incentivar os navios chineses a visitar o porto a fim de explorar as redes comerciais chinesas no mar da China. Os holandeses tinham esperanças de conseguir o monopólio no sudeste, não por meio de seu sistema de transporte, e sim do porto, e, para isso, receberam o transporte chinês de braços abertos.[37]

Os holandeses substituíram os portugueses no comércio com o Japão, adotando uma atitude mais secular no comércio. No entanto, mesmo no Japão, eram os chineses que dominavam, principalmente depois da década de 1630, quando o governo japonês proibiu todos os habitantes do país de viajar para o exterior. A partir desse momento, os chineses passaram a dominar a maioria esmagadora do comércio exterior do Japão.

Embora os chineses ainda dominassem o comércio regional, alguns sinais alarmantes estavam começando a aparecer. O transporte chinês estava perdendo sua vantagem em termos de tecnologia naval. As embarcações holandesas que iam da Batávia para Nagasaki geralmente levavam menos tempo do que as chinesas.[38] Os veleiros europeus conseguiam fazer três viagens por ano entre Cantão e Batávia, em comparação com apenas uma dos juncos. Comparados aos novos desenhos que estavam chegando da Europa, os juncos eram difíceis de manejar e só velejavam em determinadas condições. Não tentavam navegar contra o vento, nem viajar fora da temporada; só navegavam com os ventos confiáveis das monções. Isso limitava a perspectiva de crescimento do transporte chinês, de modo que seria de se esperar que os chineses adotassem os métodos de construção europeus. Mas isso não aconteceu.

Uma razão pela qual os chineses não copiaram os desenhos europeus pode ter sido a falta de oportunidade de ver como os navios eram construídos na Europa. Uma segunda razão talvez tenha sido simplesmente que eles eram concorrentes formidáveis sem isso. Os chineses ainda sobrepujavam os europeus no comércio do Extremo Oriente, mesmo com seus navios inferiores. Tinham mais experiência com o comércio regional e mais conhecimento dos produtos regionais. Também mantinham um controle férreo sobre seu comércio. Era com muita dificuldade que os navios europeus comerciavam com Cantão e tinham de arcar com tarifas muito altas.

Outra vantagem dos chineses era sua prática comercial pacífica, que fazia um contraste enorme com a agressividade dos europeus. Por causa disso, os governantes asiáticos aumentaram as tarifas e outros obstáculos contra o transporte europeu, mas os chineses não sofreram essas restrições.[39]

Embora os mercadores chineses tenham tido muitas dificuldades durante o século seguinte, entre as quais uma proibição do governo entre 1717 e 1727 e um massacre de sua comunidade na Batávia, sempre mostraram ser flexíveis às mudanças que o destino lhes impunha. Os chineses continuaram dominando o comércio da Ásia Oriental. Até 1842, eram o principal meio de transporte não só do Japão e do próprio país, mas também do Vietnã, do Sião e do Camboja, e também respondiam por uma proporção substancial do transporte de outras nações da região.

6

A RIQUEZA DOS HOLANDESES

> Amsterdã elevou-se pela mão de Deus até o pico da prosperidade e da grandeza... O mundo todo está assombrado com sua riqueza e, do Oriente e do Ocidente, do Norte e do Sul, as pessoas vêm admirá-la.[1]
>
> Melchior Fokken

Em meados do século XVII, Amsterdã tinha se tornado um centro mundial de comércio. Os navios iam e voltavam da África, da América do Sul, da Ásia e do Báltico. As especiarias levadas da Ásia eram trocadas em Amsterdã com os artigos dos navios que iam para o Mediterrâneo ou para a América do Sul. Por outro lado, as embarcações que levavam prata das Américas faziam uma viagem de volta com especiarias e outros artigos orientais nos porões. Dessa forma, as rotas comerciais se complementavam umas às outras e consolidavam o êxito de outras partes do sistema econômico.

Os produtos levados pelos navios de cada país serviam de base para um número crescente de setores.[2] As importações de açúcar forneciam a matéria-prima às usinas e, em 1662, metade das refinarias de açúcar da Europa (aproximadamente 50) estava sediada em Amsterdã, com cerca de mais de uma dezena delas distribuída entre Roterdã, Middelburg, Delft e Gouda. No cinturão industrial de Zaan, os ingredientes importados eram manufaturados, transformando-se em alimentos processados, entre os quais biscoitos, bolos com especiarias, chocolate, mostarda e licores exóticos feitos com frutas tropicais e subtropicais. O tabaco importado da América também promoveu a indústria local. O tabaco que chegava nos navios holandeses era enviado para um setor de produtos acabados que misturava as folhas locais com as americanas para produzir um artigo aromatizado barato. Em 1700, 23 estabelecimentos misturavam o tabaco e fabricavam cigarros em Amsterdã. Um desdobramento natural da indústria do tabaco foi a manufatura de cachimbos de barro, que se tornou o principal setor produtivo de Gouda. As importações também estimularam a indústria do diamante. Os diamantes importados eram processados por judeus sefarditas [termo hebraico para "espanhóis"] e ashkenazi [termo hebraico para "alemães"], que desenvolveram um *know-how* complicado e difícil de ser imitado por possíveis concorrentes, dando uma vantagem óbvia aos holandeses.

Outro setor relacionado ao desenvolvimento do transporte e do comércio foi o fabrico de louça de Delft, a *delftware*, uma imitação da porcelana azul da China. Surgiu uma oportunidade para a entrada nesse ramo quando a VOC teve dificuldade de obter o produto por causa das turbulências políticas na China. Sem o que teria sido uma concorrência esmagadora, os produtores locais aproveitaram a chance para desenvolver seu *know-how* e apoderar-se do mercado.

Essa revolução no comércio e na produção não poderia ter ocorrido sem mudanças concomitantes no gosto do consumidor. Mas os europeus nem sempre corriam para comprar os novos produtos descarregados em seus portos, principalmente por causa do preço alto das mercadorias importadas. Artigos importados como o chá e o café tiveram muita dificuldade de competir com o gosto pela cerveja e pelo vinho, estabelecido há muito tempo. Quando o café chegou à Europa, era considerado possuidor de propriedades medicinais — era a bebida mais saudável do mundo, segundo o autor Blankaart, que tomava nada menos de 20 xícaras por dia, e indicado particularmente para combater "juntas emboloradas" e escorbuto. Mas foi preciso um tempo para a moda pegar, pois o crescimento inicial do mercado foi lento.

Foi só na década de 1690 que o café se tornou um mercado lucrativo para a VOC. No início do século XVIII foram fundados alguns clubes de café, onde seus fãs podiam tomar um café temperado com cravo, canela e gengibre e adoçado com mel.[3] Um crescimento rápido da demanda criou uma luta por suprimentos na fonte, em Moca. Tentando resolver a situação, os holandeses chegaram à conclusão de que havia necessidade de um novo fornecedor e começaram a cultivar o café em Java. A VOC estava atuando como uma multinacional moderna, regulando a produção em uma parte do mundo para satisfazer a demanda em outra.

Também se dizia na época que o chá e o tabaco tinham propriedades medicinais, o que ajudou a aumentar o seu uso. O tabaco tornou-se muito popular. Os viajantes desse tempo comentavam o hábito que enchia todas as tavernas com uma fumaça azulada. O francês Grosley afirmou que a fumaça dos barcos de excursão era tanta que obrigava as raposas a saírem da toca quando eles passavam.[4]

O maior defensor do chá foi o médico Cornelis Bontekoe; em 1678, ele publicou o *Tractaat van het excellenste kruyd thee* [Tratado sobre o chá, a mais excelente das ervas]. O tratado sugeria que o chá era a panaceia para todos os males. Bontekoe achava que um mínimo de oito a dez xícaras de chá deveria ser tomado todo dia para manter a saúde, e que 50 a 200 xícaras não eram um absurdo. Defendia tão fervorosamente o chá que alguém insinuou que ele estava a soldo da Companhia das Índias Orientais Holandesas. Mas parece que ele acreditava genuinamente no que escreveu. Seguiu tão obedientemente o próprio conselho que, em 1696, diziam que o barulho que suas juntas faziam lembrava o das castanholas.[5]

Além de mudar os hábitos de consumo das pessoas, o comércio também influenciou a maneira de usar os produtos. Com o chá e o açúcar chegando à Europa, foi só uma questão de tempo para os dois serem tomados juntos, ao contrário do que se fazia na China, onde nunca se usava açúcar no chá. No século XVII, esses artigos se tornaram sinônimos de status e moda, uma vez que só os ricos podiam se dar ao luxo de consumir regularmente essas importações exóticas.

Novos hábitos de produção e consumo surgiram à medida que a economia se expandia. A riqueza crescente gerou uma classe alta com os recursos para comprar tapetes turcos, sedas persas e objetos de laca do

Japão, que agora estavam chegando aos portos holandeses. Para quem não podia se dar ao luxo de comprar artigos originais importados, os artesãos locais fabricavam imitações de espelhos e caixas de laca a preços baixos. Em Delft, a imitação da porcelana chinesa tornou-se ela própria um setor de exportação. A riqueza da cidade produziu um mercado aberto a pintores como Rembrandt e Jan Steen. Melchior Fokken, que publicou uma *Description of the Widely Renowned Merchant City of Amsterdan* [Descrição da famosa cidade mercantil de Amsterdã] em 1662, fala dos endereços que estavam no auge:

> [...] as casas cheias de objetos de decoração caríssimos, tanto que mais pareciam palácios de reis do que casas de mercadores, com pisos incrustados de ouro e tapeçarias valiosas nos quartos, ou objetos de ouro, ou couro, com estamparia em prata no valor de muitos milhares de florins holandeses... Você também encontrava nessas casas objetos de decoração como pinturas e ornamentos orientais, de modo que o valor dessas coisas é realmente inestimável.[6]

As classes trabalhadoras também se beneficiaram com o aumento da riqueza. Desfrutaram de uma variedade alimentar que estava fora do alcance de suas congêneres europeias. Os lavradores e os pescadores tinham regularmente à mesa carne e peixe frescos e secos, frutas, verduras e legumes frescos, manteiga, ovos e queijo.[7] O comércio e a indústria proporcionaram à classe trabalhadora uma vida com a qual as outras partes da Europa nem sonhavam.

A nova economia levou a um crescimento no qual os empresários podiam enriquecer e elevar seu status rapidamente. Um exemplo é Jan Pietersz Coen, filho de um pescador de Twist que aprendeu a contabilidade de entrada dupla e ascendeu a ponto de se tornar o mais bem-sucedido diretor-geral da VOC. Sua carreira mostra que a educação e a qualificação estavam se tornando mais importantes como instrumentos de ascensão social. A mesma lição pode ser vista na carreira de Pieter Stuyvesant (cujo nome decorou tantos maços de cigarros). Stuyvesant era filho de um pastor e recebeu uma educação de classe média antes de chegar à posição de diretor-geral da WIC (uma companhia cujas cargas incluíam o tabaco).

Esse aumento do materialismo não deixou de ser contestado e a Igreja não aprovava o excesso de prazeres, nem a nova sociedade de consumo. Conseguiu impor algumas leis de repressão pouco significativas. Por exemplo: em 1663, a venda de bonecas foi considerada "idólatra" e foi imposta uma multa de três florins holandeses a qualquer um que transgredisse a interdição de seu comércio. Em 1607, o pão de gengibre foi proibido. Alguns moralistas e pregadores calvinistas diziam que certos artigos importados eram perigosos, principalmente especiarias indianas exóticas, cuja fragrância inebriante e origem pagã provavelmente desviariam os homens da moralidade. O açúcar brasileiro, que entrava na receita de waffles, panquecas, bolos e biscoitos, também era suspeito de desviar os homens do bom caminho. O nível de ansiedade que essas declarações despertavam dependia do grau de exotismo do produto e era alimentado por notícias de doenças tropicais como o beribéri. O abacaxi, com sua aparência única, foi um artigo selecionado como transmissor potencial de infecções orientais.[8]

Os calvinistas também eram contra a vaidade e o materialismo associados ao aumento da riqueza. Mas esses fatores nunca chegaram a gerar uma resistência muito grande ao desenvolvimento econômico. Até para a Igreja, o desenvolvimento do comércio trazia oportunidades, uma vez que a expansão holandesa se deu a expensas dos portugueses e dos espanhóis católicos. Era uma oportunidade de vencer o Anticristo e levar o evangelho a terras distantes.[9]

O êxito holandês nem sempre foi admirado do outro lado do canal da Mancha. "Acho que o diabo caga holandeses",[10] foi o veredito de William Patten, inspetor da Marinha britânica. Os ingleses tinham inveja e rancor dos holandeses, que estavam conquistando um mercado após outro. Muitos ingleses achavam que seus mercados deveriam ser protegidos da competição holandesa. Os fabricantes de roupas da Inglaterra alimentavam um ressentimento intenso contra os holandeses, que compravam as lãs de seu país, fabricavam o produto acabado na Holanda e depois vendiam-no como artigo holandês. Até as empresas comerciais eram a favor de algum tipo de legislação protecionista. A Eastland Company sempre tinha sido um segundo violino para os holandeses do Báltico, enquanto a Levant Company estava vendo seu comércio declinar na Turquia por causa da competição holandesa. Até nas próprias colônias americanas da Inglaterra os navios holandeses privavam os ingleses de suas cargas de tabaco destinadas à Europa. Os ingleses não tinham condições de competir com o *know-how* superior dos holandeses no comércio, na construção naval e no transporte.

Aos olhos dos holandeses, os ingleses não sabiam perder, mesmo não sendo páreo para o engenho e a criatividade técnica da Holanda. Mas havia princípios mais sérios em jogo. Por exemplo: os ingleses ressentiam-se com as atividades dos pescadores holandeses que operavam no que eles consideravam suas águas territoriais. Era natural que os holandeses refutassem toda e qualquer ideia de protecionismo ou pretensões sobre o mar. Acreditavam em um *mare liberum* — que o mar era livre para todas as nações. Essa ideia foi defendida por Grotius, que perguntava: "Será que a vastidão do mar pode ser apêndice de um único país, mesmo que seja o maior deles? Será que alguém tem o direito de impedir os outros de comerciar entre si?"[11]

Por mais convincentes que fossem esses argumentos em favor do livre comércio e de mares abertos, eles ignoravam o fato de que os holandeses tinham usado força militar para proteger seu monopólio nas Índias. Essa hipocrisia é um traço recorrente da história econômica. Os ingleses responderam à situação propondo uma aliança entre os dois países. Quando os holandeses rejeitaram a proposta, os ingleses introduziram uma série de medidas protecionistas em 1651, além de adotar a imitação em toda a sua economia. O governo promulgou várias leis de navegação para restringir o comércio inglês a navios ingleses, ou a navios oriundos do local de onde vinha a carga. O governo também ofereceu incentivos extras para a exportação do trigo e outros cereais, pagos somente se fossem transportados em navios da frota nacional. Impossibilitou a competição de navios estrangeiros nesses ramos. Mas a forma mais eloquente de assistência foi um imposto de exportação absurdo sobre o carvão transportado por navios estrangeiros. Foi uma medida eficaz para acabar com a competição holandesa.[12]

Esses decretos de navegação, junto com outras providências, foram os motivos para a guerra entre os dois países. Nos 20 anos seguintes, houve três "Guerras Holandesas". As razões inglesas para o conflito eram claras, como afirmou o duque de Albemarle: "O que nós queremos é uma parte maior do comércio que os holandeses têm agora."[13] As guerras conseguiram isso. A colônia holandesa de Nova Amsterdã, que havia sido uma brecha notória dos decretos de navegação, foi capturada pelos ingleses e rebatizada de Nova York. Os ingleses também capturaram um grande número de cargueiros holandeses, que expandiram a frota inglesa e deram mais equilíbrio aos navios ingleses, resistentes e fáceis de defender, mas que só eram superiores nas rotas mais perigosas do comércio a longa distância.[14]

As guerras ilustraram a importância do poder naval inglês para consolidar sua atividade comercial no Atlântico Norte, uma proteção sem a qual eles teriam dificuldade de competir.[15] Com a proteção da Marinha Real, os decretos de navegação deram ao transporte inglês o monopólio no Atlântico Norte, justamente no momento em que o crescimento da população das colônias gerou um mercado significativo para o comércio exterior. As colônias também possuíam matérias-primas importantes para a viagem de volta. A madeira vinha do norte, enquanto as colônias do sul e do Caribe começaram a cultivar tabaco, gengibre, algodão, anil e açúcar que os navios ingleses podiam transportar. O transporte inglês entrou em um período de crescimento rápido entre 1660 e 1689, enquanto a própria Londres se consolidava como entreposto, importando e exportando mercadorias de suas colônias para a Europa.

A imitação das técnicas holandesas foi adotada na construção naval. Na década de 1660, os decretos de navegação foram ampliados para limitar o uso de navios construídos no exterior (além daqueles capturados durante a guerra) e com isso protegeram os construtores ingleses de importações dos *fluyts* fabricados pelos holandeses. Os navios capturados durante as Guerras Holandesas deram aos ingleses grandes cargueiros; mas, à medida que esses navios envelheciam e precisavam ser substituídos, seus donos exigiam outros de qualidade similar. Os construtores navais foram obrigados a responder a esses altos padrões de demanda e criaram modelos parecidos com as embarcações holandesas. Foi nos portos setentrionais de Whitby e Scarborough que eles tiveram mais êxito, alimentado pela demanda por navios para o transporte de carvão. Os antigos centros de construção naval do Tâmisa parecem ter achado mais difícil mudar as técnicas de construção, dado o *know-how* que haviam acumulado ao longo do tempo. Por outro lado, Whitby e Scarborough não haviam feito a mesma quantidade de investimento em técnicas antigas e não estavam limitados pelas tradições de construção naval dos portos do sul. A adoção do desenho da quilha holandesa foi considerada a principal melhoria técnica da construção naval inglesa do início do século XVIII.[16]

Também houve imitação nas rotas comerciais asiáticas nas quais os decretos de navegação tiveram menos impacto. Os ingleses criaram sua Companhia das Índias Orientais em 1600, depois que os holandeses estabeleceram seu comércio direto com as Ilhas das Especiarias. A companhia logo cresceu em importância e mostrou grande flexibilidade, expandindo-se com um grande número de novas cargas e rotas. Mas, durante toda a primeira metade do século XVII, a Companhia das Índias Orientais Inglesas sofreu constantemente nas mãos holandesas, que tinham uma organização e recursos superiores. Em uma época em que a competição chegou a um nível que exigia uma resposta agressiva, as frotas inglesas sempre eram superadas em número. Os holandeses tinham condições de oferecer uma demanda consistente aos mercadores locais, baseada nas visitas regulares de seus navios.[17] Por outro lado, às vezes se passavam até quatro anos entre as visitas inglesas a um porto asiático.

Os ingleses também sofriam de falta de organização. Embora todas as viagens para a Ásia fossem feitas para a mesma companhia, na realidade cada uma delas era financiada por grupos diferentes de investidores. Por causa disso, cada viagem pagava seus lucros a pessoas diferentes e calculava seus lucros em separado. O resultado foi uma intensa rivalidade entre os grupos e a falta de cooperação entre as viagens. Por exemplo: durante alguns anos, a companhia teve dois tipos de entrepostos comerciais em Bantam, um representando a sexta viagem da companhia, que partiu da Inglaterra em 1610, o outro representando a oitava viagem, realizada no ano seguinte. Além de dobrar as despesas necessárias, isso também levou os entrepostos a competir entre si pelas mercadorias, aumentando o seu preço, o que afetou dramaticamente o volume dos lucros.

Em 1657, a companhia inglesa reorganizou-se imitando o modelo holandês. Mas, mesmo assim, ainda tinha um controle menos rígido do que a VOC. A Companhia das Índias Orientais Inglesas dava à sua tripulação e aos cidadãos de seu país o direito de participar do comércio interasiático, desde que seus próprios interesses não fossem afetados.[18] Inicialmente, isso implicou o transporte clandestino de bens privados em navios da companhia, mas alguns começaram a trabalhar como comerciantes privados, fretando ou comprando navios de proprietários locais. Com o tempo, esses donos de navios começaram a transportar cargas para mercadores asiáticos, competindo em pé de igualdade nos mercados asiáticos. Agora o comércio inglês na Ásia funcionava em dois níveis: uma companhia supervisora, que dava estabilidade, segurança política e certo grau de cooperação, e um comércio privado flexível. Depois da reorganização, o comércio inglês cresceu dramaticamente. De 1640 a 1690, o volume de vendas passou de praticamente nada para 3,4 milhões de pesos, enquanto a companhia holandesa passou de 3,2 milhões para apenas 3,9 milhões.[19]

Nos últimos 25 anos do século XVIII, a figura dominante da Companhia das Índias Orientais foi *sir* Josiah Child. Nascido em 1630, Child era filho de um mercador londrino, que o instruiu nos segredos do comércio. As atividades do negócio do próprio Child começaram em Portsmouth, onde ele fez fortuna fornecendo mantimentos aos navios. Seu irmão servia na Índia e não há dúvida de que contribuiu para o interesse de Child pela Companhia das Índias Orientais Inglesas. Child começou a comprar ações da empresa e, em 1673, tinha 12 mil libras em ações, o que fez dele o maior acionista isolado. No ano seguinte ele se tornou um dos diretores da firma, o início de uma carreira na qual se tornou vice-diretor e depois diretor-geral.

Apesar do crescimento inglês, os holandeses ainda eram os principais agentes europeus na Ásia, seguros pelo fato de controlarem as Ilhas das Especiarias. A companhia inglesa só fazia pequenas incursões no comércio das especiarias e os ingleses foram obrigados a ser flexíveis e descobrir novos mercados, sendo os têxteis o mais importante deles. A partir da década de 1660, a Companhia das Índias Orientais Inglesas começou a importar tecidos de algodão para a Europa. Isso exigiu uma mudança nos hábitos do consumidor inglês, porque a lã era a norma, mas o produto logo ganhou popularidade por permitir que as pessoas usassem roupas mais leves no verão e porque, para acompanhar a moda, podia ser modificado com mais facilidade do que os artigos de lã existentes na época.

O crescimento do mercado têxtil não foi regular. Na década de 1680, quando o comércio com a Índia estava consolidado, muitos mercadores privados começaram a desafiar o monopólio da Companhia das Índias Orientais Inglesas, participando ilegalmente no comércio. A resposta da companhia foi uma estratégia concebida por Child, uma guerra comercial que avançou nas importações de tal maneira que "a tentação absurda dos usurpadores teve fim de uma vez por todas". Para impedir a saturação, Child também adotou uma política de diversificação e segmentação do mercado. Deu ordens a seus representantes na Índia para lhe enviar produtos variados para abastecer mercados diferentes. Para os marinheiros e operários comuns, ele queria tecidos resistentes em azul e branco; para os cidadãos, pediu "tecidos brancos de segunda" e, para as damas e as fidalgas, encomendou tecidos brancos finos. A estratégia deu certo para eliminar os usurpadores, mas sobrecarregou os recursos da empresa. Os armazéns da companhia estavam cheios de estoques parados. Por causa disso, o crédito da firma entrou em colapso e Child foi obrigado a recuar.[20]

Entre 1560 e 1689, o transporte era um dos setores de crescimento mais rápido da Inglaterra — a tonelagem multiplicou-se quase sete vezes.[21] Mas os ingleses não poderiam suplantar os holandeses a não ser que conseguissem reproduzir a base comercial-industrial mais ampla que era o alicerce de seu êxito. Os holandeses haviam conquistado uma força competitiva tão grande — graças à sua base comercial e industrial — que boa parte da literatura inglesa da época promoveu uma imitação deliberada dos holandeses. Child fez uma lista de vários pontos nos quais os ingleses deviam seguir o exemplo da prática econômica holandesa, entre eles seu incentivo à inovação na indústria e no comércio, suas regras fiscais liberais e, sobretudo, seus bancos e suas instituições financeiras, que geravam taxas de juros baixas e reduziam os custos para os homens de negócios holandeses. Em 1683, ele escreveu o seguinte:

> [...] o crescimento prodigioso da Holanda em seu comércio interno e externo, riquezas e enorme facilidade do transporte é a inveja do presente e pode ser o assombro de todas as gerações futuras. No entanto, os meios com os quais eles tanto progrediram podem [...] ser imitados pela maioria das outras nações, porém mais facilmente por nós, deste reino da Inglaterra.[22]

A imitação dos holandeses aconteceu em todo o país. Na Jonathon's Coffee House da Change Alley surgiu um mercado de títulos de acordo com as diretrizes da *bourse* holandesa. Entre as opções de investimento havia ações de empresas como a Companhia das Índias Orientais, ou títulos emitidos pelo Banco da Inglaterra, e em 1694 havia 50 empresas cadastradas na bolsa de valores.[23] Em 1694, o Banco da Inglaterra foi criado segundo os moldes do Banco de Amsterdã, oferecendo um novo nível de estabilidade ao ambiente financeiro e ajudando a diminuir as taxas de juros.

A imitação não aconteceu sem problemas. O tear mecânico (ou tear holandês) havia sido inventado na cidade holandesa de Leiden. Com essa máquina, um único homem conseguia fabricar uma quantidade de fita equivalente à produção manual anterior de quatro operários. Essa possibilidade de substituir o trabalho humano não granjeou a estima dos tecelões organizados da Inglaterra, que resistiram à sua introdução por décadas. Em Londres, esses teares foram causa de tumultos de rua, durante os quais eles foram queimados. Mas, em Lancashire, onde não havia grupos organizados de artesãos para se opor à sua introdução, ele era de uso comum na década de 1680.

Com o tempo, os ingleses dominaram as técnicas industriais e comerciais dos holandeses. Observadores contemporâneos fizeram comentários sobre os ingleses que nós, do século XX, ouvimos a respeito dos japoneses durante seu processo de modernização econômica. Por exemplo: John Ryhinier, que estampava o morim, escreveu em 1766 que os ingleses "não podem se vangloriar de muitas invenções, só de ter aperfeiçoado invenções alheias".[24]

Num período relativamente curto, a Inglaterra construiu uma base industrial que enchia seus navios com uma grande variedade de cargas. Ao longo de todo esse mesmo período, a população das colônias da América do Norte cresceu rapidamente, passando de 300 mil habitantes em 1700 para 3 milhões em 1776, oferecendo um mercado muito bem-vindo para novos artigos industriais. Os navios ingleses transportavam cargas de cordame, chapéus, couro, tecidos de linho e seda para os mercados do ocidente.[25] Nas viagens de volta, os porões continham produtos das florestas e das plantações subtropicais da América.

A expansão do transporte também refletiu uma demanda crescente por matéria-prima e mantimentos em casa, um reflexo da riqueza cada vez maior da nação.[26] As Índias Orientais e o Extremo Oriente ofereciam um novo leque de produtos (arroz, chá e café) para importar e reexportar, mas o comércio que se desenvolveu mais rapidamente foi com a América. Em meados do século XVIII, o comércio transatlântico respondia por quase metade de todo o transporte inglês. Graças a um processo de imitação que teve o apoio de uma legislação protecionista e de um poder naval superior, os britânicos adquiriram as qualificações com as quais surfaram uma nova onda de crescimento.

A batalha pela supremacia no Atlântico Norte não foi motivada pela superioridade comercial. Se tivesse sido, os ingleses certamente teriam perdido para os holandeses, seguros de suas capacidades comerciais e de sua base industrial. Os ingleses só podiam desenvolver as qualificações necessárias para competir com os holandeses por trás da tela de proteção dos decretos de navegação. A luta pela supremacia comercial no Atlântico Norte foi uma batalha naval, não uma batalha comercial. A Grã-Bretanha ganhou a batalha graças à sua superioridade no mar.

Em muitos aspectos, a força naval da Inglaterra foi consequência de sua geografia favorável e da exploração de seus recursos. Uma grande fonte natural de ferro em Sussex significava que os ingleses conseguiam fabricar armas por um quarto do preço das de bronze. Por isso os navios ingleses eram todos bem-equipados com "uma grande quantidade de artilharia usada de um lado só do navio". Talvez a maior vantagem geográfica fosse a distância física de seus rivais europeus criada pelo mar. A Grã-Bretanha não precisava de um grande exército permanente e podia canalizar a maior parte de sua defesa para o transporte. Os holandeses não podiam se dar a esse luxo, uma vez que tinham fronteiras com territórios franceses e espanhóis.[27]

A imposição dos decretos de navegação não foi o único benefício econômico proporcionado pela Marinha Real. A Marinha também reduziu os custos para os donos de navios ingleses ao eliminar a pirataria. No início do comércio pelo Atlântico, poucos donos individuais de navios tinham condições de tomar providências contra os piratas, por causa do risco. Os mercadores fizeram pressão sobre o governo para ele lhes dar proteção e coube à Marinha acabar com a pirataria.[28]

Mas não era interesse do governo pagar pela intervenção naval, a não ser que o comércio alcançasse níveis que justificassem esses custos. Esses níveis foram atingidos no século XVIII e tiveram efeitos dramáticos sobre a produtividade do transporte. Com a proteção da Marinha, os donos dos navios podiam gastar menos com armamentos. Por exemplo: em 1729-30, o navio médio que operava no comércio com a Jamaica carregava 34 canhões por cada cem homens. Em 1768, esse número havia se reduzido a cinco. A necessidade cada vez menor de defesa também reduziu a exigência de braços a bordo para manejar as embarcações. O que também permitiu aos donos dos navios usá-los mais especificamente para o transporte de cargas. Por fim, com menos perdas decorrentes da pirataria, os custos dos seguros caíram: o índice de 1770 correspondeu a dois terços daquele de 1635 e ele continuou caindo durante toda a primeira metade do século XIX.

Os decretos de navegação foram só uma parte da enorme onda de protecionismo que caracterizou a economia do fim do século XVII.[29] O governo deu subsídios às indústrias, subvenções à exportação, proibiu importações e impôs tarifas protetoras. O governo também introduziu um grande número de leis defensivas. Para resguardar a frota mercante, foi promulgada uma pena de morte para impedir os donos de destruir deliberadamente os navios uns dos outros. Em 1730, houve tentativas de regulamentar os salários e as condições dos homens do mar e pôr fim às rixas destrutivas. Em 1735, foram aprovadas restrições à responsabilidade dos donos de navios cujas cargas haviam sido desfalcadas pelas tripulações (quando os próprios donos eram parte inocente).

O desenvolvimento do comércio no Atlântico Norte levou a uma série de aumentos de produtividade.[30] Com o crescimento dos mercados, os navios transportavam mais carga, fazendo um uso maior de sua capacidade, o que lhes permitiu diminuir o preço cobrado pelo frete. O aumento de um comércio regular e estável também promoveu o fluxo de informações sobre os mercados, a experiência e os conhecimentos dos marinheiros e, à medida que os mercados passaram a ser mais bem-organizados, os navios gastavam menos tempo no porto e mais tempo transportando mercadorias. Surgiram representantes dos donos de navios especializados em conseguir cargas e agentes de transporte para organizar o carregamento e descarregamento de mercadorias. Isso diminuiu o tempo de espera e os atrasos, o que, por sua vez, reduziu os custos das transações.

Com mais experiência das demandas da geografia e da navegação, os navios tiveram condições de fazer viagens mais rápidas, enquanto os mercadores aprendiam a fixar a data das viagens de forma a maximizar as oportunidades de compra e venda e reduzir o tempo gasto no porto. A disseminação do *know-how* do comércio também contribuiu para a expansão do setor. Muitas publicações ajudaram nesse processo, incluindo títulos como *Lloyd's List* (1734), *A Treatise on Shipbuilding and Navigation* [Tratado de construção de navios e navegação] (1765) e *The Shipmasters' Assistant and Owners' Manual* [Manual do assistente de donos de navio e dos proprietários de embarcações] (1778). O efeito da maior precisão na navegação foram viagens mais rápidas e mais seguras, que reduziram os custos e maximizaram o uso do capital investido em transportes naquela época.[31] Portos como Liverpool, Hull, Bristol e Exeter transformaram-se em cidades importantes, cada qual com seu arsenal de docas, estaleiros e armazéns. Em 1707, foi assinada a Lei da União, e os navios e os portos escoceses, Glasgow em particular, também contribuíram para o crescimento.

E também houve uma grande quantidade de inovações técnicas que tiveram o efeito de reduzir custos e aumentar a produtividade dos marinheiros britânicos. As mudanças no desenho da enxárcia significaram que, em vez de algumas velas grandes, um número maior de velas menores passou a ser usado, facilitando a navegação contra o vento. O desenvolvimento da bujarrona permitiu velejar com os ventos de ocidente, o que possibilitou rotas mais curtas para cruzar o Atlântico. A melhoria do desenho da enxárcia também reduziu as demandas por mão de obra e os custos. Ao mesmo tempo, aperfeiçoamentos na embalagem das mercadorias diminuíram os custos de algumas delas, do tabaco em particular.[32]

O efeito geral dessas mudanças foi um aumento dramático da eficiência. Um exemplo: as despesas com frete no comércio do tabaco pelo Atlântico tiveram uma redução anual de 1,4% ao longo de 150 anos durante os séculos XVII e XVIII. Outro exemplo: no fim da era europeia de navegação, o transporte havia chegado a uma proporção de homem/tonelagem de um homem por 9-14 toneladas, um ganho de duas a três vezes em relação ao sistema indiano de *dhow* (e de 15 a 30 vezes em relação às caravanas de camelos do Saara).[33]

Várias instituições foram criadas para promover o avanço da tecnologia em outros setores. Em 1662, a fundação da Royal Society of London [Sociedade Real de Londres] reuniu cientistas com o objetivo prioritário de fomentar o progresso tecnológico. Dos seus oito comitês, o maior era o Comitê de Mecânica, seguido pelo de História do Comércio.[34] A indústria tornou-se tema de intensa investigação científica. Robert Boyle pesquisou a mineração e a metalurgia, enquanto Robert Hooke e William Petty estudaram a construção de navios, bombas e vários tipos de motor. Todos três apresentaram artigos sobre o tingimento de tecidos.

De maior importância direta para o transporte foi a nomeação de um astrônomo real e a fundação do Royal Greenwich Observatory [Observatório Real de Greenwich] em 1665 para resolver questões de navegação e, em particular, a determinação da longitude, um dos problemas mais prementes do comércio e do transporte. O governo criou o Conselho de Longitude, que ofereceu um prêmio de 20 mil libras a quem quer que desenvolvesse uma tecnologia que permitisse determinar a longitude no mar.

A chave para resolver o problema da longitude era a compreensão do tempo. O tempo recua em uma hora a cada 15 graus viajados para oeste (15^0 de longitude). Portanto, se soubermos qual é a diferença entre o fuso horário de Londres e da Jamaica, a diferença de tempo pode ser usada para calcular a distância. Essa operação matemática exigia um relógio preciso que pudesse informar aos navios qual era a hora em Londres, mesmo que estivessem a muitos milhares de quilômetros de distância. O problema era que as alterações da umidade e da temperatura, assim como na posição do navio, eram fatores que influenciavam a precisão dos relógios no mar.

John Harrison, que tinha experiência no setor de fabricação de relógios, ficou sabendo dos detalhes do prêmio em uma viagem que fez a Londres em 1730. Harrison dedicou a vida à tarefa e, nos 40 anos seguintes, apresentou cinco relógios ao Conselho de Longitude graças ao apoio financeiro que recebeu desse. Mas, quando finalmente construiu um relógio com durabilidade suficiente para manter a precisão no mar, o Conselho relutou em lhe dar o prêmio. Harrison teve de fazer uma petição ao governo para receber o prêmio, que finalmente lhe foi entregue em 1773. O relógio, ou cronômetro, melhorou dramaticamente a navegação, e a Companhia das Índias Orientais logo insistiu para que todos os seus navios fossem equipados com um deles.

Em 1768, a Royal Society persuadiu a Coroa a financiar uma expedição ao Pacífico até um ponto onde era possível observar o trânsito de Vênus. Esse estudo poderia oferecer dados valiosos para a navegação. A viagem de James Cook que resultou daí, em seus navios carvoeiros construídos em Whitby, também revelou possibilidades comerciais no Pacífico. O sextante também surgiu do viveiro britânico de inovações e ajudou a determinar a latitude com mais precisão.[35]

Igualmente importantes foram os esforços de James Lind no combate ao escorbuto. Lind formou-se no College of Surgeons [Faculdade de Medicina] de Edimburgo e, em 1739, tornou-se assistente de médico de navios e viajou para o Mediterrâneo, a Guiné e para as Índias Ocidentais. Lind criticava muito o fato de a maioria dos médicos que escreviam sobre o escorbuto nunca ter estado no mar. Escreveu que "antes de o problema ser visto sob uma luz clara e apropriada, é necessário eliminar uma grande quantidade de lixo".[36] Em 1747, quando viajava a bordo do navio inglês *Salisbury,* Lind selecionou 12 homens que estavam com escorbuto e dividiu-os em pares. Como suplemento alimentar, receberam sidra, água do mar, vinagre, uma mistura de alho, mostarda e raiz-forte. Mas os que se recuperaram do escorbuto foram aqueles alimentados com frutas cítricas. A conclusão de que era preciso dar frutas cítricas aos marinheiros reduziu dramaticamente os custos da mão de obra, uma vez que o número de homens que adoecia e morria passou a ser muito menor.

No comércio asiático, os decretos de navegação dos ingleses tiveram pouco efeito sobre os holandeses. Essa era a região onde os holandeses adquiriram muita força competitiva devido à sua organização e ao seu controle das Ilhas das Especiarias. Mas, a partir da segunda metade do século XVII, a VOC enfrentou um grau de competição maior. Os ingleses, os franceses, os suecos, os dinamarqueses e até Brandenburgo fundaram companhias para competir com a VOC. Muitas dessas empresas foram fundadas por mercadores holandeses expatriados que estavam tentando acabar com o monopólio da VOC. Esse fato sugere que, depois de superados os riscos iniciais ao comércio, o monopólio deixara de ser do interesse da nação. Mas não houve nenhuma mudança no setor, pois os holandeses estavam apegados às formas antiquadas de fazer negócio.

Como resposta à onda de competição, os holandeses aumentaram ainda mais a sua dedicação às antigas fórmulas de sucesso, em particular à riqueza adquirida graças a seu controle das Ilhas das Especiarias. A VOC reforçou seu monopólio fechando um empório em Bantam, do qual outros países estavam obtendo suprimentos. E também fecharam outras brechas do mercado no litoral indiano de Coromandel. Em 1689, a VOC tinha conseguido um controle substancial do comércio de especiarias e pimenta. Com isso, os holandeses estavam aumentando ainda mais o seu apego aos velhos mercados em um período de mudanças. As especiarias, que já tinham dominado o comércio europeu com a Ásia, não eram mais um mercado em expansão. Entre 1680 e 1720, a tonelagem de carga que voltava em navios holandeses aumentou em 125%, mas a renda cresceu só 78%. O aumento de tonelagem não contribuiu para um aumento correspondente dos lucros.[37] O comércio de especiarias tinha alcançado seus limites em termos de oferecer riqueza futura.

Enquanto os holandeses aumentavam seus investimentos em um mercado com pouco potencial de desenvolvimento, os ingleses foram obrigados a tentar algo novo e diversificaram, entrando no comércio de chá, porcelana, salitre e outros artigos pelos quais estava começando a surgir uma demanda europeia. Mais importante ainda foi sua tentativa ousada, mas perigosa, de vender morim indiano na Europa. Ao assumir a liderança no desenvolvimento desses mercados, os ingleses começaram a acumular experiência para surfar uma onda econômica nova e cada vez maior.

Foram muitos os setores nos quais os holandeses se apegaram à sua antiga forma de comerciar. Um deles era a preocupação com os gastos militares. Os fortes e as guarnições sempre foram um componente vital das atividades dos holandeses na Ásia, uma forma de pensar cujas origens remontavam à época em que soldados/comerciantes iam combater os espanhóis e os portugueses.[38] A manutenção dos fortes e das guarnições era dispendiosa, mas a decisão de desmilitarizar não seria nada fácil de tomar. *sir* Josiah Child chegou até a sugerir que a companhia inglesa intensificasse sua presença militar na Ásia devido às vantagens que ela oferecia. Esse é mais um exemplo da dificuldade de encontrar soluções corretas quando a economia entra em declínio.

De sua sede na Batávia, os holandeses sempre tinham controlado suas atividades asiáticas com muito rigor. Esse controle estrito era vital para manter seu monopólio. Mas significava também que suas operações eram menos flexíveis e essa rigidez foi uma barreira para a exploração de novos mercados em períodos de mudança. Por outro lado, os ingleses enfrentavam um número bem menor de restrições e trabalhavam com um processo descentralizado de tomada de decisões, o que facilitou para seus comerciantes aproveitar as oportunidades quando elas surgiam. Esse fator os ajudou a manobrar no complicado e volátil mercado têxtil. A companhia inglesa chegou a apoiar comerciantes privados cujas atividades complementavam as suas. Portanto, os ingleses agiram com mais flexibilidade e promoveram o levantamento de capitais em novas fontes.[39]

Os diretores da Batávia tinham consciência de que a situação estava se deteriorando. Nos primeiros anos do século XVIII, escreveram o seguinte:

> Os lucros transformaram-se em perdas, o comércio está em declínio, a competição dos ingleses, franceses, portugueses, chineses e mouros não pode ser restringida ao longo desse litoral extenso, a capacidade de consumo da população está diminuindo, a venda de tecidos [...] não é um quinto do que era.[40]

Essa situação foi agravada pelo fato de a tecnologia naval holandesa ter deixado de estar na vanguarda dos dispositivos que poupavam mão de obra e também da navegação em geral. No início do século XVII, os holandeses que publicavam livros e desenhavam mapas tinham dado a seus capitães a melhor literatura e os melhores mapas do mundo. Os editores holandeses continuaram reproduzindo esses velhos mestres, enquanto os franceses e os ingleses começaram a produzir globos, mapas e rotas mais precisos.[41]

Grande parte da culpa pela estagnação da VOC tem sido atribuída ao pouco interesse dos administradores da empresa por melhorias na navegação. Os diretores de Amsterdã operavam muito longe das atividades cruciais da firma e confiavam em regras e métodos antigos para obter lucro. Os navegadores queixavam-se frequentemente das restrições que lhes eram impostas, principalmente quando o desvio das regras resultava em viagens mais rápidas.[42] O controle rigoroso também limitou a inovação no desenho dos navios. Como a diretoria tinha a última palavra sobre o desenho naval, o mestre de obras do estaleiro tinha menos oportunidade de fazer inovações espontâneas e a experimentação ficou muito reduzida.

Essa situação não se restringia ao transporte. A técnica industrial estagnou em toda a Holanda. Em 1779, um industrial comentou que "não se pode deixar de observar que há muito poucos setores ou comércios aqui que não precisam de melhorias".[43] Em Leiden, que um dia fora a vanguarda tecnológica do setor têxtil, os industriais e empregadores agora eram criticados pela falta de iniciativa e aversão a novos métodos.

Como a Espanha e Portugal um século antes, a competitividade da indústria holandesa estava restringida por altos níveis salariais. Por exemplo: no fim do século XVII, Pieter van Dam queixou-se de que, enquanto nos primeiros tempos a VOC recrutava marinheiros por 8 ou 9 florins mensais, agora tinha dificuldade de atrair membros para sua tripulação por 10 ou 11 florins, com mais um bônus de um mês de salário.[44] Antes, o custo elevado dos salários havia sido um fator crucial para o desenvolvimento da tecnologia que poupava mão de obra, mas agora as nações estrangeiras estavam se modernizando mais depressa do que o processo de encontrar soluções para economizar braços a bordo.

O problema foi agravado pelo fato de o poder industrial ter se concentrado em poucas mãos. No século XVIII, a sociedade tinha uma estrutura social estática com um patriarca urbano entrincheirado no topo. A grande "família" da cultura holandesa estava prestes a se dividir em casas ricas e pobres.[45] Essa situação fazia um contraste enorme com os primeiros tempos, quando a economia holandesa se caracterizava pela igualdade e pela mobilidade social, com novos caminhos que levavam a oportunidades de ascensão social. Depois de 1680, a mentalidade do indivíduo que vivia de rendas estava em alta. A classe mercantil, que nas gerações anteriores havia sido pioneira na defesa agressiva de novas formas de pensar, agora era constituída por cavalheiros ociosos, muito satisfeitos por viver da renda de seus investimentos. Os membros da classe dirigente, que um dia dependeram do controle do comércio para obter sua renda, agora viviam do dinheiro obtido da terra, dos investimentos e de anuidades.[46] É possível que ainda tivessem vínculos com a atividade mercantil, mas a associação íntima era coisa do passado.

Comparada à petrificação da Holanda, a Inglaterra era a imagem da mobilidade social e econômica. Novas tecnologias industriais e oportunidades de comércio construíram um trampolim por meio do qual muitos ingleses conseguiram saltar barreiras sociais e melhorar seu status. Mercadores e banqueiros como William Cockayne, Josiah Child e Charles Ducombe compraram grandes propriedades rurais, adquiriram títulos e ações e casaram as filhas com aristocratas. Ao mesmo tempo, os filhos mais novos da nobreza, que não recebiam heranças, entravam frequentemente no comércio para fazer fortuna. O resultado foi "um casamento de cidade e campo, de mercador com a riqueza rural", uma relação que passaria a dominar o sistema econômico e social da Inglaterra.[47]

Na Holanda, não eram só os ricos que estavam defendendo sua posição. Os trabalhadores estavam organizados em corporações de ofício, o equivalente dos sindicatos modernos. Em épocas de crescimento, as corporações haviam sido uma instituição crucial para o desenvolvimento da tecnologia da construção naval; mas, durante a fase de estagnação e decadência, seus objetivos mudaram. Passaram a proteger mais o seu mercado, defendendo seus interesses perante o declínio, por medo do desemprego. O interesse pela construção de instalações passou para segundo plano, cedendo a primazia à doença, a acidentes e a fundos de aposentadoria para seus membros.[48]

A decadência espalhou-se por toda a economia como uma peste.[49] Com menos navios levando açúcar das Índias Ocidentais, o número de usinas de açúcar de Amsterdã diminuiu de 34 em 1668 para 20 em 1680. Nas décadas de 1720 e 1730, os holandeses enfrentaram um colapso grave de seu setor industrial. Na segunda metade do século XVIII, a decadência industrial era generalizada, embora alguns setores, como a lapidação de diamantes e a fabricação de papel, tenham sobrevivido graças à alta qualidade de seus produtos.

Se novas empresas tivessem sido fundadas por homens mais jovens com ideias novas, o país poderia ter se desenvolvido ainda mais; mas um grande número de fatores impediu que isso acontecesse. No setor de construção naval, as embarcações tinham se tornado tão grandes e dispendiosas que novos grupos não conseguiriam levantar o capital necessário para fundar uma companhia. Os que já estavam no setor consolidaram sua posição por meio de suas relações sociais e sua capacidade superior de organização, que lhes deram um acesso maior aos recursos e à mão de obra. Em 1750, a entrada de sangue novo nessa indústria era quase impossível. A construção naval passou a ser controlada por famílias mais antigas com uma riqueza sólida e que estavam mais preocupadas em reduzir os custos e garantir que as regras fossem seguidas.

Os holandeses enfrentaram muitos dos problemas com que as empresas modernas se deparam à medida que crescem. O primeiro deles é como gerar inovação e manter o controle ao mesmo tempo. Por exemplo: os estaleiros da VOC adotaram um desenho padronizado para reduzir os custos de construção e reparo dos navios, mas essas regras e regulamentos privavam os mestres de obras da oportunidade de fazer experiências e introduzir inovações.[50]

O segundo problema causado pelo crescimento deriva da maior especialização e divisão do trabalho. Nos primeiros tempos, as empresas que construíam navios eram pequenas e o administrador tinha conhecimento tanto das exigências da produção quanto da contratação de serviços por empreitada. À medida que os navios foram ficando maiores e mais complexos, a importância das tarefas administrativas também aumentou e a distância entre o empreiteiro e o carpinteiro habilidoso ficou maior. O setor, que antes de 1600 tinha pouca hierarquia, em 1700 era caracterizado por rigorosas divisões de classe. À medida que os donos foram se divorciando cada vez mais dos mestres-jornaleiros, que agora eram apenas empregados, surgiu um vácuo sem ninguém responsável pela melhoria da qualidade técnica dos navios.

A onda de prosperidade dos holandeses tinha começado com base em novos desenhos de navios, novas tecnologias industriais e novas formas de organização. Fundamentou-se em formas de pensar que incluíam a garantia do monopólio das Ilhas das Especiarias, o uso de força militar e a produção de navios com desenhos padronizados que reduziam os custos. Mas, depois que os concorrentes adotaram as inovações holandesas, esses foram privados de muitas de suas vantagens competitivas.

Os holandeses tinham começado a surfar sua onda de prosperidade com uma energia inesgotável e uma crença fervorosa de que o mundo oferecia possibilidades ilimitadas. No século XVIII, essas características já tinham desaparecido. A nação ainda possuía uma grande riqueza em capital e *know-how* financeiro, mas a decadência industrial não transformou o mercado interno em um alvo preferencial de investimento. Os investidores procuraram as opções mais seguras. Investiram no exterior, e não em seu país, e, como na Espanha antes deles, muitos preferiram a segurança dos fundos públicos.[51]

Depois que a decadência se instalou, surgiram a desconfiança e a inveja.[52] As divisões políticas que sempre tinham existido aprofundaram-se e solaparam as tentativas de reforma. Por exemplo: de quando em quando, as invejas entre as províncias impediram a realização de acordos para a melhoria de estradas e canais que atravessavam suas fronteiras, enquanto as facções pró e contra a casa de Orange sabotavam as sugestões sensatas de reforma dos adversários.

Mas, no fim do século XVIII, a Idade de Ouro holandesa tinha realmente terminado. James Boswell, que visitou a Holanda em meados do século, pintou um quadro muito diferente daquele do século anterior: "A maioria das cidades mais importantes está em um triste estado de decadência e, em vez de encontrar todos os mortais empregados, você se depara com multidões de pobres criaturas morrendo de fome na ociosidade."[53] Essa declaração reflete uma situação recorrente dos sistemas econômicos: modernização pela imitação de outras nações e depois a queda em uma armadilha.

7

A GRÃ-BRETANHA DOMINA OS SETE MARES

No começo do século XIX, o império mugal dispunha de uma economia maravilhosamente bem-sucedida. Cem anos de conquistas e expansão territorial deram-lhe recursos fabulosos, enquanto exuberantes mercados locais e regionais aumentavam ainda mais a sua riqueza. A economia tinha muitos dos fatores que associamos hoje em dia ao êxito: um governo enxuto oferecia estabilidade política, mas dava às empresas uma grande independência; uma florescente economia de mercado baseava-se na competição e no individualismo; e um grande número de instituições comerciais reduzia os custos das transações. O mais importante de tudo era que os recursos naturais e produtores habilidosos deram ao norte da Índia fabricantes extremamente competitivos na indústria mais crucial da época, a têxtil.

Os mercadores de Guzerate beneficiaram-se com a participação nesse sistema bem-sucedido. Guzerate era a mais movimentada e ativa região mercantil da Índia e entrou no século XVIII com "o mais vigoroso comércio de importação e exportação, transporte e empresariado mercantil do subcontinente indiano".[1] Mas a maré estava prestes a mudar. Em 1701, a quantidade de navios com base em Surate chegou a 112, o maior número de todos os tempos, com uma capacidade de mais ou menos 20 mil toneladas,[2] mas esse seria seu limite. "Todo o oceano Índico estava sofrendo com o excesso de comércio e os preços caíram em todos os mercados." Os mercados estavam padecendo de saturação. A trajetória econômica que Guzerate estava percorrendo, baseada em têxteis e na supremacia marítima no oceano Índico, não conseguia mais gerar um crescimento futuro. Em 1701, parecia que os limites da trajetória de crescimento de Guzerate tinham sido alcançados.

O império mugal era basicamente uma máquina militar. Com a melhor artilharia do continente e uma cavalaria bem-treinada, ele expandiu gradativamente as suas fronteiras. Os oficiais que realizaram essas conquistas foram recompensados com pedaço de terra próprio para governar (*jagir*). Mas, depois de 1689, a expansão chegou ao fim. As montanhas do norte ofereciam um obstáculo natural à expansão, enquanto no sul os nativos do platô de Deccan ofereciam uma resistência feroz. No interior dessas fronteiras militares havia uma área pacífica na qual os mercadores estabeleceram vínculos com os produtores do interior.

Em muitos aspectos, o império lembra uma empresa moderna. Construído por homens dinâmicos com interesse pela tecnologia, cresceu e adquiriu mais recursos, mas as companhias acabaram crescendo tanto que os líderes se distanciaram de suas atividades vitais. Ao longo de toda a história mugal, os governantes foram se afastando cada vez mais das tecnologias militares que conquistaram seu império. Enquanto os primeiros imperadores, como Akbar, mostraram grande interesse por armamentos, mais tarde o interesse oficial foi ocasional e fortuito, no máximo.[3] Parece que os mugalis se contentaram com as tecnologias militares que os levaram ao êxito no passado. Por isso, no século XVII, os mugalis começaram a ser ultrapassados por outras potências contemporâneas.

Com a estagnação da tecnologia, a expansão chegou ao fim, o que levou a uma diminuição das rendas. Sem expansão, havia menos terras disponíveis com as quais recompensar os *mensabdares* que agora lutavam por *jagires*. À medida que sua renda foi declinando, eles passaram a pressionar cada vez mais os *zamindares,* isto é, a classe da nobreza que possuía de fato, em termos permanentes, a maior parte das terras do império. Os *zamindares*, por sua vez, começaram a pressionar o campesinato. Ali estava uma receita de instabilidade social.

Esse processo chegou a seu ponto culminante em 1707, com a morte do imperador Aurangzeb, que levou a uma série de conflitos amargos pela sucessão ao trono. Tudo isso enfraqueceu a autoridade central, solapando todo o sistema de obtenção de renda e de segurança. Os regulamentos que procuravam impedir o abuso na obtenção de renda caíram em desuso à medida que os senhores regionais começaram a recorrer à tributação declarada da agricultura. Os nobres foram ficando cada vez mais corruptos na sua busca de renda. Os mercadores eram pressionados e foram perdendo a capacidade de levantar o capital mercantil dos primeiros tempos.

Em Surate, a crise chegou entre 1730 e 1732. Nessa época, o governador era um homem chamado Sorab Khan.[4] Os ataques dos maratas do sul privaram o governador de sua renda e ele descobriu que não dispunha de recursos suficientes para pagar seus soldados e as comitivas associadas a eles. Sem nenhum apoio da corte imperial em desintegração, ele contraiu dívidas enormes com o principal mercador da cidade, Mohammed Ali, filho de Abdul Ghafur.

Mohammed Ali herdou uma grande fortuna do pai, que incluía a casa com jardins no norte da cidade, uma outra residência um pouco antiquada na cidade propriamente dita e um ancoradouro no sul. Uma das primeiras empreitadas de Mohammed Ali com a riqueza que adquirira foi um grande investimento imobiliário em torno do ancoradouro, que transformou o antigo cais em um magnífico complexo urbano. Outra foi ele próprio começar a cunhar moedas, com permissão imperial.[5]

A riqueza de Ali fez com que ele fosse procurado constantemente pelo governador, Sorab Khan, em busca de empréstimos. Quando essa linha de crédito chegou a seu limite, Sorab Khan começou a pressionar outros homens de negócios da cidade. Em janeiro de 1730, ele se apropriou à força de 22 milhões de rupias em lingotes de ouro e prata da casa da moeda. Em 21 de março, um mercador foi multado em 700 rupias, mas não foi informado a respeito do motivo da multa. Em 10 de maio, ele multou um mercador muçulmano em 6 mil rupias por manter relações com "mulheres da casa de prazeres", um passatempo considerado ponto pacífico pelos comerciantes. Nem o início de uma grande fome em 1731 interrompeu a coleta de dinheiro do governador entre a comunidade mercantil. Não demorou para os mercadores se revoltarem e criarem Exército próprio para se defender. Mohammed Ali contribuiu com 2 mil homens para a defesa e até as Companhias das Índias Orientais Inglesas e Holandesas participaram dela. O governador acabou sendo substituído, mas Mohammed foi preso, morreu na cadeia e grande parte da fortuna da família foi saqueada pelo novo governador. A queda da família de Abdul Ghafur simbolizou a queda de uma grande cidade mercantil.

O sistema estava implodindo e, com uma administração central mais fraca, houve um rápido declínio na lei e na ordem, que prejudicou gravemente o comércio.[6] As caravanas organizadas por mercadores privados não conseguiam mais viajar em segurança de Surate para Agra. À medida que os conflitos foram se multiplicando nas rotas comerciais, o porto de Surate passou a ficar cada vez mais isolado dos mercados e dos centros de produção do interior. Uma fonte crucial de competitividade estancou. E, para piorar ainda mais a situação, nos anos subsequentes os principais mercadores do oceano Índico foram atingidos por problemas políticos, entre os quais a instabilidade do Império Otomano, guerra civil no Iêmen e o colapso da dinastia Safavid. Essas regiões haviam sido mercados vitais para o Guzerate. As antigas rotas de transporte nas quais o Guzerate fora tão competitivo estavam se desintegrando. Essa decadência pode ser vista no número de navios sediados em Surate. Em 1701, 112 embarcações tinham esse porto como base. Em 1750, havia só umas 20.[7] O comércio total de Surate, que chegava a cerca de 16 milhões de rupias no início do século, caíra para 5 milhões de rupias em 1740, e agora metade desse comércio estava sendo realizado pelos ingleses e um décimo pelos holandeses.[8] Os donos de navios locais haviam sido praticamente varridos da face da terra.

Em épocas de incerteza, o excelente sistema de defesa dos navios britânicos passou a ser uma opção mais atraente para os homens de negócios asiáticos que desejavam transportar mercadorias. Os navios ingleses eram mais resistentes e possuíam mais armamentos do que os *dhows* leves e ágeis, mas também eram mais caros. No clima político do século XVIII, um número cada vez maior de mercadores asiáticos estava disposto a pagar seu preço.[9]

A decadência da área ocidental do oceano Índico aconteceu em um período em que seu lado oriental estava tendo um aumento de atividades alimentado pelo comércio crescente com a China. Mas não foram as embarcações guzerates que colheram os frutos dessa expansão, e sim os ingleses, que haviam estabelecido relações comerciais que a possibilitaram. Essas rotas de longa distância eram mais perigosas, e os navios europeus eram os que tinham mais condições de enfrentar essa situação. Por isso é que foram os navios ingleses que levaram os tecidos indianos para a Inglaterra e para a China, não os de Guzerate.

Os ingleses também se beneficiaram do fato de ter criado enclaves territoriais isolados do império mugal, decadente e corrupto. Durante o século anterior, a Companhia das Índias Orientais Inglesas estabelecera um grande número de enclaves fortificados. O primeiro foi Madras, fundado no litoral sudeste em 1639. Era um lugar estranho para construir um entreposto comercial. Tudo quanto havia ali era um vilarejozinho e alguns acres de praias batidas pelas ondas, impróprias para a navegação. Mas o representante da Companhia das Índias Orientais Inglesas, Francis Day, insistiu em ocupar o local, chegando a ameaçar se demitir caso suas propostas não fossem aceitas. Ele tinha uma amante na aldeia vizinha de St. Thome e nada neste mundo o impediria de ficar perto dela.

O segundo território da Companhia das Índias Orientais Inglesas foi Bombaim, uma ilha que ficava no litoral ocidental não muito longe de Guzerate. No entanto, o mais importante dos três enclaves foi Calcutá. Em 1690, a Companhia das Índias Orientais Inglesas comprou as três aldeias que se transformariam em Calcutá por 1.300 rupias. Ali construiu uma fábrica fortificada, cujas muralhas protegiam os armazéns e as áreas residenciais tanto dos europeus quanto dos indianos.

As cidades fortificadas e os soldados empregados pela Companhia das Índias Orientais Inglesas deram aos comerciantes ingleses condições melhores para enfrentar a pressão política do que aquelas de que dispunham os mercadores de Guzerate, muitos dos quais se mudaram para os assentamentos ingleses para fugir à instabilidade política e à tributação dos produtos agrícolas de suas cidades natais. Durante um tempo, até o neto de Abdul Ghafur se retirou para o enclave inglês de Bombaim. Muitos guzerates se mudaram para portos europeus no litoral de Coromandel, atuando como financistas e agentes comerciais em competição direta com as subcastas *chettiar* locais. À medida que foram assumindo mais cargos em terra e deixando o transporte nas mãos dos ingleses, começaram a perder seu *know-how* naval e seus investimentos em embarcações declinaram.[10]

A expansão britânica no oceano Índico também foi resultado da fundação de novas companhias. Na década de 1670, a Companhia das Índias Orientais Inglesas tomou a decisão de se concentrar nas rotas comerciais de longa distância entre a Europa e a Ásia, permitindo aos mercadores privados participar do comércio intra-asiático quando quisessem. Muitos funcionários dessa companhia resolveram aproveitar a oportunidade representada por esse comércio e, usando suas poupanças e empréstimos feitos a mercadores locais, fundaram empresas que, no início, pareciam-se com as firmas locais.

Durante o século XVIII, a organização dos mercadores privados da Grã-Bretanha ficou mais sofisticada. Eles criaram entrepostos comerciais em vários portos, entre os quais seus representantes (comissários de bordo encarregados das vendas da carga) viajavam nos navios, tomando decisões comerciais a qualquer altura da viagem.[11] Essa capacidade de tomar decisões em cima da hora deu à estrutura descentralizada das casas de comércio menores uma grande flexibilidade para responder às mudanças dos mercados e às forças ambientais, algo que a Companhia das Índias Orientais Inglesas, extremamente centralizada, não tinha condições de fazer.

Uma das empresas privadas mais dinâmicas desse momento foi a Jardine Matheson & Co., fundada pelo médico escocês William Jardine e por um comerciante de Sutherland. Jardine conheceu o comércio asiático em 1802, quando se tornou médico dos navios da Companhia das Índias Orientais Inglesas que viajavam entre Calcutá e Cantão. Nessa época, os funcionários da companhia tinham direito a um espaço na embarcação para transportar mercadorias próprias destinadas ao comércio. Jardine usou esse espaço para negociar narcóticos e logo descobriu que era mais lucrativo do que o exercício da medicina. Em 1818, conheceu James Matheson, que chegara recentemente a Cantão depois de trabalhar durante algum tempo para um tio em Calcutá. Em 1832, fundaram sua companhia, negociando inicialmente entre Bombaim, Calcutá e Cantão. Mais tarde acrescentaram Londres a seus itinerários.

Empresas privadas como a Jardine Matheson tinham uma relação simbiótica com a Companhia das Índias Orientais Inglesas. Essa última administrava a produção de ópio na Índia; mas, devido à sua natureza de contrabando, não desempenhava papel algum no transporte ou na venda da droga para a China, por medo de perder seus direitos mercantis. Para resolver esse problema, a Companhia das Índias Orientais Inglesas vendia sua safra de ópio para casas de comércio indianas, que depois providenciavam sua venda na China. A Companhia das Índias Orientais Inglesas dava proteção e, em troca, empresas como a Jardine Matheson distribuíam o ópio.

As casas de comércio e os mercadores privados ingleses transformaram a estrutura do comércio marítimo da Índia no século XVIII. À medida que o ópio e os tecidos começaram a ser levados para os mercados da Europa e da China em quantidades sem precedentes, os comerciantes guzerates individuais do oceano Índico foram perdendo a capacidade de competir. As *nakhuda* muçulmanas e as *baniya* de Surate foram substituídas por casas de comércio em Calcutá, Madras e Bombaim, integradas a um comércio global mais amplo. Na área ocidental do oceano, a magnífica frota guzerate passou gradativamente a ser insignificante, ao passo que na região oriental a frota de mercadores privados britânicos de Calcutá tomou a supremacia dos indianos.[12] Apesar disso, os indianos ainda podiam se consolar pelo fato de continuar sendo o maior produtor de tecidos do mundo; mas não seria por muito tempo.

Enquanto os mercadores britânicos estavam transformando a face do oceano Índico, a indústria estava transformando a face da paisagem britânica.

> [...] toda visão nova da Grã-Bretanha exigia uma nova descrição; as melhorias que traziam avanço, os novos edifícios construídos, os antigos derrubados; novas descobertas em metais, minas, minerais; novos

> empreendimentos no comércio; invenções, motores, manufaturas, em uma nação progredindo e se aperfeiçoando como nós estamos fazendo; essas coisas abrem novas possibilidades todos os dias e tornam a Inglaterra particularmente capaz de mostrar uma face nova e diferente em muitos sentidos, em toda ocasião em que é examinada.[13]

Essa descrição foi feita por Daniel Defoe, autor de *Robinson Crusoe.* Em sua obra *A Tour Through England and Wales* [Uma turnê pela Inglaterra e pelo País de Gales], Defoe mostra um país transformado pela imitação e pela industrialização. A Inglaterra atrasada de antigamente, com sua única indústria de lã, estava enterrada embaixo de camadas e camadas de atividade industrial e comercial. Essa foi uma era de inovação e desenvolvimento de novas capacidades produtivas.

A industrialização progrediu com os mesmos processos que vimos nos capítulos anteriores; muitos lavradores que antes produziam grande parte de seus mantimentos se mudaram para as cidades e conseguiram emprego como mão de obra especializada nas fábricas. Agora tinham de comprar alguns dos produtos que antigamente faziam em casa, e artigos como o sabão passaram a ser feitos por indústrias especializadas. A diferença entre esse período e aqueles dos países que estudamos antes é que os ingleses desenvolveram um leque mais amplo de tecnologias de produção.

O mercado interno cresceu à medida que a produtividade aumentou e, por sua vez, o mercado em expansão oferecia um ambiente propício para os empresários introduzirem novas tecnologias e novos produtos. Uma economia florescente permite uma compensação mais rápida dos investimentos. O resultado foi uma industrialização cumulativa que produziu um grande número de produtos novos de boa qualidade. A Grã-Bretanha do século XVIII passou por uma explosão de novos artigos e técnicas de produção e de rendas maiores com as quais eles podiam ser adquiridos.

Como nos casos anteriores de crescimento rápido, a Revolução Industrial mudou os hábitos de consumo. Esse processo foi resultado dos novos produtos à venda e das rendas mais elevadas que as pessoas tinham de gastar. Os consumidores compravam artigos de algodão de

Manchester, facas, tesouras e talheres de Sheffield e louça de Staffordshire, enquanto Birmingham oferecia um grande número de produtos, de botões e fivelas a castiçais.[14] Os consumidores também podiam escolher entre um grande número de atividades de lazer. Na década de 1720, teve início a propaganda das corridas de cavalos, seguida logo depois pela do críquete. Teatros, concertos e leitura de ficção tornaram-se populares. Essa demanda crescente levou a literatura inglesa a uma idade de ouro, canalizando o talento de Jane Austen, Lord Byron, William Blake, Percy Shelley e muitos outros.

A revolução do consumo também resultou em uma explosão de técnicas de venda. Por exemplo: Martin von Butchell, que tinha um consultório com salas de médico, dentista e venda de remédios, promoveu-se cavalgando um pônei branco que ele às vezes pintava inteirinho de vermelho, às vezes com manchas. Era uma visão que espantava as pessoas, mas deve ter chamado a atenção, pois seu consultório era considerado lucrativo.[15] Outra forma de promoção que se tornou comum entre 1730 e 1740 foi o uso de cartões de visita. O cartão de visita de John Spilsbury, o inventor do quebra-cabeça de peças recortadas, apresentava-o como "dissecador de mapas em madeira". Elainor Brainiff descobriu um nicho de mercado oferecendo serviços vitais a seus clientes. Seu cartão de visitas dizia o seguinte:

Filha e sucessora do falecido
George Bridges
DESTRUIDOR DE PERCEVEJOS DE SUA MAJESTADE

Os anúncios tornaram-se lugar-comum nos jornais e nas revistas. Um exemplo: Mr. De Chamant vendia DENTES MINERAIS APERFEIÇOADOS que "tinham a aprovação de todas as sociedades instruídas da Europa e aquela dos mais eminentes cavalheiros europeus dedicados à medicina". Essas recomendações provavam "a superioridade de seus dentes [...] sobre aqueles tirados de corpos mortos, ou daqueles fabricados com qualquer outra substância animal, que sempre são perecíveis e, de vez em quando, exalam um cheiro ofensivo".

O empresário por excelência foi Josiah Wedgwood, nascido em 1730 de um fabricante de vasos de cerâmica de Staffordshire. Wedgwood aprendeu seu ofício em uma época em que os europeus estavam tentando imitar a alta qualidade da louça chinesa. Graças ao desejo de fabricar uma louça comparável à chinesa, Wedgwood pesquisou materiais, técnicas de fabricação e desenhos padronizados superiores. Seus estudos o levaram a desenvolver um grande número de técnicas de produção de cerâmica, entre as quais a vitrificação verde, louça de cor creme [que ganhou seu nome], de basalto negro e de jaspe. Também fez experiências com os tipos de artigos que fabricava. Sua linha de produtos incluía camafeus, bandejas para servir chá, caixas de rapé e cabos de facas. Sua longa lista de inovações ajudou a melhorar tanto a qualidade de seus artigos que se pode dizer com segurança que ele foi o primeiro caso documentado de uma política de satisfação ou seu produto de volta.

Tendo chegado à perfeição na produção, ele passou a se concentrar na distribuição e nas vendas. Wedgwood tinha consciência da alavancagem comercial que a moda oferecia. Afirmava que "a moda é infinitamente superior ao mérito em muitos aspectos e fica claro a partir de milhares de exemplos que se você tiver um filho predileto que deseja que o público perceba e goste, você só tem de escolher os patrocinadores certos". Wedgwood foi um pioneiro da propaganda com celebridades, fabricando produtos para a elite social, sabendo perfeitamente bem que os consumidores comuns desejariam profundamente adquirir esses artigos. Um objeto feito para a rainha logo recebia encomendas de todos os lados. Por meio de embaixadores e enviados, os produtos de Wedgwood foram promovidos por toda a Europa e, no fim do século, a Grã-Bretanha havia se tornado um grande exportador de cerâmica.

A Grã-Bretanha era uma economia em efervescência e os visitantes estrangeiros maravilhavam-se com sua riqueza sem precedentes. Na década de 1770, o professor Georg Lichtenberg, de Göttingen, disse que "o luxo e a extravagância das classes médias inferiores tinham chegado a um ponto nunca visto antes no mundo".[16] Na década de 1780, o escritor russo Nikolay Karamzin escreveu que "Tudo tinha um aspecto de [...] abundância. Nem um único objeto entre Dover e Londres me lembrou a pobreza".

Essa revolução do consumo mudou dramaticamente a situação econômica das classes inferiores. Antes da industrialização, os consumidores de classe baixa só dispunham de posses modestas. As famílias mais pobres não tinham toalhas de mesa, possuíam pouca louça, poucos talheres e poucas tesouras, poucos móveis, e a compra de uma roupa ou de um tecido era um luxo ao qual elas só podiam se dar algumas vezes na vida. Até as roupas das vítimas da peste eram disputadas ferozmente pelos parentes. Isso mudou no século XVIII com a existência de produtos baratos e rendas elevadas.

As classes mais baixas começaram a comprar objetos que antes não tinham condições de adquirir, o que não foi bem recebido por todas as classes superiores, que viram o início de um processo perigoso de nivelamento social:

> Nossas criadas estão tão inchadas de orgulho hoje em dia que nunca estão satisfeitas com sua aparência. É difícil distinguir a patroa da serviçal pela roupa; muitas vezes, a criada parece muito mais elegante do que a patroa.[17]

Até o consumo de chá refletia as mudanças da economia. Antigamente um luxo exótico a que só os ricos podiam se permitir, Jonas Hanway escreveu que ficou chocado ao descobrir que até os operários que estavam consertando as estradas começaram a exigir seu chá diário. Esse aumento do consumo de chá foi um resultado direto do aumento das importações feitas pela Companhia das Índias Orientais, que reduziu tanto os preços que até os mais pobres podiam comprá-lo. Como Jonas Hanway era acionista da Companhia das Índias Orientais, sua revolta deve ter sido amenizada pelos dividendos que recebia.

Um grupo importante que se opôs tenazmente à mudança foi aquele composto pelos indivíduos associados à indústria da lã. Esse grupo poderoso não gostou nada das importações de algodão barato que a Companhia das Índias Orientais estava levando para o país. Em 1701 e 1721, persuadiu o governo a impor barreiras à importação do algodão. Essa proteção ao mercado da lã teve consequências imprevistas. A escassez de tecidos de algodão no mercado local, que resultou dessa medida, incentivou alguns habitantes locais a assumir a produção do algodão, imitando o produto indiano. Sendo uma indústria nova, não sofria as limitações impostas pelas corporações de ofício e outros interesses em jogo, e tornou-se um dos setores mais dinâmicos e tecnologicamente receptivos do país.

A característica mais consistente da economia britânica no fim do século XVII e no século XVIII foi o aperfeiçoamento constante. Até 1760, o aperfeiçoamento foi conseguido por meio da imitação de tecnologias estrangeiras; depois dessa época, os ingleses desenvolveram novas formas de reduzir custos, aumentar o valor e criar produtos, um processo que recebeu um grande estímulo da aceitação e promoção generalizadas da inovação na fase anterior. Essa onda de inovação industrial coincidiu com a fundação de um grande número de instituições dedicadas ao fomento das ciências e da tecnologia. Em 1754, foi fundada a Sociedade de Desenvolvimento de Artes, Manufaturas e Comércio. No norte, a Sociedade Literária e Filosófica de Manchester e a Sociedade Lunar de Birmingham tornaram-se instituições de troca de ideias e informações técnicas. Havia um alto grau de interação entre engenheiros, cientistas e homens de negócios. Assim sendo, industriais como Matthew Boulton e Josiah Wedgwood tinham matemáticos e cientistas no seu círculo de amizades.[18]

O avanço técnico conquistou espaço com a publicação de revistas, enciclopédias, dicionários e anuários. Mas seria um erro exagerar a importância da ciência no desenvolvimento industrial. Os primeiros progressos ingleses aconteceram graças aos "mecânicos", que tinham pouca instrução técnica formal. Os avanços nas indústrias de algodão, ferro e máquinas não exigiam um grau elevado de formação científica, e sim um grau elevado de aptidão por parte dos mecânicos amadores.[19] Apesar disso, não há dúvida de que a inovação foi promovida pelos altos níveis de instrução do país e, no fim do século XVIII, a Inglaterra tinha um dos índices de alfabetização mais elevados do mundo, e os da Escócia eram maiores ainda.[20]

Um dos setores mais dinâmicos era a indústria têxtil e o nome de muitos inventores chegou até nós. O primeiro deles foi John Kay, um aprendiz de fabricante de pente de tear. Os pentes feitos por Kay eram usados nos teares para manter os fios separados uns dos outros. O tear em uso nessa época tinha uma lançadeira que era mantida no lugar por mãos humanas. Kay inventou uma "lançadeira móvel" que substituía o trabalho humano e dobrava a produtividade dos tecelões. Mas essa invenção não foi aplaudida pelos operários que ela substituiu. A residência de John Kay foi atacada em 1753, seu tear foi quebrado e ele conseguiu escapar por um triz.

Depois que a resistência inicial foi vencida, o novo tear levou a um salto na eficiência, mas criou problemas em outras partes do processo de produção. Agora era necessário ter cinco operários trabalhando em cada tear. Era preciso ter uma máquina que conseguisse fiar o algodão com a mesma velocidade que o tear tecia. A Sociedade das Artes ofereceu um prêmio ao inventor que criasse uma máquina que trabalhasse simultaneamente com seis fios, mas que exigisse só um operário para o seu manejo. A solução apareceu em 1761, quando James Hargreaves, um operário têxtil analfabeto, mas engenhoso, de Lancashire, inventou "a fiandeira". Essa inovação foi recebida pelos operários da forma prevista. Em 1768, a casa de Hargreaves foi atacada e dezenas de máquinas foram destruídas.

A grande novidade seguinte foi apresentada por Richard Arkwright, um barbeiro que também fabricava perucas, que inventou o tear d'água. Essa máquina possibilitava o funcionamento das máquinas têxteis por meio de uma roda d'água, daí o seu nome. Agora as fábricas começaram a ser construídas à beira de córregos e rios cujas águas faziam girar as rodas. Mas essa invenção teve realmente o efeito colateral negativo de obrigar os operários têxteis à disciplina da vida fabril. Em 1779, a fábrica de Arkwright em Lancashire foi atacada por operários.

Nesse mesmo ano, Josiah Wedgwood atravessou pessoalmente uma multidão de quinhentos trabalhadores que lhe disseram que "andaram destruindo umas máquinas e que pretendiam fazer isso no país inteiro". O fato de Wedgwood não ter sentido medo nenhum mostra que não se tratava de uma turba insensível à razão. O alvo de sua violência eram as máquinas que ameaçavam seu ganha-pão. Wedgwood, pioneiro de tantas inovações industriais, não via esses operários como inimigos. Na verdade, expressou seu desagrado ao saber que seriam usadas tropas para dispersar a multidão. Para Wedgwood, os manifestantes só estavam equivocados.[21]

Os inventores de que falamos até agora foram apenas os mecânicos mais famosos que procuraram aperfeiçoar as máquinas para que reduzissem os custos e melhorassem a qualidade dos produtos. Dezenas de inteligências inventivas lutaram com suas máquinas, modificando aqui, adaptando ali, fazendo pequenas contribuições que logo seriam adotadas pela indústria.[22] O resultado foi um grande salto na eficiência e no crescimento industrial. Cinquenta anos depois da década de 1780, o custo do fio havia caído de 36 xelins para três xelins e os ingleses estavam em condições de vencer qualquer concorrente do mundo, inclusive a Índia, que começaram imitando.

A expansão da economia britânica aumentou inevitavelmente a pressão sobre os recursos limitados da própria nação. Uma área de grandes problemas era a demanda crescente por madeira. À medida que a economia se desenvolvia, a necessidade de madeira para ser usada como combustível e como material de construção também aumentava. E, à medida que as florestas do país foram acabando, ele passou a depender cada vez mais de substitutos da madeira, o carvão e o ferro. A Grã-Bretanha tinha reservas imensas de carvão, mas nem todas elas permitiam um acesso fácil. Por fim, os depósitos superficiais de carvão esgotaram-se. O país ainda tinha muito carvão em níveis mais profundos, mas as minas mais fundas eram sujeitas a inundações. A dificuldade técnica que precisava de uma solução urgente nessa época era a invenção de uma máquina capaz de retirar a água das minas.[23] Os holandeses resolveram seu problema de produção com moinhos de vento tecnologicamente avançados e os ingleses também queriam uma solução técnica.

O problema seduziu o talento de muitos inventores engenhosos, entre os quais Thomas Savery, que patenteou uma bomba tocada por um motor a vapor em 1698, mas a solução só apareceu depois que Thomas Newcomen desenvolveu um motor mais potente. Só que essa máquina precisava de muito carvão para funcionar, o que a tornava muito cara. John Smeaton (1724-92) aperfeiçoou-a ainda mais, diminuindo a exigência de combustível dessa máquina, e depois James Watt, que fabricava instrumentos para a Universidade de Glasgow, introduziu um condensador separado que reduziu em dois terços o consumo de combustível do motor. O efeito dessas melhorias foi um salto enorme na eficiência do motor a vapor. Entre 1718 e 1834, os aperfeiçoamentos introduzidos no motor da bomba significaram que a quantidade de água bombeada por peso de carvão saltaria de 1,5 para 49,377 quilos.

Os aperfeiçoamentos do motor a vapor refletiam as inter-relações crescentes entre as tecnologias, pois os avanços de uma delas dependem do progresso das outras. Por exemplo: o motor a vapor facilitou a extração do carvão para uso na produção do ferro, enquanto as melhorias na produção do ferro aumentaram a eficiência das máquinas que extraíam o carvão. O resultado foi uma espiral cumulativa de desenvolvimento que alimentou a expansão da economia. Uma das inovações cruciais na produção do ferro foi o processo de fundição introduzido por Darby, e outra foram os processos de pudlagem [amassamento] e laminação, introduzidos por Henry Cort em 1783 e 1784. Ao longo de todo esse percurso, os operários ingleses passaram a ter mais consciência do potencial da mecânica, desenvolvendo sua capacidade e contribuindo para criar a engenharia mecânica moderna.

Logo essa tecnologia estava sendo aplicada em outras áreas da economia. O ferro, à medida que foi barateando, substituiu a madeira nas rodas d'água. Ele aumentou a vida útil das rodas, reduziu os custos de manutenção e aumentou a eficiência. Mais importante ainda foi que possibilitou construir rodas maiores, o que produziu um aumento dramático na força dos cavalos a vapor. Em 1780, o custo por unidade de energia usada por uma roda havia declinado 30% em relação a seu custo de 30 anos antes.[24] Agora a indústria inglesa tinha uma fonte de combustível mais potente e mais barata do que qualquer outra conhecida anteriormente.

Essa fonte de energia tinha o potencial de revolucionar a indústria, um potencial que se tornou realidade depois que Arkwright inventou seu tear d'água. Essa máquina aumentou a produção e reduziu ainda mais a necessidade de mão de obra. Uma criança operando um deles conseguia produzir tanto quanto dez adultos produziam antes. Graças ao aumento da eficiência da produção fabril, o preço do tecido caiu 85% entre 1780 e 1850.[25] A Grã-Bretanha estava começando a surfar uma nova onda de prosperidade econômica com base no carvão, no ferro e no vapor. As máquinas, movimentadas pelo vapor ou pelas rodas d'água, conseguiam realizar o trabalho de muitos homens e reduziram drasticamente os custos de fabricação dos artigos.

Richard Arkwright, o inventor do tear d'água, foi um dos muitos empresários que ascenderam socialmente nessa época. Construiu várias fábricas e aumentou substancialmente sua riqueza, que havia começado com 5 libras. Quando morreu em 1792, *The Gentleman's Magazine* afirmou que seu espólio valia 500 mil libras. Donos de fábricas como Arkwright também deram emprego a muitas mulheres e crianças. John Reed, que trabalhou na fábrica de Arkwright em Cromford, explica como:

> Fui trabalhar na fábrica de artigos de algodão do Senhor Arkwright aos 9 anos. Nessa época eu era um menino forte e saudável, com todos os membros perfeitos. No começo, eu ganhava 2 xelins por semana, em troca de 72 horas de trabalho. Continuei trabalhando nessa fábrica durante dez anos, conseguindo aumentos graduais de salário, até ganhar seis xelins e 3 *pence* por semana, que foi o salário mais alto que recebi na vida.

Mas o êxito de John Reed teve um preço. Trabalhar com as máquinas deixou-o aleijado. Os negócios estavam mudando a Grã-Bretanha e nem todas as mudanças foram bem-recebidas. Durante séculos, as pessoas fabricaram tecidos em casa. Agora a produção era feita em fábricas com o uso de máquinas e sob o controle dos donos dos estabelecimentos. Um autor notou que "ao mesmo tempo que a humanidade domina a natureza, o homem parece ser escravizado por outros homens, ou por sua infâmia".[26] Esse escritor era Karl Marx, cujas observações o levaram a se tornar o pai do comunismo. Mas Karl Marx não foi o único escritor a perceber as mudanças negativas. Muitas críticas foram feitas por defensores da nova era, como John Britton, que tinha paixão pela indústria e promoveu ativamente as ferrovias. Nem ele pôde deixar de perceber a deterioração do meio ambiente.

> De Birmingham a Wolverhampton, uma distância de 21 quilômetros, o país era curioso e divertido, embora não fosse muito agradável aos olhos, aos ouvidos ou ao paladar [...] uma região de fumaça e fogo enchendo toda a área entre céu e terra [...] a superfície da terra está coberta com as próprias entranhas, o que dá emprego e ganha-pão a milhares da raça humana.[27]

Por fim, as novas tecnologias foram aplicadas ao transporte. Foi preciso certo tempo para o custo do ferro diminuir até um nível competitivo, de modo que ele não foi o material dominante em meados do século XIX. A substituição da madeira pelo ferro no setor de transportes abriu muitas possibilidades novas. A maior vantagem do ferro era a sua resistência. Materiais mais resistentes significavam que era possível construir embarcações maiores. Significava também que era possível fabricar cascos mais finos e mais leves, o que levou a aumentos da capacidade de transporte de até 35% (a adoção posterior do aço diminuiria em mais 15% o peso dos cascos).[28]

Também foi preciso algum tempo para o motor a vapor ser usado nos navios. Os primeiros experimentos não se limitaram à Grã-Bretanha. Nos Estados Unidos, John Fitch começou a fazer experiências com um barco a vapor no rio Delaware em meados da década de 1780. Na França, Saône também fez suas experiências perto de Lyon em 1783. Os franceses, com sua base científica superior, poderiam ter assumido a vanguarda na tecnologia do barco a vapor, mas seus avanços industriais e científicos foram prejudicados pela instabilidade política criada pela Revolução Francesa.[29] Por isso, a liderança coube aos britânicos, que tinham o talento e a base de conhecimentos que melhor complementavam as novas tecnologias. Com sua supremacia em termos de recursos em carvão e ferro, engenheiros empreendedores e experiência com a tecnologia do vapor, assumiram a vanguarda no desenvolvimento das embarcações a vapor e, com isso, desenvolveram capacidades produtivas que as outras nações não tinham.

A tecnologia dos navios a vapor desenvolveu-se em três estágios. Cada um deles passou por um processo de melhorias até alcançar um platô, que dava a impressão de que a tecnologia não poderia avançar mais. Essa fase era seguida por um período de experimentação até finalmente haver um salto qualitativo.[30] O primeiro deles foi o barco a vapor movido por uma roda que, em meados da década de 1820, estava operando em pequenas rotas por mar, rios e lagos em águas britânicas, europeias e americanas. Mas o vapor a roda tinha limitações em termos de transporte de longa distância por mar, uma vez que as ondulações do oceano podiam deixar a roda fora da água, fazendo com que ela perdesse momentaneamente a sua função. Em segundo lugar, a profundidade da roda na água variava durante a viagem à medida que sua carga de carvão ia sendo usada. Havia necessidade de uma forma de propulsão mais eficiente.

O segundo estágio foi a substituição da roda por uma hélice. O conceito de hélice surgiu de uma ideia de Arquimedes, dois séculos antes de Cristo. Consiste em furar a água da mesma forma que uma furadeira moderna fura a madeira e faz girar a serragem. Os holandeses tinham usado um dispositivo semelhante para levar a água para planos mais elevados séculos antes. Houve ao menos cinco tentativas de aplicar a tecnologia do vapor a hélice antes de 1836, mas a tecnologia do motor e da caldeira existente na época não conseguiu resolver o problema.[31] O salto qualitativo aconteceu em maio de 1836, quando Francis Petit Smith, lavrador e mecânico, construiu um barco de 60 centímetros de comprimento que testou no lago que havia em suas terras. Com o apoio financeiro de um banqueiro rico, ele construiu o *Archimedes* (em julho do mesmo ano, um oficial do Exército sueco, o capitão Ericsson, que vivera na Inglaterra durante algum tempo e também estava trabalhando em um barco de 60 centímetros, teve o mesmo êxito. Ericsson recebeu apoio de um oficial da Marinha americana, o capitão Robert F. Stockton, e juntos tentaram conquistar o mercado naval dos Estados Unidos).

Com o apoio de seus investidores, Smith fundou a Screw Propeller Company para explorar a patente que havia registrado e para desenvolver um produto que esperava vender à Marinha. Mas pode ser arriscado depender só de um possível comprador, principalmente quando esse é um órgão governamental vulnerável aos altos e baixos da política partidária. Embora a elite liberal defendesse a tecnologia, os conservadores davam pouco apoio e uma mudança de governo em 1841 prejudicou o projeto. E, para piorar as coisas, a Marinha adiou a compra do barco a hélice até seu êxito tecnológico ser inegável.[32] Então a Marinha comprou a tecnologia a um preço baixo. Usou sua força de mercado para acabar com o valor da patente. Ser pioneiro nem sempre compensa: a companhia fechou as portas. É bom lembrar que, nessa época, o grande engenheiro Brunel, que adotou a tecnologia, não via razão para patentear ideias.

Isambard Kingdom Brunel, filho de um engenheiro civil francês, nasceu em Portsmouth em 1806. Foi mandado para a França a fim de receber instrução técnica e lá estudou no Lycée Henry Quatre e na Universidade de Caen. Aos 20 anos, voltou à Inglaterra para trabalhar com o pai. Seu primeiro projeto de peso foi um túnel no rio Tâmisa, no qual trabalhou como assistente do pai, que era o engenheiro-chefe. Em 1833, foi nomeado engenheiro-chefe da Great Western Railway, construindo uma linha ferroviária de Bristol a Londres.

Brunel sugeriu aos diretores da Great Western Railway que fundassem uma companhia para prestar serviços transatlânticos a vapor. Isso significaria que a empresa ferroviária poderia oferecer um serviço completo de transportes entre Londres e Nova York. Mas usar embarcações a vapor para cruzar oceanos era uma ideia avançada demais para a lógica prevalecente na época. Até o pai de Brunel tinha feito declarações sobre sua falta de confiança nessa tecnologia. Não é de surpreender que, quando Isambard Brunel apresentou sua proposta, deparou-se com uma combinação de silêncio e risos reprimidos. Sua ideia parecia tão absurda quanto as de Henrique, o Navegador, quatro séculos antes.

O problema crucial era o combustível. Os motores a vapor consumiam uma grande quantidade de carvão e eram antieconômicos para o uso em viagens longas. Nas viagens transoceânicas de grande distância, o navio precisaria de vários pontos de reabastecimento ou teria de carregar grandes quantidades de carvão. Além da grande quantidade de carvão necessária ser muito cara, a estocagem do combustível até ele ser usado ocuparia um espaço que, sem ele, poderia ser usado para transportar carga. A resposta óbvia parecia ser construir um navio maior, mas qualquer pessoa racional da época sabia que um navio maior precisaria de mais combustível. Brunel rompeu os limites dessa lógica. Percebeu que, à medida que o navio aumentava de tamanho, necessitaria de uma quantidade proporcionalmente menor de combustível. Sua observação se baseava no fato de que a capacidade de transportar carga de um navio era determinada por seu volume, mas a resistência que uma embarcação sofre das águas do mar (e, por conseguinte, sua exigência de combustível) é determinada pela área de sua superfície. Em outras palavras: era possível construir um navio a vapor econômico, desde que fosse fabricado nas proporções certas.

O primeiro barco a vapor, movido por uma roda, construído pela companhia de Brunel foi o *Great Western*, que não foi um sucesso comercial. Depois de testemunhar o êxito anterior do *Archimedes,* Brunel chegou à conclusão de que o seu próximo navio seria movido por uma hélice. A hélice funciona jogando a água para trás do navio ao mesmo tempo que o empurra para a frente. Brunel alugou o *Archimedes* por alguns meses e realizou testes com ele, usando oito hélices experimentais. Os resultados foram incorporados à construção do *Great Britain.* Sendo a primeira embarcação transoceânica movida a hélice, e a primeira feita com ferro, esse gigante anunciava uma nova era nos transportes.

Infelizmente, sua companhia, a Great Western Steamship Company, também teve pouco sucesso e fechou em 1852.[33] A tecnologia ainda era limitada demais em suas aplicações. Das 9.934 embarcações da lista da Lloyds Register em 1853, só 187, meros 2%, eram barcos a vapor.[34] O combustível continuava sendo problema.

Motores mais econômicos surgiram com a última inovação importante, quando o processo de composição, que havia sido usado em terra, foi aplicado ao motor a vapor marítimo. O processo de composição expande duas vezes mais o vapor, conseguindo assim uma produtividade maior do carvão e reduzindo a sua demanda (e os custos). Esse processo também dependeu de avanços em outras tecnologias. O uso marítimo do motor composto havia sido limitado pela pouca resistência do desenho e dos materiais usados para fabricar as caldeiras.[35] Por fim, os progressos na fabricação do aço significaram que começou a ser possível fabricar caldeiras de aço mais resistentes, capazes de suportar pressões mais elevadas. Em

1874, foi construído o primeiro vapor comercial transoceânico equipado com um motor de expansão triplicada. Representou uma nova era de poder marítimo em que a tecnologia do vapor finalmente provou ser mais econômica do que as velas.

À medida que a tecnologia marítima foi se desenvolvendo, passou a ser um braço auxiliar do aglomerado industrial que já estava florescendo em terra. Os engenheiros que desenharam as máquinas para uso no mar cooperavam entre si e fundaram sociedades científicas com seus congêneres de engenharia civil e ferroviária, gerando um reservatório de conhecimentos e experiências que crescia cumulativamente.

Com a energia do vapor, o transporte foi liberado de sua dependência dos ventos e das correntes marítimas. Os navios tinham energia própria; conseguiam viajar para onde quer que desejassem, na hora em que bem entendessem. Isso permitiu o desenvolvimento de um novo tipo de serviço de transporte: os paquetes. Os paquetes viajavam em datas regulares, aumentando assim o valor do serviço oferecido aos clientes: o valor de um serviço sistemático e confiável. A ideia de viajar em uma data específica, independentemente de o navio estar ou não com sua carga total, envolvia um risco considerável, mas esperava-se que ele fosse mais do que compensado pelo fato de atrair cargas mais bem pagas, como correspondência e passageiros em cabines, seduzidos por um serviço rápido e regular.[36]

Nos primeiros tempos, os navios a vapor necessitaram de um investimento substancial que estava fora do alcance do pequeno investidor. Por esse motivo, as principais linhas de transporte de correspondência e passageiros foram criadas por empresas de sociedade anônima. Provavelmente a mais famosa das novas companhias de paquetes tenha sido a P&O. A empresa foi fundada por Brodie McGhie Wilcox, um corretor de navios [que organiza fretes, espaço para cargas e reservas de passageiros], e Arthur Anderson, que tinha servido algum tempo na Marinha inglesa antes de entrar para a companhia de Wilcox. Os dois constituíram uma sociedade e se tornaram donos de navios em 1825, explorando uma rota para Portugal em uma escuna. Em 1834, conseguiram autorização para o funcionamento da Peninsular and Oriental Steam Navigation Company e em 1837 ganharam o contrato para transportar correspondência para a península Ibérica. O contrato acabou sendo ampliado para atender ao Mediterrâneo. Em 1840, possuíam sete navios, número que aumentou para 23 em 1850 e para 51 em 1867.[37] Um fator importante para o crescimento da companhia foi a expansão do Império Britânico. Dois terços de seus passageiros para a Índia eram funcionários do Estado, sendo a empresa, em grande medida, um braço oficioso do governo inglês na Índia.[38]

A P&O foi uma das muitas companhias que cresceram graças à Companhia das Índias Orientais, que havia perdido seu monopólio em 1834. Antes disso, Adam Smith, o pai da economia moderna e autor de *A riqueza das nações,* atacara a posição privilegiada de empresas como a Companhia das Índias Orientais, que usavam seu monopólio para restringir o volume da atividade comercial e obter preços mais altos para seus produtos.[39] A Companhia das Índias Orientais Inglesas defendera ferozmente o seu monopólio, mas as forças políticas estavam mudando à medida que a nova economia gerava novos interesses. Os industriais, em particular os reis do algodão de Lancashire, estavam irritados com a dificuldade da companhia de vender produtos britânicos na Índia e na China, os maiores mercados conhecidos.[40] Sua atitude refletia a nova confiança dos fabricantes na competitividade de seus artigos (até esse momento, suas críticas à companhia tinham sido no sentido oposto; atacavam as importações de tecidos indianos para a Grã-Bretanha, declarando que eram uma competição "injusta" com o produto nacional). O poder dos industriais ajudou a acabar com o monopólio e o comércio asiático foi aberto. Na época em que o monopólio da Companhia das Índias Orientais Inglesas foi revisto, os riscos ao comércio com a Ásia já tinham sido superados havia muito tempo e não existia mais justificativa para a segurança econômica oferecida pelo monopólio. A nação possuía um grande número de navegadores com experiência nessas rotas. Liberados, contribuíram para um crescimento substancial do transporte na região.

Com o tempo, a tecnologia dos navios a vapor foi aperfeiçoada, reduzindo os custos e aumentando o alcance de outras tecnologias novas. As melhorias foram resultado de muitos fatores, entre os quais máquinas mais avançadas que diminuíam o consumo de carvão e o número de braços necessários para alimentar as caldeiras. E também foram resultado da construção de embarcações maiores, o que permitiu transportar cargas maiores sem o aumento correspondente de mão de obra, e ainda de progressos na indústria do ferro, que reduziram o preço desse metal e o custo da construção dos navios. Em decorrência desses avanços, entre 1873 e 1901, o custo do carvão usado na rota entre Londres e Bombaim caiu de 21 para 13,55 xelins por tonelada; o tamanho da tripulação foi reduzido e os próprios navios se tornaram mais baratos. Combinadas com as tarifas portuárias menores, essas economias de escala permitiram aos donos dos navios reduzir seus custos de 46 para 16 xelins por tonelada.

No entanto, o vapor não era a forma mais apropriada de energia em todas as rotas. Nas viagens mais longas, a vela ainda era a mais econômica das formas de transporte.[41] Na verdade, a competição da tecnologia do vapor e das novas áreas de pesquisa associadas às novas embarcações, como as melhorias no desenho dos cascos, acabaram inspirando o avanço tecnológico nas embarcações a vela.

Outros aperfeiçoamentos continuaram reduzindo os custos e aumentando as possibilidades de comércio. A abertura do canal de Suez em 1869 diminuiu a viagem de Londres a Bombaim de 17.163 para 10.094 quilômetros, o que reduziu a necessidade de carvão nos navios a vapor que percorriam as rotas mais longas. Os custos diminuíram ainda mais com a introdução de aparelhos mecânicos para carregar os navios, o que reduziu o tempo gasto no porto e permitiu um maior número de viagens por embarcação. O desenvolvimento da refrigeração significou que bens perecíveis como carne, frutas e laticínios agora podiam ser transportados frescos. Esses avanços ajudaram a alimentar um comércio mundial florescente e o mundo começou a se tornar cada vez mais um mercado global.

A chegada do vapor e do ferro mudou completamente a natureza da construção naval. Antes, a construção naval havia se espalhado por uma grande área geográfica, e quase todos os portos tinham instalações próprias de reparo e construção. Com as novas tecnologias, a indústria passou a ser definida pelo acesso aos suprimentos de ferro e carvão e concentrou-se em três áreas, Clyde, Tyneside e Belfast. O setor adquiriu uma base tecnológica inteiramente nova e o velho ramo de madeira e velas, dependente de trabalho artesanal, entrou em obsolescência. As pessoas entravam no setor não com experiência em transporte, mas com os novos conhecimentos a respeito de ferro e carvão. À medida que os pioneiros britânicos foram desenvolvendo sua capacidade, acumularam informações, experiência e boa reputação que as outras nações não tinham. É por isso que qualquer um que desejasse comprar um navio a vapor pensaria nos estaleiros ingleses.

David e Robert Napier foram empresários pioneiros que entraram no setor com experiência em metalurgia e fundição de ferro. Construíram seu primeiro motor marítimo em 1816, seguido pelo *Rob Roy*, o primeiro navio a vapor a atravessar o canal entre Clyde e Belfast. Seu primeiro estaleiro foi construído às margens do Tâmisa, mas em 1841 eles se mudaram para Govan, às margens do Clyde, dando início à importante tradição regional de construção naval com uso de ferro.[42]

Os Napier davam a seus empregados a formação de engenharia indispensável ao setor, e muitos deles acabaram fundando companhias próprias. David Todd e John MacGregor haviam sido gerentes de fábricas de David Napier antes de fundar estaleiro próprio em 1836. John Elder, que patenteou o motor composto marítimo, havia sido funcionário de Robert Napier, exercendo o cargo de desenhista-chefe antes de começar o próprio negócio (que mais tarde se transformaria na Fairfield Shipping and Engineering Company). J. e G. Thompsom, que fundaram estaleiro próprio em Govan em 1851, mais tarde conhecido como Clydebank Shipbuilding and Engineering Company, também saíram dos quadros de Napier. William Denny era de uma família de construtores navais, mas foi depois de trabalhar com Napier que foi fundada a William Denny and Brothers, de Dumbarton.

O crescimento de muitas companhias em um único distrito levou à criação de economias externas. As regiões com muitas firmas tinham condições de compartilhar sua infraestrutura e suas redes de transportes. Também desenvolveram grupos de operários altamente especializados que os patrões podiam empregar e mandar embora de acordo com a demanda. A concentração de tantas firmas em uma região significou que os padrões comuns de qualificação dos trabalhadores eram acessíveis a todos eles. Dada a alta qualidade da mão de obra e o fato de o treinamento e a organização serem feitos pelos trabalhadores mais velhos, os custos administrativos de várias empresas eram baixíssimos. Os empregadores não precisavam investir em qualificação de pessoal administrativo, nem em planejadores. As firmas mantiveram-se relativamente pequenas e eram de propriedade das famílias que as administravam. A pouca quantidade de capital necessário tornava a entrada no setor relativamente fácil, enquanto a competição entre as empresas ajudava a manter os padrões de qualidade.

Esse foi um tipo de desenvolvimento industrial que aconteceu em muitos setores de todo o país. As indústrias cresciam originalmente no local em que haviam sido fundadas por causa da facilidade de acesso à matéria-prima, como o aço para a construção naval e a argila para a cerâmica, por exemplo. À medida que o setor crescia, surgia uma grande reserva de operários qualificados que mudavam de emprego na região de acordo com os ditames da demanda. Esses distritos passaram a ser conhecidos como distritos marshallianos, em homenagem ao economista Alfred Marshall, que reconhecia que as empresas ganhavam essas economias externas quando elas existiam na mesma área. Se um empresário quisesse entrar em um determinado setor, fazia sentido estabelecer-se naquelas regiões onde era possível usufruir essas vantagens econômicas. Em 1850, a reputação de Clyde estava atraindo construtores navais de outros lugares. Em 1876, havia mais navios construídos com ferro em Clyde do que em todo o resto do mundo.[43]

A vantagem obtida pelos ingleses também lhes permitiu desenvolver economias de escala que dificultaram a competição dos estrangeiros. A indústria do aço conseguiu produzir mais durante seus turnos de trabalho, o que reduziu os custos.[44] O grande tamanho do mercado permitiu aos construtores navais especializarem-se em certos tipos de embarcações, principalmente cargueiros, o que lhes permitia economizar no equipamento de que precisavam e construir os navios antes mesmo de as encomendas chegarem.

Muitas das novas companhias fabricantes de navios a vapor formaram associações estáveis com os outros construtores navais, o que aumentou os lucros de ambas as partes. Os construtores navais recebiam muitas encomendas e tiveram a oportunidade de se especializar em certos tipos de barcos. Por outro lado, os donos dos navios pagavam menos por suas unidades; a White Star Line, por exemplo, assinou um contrato segundo o qual todos os seus navios seriam desenhados e construídos por Harland & Wolff em Belfast.[45] Os construtores navais, por seu lado, comprometeram-se a não construir navios que pudessem competir com os serviços da White Star. As duas partes cooperavam com ideias. O fluxo de informações contribuiu para a capacidade da linha de atender ao mercado com níveis de conforto desconhecidos até aquele momento.

Cunard conseguiu o apoio financeiro de Robert Napier.[46] Em troca, Napier obteve um mercado garantido que deve tê-lo encorajado a investir ainda mais em tecnologia nova. Essa parceria levou a um fluxo de informações que incluía, por exemplo, o tamanho que os navios precisavam ter, dada a necessidade de estocar carvão a bordo. Mas Cunard era muito conservador no tocante ao desenvolvimento de novas ideias, preferindo deixar os outros assumirem os riscos.[47] Como muitas empresas pioneiras faliram, Cunard só adotava uma ideia depois que seu êxito já estava comprovado. A falência de muitos pioneiros ilustra o perigo de ser vanguarda. Mas o ambiente de expansão comercial global contribuiu muito para os inovadores adotarem as tecnologias novas em um mercado florescente e o setor como um todo conseguiu suplantar o fracasso de alguns.

Os ingleses tinham criado um sistema econômico movido a vapor e carvão. Os navios a vapor dos britânicos viajavam para portos estrangeiros nos quais construíram ferrovias que davam acesso ao interior, como no Canadá e na Índia. Da Índia vinham juta, anil, peles de animais, chá, arroz e algodão cru. Do Canadá vinham madeira e cereais, enquanto a África do Sul fornecia diamantes e ouro. A borracha, explorada originalmente no Brasil e na África Ocidental, era distribuída por todas as colônias tropicais inglesas e se tornou um dos principais artigos de exportação para a Malásia e o Ceilão. Cabras e ovelhas foram introduzidas na Austrália e na Nova Zelândia, criando uma fonte de lã e carne depois que a refrigeração foi inventada. Muitas companhias que surgiram em meio a essa onda de prosperidade existem até hoje. Entre elas estão a Cadbury, a Lever Brothers e a Bovril, que investiram em *plantations* estrangeiras, entrepostos e casas de comércio para assegurar a oferta dos recursos necessários.[48]

Foi por meio desse processo que o mundo se dividiu entre nações industriais e não industriais, assumindo uma forma que persistiria durante o século seguinte.[49] As exportações industriais saíam da Europa em troca de outras mercadorias. À medida que as colônias enriqueciam com suas exportações para a Europa, podiam, por sua vez, dar-se ao luxo de adquirir mais artigos manufaturados da Grã-Bretanha. O sistema comercial resultante desenvolveu-se graças ao reforço que deu a seus braços, à indústria e ao transporte a supremacia em um campo aumentando o seu poder nos outros.

O poder dos ingleses aumentou a capacidade de suas colônias obterem capital nos mercados londrinos ao promover a lei, a ordem e a estabilidade, o que reduziu o risco dos investimentos (embora muitas vezes o benefício fosse canalizado para a elite branca desses países). Mas não era preciso ser governado pela Grã-Bretanha para participar desse processo. A infraestrutura dos Estados Unidos desenvolveu-se em grande parte graças ao financiamento britânico. A similaridade da língua, da cultura e das instituições ajudou a diminuir o risco dos investimentos, embora o transporte entre as duas nações tenha permanecido nas mãos dos ingleses. A Argentina também se tornou uma extensão dessa estrutura por ser um fornecedor de produtos primários — como a carne — para a Grã-Bretanha.[50]

Embora o crescimento do Império Britânico tenha ajudado a alimentar a expansão do comércio e do transporte, essa não era uma arena protegida. Em 1849, os decretos de navegação, que haviam protegido a indústria inglesa no início de seu crescimento, foram revogados. Esse fato abriu rotas de transporte coloniais aos concorrentes de nações estrangeiras. Além de acabar com as ineficiências da legislação, a revogação dos decretos refletia a confiança do transporte inglês na sua capacidade de vencer a concorrência. A Grã-Bretanha dominava os sete mares e podia absorver os recém-chegados sem a menor dificuldade. A nação tornou-se defensora do livre comércio, esquecendo-se do papel que a legislação protecionista desempenhara nos primórdios de seu desenvolvimento.

Avanços britânicos nas ferrovias, nos barcos a vapor e nos cascos de ferro forneceram as tecnologias graças às quais o volume do comércio aumentou verticalmente. Mas empresas de grande escala como essas não podiam existir sem capital, e a City de Londres passou a desempenhar um papel vital. A riqueza gerada pela Revolução Industrial abriu caminho até os mercados de capitais de Londres, nos quais era emprestada a governos estrangeiros que queriam desenvolver a infraestrutura comercial de seu país.

A legislação de responsabilidade limitada introduzida em 1855 facilitou o levantamento de capital por causa da redução do risco. Isso mudou a natureza da propriedade dos navios, e as companhias antigas com muitos sócios tornaram-se coisa do passado.[51] A nova lei gerou dezenas de companhias *joint-venture* de um só navio, que frequentemente pertenciam a pequenos grupos de investidores e eram administradas por eles. Empresários com capital, conexões ou experiência no comércio (talvez depois de trabalhar na Companhia das Índias Orientais) aproveitaram as oportunidades criadas pelas novas tecnologias e pela proteção jurídica. Muitos investidores fundaram empresas familiares, alguns em sociedade.

As pequenas empresas familiares eram muito comuns no mercado de transporte em cargueiros. Os cargueiros não viajavam em datas regulares, como os paquetes. Navegavam pelo mundo de acordo com as necessidades de local e data em que as cargas tinham de ser despachadas. Foi uma forma de transporte possibilitada pelo desenvolvimento do telégrafo, que informava de antemão aos donos dos navios onde havia carga. O telégrafo e o cabograma facilitaram a comunicação e reduziram muito os riscos do setor de transporte, pois as mercadorias eram enviadas com menos base na conjetura e mais na encomenda. Isso permitiu aumentar o contato entre comprador e vendedor, com a eliminação do intermediário. Esse processo levou a uma redução dos preços e a um aumento das transações. Os agentes comerciais tinham um conhecimento quase absoluto dos preços pagos nos principais centros de negócios dos vários setores produtivos e dos navios que recebiam esses preços. Essa informação pública, um grande número de firmas e custos de entrada relativamente baixos tornaram o mercado de cargueiros extremamente competitivo, talvez a coisa mais próxima que já vimos de uma competição perfeita na indústria. Nesse ambiente ferozmente competitivo, os donos dos cargueiros eram vistos como homens de negócios em concorrência acirradíssima com seus iguais.[52] O transporte em cargueiros obteve uma taxa de crescimento anual de 7% entre 1870 e a Primeira Guerra Mundial,[53] época em que constituíam 60% da frota do país.[54]

À medida que a indústria britânica desfrutava de um comércio mundial para cuja construção estava contribuindo tanto, os lucros eram reinvestidos nas tecnologias, nas experiências e nos talentos mais recentes e sofisticados, o que lhe permitiu derrotar a competição estrangeira. Em meados do século XIX, a Grã-Bretanha produzia cerca de dois terços do carvão mundial, aproximadamente metade de seu ferro, 5/7 de seu aço, 2/5 de suas ferragens e mais ou menos metade de seus tecidos comerciais de algodão. Sua frota mercantil movida a ferro e carvão, que exportava artigos manufaturados e importava matérias-primas, em 1890 era maior do que todas as outras frotas mundiais juntas. Em Londres, as instituições financeiras da City forneciam o capital com que o sistema avançava. O resultado foi um sistema econômico exuberante no qual as atividades comerciais e produtivas associadas impulsionavam umas às outras no sentido da supremacia global.[55]

8

MUDANÇAS NO OCIDENTE

Em 1776, a América do Norte ainda era dominada por um sistema econômico extremamente primitivo. Na maior parte, os habitantes nativos conseguiam seus recursos graças à caça e à coleta, como faziam os poucos europeus corajosos que se aventuravam para oeste dos montes Apalaches. O único lugar onde a economia alcançou algum nível de sofisticação estava confinado a uma estreita faixa de terra ao longo da costa atlântica. Era ali que vivia o grosso da população europeia.

Na Nova Inglaterra, pequenas fazendas de propriedade da família produziam artigos para consumo próprio. Mais ao centro, nos estados que ficavam no meio do litoral atlântico, a economia voltou-se mais para o mercado e os cereais produzidos em grandes propriedades rurais formavam a base dos prósperos vínculos comerciais com as Índias Ocidentais. Mas foi no Sul que se constituíram os vínculos mais fortes com o mercado internacional. Ali, as imensas plantações de tabaco, arroz e algodão, cultivadas pelos escravos, produziam exportações que eram distribuídas na Europa. A característica comum a todos esses sistemas econômicos era sua base na agricultura e nas matérias-primas. Nas cidades grandes e pequenas do litoral, haviam surgido algumas pequenas fábricas e artesanatos; mas, em geral, havia pouca indústria e a maior parte dos bens manufaturados era importada da Inglaterra.

Um grande número de cidades cresceu na esteira dessa atividade de mercado, como Boston, Salem, Newport, Nova York e Filadélfia. Os lojistas e capitães de navios que administravam as importações e exportações acabaram expandindo a distribuição de seus produtos, tornando-se pequenos comerciantes ao longo do processo. À medida que a economia doméstica crescia, alguns desses comerciantes adquiriram mais riqueza e influência. Mas, em comparação com a atividade de outras partes do mundo, sua escala de negócios não era grande. A população era pequena, o transporte era difícil e a nação não dispunha de um suprimento adequado de dinheiro para lubrificar as transações.[1] O mercado não dava oportunidades de especialização e os mercadores geralmente realizavam um pequeno número de transações que abarcavam um leque bem amplo de produtos.

Antes de os Estados Unidos conseguirem a independência, suas embarcações navegavam com a bandeira inglesa e, por isso, recebiam proteção dos decretos de navegação da Grã-Bretanha e desfrutavam as vantagens de estarem associados à maior frota mercante do mundo. Participavam ativamente do comércio colonial britânico e muitos donos de navios da Nova Inglaterra tiveram suas primeiras experiências com o comércio internacional transportando cereais para as colônias inglesas das Índias Ocidentais.[2] Mas o grosso do transporte nacional e internacional dos Estados Unidos no fim do século XVIII era realizado por estrangeiros, principalmente pelos britânicos.[3]

Na década de 1760, o maior comerciante da Nova Inglaterra era Thomas Hancock, um homem astuto e ousado que distribuía mercadorias entre os lojistas de Massachusetts, mas que adquiriu a maior parte de sua fortuna fornecendo suprimentos ao Exército inglês durante a Guerra dos Sete Anos (1756-63). Essa guerra foi travada basicamente entre potências europeias; mas, como a Grã-Bretanha e a França tinham colônias ultramarinas, as batalhas foram travadas no mundo inteiro. A guerra terminou em 1763 com a Inglaterra reivindicando territórios franceses na América do Norte e na Índia.

Thomas Hancock não viveu tempo suficiente para desfrutar os lucros que teve na época da guerra. Morreu no ano seguinte e suas riquezas foram herdadas pelo sobrinho John, que, da noite para o dia, se tornou o homem mais rico da Nova Inglaterra. Em uma escala global, sua fortuna de 70 mil libras era modesta comparada à de Richard Arkwright, da Inglaterra, de 500 mil, ou àquela de Abdul Ghafur, que chegou a 1 milhão no começo do século. Mas Hancock era seis vezes mais rico do que os mercadores mais ricos da Filadélfia.[4] Os Estados Unidos eram um lugar atrasado em termos comerciais, carecendo do ambiente que criou milionários em outras partes do mundo.

John Hancock não tinha o faro comercial do tio. De certo modo, sofreu ao assumir os negócios depois que a paz foi assinada, privando-o dos lucrativos contratos de suprimentos com o Exército, mas as atividades a que ele deu início não foram bem-sucedidas. Um exemplo: ele tentou monopolizar o mercado inglês de óleo de baleia, mas descobriu que não tinha condições de competir com os mercadores de Nantucker, mais experientes nesse comércio.

O financiamento da Guerra dos Sete Anos tinha ficado caro para o governo inglês e muito dinheiro foi gasto na proteção das colônias norte-americanas das tropas francesas. Para os ingleses, era mais do que justo os americanos contribuírem para pagar os custos, principalmente por eles terem uma necessidade constante da presença militar. Os franceses de Quebec podiam se rebelar a qualquer momento, enquanto os nativos americanos do Pontiac ameaçavam os colonos das fronteiras. A maior parte da ameaça de Pontiac era de responsabilidade dos próprios colonos. O governo britânico pretendia cumprir os acordos que havia feito com os povos indígenas, mas os colonos, ávidos por terras, não tiveram o menor constrangimento em ocupar áreas que pertenciam a esses povos. Como disse o futuro presidente George Washington, "aqueles que desejam boas terras no ocidente devem procurá-las e tomar posse delas sem demora".[5]

Para pagar as despesas militares, o governo inglês começou a tributar uma série de mercadorias, do chá ao açúcar, de baralhos de cartas a dados. Os decretos de navegação, que foram introduzidos originalmente para incentivar o comércio, foram impostos com mais rigor para aumentar a renda derivada das taxas de importação e exportação. Grande parte do comércio colonial era feita em lugares como as Índias Ocidentais Francesas, que estavam fora da jurisdição imperial, de modo que as novas restrições prejudicaram comerciantes como John Hancock, que apelaram cada vez mais para o contrabando para fugir dos impostos. Em 1768, sua chalupa

Liberty foi apreendida pelos funcionários da alfândega britânica por sonegação de impostos. Essa medida revoltou os bostonianos que esperavam transportar sua carga nessa embarcação.

A gota d'água da rebelião foi uma carga transportada pela Companhia das Índias Orientais. Um imposto sobre o chá havia sido motivo de queixa dos colonos e em 16 de dezembro de 1773 uma turba vestida com roupas indianas subiu a bordo de um navio e jogou sua carga de chá no mar. O ato, imortalizado como Boston Tea Party, anunciou o início da luta pela independência. Quando a Declaração da Independência foi redigida, John Hancock foi o primeiro a assiná-la.

A perda das colônias americanas pela Inglaterra não se deveu exatamente ao fato de suas reivindicações serem injustas, pois muitos dos habitantes da América do Norte estavam dispostos a contribuir com sua parte nos custos. Foi mais uma questão da maneira de fazer as coisas. Em muitos aspectos, as forças em ação eram semelhantes àquelas que afetam uma companhia moderna que cresce rápido demais. A cúpula tinha perdido o contato com a base. Tornou-se rígida em seu processo de tomada de decisões e não quis consultar ou entender aqueles com quem estava lidando. A falta de voz dos membros da base foi expressa no grito de guerra revolucionário: "Nada de impostos sem representação!"

Quando os Estados Unidos conseguiram a independência da Inglaterra, o fato não levou a uma mudança dramática em suas relações econômicas internacionais com o resto do mundo. A economia dos Estados Unidos ainda estava muito profundamente influenciada pelo sistema de comércio imperialista da Grã-Bretanha. O Sul ainda estava amarrado aos mercados europeus, enquanto o principal mercado do peixe e dos produtos agrícolas e florestais do Norte eram as Índias Ocidentais Inglesas.

A América do Norte possuía uma grande reserva intacta de recursos, de modo que era inevitável que a primeira onda de crescimento econômico dos Estados Unidos se baseasse no comércio e na exploração desses recursos. Esse fato deu muitas oportunidades a empreendedores como John Jacob Astor.[6] Nascido na Alemanha em 1763, Astor emigrou aos 20 anos para os Estados Unidos, onde conseguiu o emprego de tratador de peles de animais para um mercador de Nova York, Robert Browne. Logo Astor estava fazendo as longas e fatigantes viagens para o interior do país para encontrar as tribos indígenas que forneciam as peles para seu patrão e comerciar com elas. Em 1786, Astor já tinha ganhado dinheiro suficiente para começar negócio próprio de peles em uma lojinha de Water Street. Todo centavo que ele ganhava era investido na expansão da companhia e ele não demorou para ter dezenas e dezenas de caçadores e agentes comerciais percorrendo os ermos em busca de peles. Em 1800, ele havia acumulado a soma colossal de um quarto de milhão de dólares, em uma época em que uma família remediada vivia bem com 800 dólares anuais. Com essa fortuna, não foi difícil para Astor comprar navios e transportar suas mercadorias para a Europa. Quando suas embarcações chegaram à Grã-Bretanha, foram recarregadas com artigos manufaturados para venda nos Estados Unidos, o que aumentou ainda mais os seus lucros.

A ascensão de Astor não foi sistemática; incluiu momentos de azar. Em 1808, ele incorporou a American Fur Company, com a intenção de conseguir peles de áreas mais remotas do continente, mas a guerra de 1812 frustrou suas esperanças. Felizmente, a guerra teve curta duração e Astor acabou monopolizando o comércio de peles, que protegeu com uma série de medidas, entre as quais o favoritismo governamental, a fraude e o uso da força. Qualquer indivíduo que ousasse ameaçar o monopólio estava sujeito às mais violentas represálias, entre as quais a ameaça de assassinato. A companhia de Astor também transgredia leis federais ao fornecer bebidas alcoólicas aos nativos e roubar-lhes as terras e as peles. Mas os milhões de Astor permitiam-lhe contratar os melhores advogados e obter o apoio de homens poderosos no Senado. Seu monopólio estava seguro e era extremamente lucrativo. A empresa tinha um capital de 1 milhão de dólares, com um retorno de 500 mil dólares anuais, um lucro fabuloso de 50%.

Astor não foi o único empresário a investir em navios durante esse período. As Guerras Napoleônicas deram um grande impulso ao transporte americano ao desviar a atenção da competição europeia e, durante algum tempo, deu aos donos de navios dos Estados Unidos a chance de desfrutar os benefícios da neutralidade. Essa proteção, assim como a abertura de novos mercados na China e na Rússia, transformou o setor de transportes em um dos investimentos mais lucrativos do período. Ele se tornou o foco de todo o capital de risco da nação e constituiu a base de muitas fortunas americanas.[7]

É comum ver essa fase da história como a época em que foram construídas as grandes casas de comércio dos Estados Unidos; mas, pouco depois, a maioria das empresas faliu ou chegou bem perto da bancarrota. Nathaniel Griswold, que se tornou um comerciante de chá e dono de navios muito bem-sucedido, disse que, entre as centenas de mercadores que conheceu ao longo de mais de 50 anos, só sete tinham conseguido evitar a falência.[8] Mas esse foi um período em que os Estados Unidos, enquanto nação, acumularam experiência e desenvolveram grande capacidade comercial.

Esse período inicial de desenvolvimento da capacidade comercial foi seguido por uma fase de progresso à medida que os americanos introduziam inovações para satisfazer as necessidades específicas de sua indústria. Para o transporte no Atlântico Norte, foram construídos paquetes resistentes com uma velocidade razoável e boa capacidade de transporte de carga. Para o comércio em rápida expansão com a China, foi usada uma versão do paquete de passageiros, o progenitor do clíper, construído especialmente para desenvolver grande velocidade. No século XIX, o grosso da frota americana era de escunas com velas do tipo carangueja e dois mastros ou mais. Essas embarcações eram rápidas, mas sua capacidade de carga era menor do que a dos veleiros com três mastros ou mais. Durante o século XIX, os americanos acrescentaram mais mastros para impulsionar navios maiores e mais rápidos. Na esteira do comércio florescente e da tecnologia inovadora, em 1850 a nação conseguiu ter a segunda maior frota mercantil do mundo.

No entanto, muitos achavam que a economia devia tomar outro rumo. Queriam que os Estados Unidos se tornassem uma grande nação, genuinamente independente da Grã-Bretanha, o que significava desenvolver a base industrial do país. Alexander Hamilton, o primeiro ministro da Fazenda dos Estados Unidos, publicou um *Relatório sobre manufaturas* que exerceu grande influência sobre a introdução do protecionismo como forma de apoiar a indústria local. Também fundou a Society for the Establishment of Useful Manufactures [Sociedade para a Fundação de Manufaturas Úteis]. Já tinha visitado Great Falls às margens do rio Passaic, cataratas que ele achou que poderiam ser usadas como fonte de energia para a indústria, e, por intermédio da Society, fundou Paterson nas imediações, com vistas a ela se tornar uma cidade industrial. Embora os esforços da Society para construir usinas próprias tenham fracassado, seu controle das cataratas e das vendas de propriedades rurais estimulou os investimentos e em 1815 13 fábricas de algodão movidas a água estavam operando na região.

No Sul, não havia necessidade de industrialização. Ele produzia uma das cargas vitais da Revolução Industrial da Grã-Bretanha. As plantações de algodão forneciam matéria-prima para a indústria têxtil inglesa e a riqueza entrava no Sul aos borbotões. A região era tão próspera que já em 1860 seria a quarta nação mais rica do mundo se tivesse conseguido se separar dos Estados Unidos.[9] Mas a riqueza do Sul não era bem-distribuída. Os escravos, eles próprios tratados como carga no comércio do Atlântico, não se beneficiavam da riqueza que produziam.

O desejo de industrialização estava longe de ser universal — encontrou resistência de adversários poderosos, entre os quais Benjamin Franklin e os presidentes Thomas Jefferson e James Madison. Pode parecer estranho que Benjamin Franklin, um homem de vanguarda nas ciências e um defensor das inovações, fosse contrário à industrialização, mas essa era uma questão que estava no cerne dos valores americanos. A Declaração da Independência foi influenciada pelas ideias de John Locke sobre os direitos naturais e filosofias que enfatizavam a propriedade privada, a ética protestante do trabalho e os direitos individuais. Franklin acreditava que a industrialização levaria a disparidades na riqueza e no poder, e que essa era uma fórmula de instabilidade social. Como muitos outros, Franklin achava que os Estados Unidos deviam se basear em uma economia agrícola simples de produtores individuais.

Algumas firmas industriais foram criadas nessa época, mas o motor do crescimento era a agricultura. Antes de 1840, a agricultura passou por um processo de desenvolvimento rápido à medida que a imigração aumentou a quantidade de braços para cultivar a nova terra.[10] Depois de 1840, outros fatores contribuíram para o desenvolvimento da agricultura, em particular as novas tecnologias e os novos métodos de produção que estavam começando a ser postos em prática. Entre 1845 e 1855, a taxa de investimento em máquinas agrícolas saltou de 11 milhões de dólares para 23 milhões.[11] Em 1843, houve a primeira transação comercial de fertilizantes. Foi um período de demanda crescente em que o mercado recompensava a invenção prática.

Ao longo de todo o século XIX, o país recebeu imigração europeia em grande escala. À medida que a população migrava para oeste, recursos antes subutilizados passaram a ser passíveis de exploração, ao passo que o número cada vez maior de habitantes criava novos mercados. Foi um processo de desenvolvimento econômico com similaridades com o da China da dinastia Sung durante sua migração para o sul e ao da integração do Guzerate ao império mugal. Concomitante à migração para oeste surgiram dois sistemas de transporte que facilitaram o fluxo de trabalho e recursos. Um *boom* de construção de canais nas décadas de 1820 e 1830 favoreceu ainda mais os primórdios do comércio, mas foram as ferrovias que desempenharam o papel principal. Os primeiros trilhos foram assentados pela Baltimore and Ohio Railroad em 1828. Em 1850, as ferrovias estavam atravessando os montes Apalaches e, uma década depois, tinham chegado ao rio Mississippi.

As ferrovias integraram a vasta nação em um grande mercado, da mesma forma que o sistema hidrográfico integrara a China durante as dinastias T'ang e Ming. Os produtores locais começaram a fabricar artigos para mercados que ficavam a muitos quilômetros de distância. Por exemplo: os criadores do Texas levavam o gado até as estações ferroviárias para ser transportado para mercados das cidades do leste. Uma vaca que custava 8 dólares no Texas poderia acabar sendo vendida por 40 no leste, um grande incentivo para os criadores de gado levarem seu produto até os trens. O gado do Texas era levado para o norte através dos territórios indígenas para cidades com estação ferroviária, como Dodge City, Abilene e Wichita. Depois de passar semanas trabalhando, os vaqueiros entregavam-se aos prazeres que as cidades ferroviárias ofereciam: o jogo, a bebida e as prostitutas. Para enfrentar a embriaguez e as atitudes violentas, essas cidades nomearam seus xerifes. Wild Bill Hicock foi xerife de Abilene, enquanto Wyatt Earp viveu algum tempo como homem da lei em Wichita. Os desregramentos dos vaqueiros contribuíram para a má fama do Velho Oeste, um reflexo da maneira pela qual os sistemas econômicos moldam o sistema social e a cultura. Até o termo "vaqueiro" deriva do produto que levavam ao mercado.

Enquanto os vaqueiros estavam gastando dinheiro com bebida, jogo e prostitutas, na outra ponta dos trilhos das ferrovias estava acontecendo uma transformação econômica. Os volumes colossais de gado que estavam chegando aos matadouros de Chicago fizeram grande pressão para o aumento da produção. A resposta foi a linha de montagem. Os produtores de carnes enlatadas investiram milhões em grandes fábricas mecanizadas que lhes permitiam processar as enormes quantidades do produto que não paravam de chegar. O novo ambiente empresarial criou novas regras e rituais para o matadouro de bezerros gordos. O novo evangelho era a produção em massa, que logo foi adotada pelo resto da economia.

Essas mudanças econômicas não aconteceram sem problemas. Por exemplo: John Burrows, um grande comerciante de Davenport, Iowa, sofreu uma desestruturação econômica com a chegada das ferrovias. Burrows havia construído um negócio bem-sucedido investindo em relações com os atacadistas e fornecedores, aos quais oferecia armazéns e serviços de transporte para as mercadorias. A chegada da Chicago and Rock Island Railroad em 1854 proporcionou serviços regulares e rápidos para Chicago, e não para St. Louis, onde Burrows tinha muitos contatos. Como agora era possível transportar pequenas quantidades de produtos com facilidade, surgiram muitos pequenos concorrentes e os grandes armazéns de Burrows, que tinham sido um trunfo na época anterior às ferrovias, transformaram-se em um grande problema financeiro por imobilizarem o capital. Burrows tentou adaptar-se, diversificando para os moinhos de trigo, uma serraria e uma fábrica de segadoras mecânicas, mas não adiantou. O novo ambiente criado pelas ferrovias exigia metodologias comerciais muito diferentes da maneira familiar de Burrows fazer negócio. Faliu cinco anos depois da chegada da ferrovia.

Como em todas as economias examinadas até agora, nas quais surgiu um mercado, surgiu também a necessidade de um grande número de instituições auxiliares para facilitar a realização das transações e promover o fluxo de capital. Nos Estados Unidos, foram fundados bancos, companhias de seguros e Bolsas de Valores mercantis nos quais os contratos eram assinados e era organizada a entrega das mercadorias. A primeira Bolsa de Valores foi criada na Filadélfia, seguida pelas de Boston e Nova York.[12] Os primeiros negócios da Bolsa foram com títulos do governo, de bancos e de companhias de seguros.

Depois de 1812, o transporte tornou-se o maior setor em crescimento da economia americana e a popularidade dos títulos e das ações de ferrovias ajudou a alimentar o crescimento dos mercados de capitais. As grandes quantidades de capital necessárias estavam foram do alcance dos pequenos empresários e as ferrovias dependeram de financiamento externo desde o início. Às vezes, os construtores de ferrovias iam diretamente a Londres, onde banqueiros especializados em investimentos dispunham das quantidades necessárias de capital. Mas, com o tempo, a demanda pelas ferrovias possibilitou a consolidação dos banqueiros americanos especializados em investimentos. O pioneiro foi Nicholas Biddle, que, em 1823, se tornou presidente do Bank of the United States, da Filadélfia.[13] Durante a década de 1830, ele e seu irmão Thomas, cuja empresa vendia ações de ferrovias, ajudaram a financiar todas as grandes estradas de ferro da época. Biddle estabelecera um representante em Londres para levantar financiamentos que ele canalizava para as ferrovias por intermédio do seu banco.

O banco de Biddle faliu em 1840 e o centro da atividade de investimento mudou de Filadélfia para Boston, que estava transbordando de fundos provenientes do transporte, da pesca da baleia e dos têxteis. Ali, durante a década de 1840, surgiu um círculo fechado de capitalistas mercantis e fabris, entre os quais John Murray Forbes e John E. Thayer. Forbes e seu primo J.P. Cushing fizeram fortuna graças ao comércio com a China. Exportavam peles e couros do Oregon, sândalo do Havaí e ópio da Turquia em troca do chá e da seda dos chineses. Na China, Forbes fez uma sociedade comercial com Howqua, que foi um dia o homem mais rico do mundo, a quem convenceu a investir nas ferrovias americanas.

Mas a indústria ferroviária exigia mais capital do que as relações pessoais com os bostonianos poderiam oferecer. Em 1850, só havia uma cidade no país capaz de mobilizar os fundos de grande escala indispensáveis para a construção de uma ferrovia. Nova York estava usufruindo a prosperidade derivada do fato de ser o maior porto do país. Os lucros do comércio florescente das importações davam aos comerciantes, banqueiros e corretores da Bolsa de Nova York os fundos para investimentos de longo prazo. O comércio americano-europeu também dava aos mercadores da cidade os contatos comerciais na Europa junto aos quais era possível levantar capital. Os corretores de Wall Street especializaram-se na venda de ações de ferrovias e em 1860 tinham a supremacia incontestável nessa área.

Entre 1849 e 1860, a quilometragem das ferrovias americanas saltou de pouco mais de 11 mil para mais de 48 mil, e essas companhias alcançaram um tamanho sem precedentes. Um exemplo: as maiores manufaturas da época eram as fábricas de tecidos, mas os custos iniciais das maiores durante a década de 1850 raramente ultrapassavam os 500 mil dólares. Por outro lado, no mesmo período, cinco ferrovias emitiram títulos e ações de valor superior a 190 milhões de dólares. Em 1873, os custos de construção e equipamento da ferrovia da Pennsylvania foram de 400 milhões de dólares.

Essa onda de desenvolvimento econômico gerada pela exploração de novos recursos e pela expansão dos mercados ofereceu oportunidades fantásticas aos empresários. Ninguém ilustra melhor essa onda de prosperidade do que Cornelius Vanderbilt. Vanderbilt nasceu em 1794, filho de um fazendeiro de Staten Island que também prestava um serviço irregular de transporte em balsas entre a baía de Nova York e a ilha de Manhattan. Vanderbilt Jr. achava o transporte em balsas mais atraente do que a agricultura e, em 1811, com 100 dólares da mãe, comprou uma pirágua [embarcação feita de pranchões e usada para transporte de mercadorias], com a qual levava cargas e passageiros pela baía de Nova York. À medida que um número crescente de imigrantes chegava à área, Vanderbilt começou a desfrutar os benefícios de um mercado em expansão. Ganhou fama de oferecer um transporte confiável e, na segunda década do século XIX, ele começou a trabalhar com escunas tanto no rio Hudson do Leste quanto do Norte.

Em 1818, Cornelius Vanderbilt foi contratado para pilotar um navio a vapor em troca da quantia substancial de mil dólares por ano. Também assumiu uma hospedaria decadente, onde seus passageiros descansavam no meio da viagem. Sua mulher administrava a hospedaria, com o que conseguia bons lucros. Por fim, Vanderbilt começou a construir navios próprios e linhas de transporte de passageiros para Albany, New Haven, Providence e Boston. Nessa época, Nova York estava tendo um crescimento rápido da população e proporcionou-lhe uma base de clientes colossal. Em 1835, Vanderbilt tinha ganhado meio milhão de dólares, o que o colocava entre os homens mais ricos de Nova York. Em homenagem a seu talento náutico, as pessoas começaram a se referir a ele como "o Comodoro". Depois conseguiu estabelecer conexões marítimas com a Costa Oeste (através da Nicarágua) e passou a ter navios a vapor que atravessavam o Atlântico com a ajuda dos subsídios dos correios.

O filho de Cornelius Vanderbilt, William Henry Vanderbilt, interessou-se pelas ferrovias, comprando a Staten Island Railroad, que, na época, estava com dificuldade para sobreviver. Depois de cortar despesas e conectar a ferrovia com uma linha de *ferry-boats*, William Henry tornou essa ferrovia lucrativa. Esse êxito inspirou seu pai a começar a investir em ferrovias ligadas à sua linha de transporte em balsas. Essa foi uma época em que as oportunidades de investimento na Bolsa de Valores de Nova York eram dominadas pelas ações das ferrovias, e Cornelius Vanderbilt aproveitou todas elas. Em 1858, vendeu sua conexão de transportes com a Costa Oeste por 20 milhões de dólares e investiu o dinheiro em ferrovias, principalmente aquelas que chegavam a Nova York. Parou de tentar competir com os vapores ingleses no Atlântico, acabando por se desembaraçar de todas as suas atividades marítimas. Em 1867, tornou-se presidente da New York and Hudson Railroad. Depois comprou a New York Central Railroad, que fundiu com sua aquisição anterior. "O melhor administrador de navios a vapor da época"[14] estava se transformando em um barão ferroviário. Quando Cornelius Vanderbilt morreu, era o homem mais rico dos Estados Unidos. Sua fortuna de 90 milhões de dólares era mais de duas vezes maior do que a do rival mais próximo. Nascida do mar, sua riqueza amadureceu em terra, um reflexo da maneira pela qual a economia americana havia se voltado do mar para o seu interior.

9

MUDANÇAS NO ORIENTE

Em 1793, o governo britânico enviou a Pequim uma missão dirigida por Lord Macartney. Carregada de presentes para o imperador chinês, o objetivo da missão era aumentar os direitos comerciais dos mercadores ingleses na China e estabelecer um representante britânico na capital chinesa. Mas a missão não teve a recepção esperada. O edito resultante do imperador ao rei Jorge III dizia o seguinte:

> Nós, pela Graça do Céu, imperador, instruímos o rei da Inglaterra a levar em conta a nossa recomendação [...].
>
> Quanto ao que pediu em sua mensagem, ó, rei, isto é, de permitir enviar um de seus súditos para residir no Império Celestial para promover o comércio de seu país [...].
>
> O Império Celestial, que governa tudo dentro dos quatro mares, concentra-se apenas em resolver a contento as questões do governo e não dá valor a coisas raras e preciosas. Bem, você, ó, rei, mandou vários objetos ao trono e tendo em mente sua lealdade ao oferecer presentes vindos de longe, demos ordens especiais a Yamen para recebê-los... Apesar disso, nunca apreciamos produtos engenhosos, nem temos a menor necessidade das manufaturas de seu país... Por isso escrevemos essas instruções detalhadas e ordenamos aos enviados que trouxeram seu tributo que voltassem para casa em segurança...[1]

Essa resposta ao rei inglês, impregnada de um sentimento de superioridade, revela muita coisa sobre a visão de mundo chinesa no fim do século XVIII. Sublinha a arrogância e a ignorância das mudanças acontecidas no mundo. Os chineses ainda se consideravam os governantes dos quatro mares, enquanto os ocidentais não passavam de bárbaros. O edito reflete a crença predominante nesse tempo de que a China era o centro da civilização, à qual todas as outras nações deviam obediência. Mas a China não dominava mais os mares e estava perdendo a supremacia técnica nas cargas que enchiam os navios, assim como nos conhecimentos que haviam gerado a inovação marítima. Pior ainda: ninguém na China tinha a menor ideia dos processos que estavam ocorrendo na Europa.

Nessa época, os chineses ainda tinham alguma razão para a opinião elevada que tinham de si mesmos. Ao longo de todo o século XVIII, os europeus certamente tiveram um respeito enorme pela China. Durante o Iluminismo, os filósofos viam a China como um Estado utópico o qual achavam que os governos europeus deviam imitar.[2] A economia chinesa, com seus projetos hidráulicos e sua rede nacional de canais, ainda estava gerando quantidades fabulosas de riqueza. As safras agrícolas, que até o século XVIII respondiam pela maior parte da produtividade de uma nação, ainda eram maiores por hectare na China do que no Ocidente,[3] embora usassem um método mais intensivo em termos de trabalho.

A economia chinesa sempre havia tido capacidade de se adaptar e crescer. Entre 1600 e 1850, a quantidade de terra cultivada dobrou e novas safras foram introduzidas, entre as quais novas espécies de arroz que amadureciam mais cedo e plantas americanas como a batata e o amendoim.[4] Essas safras eram cultivadas em áreas de terra seca que não eram exploradas antes, expandindo as fronteiras agrícolas do país. Por causa disso, a sociedade chinesa tornou-se mais rural e mais voltada ainda para o mercado. Houve um aumento no volume de artigos negociados e no número de cidades mercantis.

À medida que a iniciativa privada se expandiu, os mercadores e as corporações de ofício adquiriram mais poder. Os empresários estabeleceram relações com outros mercadores e construíram redes por meio das quais tinham condições de obter suprimentos e distribuir sua produção. Essa era uma estrutura comercial eficiente, na qual as indústrias e os distribuidores reagiam aos altos e baixos das forças de mercado.[5]

A economia não mostrava somente flexibilidade, mas também graus elevados de mobilidade social. Durante a dinastia Ch'ing, as relações sociais do interior começaram a mudar. Uma das causas foram as rebeliões camponesas. Desencadeadas pela fome, pelas inundações, pelas secas, por funcionários gananciosos ou usurários que executavam a penhora de terras hipotecadas, foram muitas as ocasiões em que os camponeses chegaram ao ponto de saturação. A possibilidade de assassinato causava um desassossego permanente entre os proprietários de terras, que aos poucos chegaram à conclusão de que possuir servos não era uma boa medida e a servidão chegou ao fim. Isso, combinado ao costume de dividir as propriedades rurais com a morte do dono, resultou em uma sociedade que já foi descrita como "uma das mais fluidas do mundo, sem nenhuma das restrições de status ou casta que caracterizaram os últimos tempos da Índia ou do Japão pré-modernos".[6]

Essa era uma economia que dispunha de todos os pilares do crescimento que os economistas modernos procuram: mobilidade social e uma economia rica voltada para o mercado. Uma fonte sugere que a renda *per capita* do início do século XIX era igual ou superior aos níveis europeus, mesmo que a Europa estivesse no meio de sua Revolução Industrial.[7] Isso pode ser um exagero, pois outra fonte[8] afirma que a renda *per capita* dos europeus era o dobro daquela da China nessa época. Apesar disso, a economia chinesa parecia basear-se em sólidos alicerces econômicos.

A economia ainda dava oportunidades a homens empreendedores. Na verdade, diziam que o homem mais rico do mundo morava na baía de Cantão. Era Howqua, cuja fortuna em 1834 era estimada em 26 milhões de dólares, equivalentes a 3 bilhões no ano 2000.[9] Howqua lucrou com a decisão do imperador de não abrir a China para o comércio, o que significou que os mercadores europeus não tinham outra opção além de fazer negócios com uma corporação de 13 mercadores que tinham recebido permissão de comerciar com os ocidentais. Howqua era o maior mercador dessa corporação (ou *cohong*) e se tornou fabulosamente rico devido a essa condição. O chá e as sedas fornecidos por Howqua eram vendidos a companhias britânicas como a Jardine Matheson, que transportava esses produtos para a Inglaterra, onde empresas como a Twinnings tinham se estabelecido no mercado inglês de chá. A paixão inglesa pelo chá ajudou a tornar Howqua um homem rico e um capitalista global. Sua fortuna foi investida no mercado de ações de Londres e ele comprou títulos das florescentes ferrovias americanas.

Os funcionários chineses haviam dado à corporação mercantil de Cantão o monopólio do comércio com os ocidentais. Em troca desse privilégio, os mercadores recolhiam impostos sobre o comércio para o Estado. Os mercadores também tinham de tolerar "pressões" frequentes do governo sempre que havia necessidade de fundos para obras públicas. Na cultura comercial chinesa, manter boas relações com os mandarins locais era uma estratégia comercial vital, mas que não impressionou os comerciantes ingleses, que achavam que "a timidez natural de caráter" de Howqua deixava-o vulnerável às demandas do governo. Sua riqueza foi "sempre objeto de atenção por parte do governo, ansioso por culpá-lo sempre que se apresentava alguma oportunidade, fazendo com que ele se submetesse inteiramente a todas as suas exigências". Apesar disso, os mercadores britânicos de Cantão elogiavam Howqua pelo "grande volume de capital à sua disposição e sua inteligência superior". Ao contrário de Abdul Ghafur, que obteve seu poder sobre o mercado em Guzerate por meio da agressão, Howqua era generoso. Seu êxito lhe permitiu o luxo de ter como residência um palácio com 500 serviçais e um jardim com 10 mil pinheiros. Vestia-se com as mais finas sedas e cetins, e consumia os alimentos mais requintados.

A riqueza de Howqua foi adquirida por meio de antigos hábitos de comércio. Cultivava boas relações com os mercadores que distribuíam seus produtos no interior chinês e também estabeleceu vínculos simbióticos com funcionários públicos. Os artigos que transportava variavam, e talvez ele tenha sido particularmente astuto, mas ainda era um mercador que se aproveitou de uma antiga onda de prosperidade. Era muito diferente dos industriais-empresários que estavam gerando novas ondas de crescimento na Grã-Bretanha. Os empresários que criavam novos produtos e novas técnicas de produção eram muito raros na China dessa época.

Esses últimos anos de abundância mascaram o fato de que havia algo errado na economia chinesa. Embora tenha havido um vigoroso crescimento econômico entre 1500 e 1800, ele não se fez acompanhar por um aumento na renda *per capita*.[10] A situação do indivíduo médio não era melhor. Houve um crescimento extensivo, mas não houve crescimento intensivo. A economia teve um crescimento de acordo com o paradigma já estabelecido com seus hábitos de comportamento, suas relações e sua atividade produtiva, mas a ausência de inovação foi notável.

A falta de inovações significativas nas técnicas de produção sugere que havia algo errado na ciência chinesa, que não conseguiu avançar no mesmo ritmo do Ocidente.[11] Na Europa, instituições como a Royal Society e o Royal Observatory de Greenwich contribuíram para o seu desenvolvimento. A China também tinha instituições dedicadas ao avanço científico, como o Departamento Imperial de Astronomia, que, a partir de 1645, sempre teve à sua frente um missionário católico.[12] Mas os avanços da astronomia não foram amplamente divulgados na China, como foram no Ocidente, e o progresso que houve na China sofreu um processo mais intenso de censura.

Os homens instruídos da China dedicaram menos tempo a problemas de *know-how*, o que teve implicações sérias para a tecnologia. O pensamento e a educação da China estavam sofrendo mudanças que refletiam o fato de a economia ter resolvido muitos problemas materiais. Os filósofos passaram da reflexão sobre o mundo material para o metafísico, explorando a mente e o espírito.[13] À medida que as melhores cabeças da nação foram se afastando da investigação do mundo material, o desenvolvimento de uma ciência de tipo ocidental, baseada em abordagens mecanicistas e quantitativas dos fenômenos, tinha pouca probabilidade de acontecer, limitando o potencial da ciência e da tecnologia.

Esse afastamento das questões tecnológicas práticas é outro exemplo da maneira pela qual a cúpula do poder se distancia das principais atividades produtivas. Ele pode ser visto nas unhas longas dos mandarins, que nunca fizeram trabalho manual,[14] um símbolo evidente da distância entre aqueles que trabalhavam e aqueles que tinham instrução e poder. A consequência foi a falta de atenção para o desenvolvimento de novas técnicas de produção, o que fazia um contraste dramático com a Europa, onde o saber e a instrução estavam sendo cada vez mais aplicados nos problemas da indústria e onde foram criadas instituições como a Society of Arts para facilitar esse vínculo.

Outra causa da estagnação técnica foi a natureza formalizada da educação confucionista. Antes uma forma de pensar extremamente racional, o confucionismo tornou-se tradicional e conservador.[15] As escolas não incentivavam a inovação: concentravam-se na reprodução dos clássicos antigos. Essa ênfase nos valores do passado resultou em exames que se formalizaram, provas nas quais havia preocupação com o estilo. Um exemplo disso pode ser visto na geografia: enquanto os marinheiros britânicos já tinham mapeado o globo da Nova Zelândia à Groenlândia, os chineses do início do século XIX ainda achavam que o mundo era achatado, com a China situada no meio.[16]

Mas não se deve enfatizar demais essas conexões entre ciência e tecnologia. Essa ênfase exagerada pressupõe que a indústria do Ocidente progrediu com base no avanço científico e, até o século XIX, não foi isso que aconteceu. A industrialização da Grã-Bretanha durante o século XVIII tinha uma ligação muito tênue com o pensamento científico[17] e a maioria dos avanços industriais foi obra de artesãos com poucos conhecimentos teóricos. Esses "mecânicos" não tinham qualquer vantagem científica sobre os artesãos chineses, que eram muito capazes de fabricar os artigos produzidos no começo da Revolução Industrial e que já tinham inventado as próprias rocas movidas a água. O verdadeiro fosso tecnológico só surgiu com a chegada dos avanços associados ao aço e à eletricidade.

Se os homens de negócios chineses não estavam conseguindo inovar, um bom lugar para se buscar a explicação desse fato era o próprio mercado. O crescimento do mercado chinês tinha levado a níveis muito elevados de especialização: havia artesãos especializados em produzir artigos, mas que prestavam pouca atenção ao *modus operandi* do mercado, ao passo que os mercadores especializados na distribuição dos produtos não pensavam muito na maneira pela qual os artigos eram fabricados. O resultado foi uma distância cada vez maior entre produtores e comerciantes e, em muitos casos, os intermediários aumentaram-na ainda mais. A consequência foi que os indivíduos que dispunham de capital e os que mais tinham consciência das forças do mercado não tinham interesse pela tecnologia da produção. Ao mesmo tempo, os produtores não dispunham de capital, nem do faro comercial que pudesse levar a um salto significativo na tecnologia da produção.[18] Assim sendo, não houve, portanto, nenhum salto digno de nota. Houve um problema semelhante na Índia, onde a especialização baseada no mercado impediu a inovação doméstica. Por outro lado, homens como Josiah Wedgwood, que tinha tanto os conhecimentos técnicos indispensáveis a seu setor como visão empresarial de mercado, estavam criando indústrias inovadoras na Grã-Bretanha.

Outra barreira à inovação no mercado chinês foi a mentalidade que ele gerou. De acordo com a lógica do mercado, os homens de negócios procuravam no próprio mercado as soluções para seus problemas. Quando um mercador tinha dificuldade de obter suprimentos, nunca buscava uma resposta técnica ou produtiva; buscava respostas no mercado no qual havia desenvolvido seus talentos. Por exemplo: quando a demanda por algodão estava alta, os salários subiam e incentivavam algumas entre as centenas de milhares de famílias camponesas a desviar seu trabalho da agricultura para o setor do algodão; e, quando a demanda diminuía, o trabalho dos camponeses era redirecionado outra vez para a agricultura. O mercado era tão eficiente que era desnecessário os mercadores se envolverem diretamente com a produção.[19]

Um fator que tornou os mercadores chineses tão eficientes nos primeiros tempos foram as redes que eles criaram com outros fornecedores e compradores presentes no mercado. Mas as novas formas de atividade econômica envolviam transações com pessoas de fora das redes existentes e poucos empresários estavam em condições de se afastar das normas em vigor. Cultivar relações comerciais com base na confiança exige tempo; ser muito flexível e transitar entre novas pessoas com novas ideias era perigoso e irracional. Por outro lado, os europeus tinham superado esse problema desenvolvendo um sistema jurídico que tornava mais seguro os mercadores fecharem negócios com desconhecidos. As leis contratuais europeias incentivaram a inovação comercial, enquanto a lei da propriedade intelectual estimulou a inovação técnica. A China não tinha essas leis, o que impediu o empresário de fazer negócios sozinho. Além disso, os regulamentos e o controle das corporações desestimulavam novas formas de pensar, e o resultado disso foi os homens de negócios ficarem presos na armadilha dos hábitos existentes de atividade econômica. Esse legado continua vivo até hoje, e os ocidentais que fazem negócios com o Oriente sabem que o cultivo das relações é mais importante do que qualquer lei ou contrato.

No entanto, os setores que dependiam menos do mercado também sofreram. Um exemplo é a indústria da cerâmica, com uma administração central. Dentro das fábricas, a especialização tinha reduzido os custos e aumentado a qualidade, mas essa perfeição técnica teve o preço alto de levar a uma armadilha. Os artesãos especializados que trabalhavam sob um controle rigoroso da cúpula tinham poucas oportunidades de exercer uma criatividade individual e de fazer inovações.[20] Enquanto a produção em grande escala reduziu a experimentação na China, na Europa as pequenas fábricas de propriedade do Estado receberam monopólios regionais, apoio do governo e liberdade para fazer experiências e inovar.[21] Na Grã-Bretanha, o setor estava produzindo artigos novos, como a porcelana de fosfato de cal e ossos calcinados, e novas técnicas, como a decoração aplicada. Os europeus melhoraram rapidamente sua capacidade produtiva a ponto de suplantar em muito os chineses e, em 1791, a Companhia das Índias Orientais Inglesas deixou de considerar lucrativo importar porcelana chinesa para a Europa.

Muitos economistas vinculam a estagnação técnica ao declínio da competitividade. Afirmam que quanto mais produtores competem em um determinado setor, tanto maior é a probabilidade de inovar e produzir avanços tecnológicos. Mas não há evidência que prove que havia menos fábricas de porcelana competindo entre si na China do que na Europa, onde essa indústria era mais incipiente. Portanto, não se pode atribuir o declínio à falta de competição. E também não se pode atribuir a culpa ao controle estatal, uma vez que muitas fábricas de porcelana da Europa eram do governo. A causa da decadência parece ser o investimento do setor em rotinas especializadas e no controle centralizado. No passado, esse *modus operandi* foi um elemento importante para o êxito dessa indústria, mas levou à rigidez em épocas de mudança. O fato de tanto os produtores com base no mercado quanto os que dispunham de uma administração centralizada terem caído em uma armadilha mostra a importância do investimento histórico em qualificação, regras e procedimentos.

É comum o governo chinês ser culpado pela falta de avanço tecnológico. Dizem que como o governo confucionista atribuía aos mercadores uma posição social humilde, ele não criou um ambiente favorável ao investimento. Quando combinada aos distúrbios e às sublevações que constituíam uma ameaça constante aos bens dos mercadores, a estratégia de longo prazo que esses empregavam era investir sua riqueza na segurança da terra ou na educação, para que a família pudesse ascender socialmente e talvez alguns de seus membros entrarem eles próprios para a burocracia.[22] Por causa disso, não investiram no desenvolvimento protoindustrial, como fizeram os comerciantes ocidentais. Mas a falta de status dos mercadores foi um equívoco teórico.[23] Quando o governo vendeu títulos de nobreza para levantar fundos, os mercadores ricos compraram sua admissão nos escalões mais elevados da sociedade, e as corporações de comerciantes desfrutaram uma elevação de status e poder durante esse período. A dinastia Ch'ing (1644-1911) foi um período em que os mercados cresceram e os homens de negócios tornaram-se cidadãos respeitados e influentes.

O governo chinês não era tão restritivo quanto sugeriram alguns autores. Mas parece que o Estado reduziu realmente o seu papel na economia durante a dinastia Ch'ing. Os números relativos à renda do governo no fim do século XVIII mostram que, de fato, a parcela da economia em suas mãos diminuiu. Na verdade, a participação do governo no Produto Nacional Bruto (PNB) era de 5%, que podem ser comparados aos 10% do Reino Unido.[24] Isso mostra que, durante a dinastia Ch'ing, o governo chinês não era tão onipresente quanto se pensava antes e não pode ser considerado a principal barreira ao progresso. Parece que os mercadores se beneficiaram muito mais com o contato com os funcionários públicos do que sofreram com a tributação ou as arrecadações especiais periódicas.[25] Os funcionários públicos mostraram um apreço crescente pelas forças de mercado e surgiu uma relação simbiótica entre os dois setores. Eles reconheciam o papel dos comerciantes na economia e sua importância como fonte de renda.

Mas a burocracia confucionista teve realmente um efeito negativo. Para ter êxito nesse ambiente, os mercadores chineses investiam suas energias e seu capital no cultivo das relações com os funcionários públicos-intelectuais. Relações sólidas com os mandarins compensavam as arbitrariedades do controle político e a possibilidade de proibições legais ao comércio, e aumentavam as chances de obter favores governamentais. Mas desviaram sua atenção da tecnologia e das inovações. Portanto, embora nesse período final os obstáculos políticos ao crescimento econômico tenham sido mínimos, os incentivos gerados pelos funcionários públicos-intelectuais continuavam determinando o comportamento comercial de acordo com os mesmos hábitos de sempre. O cultivo das relações era mais lucrativo para os mercadores e, por conseguinte, uma área mais racional de desenvolvimento do que a melhoria das técnicas de produção.

Talvez as mudanças de papel do Estado tenham sido mais decisivas do que seu tamanho. No começo da dinastia Sung (960-1279), o governo assumiu um papel de liderança no sentido de difundir inovações; mas, durante a dinastia Ch'ing, "o governo chinês deixou quase inteiramente de oferecer qualquer tipo de serviço público".[26] Isso talvez fosse a consciência de que a maior parte dos avanços tecnoeconômicos óbvios de acordo com o paradigma confucionista já tinha acontecido e pouco restava aos funcionários públicos-intelectuais além de relaxar e apropriar-se de sua parte da riqueza. O governo passou a ser um elemento conservador, apoderando-se da renda, mas oferecendo pouca coisa em termos de infraestrutura ou serviços públicos. O sistema imperial tinha se transformando em uma espécie de gangsterismo que vendia proteção, um arranjo ritualizado por meio do qual a elite vivia à custa do povo.[27] Infelizmente, nenhum indivíduo ou grupo preencheu esse vazio para promover o avanço da tecnologia e o governo contentou-se em deixar a velha economia surfar sua velha onda de prosperidade, que tivera êxito no passado.

À medida que o governo se retirava da atividade econômica, coube às corporações de ofício desempenhar as funções burocráticas e jurídicas do comércio.[28] As corporações estavam mais próximas das atividades e em melhores condições de controlar o que acontecia. Com o poder descentralizado das corporações, normalmente seria de se esperar um aumento da inovação competitiva, mas as corporações tinham corpo de regras próprio e eram rigorosíssimas em sua aplicação.[29] Por meio da coerção e da prática conhecida como "suspensão de todos os negócios" (isto é, recusa em fazer comércio), elas impunham sua vontade aos mercadores, tanto dos que participavam delas quanto dos outros. A tirania resultante restringiu a liberdade de comércio e a iniciativa individual. As corporações permitiam que a indústria crescesse, mas não a expensas da renda de outro membro. Sua preocupação com a parcela de mercado e a saúde da instituição significou que também elas haviam se tornado elementos conservadores do sistema existente. Ao restringir a competição, elas restringiram a inovação.

Talvez o pior exemplo da maneira pela qual as corporações reprimiram o crescimento seja aquela dos bate-folhas [artífices que reduziam a folhas delgadíssimas qualquer metal dúctil e maleável para douraduras e fins semelhantes], que trabalhavam para o imperador. A regra desse setor era que nenhum mestre poderia ter mais de um aprendiz por vez, restringindo assim a quantidade de trabalho que qualquer oficina poderia fazer e assegurando dessa forma que esse emprego fosse exercido por seus membros. Portanto, quando um membro recebeu permissão do magistrado local para assumir um grande número de aprendizes, deixou de ser popular junto à corporação. Logo se espalhou pela instituição que "morder até a morte não é um crime cujo castigo é a pena máxima". A corporação divulgou essa frase acreditando que uma única mordida não mata, mas 123 mordidas certamente teriam um grande impacto. Logo o homem estava morto e a lei foi chamada para examinar os dentes e as gengivas de todos os membros da corporação. O homem que deu a primeira mordida foi descoberto e executado. Nesse caso, o homem que transgrediu as regras da corporação estava produzindo para o imperador e conseguira permissão do magistrado para contratar mais aprendizes, mas nem isso impediu o grupo de fazer uma represália. Esse caso mostra que as corporações podem agir com muito vigor para impedir comportamentos que perturbem o *status quo*.

A economia da dinastia Ch'ing caiu na "armadilha do equilíbrio de alto nível",[30] no qual o alto nível das técnicas agrícolas e de transporte de água e o uso quase total dos recursos deram à economia uma estrutura que era praticamente incapaz de mudar por meio de forças geradas internamente. Suas tecnologias de agricultura e transporte eram tão boas que não era possível fazer nenhuma melhoria simples. O sistema de transporte e comércio havia chegado a seus limites de eficiência, além dos quais não havia como reduzir mais os custos das transações dentro do paradigma existente. A produtividade agrícola por acre aproximou-se das fronteiras do que era possível sem a introdução de novos elementos industriais e científicos. Quando isso se combinou ao crescimento da população, a China acabou tendo um declínio na produção *per capita*. Os lavradores tinham menos produtos para vender e isso reduziu sua demanda por outros artigos, diminuindo as oportunidades do mercado de recompensar a inovação. Ao mesmo tempo, os recursos estavam escasseando, tornando mais dispendioso produzir bens de capital, enquanto a força de trabalho, alimentada pelo crescimento da população, estava ficando mais barata. Ao contrário do que aconteceu na Europa, essas circunstâncias não ofereciam incentivos à inovação com máquinas que poupavam trabalho, nem a outras melhorias.

Era inevitável que esse declínio atingisse o setor de transportes. A superioridade chinesa nesse ramo tivera por base um grande número de fatores, entre os quais a experiência e os conhecimentos acumulados, sua estrutura organizacional — que ajudou a levantar capital e intensificar as transações —, tecnologia superior em navios e cargas, política de incentivo governamental e, no mar da China, as restrições que o Estado impôs aos mercadores estrangeiros que entravam no país. No entanto, uma por uma, essas fontes de vantagens competitivas foram secando. No início do século XIX, os chineses ainda eram os maiores donos de navios do mar da China. O comércio dos juncos do sul do mar da China é estimado em 74.190-85.000 toneladas nessa época (incluindo os juncos sediados no sudeste da Ásia).[31] Por outro lado, antes de 1833, a Companhia das Índias Orientais Inglesas nunca transportara mais do que 30 mil toneladas na região. Mas o mar da China era só um dos muitos mercados dos ingleses. Já em 1771-73, os britânicos tinham mais do que dobrado essa tonelagem só no comércio do Atlântico.[32]

Enquanto os ingleses estavam conquistando novos mercados e novas rotas em todo o globo, os marinheiros chineses apegavam-se às suas velhas rotas do mar da China. A decisão de se concentrar no mar da China e de se encontrar com os mercadores em determinados pontos do meio das viagens havia sido racional. Foi nessas rotas que os donos das embarcações chinesas acumularam conhecimentos, experiência e contatos. Novos tipos de comércio eram arriscados. Mas, enquanto os chineses continuavam se repetindo, os europeus estavam criando ondas de prosperidade, navegando nos sete mares e conquistando mercados em todos eles. As empresas ocidentais desenvolveram tentáculos e economias de escala complementares com os quais a companhia de base familiar da China não tinha mais condições de competir. Por exemplo: comerciantes privados britânicos conseguiam empréstimos da Companhia das Índias Orientais Inglesas em Cantão, empréstimos que depois eram pagos em Londres, ao passo que a estrutura financeira da *joint-venture* significava que as firmas britânicas conseguiam levantar capital junto a um grande número de fontes, que iam de funcionários públicos civis aos oficiais do Exército.[33] Pode ter levado séculos, mas agora os chineses é que eram os primos pobres.

Os chineses também haviam perdido a supremacia na tecnologia dos transportes. Mesmo antes da era do vapor, os veleiros europeus de três mastros ou mais já realizavam três viagens completas por ano entre Batávia e Cantão, ao passo que os juncos só conseguiam fazer uma.[34] Por fim, os mercadores chineses começaram a usar embarcações europeias no lugar dos navios de seu país, mas isso não foi bem recebido por seus compatriotas. Em 1844, um mercador chinês que acompanhava sua carga em um navio europeu quase foi preso pelas autoridades ao chegar a casa por "prestigiar um vaso estrangeiro em detrimento de seus compatriotas" e prejudicar o mercado de juncos.[35] Como resposta, o governo britânico publicou uma declaração dizendo que todos os mercadores chineses que viviam na área do Estreito (Cingapura) eram súditos ingleses e forneceu-lhes documentos para confirmar o edito. Esses documentos se transformaram em artigos comercializáveis entre os mercadores chineses, que agora usavam regularmente os navios europeus para transportar suas cargas.

Os donos dos navios chineses acabaram perdendo o grosso de sua valiosa força competitiva, que era a superioridade das cargas que transportavam. Essa vantagem foi perdida no século XIX, quando a economia começou a sofrer os efeitos da estagnação técnica. Em 1800, a China ainda estava produzindo 33% dos artigos manufaturados do mundo; mas, em 1860, sua parcela do mercado havia caído para 19,7% e, em 1900, para 6,2%. Durante o mesmo período, a parcela europeia tinha aumentado de 28,1% para 62%.[36]

A China havia sido o centro mundial dos conhecimentos e da tecnologia durante tanto tempo que era praticamente impossível acreditar que essa situação mudaria. Era um pensamento irracional que ia contra tudo quanto os chineses tinham aprendido. Foi preciso uma ameaça externa para acordar o país para a nova realidade e para a necessidade de reforma. A primeira percepção de que a supremacia estava agora em mãos europeias aconteceu com as Guerras do Ópio, que, ironicamente, originaram-se da falta de interesse da China pelas importações europeias. Nessa época, os ingleses estavam importando quantidades enormes de chá chinês, mas descobriram que seus industriais não haviam penetrado muito no mercado chinês. Para compensar o déficit comercial, os britânicos recorreram à importação de ópio da Índia.

Os britânicos não foram os únicos a participar do comércio de drogas.[37] Os primeiros americanos a entrar nele foram James e Benjamin Wilcocks, que, em 1804, compraram ópio no porto de Esmirna, na Turquia, que foi levado para a China no brigue *Pennsylvania*. Os americanos não tinham acesso ao suprimento de ópio da Índia britânica, de modo que a descoberta do produto turco levou a uma verdadeira corrida ao ópio que fez a fortuna de muitos deles. No entanto, o grosso do comércio do ópio estava em mãos britânicas.

Os esforços chineses para acabar com o comércio da droga foram frustrados pelo fato de muitos funcionários do governo se beneficiarem com essa carga. O comandante da frota antiópio ganhava uma porcentagem sobre as importações e parece ter transportado realmente essa carga. A onda de corrupção chegou até mesmo ao palácio imperial de Pequim. Em 1839, Lin Tsé-hsu foi nomeado comissário imperial e enviado a Cantão para dar fim ao tráfico. Lin Tsé-hsu havia sido governador-geral de Hunan-Hupeh e tinha fama de ser justo e humanitário. Conhecido como "Lin, o Honesto" (Lin Ch'ing-t'ien), era visto como incorruptível, o homem certo para resolver o problema do ópio de uma vez por todas.[38]

Lin resolveu punir 13 mercadores chineses da corporação responsável pelo comércio com o Ocidente. O líder da corporação, Howqua, foi trancafiado em uma canga (antigo instrumento chinês de tortura que consiste em um quadrado de madeira com um orifício central para prender o supliciado pelo pescoço e dois para as mãos), com a qual foi mandado para os armazéns britânicos. Um documento preso à canga declarava que ele havia sido considerado culpado por associação ao crime capital de contrabandear ópio. Se os ocidentais não devolvessem todo o seu estoque de ópio, ele perderia a vida. Os britânicos concordaram em salvar a vida de Howqua e entregaram a droga. A queima de 20.283 caixas de ópio ordenada por Lin foi uma advertência espetacular de que havia uma nova força na cidade. Ele também escreveu à Coroa inglesa pedindo-lhe para pôr um fim àquele comércio:

> Os mercadores bárbaros de seu país, se desejarem fazer comércio durante um período prolongado, têm de observar respeitosamente os nossos estatutos e afastar-se permanentemente da fonte do ópio. Não devem de forma alguma testar a eficácia da lei com sua vida. Que você, rei, investigue seus súditos maus antes que eles venham à China, a fim de garantir a paz de sua nação, e demonstre ainda melhor a sinceridade de sua boa educação e obediência e permita que os dois países desfrutem juntos as bênçãos da paz.[39]

Não se sabe ao certo se a rainha Vitória chegou a receber essa carta, mas certamente não demonstrou a menor obediência. Nessa época, o ópio era vendido sem restrições na Grã-Bretanha. Na verdade, muitos artistas consumiam a droga e muitas obras famosas da literatura inglesa foram criadas sob o efeito do ópio. Entre elas estão *Frankenstein*, de Mary Shelley, *Alice no país das maravilhas,* de Lewis Carrol, e "Kublai Khan", de Samuel Coleridge, cujas palavras finais revelam grande parte da influência do poema:

> Pois ele com o mel do orvalho se alimentou
> E bebeu o leite do paraíso.

Com o ópio sendo vendido tão às claras em casa, os britânicos achavam que a oposição chinesa era somente uma tentativa dos funcionários do governo de arrancar-lhes mais dinheiro. Outros acharam que o governo chinês estava tendo o que merecia, com suas restrições ao comércio atrapalhando descaradamente o crescimento dos negócios. A espiral de tensões levou à Primeira Guerra do Ópio, que teve um efeito imediato sobre o preço do chá em Londres. As más notícias levaram o preço a triplicar, enquanto a vitória viu os preços caírem verticalmente.[40]

As guerras de 1840-42 foram as primeiras de uma série de conflitos armados em que as potências ocidentais usaram suas forças militares e navais para obrigar a China a assinar contratos desfavoráveis a si mesma. As Guerras do Ópio revelaram a enorme supremacia tecnológica que a Grã-Bretanha adquirira ao longo dos anos. As armas de bambu e as bestas chinesas não eram páreo para os canhões modernos.[41] O resultado foi uma humilhação para os chineses, que, finalmente, foram obrigados a reconhecer a superioridade da tecnologia ocidental. A vitória europeia levou à assinatura de um grande número de tratados em que foram abertos portos onde os britânicos e outros estrangeiros passaram a ter uma liberdade irrestrita de moradia e comércio. Os chineses não podiam mais negar a nova realidade, ficara evidente que precisavam imitar as tecnologias que havia dado tanto poder aos europeus. Mas isso levantou uma série de problemas, entre os quais identificar a que se adaptar, superando interesses e valores antigos, e lidar com a questão de qualificação e infraestrutura insuficientes. Por fim, os chineses tiveram de enfrentar o problema da mudança em si, algo com que tinham pouca experiência.

A ideia de que os estrangeiros eram superiores de algum modo não implicava só uma nova forma de encarar a tecnologia; os chineses precisavam se livrar de muitas coisas que antes consideravam ponto pacífico. Tiveram de reavaliar sua visão de mundo e sua posição nele. Em particular, a nação teve de passar por um processo de aceitar que era do seu interesse imitar pessoas que antes viam como inferiores. A nova política encontrou uma resistência inevitável. Muitos dos problemas de introduzir mudanças surgiram porque as novas exigências se depararam com um senso estético antigo e grande parte da resistência tinha motivos ideológicos. Por exemplo: Wo-jen[42] liderou o ataque contra as mudanças na educação, afirmando que se os "seus intelectuais brilhantes e talentosos [...] abandonarem seu curso regular de estudos para seguir os bárbaros, o espírito do bem não se desenvolverá e, por conseguinte, o espírito do mal vai se fortalecer". Um programa educacional que pretendia mandar estudantes para os Estados Unidos chegou ao fim quando os alunos deixaram de fazer uma reverência (ajoelhando-se e encostando a testa no chão) diante de um funcionário do governo chinês em Washington. Essas atitudes minaram a certeza de que a nova política receberia um apoio prolongado.

Outro problema era definir até onde ir. Mesmo entre os defensores da mudança, não havia uma unanimidade sobre o quanto adotar da ciência, da tecnologia e das instituições ocidentais. Por exemplo: Li Hung-chang (1823-1901), provavelmente o menos conservador da cúpula do governo de sua época, achava as instituições políticas e sociais da China superiores às do Ocidente.[43]

Muitos dos problemas enfrentados pelos chineses podem ser vistos no setor do transporte. Desde os seus primórdios, o transporte mostrou ser uma atividade vital.[44] Durante a Guerra do Ópio, os vapores ingleses tiveram um impacto profundo, viajando com facilidade e aterrorizando os chineses, que os chamavam de "navios do demônio". Ninguém tinha mais consciência de sua importância do que os funcionários do governo encarregados das operações militares durante a guerra. Lin Tsé-hsu, cuja cruzada antiópio desencadeara a guerra, logo assumiu a liderança na defesa da transferência de tecnologia. Escreveu ao imperador pedindo fundos para construir navios e armamentos no estilo ocidental para que a China pudesse "adquirir as qualificações superiores de seu inimigo e as formas de vencê-lo".[45] Mas não lhe deram ouvidos. Como em outras economias bem-sucedidas, os homens que tomavam as decisões vitais tinham se isolado das principais atividades do país. A corte não tinha a menor ideia da importância das novas tecnologias e, como o imperador só ouvia relatórios distorcidos sobre as derrotas da Guerra do Ópio, o memorando de Lin Tsé-hsu não deu em nada.

Sem o apoio da corte, Lin tomou a iniciativa e tornou-se o primeiro funcionário do governo a adotar persistentemente os recursos ocidentais da tecnologia naval. Sediado em Cantão, ele procurou obter informações sobre o comércio, a geografia e o transporte do Ocidente, e dizem ser o autor da obra *Hai Kua Tu' Chih* [Relatório ilustrado de nações marítimas]. O motivo dessa fase inicial de imitação era a defesa, de modo que o foco de Lin não era a compra de navios, e sim o desenvolvimento das qualificações necessárias para construir embarcações mais resistentes. Em 25 de abril de 1840, sua equipe já havia conseguido ter êxito. O relatório chinês dizia o seguinte: "Duas ou três escunas acabam de ser lançadas ao rio em Cantão; foram construídas de acordo com os modelos europeus e devem, em nossa opinião, fazer parte da Marinha Imperial."[46]

Depois da batalha de Amoy em 1841, os britânicos descobriram um estaleiro que continha uma grande quantidade de madeira e um navio de 300 toneladas no estilo europeu em fase de construção. Os britânicos declararam que os chineses "tinham dado evidentemente um grande salto no sentido de fazer avançar a arte da construção naval — na verdade, quanto mais tempo durava a guerra, tanto mais os chineses eram levados pelo 'impulso da necessidade' a tentar grandes mudanças".[47] Mas esses eram veleiros de madeira. A construção de vapores de ferro exigia conhecimentos e investimentos que a China não possuía. Suas tentativas de construir vapores não foram muito longe, uma vez que o país não dispunha da infraestrutura industrial necessária; como declarou Yen P'ao T'u Shuo, "infelizmente os artesãos de Cantão, sem máquinas que constroem máquinas, não podem construir navios grandes".[48]

Perto do fim da guerra, o governo central finalmente reconheceu a importância de patrocinar os esforços de modernização. Durante os dois anos seguintes, a corte imperial promulgou cerca de 30 editos sobre navios e armas. Os editos reconheciam a superioridade britânica, e frases como "é necessário mudar" e "não se deve seguir os velhos métodos" foram usadas repetidamente. Os governos das províncias receberam instruções de melhorar e comprar navios, e de continuar a obra realizada pelos homens de Lin em Cantão. Infelizmente, os editos tiveram uma oposição generalizada e, mais uma vez, os argumentos contrários baseavam-se em fundamentos lógicos muito convincentes, em particular aqueles que apresentavam barreiras ambientais à adaptação à tecnologia. A província de Chihli informou que seus rios eram estreitos e rasos demais para as novas embarcações. A província de Kiang observou que os navios não eram apropriados para as condições locais e acrescentou que, com a escassez de madeira de lei e carpinteiros navais habilidosos, não havia condições de construir a toda pressa navios que estivessem à altura dos estrangeiros. E, mesmo que houvesse condições de construí-los, esses navios seriam inúteis, pois ninguém sabia manejá-los. Essas razões eram todas válidas e nada no meio ambiente dessas províncias favorecia a criação dessa nova indústria. Por fim, o imperador desistiu da ideia de introduzir as novas embarcações. Por conseguinte, durante mais ou menos um ano após a guerra, o interesse pela modernização na corte e nas províncias continuou; mas, com o tempo, sem a pressão de uma guerra para o aperfeiçoamento, ela deixou de ser uma prioridade urgente.

A pressão para modernizar reapareceu com a rebelião de Taiping e, mais uma vez, foram aqueles que estavam na linha de frente da batalha que defenderam a mudança. Tseng Kuo-fan, intelectual e funcionário do governo, foi o "capitão de guerra" durante a rebelião e sentiu um interesse profundo pelas armas modernas, em particular os navios a vapor. Dessa vez, a corte foi mais rápida na hora de avaliar a necessidade de modernização e deu instruções para a realização dos planos de construção naval. Mas, com pouca experiência, essa não ia ser uma tarefa fácil. Os resultados da primeira tentativa de Tseng de construir balsas para carregar armamentos são assim descritos:

> Infelizmente, as balsas construídas foram inúteis, ninguém jamais viu um vaso de guerra e não há ninguém capaz de tomar a iniciativa. Os homens olham uns para os outros e estão perdidos. Apesar disso, Tseng trabalha dia e noite, pedindo conselhos a todos eles.[49]

Embora extremamente motivado a imitar a tecnologia ocidental, nada na vida de Tseng o havia preparado para executar essa tarefa. Felizmente, encontrou dois oficiais subalternos que tinham algum conhecimento de navios e apresentaram-lhe projetos para construir vários tipos de embarcações. Tseng construiu estaleiros em Hengshow e Hsiang-tan, onde fez algumas experiências; mas, como revela a nota que escreveu para a corte, eles ainda não tinham *know-how* para atingir seus objetivos:

> [...] foram construídos vários barcos como amostra. Nenhum deles, dada a falta de conhecimentos por parte dos carpinteiros navais e a exiguidade do tamanho, consegue vencer as ondas do Yang-tsé, nem resistir ao choque dos tiros dos canhões.[50]

Tseng queria construir um barco a vapor. Os britânicos tinham desenvolvido sua metodologia de construção de navios a vapor aos poucos, ao longo de mais de um século, mas os chineses não dispunham desse tempo todo. Teoricamente, uma nação imitadora consegue se modernizar rapidamente, sem ter de pagar todos os custos do desenvolvimento; mas os chineses não tiveram a oportunidade de examinar de perto um barco a vapor. Seus esforços não frutificaram. Por fim, Tseng Kuo-fan comprou um navio que permitiu a seus homens a chance de estudá-lo. Infelizmente, ele não tinha nenhuma experiência anterior que lhe permitisse saber se estava comprando um navio em perfeitas condições técnicas ou não e, como quis o destino, o navio era um abacaxi.

Em 1861, Tseng mudou seu quartel-general para a cidade de Anking, onde seus mecânicos e engenheiros trabalharam em todos os tipos de máquinas, inclusive um motor a vapor que em 30 de julho de 1862 funcionou perfeitamente bem. O motor foi seguido pela construção de um modelo de barco a vapor, de acordo com o qual Tseng deu ordens a Hsu Shou para construir um navio em tamanho natural e, enfrentando a oposição dos funcionários do governo local, e sem ajuda de estrangeiros, tentou construir um navio usando equipamento e ferramentas chinesas. Mas o avanço foi lento, como revelam as palavras do próprio Tseng ao imperador: "Embora um pequeno barco a vapor tenha sido construído, sua velocidade era tão insignificante que mostrou que ainda não aprendemos a técnica certa."[51]

Os chineses estavam enfrentando a dificuldade de transplantar tecnologias estrangeiras para um novo ambiente. Antes de conseguir imitar, tinham de descobrir como. Acabaram entendendo que era necessário empregar máquinas e operários estrangeiros. Essa lição foi posta em prática em uma nova loja de ferragens recentemente fundada em Xangai, em 1864. Recrutaram Yung Wing (um estudante formado em Harvard e o primeiro aluno chinês a voltar para a China) para ir ao exterior comprar máquinas estrangeiras. Uma loja de máquinas foi alugada e reforçada com a chegada dos novos equipamentos. Seis ou sete mecânicos franceses e britânicos foram contratados para ajudar a implementar o processo de modernização. A construção do primeiro navio a vapor foi concluída em 1868 e batizada por Tseng de *Tien Chih* (Calma e Próspera). Mais quatro foram terminados antes da morte de Tseng em 1872.

Para facilitar essa transferência de tecnologia, livros estrangeiros foram copiados. Tseng fundou um departamento de tradução (cujos quatro primeiros livros traduzidos foram *Treatises on Steam Engines* [Tratados sobre motores a vapor], *Catechism on the Steam Engine* [Catecismo do motor a vapor], *Practical Geometry* [Geometria prática] e *Coal and Coal Mining* [O carvão e sua mineração]) e criou um projeto segundo o qual 30 estudantes chineses foram mandados para o exterior. No local conhecido hoje como Arsenal Kiangnam, ele também fundou a primeira escola de engenharia militar do país, na qual os mecânicos aprendiam técnicas ocidentais com a ajuda de estrangeiros.

A importação de trabalhadores e máquinas do exterior não resolveu todos os problemas. As dificuldades restantes foram apresentadas por Tso Tsung-t'ang, um modernizador que tentou construir um estaleiro moderno:

> [...] em primeiro lugar, a dificuldade de escolher um local para o estaleiro; em segundo, a dificuldade de encontrar e comprar máquinas de navios a vapor; em terceiro, a dificuldade de conseguir contratar um mecânico-chefe; em quarto, a dificuldade de levantar e acumular uma quantidade colossal de fundos; em quinto, a dificuldade de os chineses não estarem acostumados à navegação e que, depois de concluída a construção dos navios, ainda temos de empregar estrangeiros; em sexto, as dificuldades das numerosas exigências de pagar o carvão e os salários depois que os navios estão prontos, sendo que todos eles têm de ser pagos todo mês, além da necessidade de reparar os navios de tempos em tempos. Em sétimo, nesse empreendimento inusitado, é fácil surgirem calúnias e críticas: um indivíduo inicia o projeto, outro o realiza, enquanto um terceiro é mero espectador; e, se o empreendimento fracassa perto de sua conclusão, o resultado é prejuízo, tanto público quanto privado. Com todas essas dificuldades, não é de surpreender que ninguém queira assumir a responsabilidade... No início, preocupam-se com a possibilidade de o projeto não chegar a bom termo; depois criticam os gastos, dizendo que foram excessivos e provavelmente também dirão sarcasticamente que perdemos a dignidade nacional.[52]

Além da exiguidade dos recursos e dos problemas de adquirir *know-how*, havia uma miríade de outras questões, entre as quais a necessidade de competir com os ingleses, que poderiam se beneficiar das vantagens de seu pioneirismo. A chance de um malogro era grande e expunha o modernizador ao ridículo. Não é de admirar que as pessoas exagerassem no lado conservador. Por fim, comprova o fato de que nenhuma indústria é uma ilha. Requer uma infraestrutura de apoio que treine as equipes de funcionários e forneça os suprimentos necessários.

Enquanto isso, um fosso tecnológico estava se abrindo entre a China e as nações ocidentais, mas a experiência chinesa deve ser posta dentro de seu contexto. A adaptação tecnológica não é um processo simples, e os Estados Unidos também estavam tendo dificuldade de adotar as tecnologias britânicas, mesmo tendo uma indústria de ferro moderna e podendo contratar facilmente imigrantes que falavam a mesma língua. É bom lembrar ainda que a Grã-Bretanha tinha levado um século para desenvolver seu *know-how* e, embora parte dos custos do desenvolvimento possam ser evitados com a imitação, a tarefa de "tirar o atraso" era urgente e envolvia muitas complicações.

O governo chinês fundou uma companhia de barcos a vapor, mas seu êxito também foi limitado. Em 1872, foi criada a Companhia de Navegação a Vapor dos Mercadores da China, imitando as companhias estrangeiras: era uma empresa *joint-stock*, com ações emitidas para compradores privados. Mas, por mais que tentassem adotar os métodos mais modernos, não conseguiam se livrar de sua antiga forma de pensar. A companhia funcionava sob as ordens do tradicional supervisor do governo e de acordo com o antigo sistema mercantil, segundo o qual a segurança da posição do administrador e a existência da empresa estavam ligadas a um determinado grupo de burocratas.[53] Isso tornava difícil para os administradores terem uma visão de longo prazo de sua posição, e todos os envolvidos aproveitavam todas as chances de lucrar com que se deparavam. Esse raciocínio de curto prazo acentuou o espírito já corrupto de extorsão dos camponeses por meio de impostos, típico das relações do governo chinês com o mundo dos negócios. Os funcionários do governo intrometiam-se constantemente nas questões da empresa; o nepotismo e a corrupção eram desenfreados. No início da década de 1880, o número de empregados dos escritórios e armazéns da companhia era de duas a três vezes maior do que o necessário. Cheng Kuan-ying, um administrador da empresa, descreveu o problema:

> O pessoal recomendado pelos funcionários não é de intelectuais, nem de agricultores, nem de artesãos, nem de mercadores. São homens que nunca tiveram qualquer tipo de experiência. Alguns deles querem ser secretários e receber um salário sem fazer trabalho algum. Outros desejam cargos de comissários de bordo de navios a vapor, sendo o trabalho propriamente dito executado por assistentes, enquanto eles próprios ficam ociosos, à espera de sua parte nos emolumentos. Outros ainda se tornam gerentes

auxiliares nas filiais da companhia. Dão muitas festas para as autoridades locais e fazem grandes desperdícios sem contribuir com coisa alguma para o funcionamento da companhia.[54]

O setor teria tido muito mais êxito se outras companhias privadas tivessem sido fundadas e, em 1877 e 1882, foram feitas duas tentativas de criar empresas particulares de barcos a vapor. Mas, em ambas as ocasiões, os patrocinadores oficiais da companhia sustentada pelo governo opuseram-se a qualquer nova competição. Os navios a vapor eram considerados importantes demais para estar em mãos de particulares. O interessante é que, nos portos de livre comércio — em obediência aos tratados assinados — onde os agentes comerciais de potências estrangeiras estavam livres do controle dos mandarins, empresas de transporte foram fundadas por representantes chineses que já tinham adquirido o *know-how* comercial necessário graças à sua experiência de trabalhar para companhias estrangeiras.[55] Por exemplo: a Companhia de Navegação a Vapor Ningpo foi fundada e registrada como firma americana em 1877. Os portos compreendidos pelos tratados de paz deram experiência com as técnicas ocidentais em um ambiente comercial diferente, e ali os chineses brilharam. Infelizmente, os portos compreendidos pelos tratados de paz eram um fenômeno insignificante na economia chinesa, que andava como um dinossauro a caminho da extinção.

No passado, os chineses haviam possuído o maior e o melhor sistema de transporte do mundo. O transporte chinês teve uma onda de prosperidade com base em características de seu ambiente doméstico que não existiam no resto do globo. Entre elas estavam ricos consumidores nacionais, indústrias sofisticadas que forneciam cargas para exportar, as melhores tecnologias de transporte, que refletiam o alto grau de instrução da economia do país, e a burocracia confucionista, que alimentou o êxito de toda a economia. Mas as antigas formas de funcionamento deixaram de dar certo.

Com exceção dos agentes comerciais nativos que haviam trabalhado para companhias estrangeiras, os mercadores chineses mostravam grande relutância em entrar em novos campos.[56] Mesmo quando percebiam a superioridade das tecnologias ocidentais, poucos comerciantes tradicionais investiram na industrialização. Era preciso muita coragem para investir grandes somas de dinheiro e tempo em técnicas de produção pouco familiares, de modo que a atitude do mercador chinês era "ater-se ao que você sabe". Havia uma sólida lógica econômica por trás do conservadorismo.[57] Os projetos industriais à moda ocidental levavam muito tempo para gerar um retorno equivalente ao comércio tradicional de artigos e empréstimo de dinheiro. Os homens de negócios chineses eram impulsionados pelas forças de mercado e por uma lógica que lhes dizia para se manterem no caminho de desenvolvimento que eles conheciam.

O declínio chinês lança luz sobre a importância do ambiente e sobre o fato de que, como já observamos, nenhuma indústria é uma ilha. Ela requer setores de apoio que lhe forneçam capital, máquinas e demanda. E também precisa de facilidades educacionais para qualificar os trabalhadores. Tentar criar uma indústria sem esses ingredientes é muito difícil, como a China descobriu. Levou tanto tempo que, nesse ínterim, o Ocidente deu outros saltos para a frente. A mudança também era limitada pela incerteza: sobre o que era necessário e sobre a continuidade do apoio dado pela corte imperial. O equilíbrio de poder entre os defensores e os adversários da mudança foi determinado pelas circunstâncias da época. A guerra aumentou a pressão para modernizar. Com a paz das décadas de 1870 e 1880, a necessidade de reforma diminuiu em favor dos conservadores, que preferiam usar os fundos do governo para seus objetivos pessoais. A política de autofortalecimento do Estado foi substituída pela de indivíduos que buscavam o lucro para si próprios. A viúva do imperador foi o pior exemplo disso, quando milhões de taeles de prata levantados para construir uma Marinha no estilo ocidental foram desviados para a reforma de seu Palácio de Verão.[58]

No fim do século XIX, até o setor do chá estava com dificuldade de competir. Novos suprimentos estavam chegando da Índia e do Ceilão e sua qualidade era excelente. Quando Thomas Lipton tomou a decisão revolucionária de ignorar os canais normais de distribuição e fundar a própria empresa, escolheu o Ceilão e logo se tornou o maior cultivador de chá da ilha. Os produtores da Índia e do Ceilão enfatizavam a necessidade de levar seu produto ao mercado nas melhores condições possíveis. Tomavam grande cuidado com o cultivo, a colheita e a embalagem. Enquanto os chineses se esforçavam por conseguir grandes encomendas que variavam de qualidade e muitas vezes entregavam produtos estragados, os novos concorrentes preferiam atender pedidos menores, que chegavam frescos ao mercado. Na década de 1890, só 7,5% do chá vendido na Grã-Bretanha provinha da China.[59]

Seria preciso providências de fora, ou da cúpula, para tirar a China de seu antigo *modus operandi*. A mudança vinda de fora aconteceu realmente sob a forma de investimento estrangeiro, mas as quantidades eram simplesmente pequenas demais para causar um grande impacto. A mudança vinda de cima foi tentada, mas a cúpula estava de mãos atadas em muitos aspectos. A política estava nas mãos dos mandarins, que eram limitados por seu sistema de valores e sua base de qualificação profissional. Todas as políticas e soluções eram interpretadas de acordo com sua antiga visão de mundo e precisavam estar de acordo com o paradigma confucionista e seus hábitos de administração. Isso amarrava as novas empresas a uma burocracia que não compreendia bem os motivos dos homens de negócios, nem a importância de custos, preços e mercado. Também onerava as empresas com o comportamento burocrático tradicional, que incluía o nepotismo e a apropriação de fundos por funcionários do governo.

Finalmente, a experiência chinesa ilustra a dificuldade de imitar depois de um longo período de sucesso. O sucesso favorece a consolidação de valores, métodos comerciais e interesses. A economia chinesa, que oferecera um ambiente maravilhoso para os homens empreendedores, chegara ao fim de sua onda de prosperidade. Tinha caído na armadilha dos legados de seus êxitos anteriores.

10

A TERRA DO SOL NASCENTE

Com a abertura da China aos negócios, os laços comerciais tornaram o mundo cada vez mais integrado, mas uma nação estava misteriosamente fora de seu alcance. O Japão ficou isolado do resto do mundo durante dois séculos.

Ao longo do século XVI, o Japão foi flagelado por guerras civis, das quais a casa Tokugawa surgiu como nova força dirigente: o xogunato. Teoricamente, o xógum devia obediência ao imperador, cuja família governava o Japão desde tempos imemoriais, mas o imperador vivia recluso em Quioto e não desempenhava papel algum na administração do país. O poder estava nas mãos do xógum, que governava o país na condição de ditador militar.

Mais ou menos na mesma época que o clã Togugawa estava consolidando sua posição, os portugueses conseguiram estabelecer laços comerciais com alguns clãs do sudoeste. Mas o êxito português foi corroído pela obra dos missionários que viajaram com eles. Suas atividades de conversão e politização chamaram a atenção dos dirigentes do país, agravaram as rixas internas e aumentaram as trocas de acusações entre os jesuítas e os franciscanos. O xógum introduziu uma série de medidas que proibiam o cristianismo, mas o decreto final foi promulgado em 1639, depois de uma rebelião camponesa perto de Nagasaki. A revolta foi alimentada pela pesada tributação, mas os cristãos desempenharam um papel proeminente. O xógum perdeu 10 mil homens para vencer a insurreição e estava determinado a fazer com que esta fosse a última. Os portugueses foram expulsos e as portas da nação foram fechadas para as influências estrangeiras. Os japoneses foram proibidos de viajar para o exterior e a construção de navios de porte suficiente para fazer viagens ultramarinas também foi proibida. Os únicos estrangeiros permitidos no país eram um pequeno número de mercadores holandeses e chineses, que ocupavam a minúscula ilha de Deshima, ao largo de Nagasaki. Durante os duzentos anos seguintes, o Japão ficou isolado até que, no século XIX, os Estados Unidos começaram a se dar conta de sua existência.

Os americanos estavam de olho no Japão por vários motivos. Em primeiro lugar, gostariam de usá-lo como posto de abastecimento de carvão dos navios que estavam a caminho da China. Em segundo lugar, queriam assegurar que todos os marinheiros vítimas de naufrágio que chegassem ao Japão fossem bem-tratados. Essa preocupação surgiu depois que uma baleeira americana naufragou em águas japonesas e os marinheiros foram tratados com crueldade. Por fim, os americanos tinham consciência dos benefícios que poderiam obter do comércio com o Japão. Com esses objetivos em mente, o comodoro Matthew Perry, um homem de 69 anos com grande experiência em diplomacia naval de alto nível, foi escolhido para dirigir uma expedição e assinar um tratado entre os dois países.

A frota de Perry chegou a Edo (Tóquio) em 8 de julho de 1853. Fazendo valer a lei de duzentos anos que proibia toda e qualquer transação com estrangeiros, o xógum instruiu Perry a ir até Nagasaki, onde viviam os mercadores holandeses e chineses. Mas Perry se recusou a ir para lá. Essa recusa em obedecer às ordens do xógum causou furor na capital, onde a notícia da derrota da China nas Guerras do Ópio havia sido amplamente divulgada. O povo esperava incêndios premeditados, pilhagem e massacre nas mãos dos "cabeças vermelhas do Ocidente", e muitos fugiram da cidade.[1] Os quatro navios negros de Perry, soltando fumaça, eram uma ameaça aterrorizante à autoridade do xógum.

Perry sabia que os japoneses usariam qualquer estratagema ou ardil para se livrar dele, mas estava determinado a aguentar firme. Deixou bem claro que, embora tivesse estendido a mão em sinal de amizade, estava preparado para guerrear se os seus termos não fossem aceitos e vangloriou-se falsamente de ter condições de reunir cem navios para impor sua vontade.

Os japoneses não descobriram o seu blefe e concordaram relutantemente em entregar a seu imperador uma carta do presidente dos Estados Unidos, Millard Fillmore. A carta pedia "amizade, comércio, um suprimento de carvão e provisões e proteção a seus náufragos".[2] Depois que a carta foi entregue, Perry foi embora, dizendo que voltaria no ano seguinte.

Perry retornou ao Japão em fevereiro de 1854 e desembarcou para conversar em 8 de março. Logo recebeu a boa notícia de que os japoneses concordavam em permitir que os navios estrangeiros comprassem mantimentos e em tratar as tripulações com humanidade, mas conseguir licença para comerciar não foi nada fácil. O negociador japonês explicou que "não estamos insatisfeitos pelo fato de não termos produtos de outras nações".[3] Perry estava preparado para uma declaração desse tipo e levara presentes consigo para despertar o apetite dos japoneses. Nos dias seguintes, um grande número de engradados foi descarregado dos navios, contendo artigos fabricados no Ocidente. A exposição incluía perfumes, livros, rifles e carabinas, uma prensa e equipamento fotográfico. Um telégrafo foi instalado e foi feito um desafio aos corredores: levar uma mensagem à Casa do Tesouro, que ficava a cerca de 800 metros de distância, mais depressa do que o novo aparelho.

O artigo que mais gerou excitação foi uma locomotiva de um quarto do tamanho normal, enviada como presente ao imperador. Os passageiros sentaram-se em cima do trem e soltavam gritos de prazer enquanto ela percorria um circuito a mais de 30 quilômetros por hora. Alguns dias depois que a exposição terminou, os americanos receberam presentes de sedas, quimonos, artigos de bronze e uma imensa quantidade de arroz transportada por lutadores de sumô, que também foram um espetáculo. Mas o melhor presente de todos chegou em 31 de março, quando os japoneses assinaram o Tratado de Kanagawa, abrindo dois portos ao comércio. Quatro anos depois, os ingleses, os franceses e outras nacionalidades também conseguiram permissão para comerciar.[4]

Nessa época, o Japão parecia uma terra medieval com cavaleiros que usavam longas espadas, camponeses subservientes, corporações de mercadores e arrogantes senhores feudais.[5] Esse atraso se refletia no seu comércio internacional: o Japão não possuía um único navio capaz de atravessar o oceano.[6] Com um volume mínimo de comércio realizado por chineses e holandeses em torno de Nagasaki, o país padecia de uma inexperiência impressionante no comércio exterior.

Toda tentativa de modernização tinha de enfrentar um grande número de instituições que atravancavam a economia. A mais importante delas era a dos samurais, que tinha sido a classe guerreira da nação. Durante o longo período de paz que houve no Japão, eles não tiveram oportunidades de agir como soldados. Proibidos de se envolver com a indústria e o comércio, tinham se tornado uma *intelligentsia* governante, desempenhando na sociedade um papel semelhante ao dos mandarins na China. Por causa disso, a espada foi substituída pelo pincel usado na escrita como símbolo de poder na sociedade japonesa[7] e, como seus congêneres chineses, suas ideias e normas éticas foram moldadas pela filosofia confucionista, cujos valores impregnaram a sociedade. E, como na China, a sociedade tinha a mesma estrutura de quatro partes: os samurais, os camponeses, os artesãos e os mercadores, nessa ordem de importância.[8]

Outra barreira à mudança econômica era a natureza restritiva das relações sociais. A sociedade japonesa era caracterizada por um compromisso de lealdade e obediência aos superiores. Essa obediência hierárquica era reforçada por uma intensa pressão dos pares. Todos os indivíduos da sociedade pertenciam a algum grupo: samurais, corporações de ofício, casas de comércio, grupos familiares envolvidos no cultivo e na distribuição do arroz. A pressão dos pares era uma grande força no interior desses grupos, pois uma discrepância de comportamento por parte de qualquer indivíduo envergonhava todos os seus membros, de modo que todos eram obrigados a ceder aos interesses coletivos. A imposição das regras de comportamento era feita de muitas maneiras, mas o instrumento mais eficaz era o temor de ser expulso do grupo. Sob essa pressão, os indivíduos preferiam reprimir as próprias ideias e a tomada de decisões passou a se basear em um consenso, em contraposição à maioria. O indivíduo contava pouco, o que asfixiava a iniciativa.[9]

Apesar dessa rigidez, o Japão do século XIX tinha algumas diferenças cruciais da China. Os japoneses haviam descoberto que era possível importar tecnologias e melhorar sua qualidade de vida (para os chineses, as ideias e tecnologias estrangeiras sempre haviam sido inferiores e isso fez uma diferença enorme em sua atitude de imitar outros países). Desde o século XVIII, vários fatores internos estavam em atividade no Japão para corroer a estrutura socioeconômica em vigor. Entre eles estava o interesse crescente dos japoneses por sua literatura e história antiga, e a publicação da *History of Great Japan* [História do Grande Japão] constituiu a essência das classes instruídas da época em que os imperadores, e não o xógum, governavam o país.[10] Esse fato se combinou a um sentimento crescente de patriotismo. Muitos intelectuais queriam se livrar das influências estrangeiras dos chineses e budistas, e promoviam as virtudes nacionalistas, entre as quais o retorno a crenças associadas à religião xintoísta e à divindade do imperador. Essa *kogugaku* (erudição nacionalista) foi particularmente popular entre os clãs ocidentais que haviam sido subjugados pelo clã Tokugawa, de onde vinha o xógum.

No extremo oposto aos nacionalistas, outro grupo insatisfeito de intelectuais era a escola de estudos holandeses (*Rungaju*). Livros ocidentais, com exceção daqueles que tratavam do cristianismo, tinham recebido permissão de entrar no país desde 1720, importados por meio dos mercadores holandeses que viviam em Nagasaki. No fim do século XVIII, os estudos holandeses tinham sido acrescentados ao currículo na maioria das escolas e ofereciam modelos alternativos ao regime existente naquela época; e também alimentaram a consciência da superioridade da tecnologia ocidental.[11]

Os fatores econômicos também contribuíram para solapar o contentamento com o regime em vigor, criando o desejo de mudança. O xógum que governava o país administrava um sistema em que os senhores feudais eram obrigados a passar um grande período de tempo na capital, Edo. Enquanto estavam na capital, os senhores feudais competiam entre si com demonstrações de prestígio que exigiam grandes somas em dinheiro.[12] Esse fato os obrigava a procurar aumentar sua renda e alguns reagiram criando companhias industriais e comerciais em seus *hans* (domínios feudais). Outros recorreram aos empréstimos e ficaram endividados com os mercadores. Ao mesmo tempo, uma série de calamidades naturais prejudicou a produção agrícola. Esses dois fatores queriam dizer que os senhores feudais dispunham de menos dinheiro para pagar seus samurais, que tiveram de aceitar uma redução nos seus ganhos. Muitos samurais empobrecidos foram obrigados a empenhar a espada, a armadura ou as insígnias de sua classe ou, pior ainda, assumir ocupações inferiores à sua posição social. Quando os camponeses foram flagelados por uma série de safras malogradas, esses samurais empobrecidos e insatisfeitos desempenharam um papel crucial no sentido de levar os camponeses à revolta.

Essa situação fazia um contraste muito grande com a da China, que ainda desfrutava um padrão de vida próspero e, por isso, sentia menos necessidade de mudança. Em relação à China das décadas de 1830 e 1850, Robert Fortune declarou "que em nenhum país do mundo há menos miséria e carência real do que na China".[13] É claro que havia uma grande diferença no grau de satisfação com o regime em vigor. Outro contraste entre a China e o Japão era a diferença sutil na educação dos elementos-chave da nação. Embora ambos os países girassem em torno dos clássicos confucionistas, os samurais tinham uma abordagem mais prática do saber:[14] nunca se esqueciam de seu papel de guerreiros. Ainda aprendiam artes marciais e ainda viam seu papel como de protetores da nação. Embora ambos os países soubessem que o poder industrial era a base da superioridade militar do Ocidente, os samurais aprenderam a lição mais depressa. Considerando a questão como um todo, imitar o Ocidente era uma atitude que tinha mais coerência com os valores dos japoneses e, por isso, tinha menos probabilidade de encontrar resistência.

Os samurais empobrecidos sabiam perfeitamente bem que as defesas do país tinham sido corroídas. Sentiram profundamente a humilhação imposta pelo comodoro Perry e pelo US Far Eastern Squadron [Esquadrão dos Estados Unidos do Extremo Oriente]. Depois da visita de Perry, o governo central e alguns domínios feudais logo aproveitaram as oportunidades de se apropriar da tecnologia ocidental. Por exemplo: o domínio de Fukui começou a fabricar armas de pequeno porte, baterias e pólvora de acordo com a tecnologia ocidental e, em 1857, construiu uma escuna de dois mastros segundo os modelos holandês e americano.[15]

A nível nacional, o xógum também percebeu a necessidade de uma abertura maior para não ficar para trás do Ocidente e começou a pedir conselhos aos senhores feudais que antes mantivera em um estado de fraqueza.[16] Comprou armas dos holandeses e revogou a proibição de construir navios transoceânicos. Os samurais aconselharam o xógum a fundar um instituto de estudos ocidentais que, mais tarde, tornou-se o núcleo da Universidade Imperial de Tóquio. Os britânicos foram incentivados a fundar uma escola inglesa em Nagasaki em 1858; os franceses criaram o complexo naval de Yokosuka e uma escola de língua francesa em Nagasaki.[17] O governo patrocinou missões diplomáticas aos Estados Unidos em 1860, à Europa em 1862 e à França em 1864-7. Embora seu objetivo fosse principalmente promover as relações exteriores, as visitas também serviram para o estudo de instituições e culturas.

Estudantes foram enviados para a Holanda em 1862, para a Rússia a partir de 1865 e para a Grã-Bretanha a partir de 1866 para estudar navegação, questões marítimas e relações exteriores.[18] As viagens internacionais foram permitidas e muitos samurais foram estudar em outros países, em particular nos Estados Unidos. Entre 1868 e 1902, 11.248 japoneses foram para o exterior estudar. Depois de voltar, os jovens estudantes japoneses descobriram que não era tarefa fácil se estabelecer em seu país, principalmente por causa da importância que a sociedade dava aos idosos; mas, em termos gerais, o canal para introduzir os conhecimentos e a tecnologia do Ocidente havia sido aberto no Japão, e os estudantes que voltaram para lá desempenharam um papel importante na importação de novas tecnologias pela nação.[19]

Como na China, o setor dos transportes chamou a atenção desde o início. Afinal de contas, havia sido a superioridade dos "navios negros" do comodoro Perry que tanto humilhara o Japão. Os navios passaram a simbolizar o poder de uma nova era científica.[20] Os funcionários do governo japonês logo perceberam que havia necessidade de fabricar embarcações à moda ocidental. O *han* Mito recebeu ordens de construir um navio segundo o modelo ocidental e o resultado foi o surgimento do estaleiro Ishikawashima, que começou a funcionar em 1853. Mas o comentário do homem que fez o projeto revela a falta de experiência do Japão: "Por ordem do governo, traduzi um livro sobre construção naval e, teoricamente, sei construir um navio, mas é claro que nunca fabriquei nenhum, nem mesmo viajei em um deles antes."[21]

Era evidente que os japoneses estavam enfrentando as mesmas dificuldades que os chineses ao tentar imitar uma tecnologia tendo como ponto de partida a mais completa ignorância. Nesse caso, a tarefa ficou mais difícil ainda porque o livro que o construtor naval japonês traduziu e no qual baseou seu projeto não descrevia uma embarcação moderna. Quando os construtores concluíram seu primeiro navio à moda ocidental, o *Asahi Marua,* descobriram que haviam fabricado um barco segundo um modelo do leste da Índia, usado no século XVII, que era o modelo descrito no livro. *Hans* nacionalistas como o Hatsuma também assumiram projetos de construção de navios, mas ficaram igualmente perplexos ao descobrir que os veleiros que estavam fabricando eram obsoletos. Ao perceber as dificuldades técnicas da construção de navios a vapor, o *han* acabou desistindo de seu projeto de construir embarcações.

Uma oportunidade de receber uma lição mais direta sobre a construção de navios ocidentais surgiu em 1854, quando uma fragata russa em visita naufragou e foi pedido aos japoneses que construíssem um substituto.[22] O pedido foi aceito imediatamente e foram enviados funcionários, carpinteiros e ferreiros para ajudar e assimilar a tecnologia moderna de construção naval. Essa experiência mostrou aos japoneses que o aprendizado direto com os estrangeiros era um método eficiente de obter tecnologia, e foi fundada uma escola naval em Nagasaki que lançou mão de instrutores holandeses. Um estaleiro foi agregado à escola e, em 1857, a construção de um pequeno vapor fabricado com a supervisão dos holandeses deu certo. Esse programa cresceu em 1862, quando o governo enviou à Europa operários e oficiais navais que haviam estudado em Nagasaki com o objetivo de estudar a tecnologia da construção naval. O resultado dessas experiências foi que os japoneses logo desenvolveram métodos de importação de tecnologia estrangeira.

O processo de mudança não foi nada fácil, e a desestruturação econômica e social tornou-se um fato da vida para muitos grupos. Por exemplo: com a abertura do comércio, a exportação de seda em estado bruto prejudicou os tecelões locais, pois o preço de sua matéria-prima subiu. Muitos artesãos enfrentaram dificuldades quando importações baratas entraram no país, privando-os de seus mercados. Os mercadores desfrutaram uma ascensão de status, o que despertou a hostilidade dos samurais, que sentiram a perda de sua posição social e econômica. A nova economia estava distribuindo os recursos de uma forma que corroeu a antiga ordem social e a legitimidade do xógum.[23]

Essas dificuldades contribuíram para a revolução de 1868, quando o xogunato foi derrubado pelos samurais dos clãs ocidentais. Nos *hans* de Satsuma e Chosa, o poder tinha caído nas mãos de grupos de samurais que desejavam destruir o regime. Em 1866, Saigo Takamori, de Satsuma, e Kido Takayoshi, de Chosa, fizeram uma aliança com o objetivo expresso de desafiar o xógum e restaurar o poder do imperador. Na Guerra Boshin [Guerra do Ano do Dragão] de 1868, a aliança derrotou as forças de Tokugawa, acabando com o xogunato. O imperador foi tirado de Quioto e transformado na figura de proa do novo regime. Embora os conspiradores tenham agido em nome do imperador, preservaram o poder político e uma oligarquia de ex-samurais de Satsuma e Chosa agora tomava as decisões em Tóquio.

A partir dessa descrição, fica claro que o xógum não foi derrubado por resistir à mudança.[24] Na verdade, o governo que o substituiu foi inicialmente mais nacionalista. Ordenou a todos os estudantes mandados para o exterior pelo xogunato que voltassem para casa e queria expulsar todos os estrangeiros do Japão. Mas o governo logo percebeu que essas atividades desempenhavam um papel importante no fortalecimento da nação. Ampliaram o programa de estudos no exterior, mas seu programa geral de modernização era de natureza muito mais nacionalista.[25]

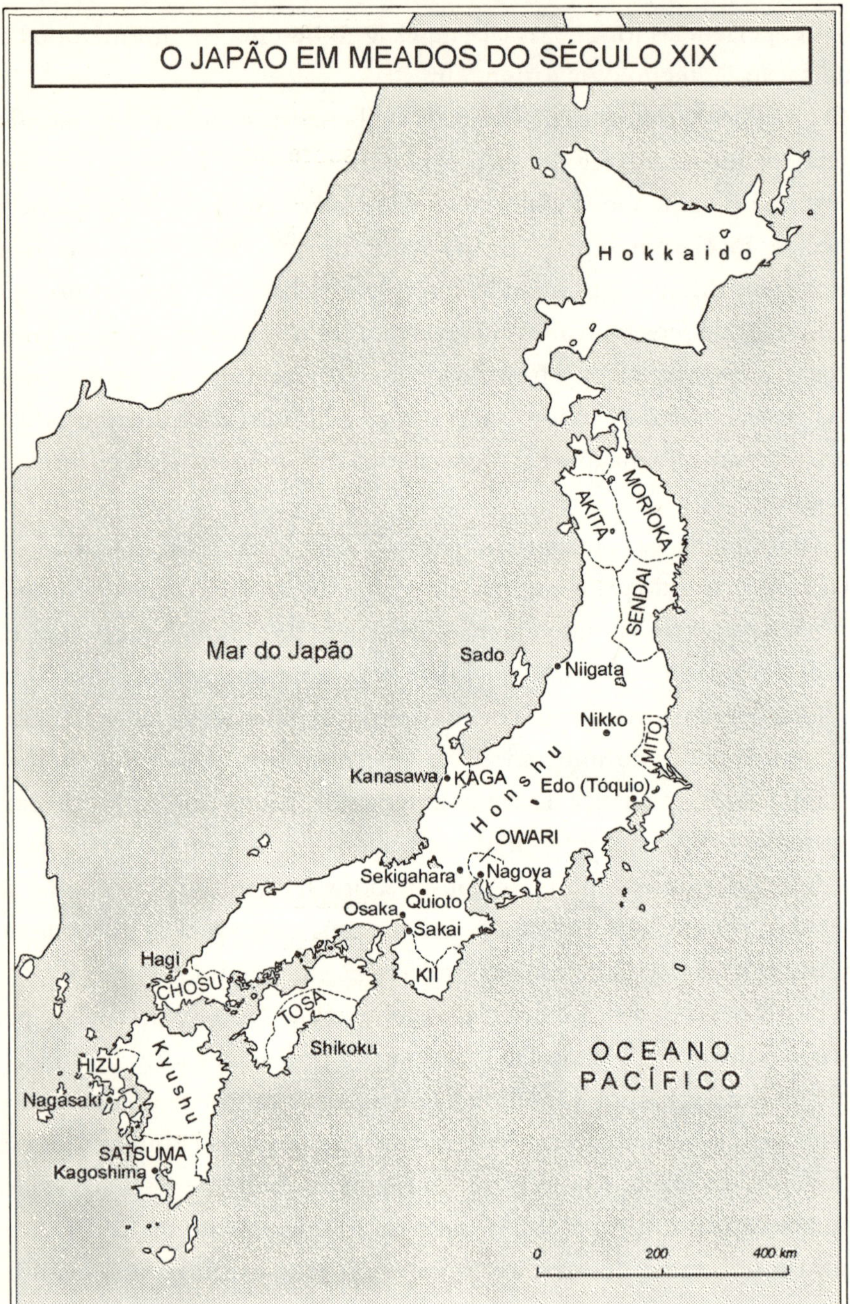
O JAPÃO EM MEADOS DO SÉCULO XIX
Hokkaido
AKITA
MORIOKA
SENDAI
Mar do Japão
Sado
Niigata
Nikko
MITO
Kanasawa
KAGA
Honshu
Edo (Tóquio)
OWARI
Sekigahara
Nagoya
Quioto
Osaka
Sakai
Hagi
CHOSU
KII
TOSA
Shikoku
HIZU
Nagasaki
Kyushu
SATSUMA
Kagoshima
OCEANO
PACÍFICO
0
200
400 km

Os membros da oligarquia de 1871 fizeram uma viagem em torno do mundo que influenciou dramaticamente o curso do desenvolvimento do Japão. A missão Iwakura incluiu mais de cem intelectuais, administradores e estudantes que andaram pelos Estados Unidos, pela Europa e por outros países asiáticos para obter informações sobre sistemas tecnológicos, econômicos e sociais. Entre eles estava Okubu Toshimichi, que antes havia desempenhado um papel importante na restauração Meiji. Okubu ficou particularmente impressionado com a Grã-Bretanha, suas ferrovias, seus canais e suas companhias industriais que encontrou em todas as cidades. Achou que a Grã-Bretanha tinha aberto um precedente para o Japão seguir, uma vez que, como o Japão, já fora um pequeno país insular com baías modestas e poucos recursos naturais. Notou que a Grã-Bretanha crescera protegendo suas indústrias da competição por meio de leis como os decretos de navegação. Só depois de conquistar a liderança mundial foi que ela adotou uma política de livre comércio. Quando Okubu voltou para casa, foi nomeado chefe do recém-criado Ministério do Interior. O ministério era responsável pela segurança nacional e pela promoção do desenvolvimento econômico, um papel que tornou Okubu a figura mais proeminente da política japonesa. Também lhe deu a chance de dirigir o desenvolvimento econômico do Japão.[26]

O governo japonês desempenhou um papel vital na introdução da mudança, mobilizando recursos e usando-os para criar novas instituições necessárias ao desenvolvimento.[27] Os modelos organizacionais do Ocidente foram examinados com vistas a encontrar os que eram mais apropriados ao Japão. A Marinha e o sistema de comunicações seguiram os moldes britânicos; a política, os franceses; o sistema bancário, os americanos; e o sistema jurídico baseou-se primeiro no francês e depois no alemão. Todo o sistema feudal foi desmantelado e os *hans* perderam suas administrações independentes, que foram substituídas por um sistema de prefeituras em torno de um governo central mais forte. A passagem para o governo centralizado foi facilitada pela introdução de três tecnologias ocidentais da maior importância: ferrovias, telégrafos e correios. Eles melhoraram a comunicação e o transporte, favorecendo a coordenação do controle pelo governo central.[28]

O governo criou dois órgãos vitais para promover o processo de industrialização: Kobushô (Ministério de Engenharia e Obras Públicas), instituído em 1870, e Naimushô (Ministério de Questões Internas), que supervisionava a agricultura e os têxteis. O Kobushô (às vezes chamado de Ministério da Indústria) recebeu o encargo de construir empresas-piloto e promover as companhias industriais do setor privado[29] com ênfase na indústria pesada: mineração, construção naval, ferrovias, máquinas, construção civil e armamentos. O objetivo geral era a defesa nacional e a criação de sistemas de transporte e comunicações.

O governo também percebeu a vantagem de utilizar trabalhadores estrangeiros e que, em vez de perder tempo com experimentos locais, devia pagar altos salários a técnicos estrangeiros para ensinarem aos japoneses as suas tecnologias. Mais de quinhentos estrangeiros foram contratados pelo Ministério da Indústria em seus primeiros anos, e eles transmitiram seus conhecimentos em cursos práticos e teóricos dados pelas empresas.[30] Mas, nas áreas em que os estrangeiros foram empregados para transmitir seus conhecimentos, o ministério deixava claro que os japoneses acabariam assimilando o seu saber e assumindo todas as suas funções.

O processo de transição precisava ser financiado, mas os valores japoneses tradicionais consideravam uma vergonha pedir dinheiro emprestado a estrangeiros. Mas era preciso dispor de moeda estrangeira para pagar as muito necessárias importações de maquinaria e matéria-prima. Nessa área, o Japão teve sorte justamente quando mais precisava dela. Nos primeiros anos seguintes à restauração Meiji, a produção da seda na Itália e na França foi muito prejudicada, levando a uma grande demanda pelas exportações japonesas.[31] A seda tornou-se a principal exportação japonesa (na frente do chá, do arroz e de produtos artesanais menos importantes, como cerâmica, leques, papéis no estilo japonês, objetos de laca e bronze).

O segundo problema financeiro era acumular capital e canalizá-lo para firmas industriais, um problema agravado pelo caráter nacionalista do governo Meiji, que não tolerava investimentos estrangeiros. A intenção inicial do governo era contar com a empresa privada, mas os resultados foram uma decepção. Fora do governo havia quatro grupos com o potencial de fornecer capital à indústria: as casas de comércio tradicionais, as antigas classes feudais (nobres e samurais da classe alta), os proprietários de terras e os novos ricos, que estavam prosperando graças às oportunidades de exportação criadas recentemente. Todos esses grupos foram paralisados pelas mesmas razões que levaram os mercadores chineses tradicionais a não investir em tecnologias ocidentais, isto é, faltava-lhes experiência, e eles não queriam assumir o risco de entrar em um ramo de atividades do qual pouco conheciam.

O governo tentou incentivar os investidores a entrar em novas áreas de produção, mas o volume de capital era pequeno demais e as dificuldades técnicas e administrativas eram grandes demais.[32] Dado que os incentivos de mercado não levariam à necessária mudança sistêmica, o governo concluiu que tinha de desempenhar o papel de empresário e começou a investir diretamente na indústria. Muitos dos samurais que constituíam a nova burocracia tinham ganhado certa experiência administrativa e algum conhecimento das tecnologias ocidentais durante a época em que participaram do governo de seus domínios feudais. Muitos tinham experiência pessoal com a indústria e quase todos tinham ao menos familiaridade com as culturas ocidentais. Mas a escala dos investimentos do governo na indústria não foi grande e seus frutos foram modestos. Como na China, muitas dessas empresas sofreram com a incompetência e a inexperiência burocrática, que levaram a muitos malogros administrativos e financeiros.[33] Apesar desses fracassos, a nação adquiriu o *know-how* da moderna empresa industrial, algo que não teria acontecido se ela tivesse deixado todo o processo por conta do mercado. As empresas estatais tornaram-se um modelo que o setor privado podia imitar. O patrocínio do governo também ajudou a superar algumas das dificuldades técnicas iniciais e custos de instalação que as empresas privadas não teriam tido condições de enfrentar. Mas essas empresas estavam no início de suas curvas de aprendizado e sua baixa lucratividade significou um pesado encargo financeiro para o governo.

Na década de 1880, à medida que as responsabilidades financeiras dessas empresas incipientes aumentavam, o governo chegou à conclusão de que devia vender suas fábricas, minas e outras companhias. Essa não deixou de ser uma medida bem-recebida, uma vez que o governo sempre acreditara que a indústria deveria estar nas mãos do setor privado. As empresas foram vendidas por um preço módico, o que refletia seu desempenho precário e também facilitou a entrada dos novos donos no setor. Os preços foram definidos por funcionários do governo que trabalharam intimamente com os novos proprietários, entre os quais havia ex-colegas e antigas casas de comércio. Esses laços políticos íntimos viram a industrialização ser alvo de um favoritismo gritante, que beirava o escândalo; mas, apesar disso, os novos donos mostraram ser empresários competentes.[34]

É claro que esse sistema não era muito diferente do programa de "supervisão governamental da atividade mercantil" da China. No entanto, por mais pródigos que fossem os subsídios japoneses, eles foram realmente usados como investimento produtivo e os donos não se apropriavam dos fundos na mesma escala que na China. Esse uso diferente que os homens de negócios fizeram dos fundos do governo provavelmente refletia comportamentos antigos, uma vez que a "sangria" sempre havia sido uma prática mais legítima na China. O alto grau de reinvestimento do Japão também espelhava uma confiança maior dos empresários japoneses no longo prazo. O Japão ocidentalizou-se em uma escala ampla e isso deve ter ajudado a aumentar a confiança de seus habitantes. Esse compromisso com a ocidentalização podia ser visto na cúpula, na qual o imperador japonês mudou os uniformes militares de acordo com o estilo dos monarcas ocidentais, algo que nunca aconteceria na China. Se os homens de negócios de todos os países precisassem de confiança no processo de transformação antes de fazer seus investimentos, os japoneses teriam vantagens óbvias.

Com apoio político, as jovens companhias japonesas consolidaram posições de quase monopólio em seus mercados locais e, embora a teoria econômica ortodoxa critique os monopólios, já houve quem dissesse que o Japão precisava passar por uma fase monopolista se quisesse desenvolver sua capacidade produtiva.[35] Dado o fosso tecnológico vis-à-vis as nações ocidentais e o poder de compra limitado do mercado japonês da época, os monopólios locais facilitaram a transição. O aumento das tarifas de importação teria sido uma outra opção, mas ela foi impossibilitada pelos tratados comerciais que o governo havia sido obrigado a assinar sob pressão militar. Por causa disso, o governo sustentou um pequeno número de grandes empresas. Para ajudá-las a sobreviver, essas companhias receberam do governo subsídios generosos, muitos privilégios e grandes encomendas.

O processo contínuo de imitação do Ocidente chocou-se com os valores das principais forças do antigo regime, que foram descartadas ou remodeladas para satisfazer as necessidades do momento. O novo materialismo fazia um contraste violento com os valores tradicionais e gerou a necessidade de harmonizar a tecnologia ocidental com a moralidade oriental. As atitudes relativas ao comércio precisavam ser redefinidas e, por meio de uma campanha publicitária, o governo tentou mostrar um ângulo aceitável dos homens de negócios, apresentando-os como os novos samurais da nação. Agora os empresários "faziam negócios pelo bem da nação, e não por lucro";[36] o prestígio dos funcionários das empresas aumentou e eles passaram a ser tratados como a nova nobreza.

Na verdade, alguns aspectos do antigo regime facilitaram o processo de imitação. O fato de a transformação ser realizada em nome do imperador (e, por conseguinte, em nome dos ancestrais) quer dizer que a lealdade aos valores japoneses favoreceu o processo. A estrutura social hierárquica do país também tornou as classes sociais mais baixas receptivas aos apelos para se modificarem. Atitudes básicas, como a lealdade aos grupos comunitários, dedicação ao trabalho árduo e respeito pela autoridade, todas elas ajudaram a fazer a transição.[37] Mas ela não aconteceu sem enfrentar resistência. O sistema de educação foi um dos setores contrários à mudança. Os conservadores lamentavam o que viam como degradação moral e queriam um retorno à educação moral nas escolas. O próprio imperador meiji, depois de uma turnê pelas escolas em 1878, ficou tão alarmado com a extensão da ocidentalização que recomendou a leitura da obra *The Great Principles of Education* [Os grandes princípios da educação] (1868) para reforçar a moralidade confucionista no currículo.

Embora os samurais estivessem na vanguarda da mudança, uma transformação dessas proporções raramente ocorre de forma equilibrada, e muitos deles sofreram durante o processo. Muitos perderam o emprego quando os domínios feudais se desintegraram, privando-os de seu prestígio e de sua renda. E, para piorar as coisas, a criação de um Exército organizado por meio de recrutamento, à moda ocidental, despojou-os de seu status de guerreiros defensores da nação. Estavam surgindo oportunidades para os samurais no comércio, mas ganhar dinheiro com o comércio ou a indústria sempre havia sido algo degradante aos olhos de sua classe social. Houve uma série de revoltas, como aquela descrita no filme *O último samurai,* com Tom Cruise no papel principal. A mais importante delas foi a Rebelião Satsuma, de 1877.

No início da década de 1870, três grandes nobres da restauração Meiji, Saigo Takamori, Kido Takayoshi e Okubu Toshimichi, continuavam todos no poder. Mas nem todos estavam satisfeitos com a direção que o país estava tomando. No fundo, Saigo Takamori ainda era um samurai e ficou desesperado quando os fundos foram canalizados para a construção de ferrovias, quando poderiam ter sido usados para modernizar o Exército. Quando a Coreia se recusou a reconhecer os enviados que representavam o novo regime, Saigo quis liderar uma campanha militar contra ela. Além de vingar o insulto, a guerra daria o muito necessário emprego aos milhares de samurais desempregados. Outros membros do governo tinham a cabeça mais fria, reconhecendo as restrições orçamentárias e o estado de fraqueza no qual o Exército ainda estava mergulhado. Decepcionado, Saigo renunciou a seu cargo e voltou para Satsuma, onde fundou diversas academias militares. Temendo uma revolta, o governo mandou vasos de guerra apreenderem um arsenal militar de Satsuma, mas isso só levou ao conflito declarado. A Rebelião Satsuma resultante desses fatos durou nove meses e colocou 60 mil soldados imperiais contra 30 mil rebeldes, que foram aniquilados.

A Rebelião Satsuma ensinou ao governo uma lição importante. Como os implementadores modernos das mudanças organizacionais, o governo meiji descobriu que era preciso acomodar as principais forças da nação. Dessa época em diante, a nova economia fez um esforço maior para absorver a classe samurai. Para compensar a perda de sua renda, o governo deu aos samurais títulos que pagavam juros, que eles investiram em algum tipo de empresa comercial. O governo fez empréstimos e deu orientação a essas empresas; mas, com pouca experiência no ramo, nem todas elas deram certo. Os samurais deram contribuições mais valiosas à educação e à administração, que estavam mais próximas de suas ocupações anteriores.

Os samurais tinham qualidades que podiam ser úteis ao novo regime, como disciplina, instrução e espírito público. Um período de mudança e incerteza favoreceria os homens de confiança que tinham força e otimismo. Beneficiou homens vigorosos que conseguiam trabalhar com rapidez e eficiência, manejando o ábaco como quem brande uma espada em batalha.[38] Muitos samurais instruídos das classes baixas tinham consciência de estar entrando em uma era de grandes possibilidades, na qual o esforço e a habilidade seriam recompensados. O avanço nos estudos era incentivado pelos pais, que viam as chances que eles podiam dar a seus filhos. No entanto, o êxito individual ainda dependia da obediência aos valores antigos. Mesmo que agora o indivíduo com diploma conseguisse subir rapidamente, ainda precisava mostrar submissão ao grupo e ao princípio da harmonia humana.[39] As regras das casas de comércio mudariam de forma a refletir os tempos, mas a obediência às leis antigas, e à linhagem ancestral, continuava tendo a mesma importância.

Os anos entre 1860 e 1887 foram um período de mudança com pouco crescimento econômico. É claro que a transformação econômica não aconteceu sem dificuldades. Entre elas estavam os conflitos de valores e as forças sociais vinculadas ao antigo sistema econômico. Muitos erros foram cometidos durante o processo. Mas o esforço sistemático para absorver o novo foi maior no Japão do que na China, e criou um ambiente mais favorável para a expansão industrial. Depois de uma fase inicial de confusão e reconstrução, a economia entrou em um período de expansão. Entre 1889 e 1938, a despesa nacional *per capita* cresceu em média 2% ao ano.[40]

Os tipos de desenvolvimento e mudança descritos acima favoreceram o desenvolvimento do ramo dos transportes. Quando o governo meiji assumiu o poder em 1868, considerou os setores marítimos cruciais para o desenvolvimento do comércio exterior, da balança de pagamentos e da defesa. As autoridades também sabiam perfeitamente que a perda do controle sobre os recursos hidrográficos significara desastre para outras nações.[41] Mas existia um profundo fosso tecnológico entre o Japão e o Ocidente. Durante mais de dois séculos, o Japão não teve embarcações que cruzassem os oceanos, de modo que teve de construir seu setor marítimo a partir do zero.

O foco inicial da política marítima era organizar o seu transporte o mais rápido possível[42] e, já em 1869, foi aprovado um decreto que permitia aos japoneses a posse de navios estrangeiros. Mas ele produziu só uma empresa digna de nota, pois a nação ainda carecia de recursos para criar e manter esse tipo de companhia.[43] O *know-how* e a infraestrutura necessários para o transporte transoceânico eram muito diferentes daqueles do transporte litorâneo tradicional, baseado em minúsculos barcos de madeira. O setor exigia competência administrativa, estudos e formação teórica, instalações físicas e um mercado que simplesmente não existia. O minúsculo grupo de empresários interessados em operar navios não tinha condições de introduzir mudanças sistêmicas e institucionais de grande escala, de modo que coube ao governo realizar uma mudança que o mercado não conseguiria gerar.

Como na China, o governo fundou a primeira companhia doméstica de navios a vapor, usando embarcações de sua propriedade sob a supervisão de funcionários estatais. A companhia, Kaiso Kaisha, foi fundada em 1870 para operar nas rotas litorâneas em torno do Japão. Reorganizada em 1872, quando se tornou semipública, com o novo nome de Nippon Postal Steamship Company, ela tentou oferecer um serviço de transporte de correspondência e passageiros entre Osaka e Tóquio. Embora tenha recebido o direito de transporte de arroz — extremamente lucrativo — e outros privilégios do governo, a empresa sofria com a ineficiência burocrática: seus navios eram antieconômicos, seus marinheiros e engenheiros eram incompetentes e a administração era precária.[44] A companhia mostrou ser inviável e foi dissolvida em 1875.

O governo mudou de política: deixaria o setor privado ter a propriedade das companhias e tocar o negócio, mas daria proteção e apoio.

O governo transferiu seus navios para a única firma do Japão capaz de assumir uma frota daquele tamanho, a Mitsubishi Shokai.[45] A Mitsubishi foi fundada por Iwasaki Yataro (1834-84), um samurai de baixo escalão do *han* Tosa. Esse domínio feudal estivera na vanguarda da modernização antes da restauração meiji. Na época em que trabalhava no *han*, Iwasaki recebeu o encargo de comprar armamentos (navios, inclusive) nos escritórios dos *hans* Nagasaki e Osaka. Em 1870, ele usou os navios do *han* para entrar nas rotas litorâneas. No ano seguinte, os *hans* foram abolidos e suas empresas foram transformadas em uma companhia independente. Iwasaki tornou-se seu gerente. Acabou assumindo o poder na companhia, introduzindo nela o espírito samurai e jurando que nenhuma outra firma do Japão a suplantaria.[46]

Nesses primeiros tempos, todo o comércio exterior do Japão estava nas mãos dos navios estrangeiros, e a Mitsubishi Shokai só participava do transporte litorâneo. Mas, com a ajuda do Estado, esse negócio floresceu rapidamente. Em 1874, a demanda do governo empurrou a companhia para as rotas marítimas quando os japoneses embarcaram para realizar uma expedição militar em Taiwan,[47] para a qual tiveram de atravessar o mar. O governo comprou 13 navios a vapor no estrangeiro, e a Mitsubishi recebeu a tarefa de administrá-los. A campanha militar foi um sucesso e, depois de sua conclusão, a Mitsubishi teve permissão de ficar com os navios à guisa de honorários nominais. Como parte do acordo, o governo instruiu a Mitsubishi a usar essas embarcações entre Yokohama e Xangai, lançando assim a primeira linha marítima de transporte de passageiros. Mas isso levou a Mitsubishi a competir com linhas marítimas estrangeiras, principalmente com a American Pacific Mail Steamship Company. A Mitsubishi ganhou a batalha e, com a ajuda do Estado, comprou os navios e as instalações portuárias do rival.

A linha Yokohama-Xangai foi a primeira de uma série de rotas criadas por ordens do governo e que deram à Mitsubishi experiência com as atividades das linhas marítimas. Na tentativa de acumular *know-how* no país, o governo ofereceu pagamentos adicionais para o treinamento de marinheiros e fundou um grande número de estabelecimentos de ensino para satisfazer as necessidades dessa indústria florescente. As relações íntimas entre o governo e a Mitsubishi continuaram durante a Rebelião de Satsuma, quando ela foi contratada para transportar soldados e suprimentos de guerra.[48]

O motivo do governo para apoiar a Mitsubishi era construir uma empresa forte que pudesse competir com os estrangeiros. Durante o processo, a companhia adquiriu um poder de mercado substancial no comércio litorâneo local, para grande descontentamento das pequenas empresas de navegação e do público em geral. Um coro de desaprovação obrigou o governo a fundar uma nova companhia. A metade do capital usado para criar a Kyodo Unyu Kaisha, uma empresa baseada na associação de diversas firmas menores, foi fornecida pelo governo. A nova empresa entrou em competição direta com todas as rotas domésticas da Mitsubishi.[49] No entanto, a competição agressiva em um mercado pequeno foi destrutiva e ambas as empresas sofreram grandes perdas ao reduzir o preço do seu frete na guerra competitiva.[50] Por fim, em 1885, o governo ordenou às companhias que se fundissem. A nova empresa, a Nippon Yusen Kaisha (NYK), é agora a única firma de transporte subsidiada pelo Estado, à qual o governo garantiu um dividendo de 8%.

A primeira tentativa da NYK de abrir um serviço de transporte de longa distância foi a linha Japão-Bombaim. Inaugurada em 1893, a NYK procurou carregar algodão cru a preços mais baixos do que aqueles cobrados pelo consórcio de empresas de transporte que existia na época, liderado pela firma britânica P&O. A entrada de um novo concorrente não foi bem-recebida pelo consórcio e seguiram-se dois anos de competição acirrada. Mas a NYK tinha o apoio da Japan Cotton Spinners Association [Associação dos Fiadores de Algodão do Japão], que comprava sua principal carga, e sua atividade sublinha a importância de apoiar as indústrias durante seu processo de desenvolvimento. A NYK sobreviveu à competição e foi admitida no consórcio em 1896, criando assim o primeiro serviço de transporte de passageiros do Japão. O comércio entre a Índia e o Japão cresceu verticalmente, quadruplicando nos dez anos anteriores a 1902.[51] A NYK desenvolveu-se de mãos dadas com esse comércio e acabou se expandindo, entrando em outras rotas distantes, como a Europa, os Estados Unidos (Seattle) e a Austrália.

À medida que a economia japonesa se reestruturava e adquiria novas capacidades produtivas, o país começou a entrar em uma nova era de crescimento econômico que abriu oportunidades para os empresários. Em particular, o aumento da demanda deu oportunidades aos donos das pequenas linhas de transporte marítimo para começar a prestar serviços nas rotas litorâneas do Japão. Mas elas não tinham *know-how* nem capital para operar navios a vapor e, por isso, faziam o seu comércio em veleiros de madeira.[52] Em 1885, o governo proibiu a construção de veleiros de grande porte, o que levou à substituição gradativa de toda a frota por navios a vapor, e logo essas pequenas empresas se expandiram e entraram em águas internacionais, cruzando a pequena distância até a Coreia e a China.[53]

A onda crescente de atividade econômica também criou oportunidades no mercado de transporte de passageiros, e uma segunda grande companhia nasceu no oeste do Japão. Aqui, diversas pequenas empresas percorriam as rotas litorâneas usando barcos a vapor de segunda mão. Seu número cresceu significativamente durante a Rebelião de Satsuma, gerando uma competição excessiva depois que a rebelião terminou.[54] Para remediar a situação, o governo recomendou uma fusão, de modo que, em 1882, 55 pequenas empresas se combinaram e formaram uma sociedade anônima. Inicialmente, a Osaka Shosen Kaisha (OSK), como passou a ser chamada, com seus vapores de madeira de pequeno porte, não era páreo para a NYK e só operava em rotas litorâneas. Mas, com a ajuda do governo, a companhia adquiriu um grande número de vapores e, em 1890, inaugurou seu primeiro serviço transoceânico de transporte de passageiros para a Coreia.

Ambas as linhas de transporte de passageiros dependiam muito do governo. Por exemplo: o lucro bruto da NYK no ano financeiro que terminou em setembro de 1893 foi só de aproximadamente 930 mil ienes. Os subsídios do governo que ela recebeu totalizavam 900 mil ienes, ou 97% de seu lucro.[55] A demanda governamental durante a Guerra Sino-Japonesa de 1894-5 foi outro apoio vital. Quando a guerra foi deflagrada, o transporte doméstico ainda respondia só por 10% dos serviços transoceânicos da nação;[56] apesar disso, o país agora tinha duas companhias com experiência e *know-how* em vapores transoceânicos, algo que não possuía antes.

Tendo criado duas grandes empresas, o governo continuou incentivando a expansão de sua capacidade, e sua atenção se voltou para o desenvolvimento de rotas específicas.[57] A partir desse ponto, o governo concedia subsídios não para um determinado grupo, e sim para determinadas rotas e para a quilometragem coberta. Essa medida levou à aprovação da Lei de Promoção da Navegação e da Lei de Promoção da Construção Naval em 1896. Essas leis representaram um rompimento com a política anterior no sentido de que os subsídios estavam abertos a todas as companhias, e não só àquelas antes apoiadas pelo governo. Inspirada pela nova legislação, uma terceira grande companhia foi criada por Asano Soichiro, um ilustre homem de negócios com experiência na exploração das rotas litorâneas.

Sua decisão de entrar nas rotas marítimas levou à fundação da Toyo Kisen Kaisha (TKK). Em 1898, a companhia inaugurou um serviço que atravessava o Pacífico, com destino a São Francisco.[58]

Algumas companhias de transporte foram criadas graças à integração com outros setores, sendo a mais importante delas a Mitsui Bussan. A Mitsui era uma antiga casa de comércio fundada por Hachirobe Takatoshi, um samurai desempregado, no século XVII. Takatoshi havia se tornado uma força crucial do mercado de varejo de têxteis de Edo, acabando por construir uma cadeia de lojas que se expandiu para o atacado e os serviços bancários. Em 1872 a Mitsui fundou uma companhia de comércio geral, que vendia artigos como arroz, carvão, seda crua e chá. Em 1876, a companhia aceitou uma oferta do governo para exportar para a China o carvão extraído das minas Miike, administradas pelo Estado. Nessa época, a empresa britânica Jardine Matheson tinha a maior parcela do mercado de carvão de Xangai; mas, em 1880, o transporte da Mitsui suplantou-a.[59] Essa entrada no comércio exterior levou a uma expansão de suas atividades de transporte e à criação de filiais em Xangai, Tientsin, Hong Kong e Cingapura. Em 1890, a Mitsui Bussan era um elemento substancial do transporte mercantil.

A Mitsui foi uma entre um grande número de companhias de comércio geral, uma forma organizacional única, dado o leque extremamente diversificado com que trabalhava. O governo incentivava esses gigantes, uma vez que o comércio exterior era novidade no país e os pequenos fabricantes japoneses consideravam intransponíveis as barreiras linguísticas, culturais e geográficas. As companhias de comércio geral tinham uma economia de escala e um alcance que lhes permitia assumir riscos, diversificar o leque de produtos e estar na vanguarda das atividades de exportação do país. O controle tanto das importações quanto das exportações significava que seus navios tinham condições de transportar cargas tanto na ida quanto na volta. Dessa forma, o leque diversificado de suas atividades aumentou a viabilidade econômica de seu transporte e, em 1900, aproximadamente um terço do comércio exterior total estava nas mãos da Mitsui Bussan.[60]

Os departamentos de transporte de firmas comerciais como a Mitsui e a Suzuki desempenharam um papel crucial no desenvolvimento da capacidade marítima do país. Serviram de incubadoras de indivíduos talentosos que, mais tarde, ocuparam os cargos da cúpula administrativa dos serviços que incluíam as linhas de Kawasaki, Kokusai e Daido.[61]

A frota mercantil do Japão cresceu rapidamente durante esse período. Além de refletir sua maior capacidade marítima, espelhava a capacidade cada vez maior de outros setores que forneciam cargas para os navios. Graças a essa industrialização, as exportações japonesas triplicaram nos últimos anos da década de 1890.[62] As cargas eram constituídas de exportação de tecidos e fios de algodão para a Coreia e a China, seda e tecidos de seda para os Estados Unidos, e carvão para toda a Ásia. As importações eram de algodão cru, açúcar e arroz da Índia e da América, e ferragens, plásticos e artigos manufaturados da Europa e dos Estados Unidos. As exportações mais relevantes eram os têxteis provenientes das grandes fábricas de algodão fundadas na década de 1880 graças aos empréstimos do governo. Durante os primeiros 30 anos do século XX, a indústria têxtil respondeu por mais da metade das exportações japonesas.[63]

Em 1912, a NYK transportava 280 mil toneladas; a OSK, 130 mil; e a TKK, mais de 70 mil.[64] O setor avançara com o vigoroso patrocínio do governo, que, em 1913, forneceu um subsídio de 14 ienes por tonelada carregada pelas principais firmas, que podemos comparar com os 3 ou 4 ienes que algumas linhas de transportes de passageiros alemãs e britânicas recebiam.[65] Os europeus poderiam acusar os japoneses de competição desleal por causa dessa ajuda extra, mas os japoneses também poderiam dizer que os ocidentais tinham saído na frente. As políticas governamentais não eram isentas de erros e exigiram ajustes constantes durante o processo de aprendizado. Mas, 65 anos depois, elas haviam conseguido construir a terceira maior frota marítima do mundo, e a nação começou a usufruir uma nova era de prosperidade econômica.

11

A ERA CORPORATIVA

Em seus primeiros anos, o governo dos Estados Unidos só desempenhou um papel secundário na economia. Cunhou moedas, instituiu serviços postais e rodoviários e criou um sistema de patentes e direitos autorais que incentivou a inovação. Desenvolveu um sistema jurídico para resolver as disputas legais e os tribunais tomavam decisões que mostravam grande sensibilidade aos interesses comerciais. Foi através do mercado, e não do governo, que os recursos da nação foram alocados. Mas isso mudou com a Guerra Civil.

A Guerra Civil de 1861-5 costuma ser descrita como uma luta contra a escravidão, mas isso é simplificar demais as coisas. Uma série de fatores levou à guerra, e a natureza instável do comércio americano desempenhou um papel importante. O Sul tinha uma economia exuberante, baseada na exportação de algodão para a Grã-Bretanha. O Norte, por outro lado, estava tentando desenvolver uma base industrial e queria impor tarifas às importações de produtos concorrentes que chegavam da Europa. O Sul não recebia nenhum benefício com a proteção oferecida pelas tarifas. Na verdade, o aumento do custo dos produtos que os sulistas compravam era uma despesa a mais. Era natural que os sulistas preferissem comprar os produtos baratos de excelente qualidade que vinham da Grã-Bretanha.

O debate sobre as tarifas refletiu muitas visões diferentes sobre o papel do governo. O Norte queria que o governo central desempenhasse um papel-chave na industrialização. Os nortistas acreditavam que a nação progrediria se o governo ajudasse na construção de rodovias, ferrovias e canais. O Sul, por outro lado, achava que a maior parte do poder deveria ficar nas mãos dos estados da União. Os estados do Sul achavam que, se Washington assumisse um papel muito importante, eles acabariam sendo dominados pelo Norte, onde a população estava crescendo, e os interesses do Sul seriam deixados de lado. A escravidão era um desses interesses. O Sul acreditava que o Norte, que não dependia de uma economia de *plantation*, tinha uma visão distorcida da importância da escravidão. Pensava que, se o Norte também dependesse das *plantations*, não seria tão moralista. Quando o Partido Republicano subiu ao poder, seu novo líder Abraham Lincoln não fez nenhuma declaração afirmando que pretendia abolir a escravidão, mas se opôs realmente a que ela se estendesse para os novos territórios que estavam sendo abertos a oeste. Para o sul, isso significava que o governo federal estava caindo nas mãos dos industriais do norte, insensíveis às necessidades do sul, e que o sul sofreria privações.

Com a deflagração da guerra, os políticos sulistas desapareceram dos corredores do Congresso e os estados nortistas deram imediatamente uma nova direção à política e à economia. O governo havia assumido um papel vital na economia e aprovou leis para realizar seus objetivos. Em 1862, a Lei Morrill de Concessão de Terras para Faculdades cedia terras para a construção de escolas dedicadas à agricultura e às artes mecânicas. Em 1863, a Lei Nacional de Atividades Bancárias criou um sistema nacional de moeda e serviços bancários. Foi introduzido o imposto de renda federal, bem como vários projetos de lei que ofereciam concessões para a expansão das ferrovias. Foi criado um grande número de órgãos burocráticos, entre os quais a Secretaria da Agricultura, a Repartição de Impressão e Gravuras, o Departamento de Superintendência Alfandegária e o Departamento de Imigração. A Academia Nacional de Ciências foi criada para incentivar o desenvolvimento tecnológico. O mais importante de tudo foi que o governo, e os militares em particular, tornaram-se um grande consumidor de produtos industriais.

O governo também introduziu uma política de tarifas protecionistas, começando com a Tarifa Morrill de 1861. Resguardados da competição estrangeira, os americanos começaram a imitar as tecnologias de produção de outros países. Essa legislação desempenhou um papel vital no desenvolvimento da capacidade industrial do país. Na verdade, entre 1870 e 1914, os setores que se expandiram mais rapidamente foram aqueles protegidos pela estrutura tarifária da década de 1870.[1]

A transferência de tecnologia industrial para os Estados Unidos aconteceu naqueles lugares que tinham condições ambientais semelhantes aos centros de produção originais da Europa. O acesso à matéria-prima era da maior importância. Os americanos também contaram com imigrantes qualificados da Grã-Bretanha para ajudar a desenvolver sua capacidade produtiva. Por exemplo: em Trenton, Nova Jersey, os imigrantes de Staffordshire encontraram argilas apropriadas para fabricar cerâmica. Em Waterbury, Connecticut, os depósitos de cobre e zinco constituíram a base de uma indústria que atraiu excelentes operários do bronze de Birmingham. A produção do ferro cresceu em Albany, Troy e Buffalo, mas foi em Pittsburgh que os depósitos de minério de ferro e carvão serviram de alicerce para a indústria do aço americana. Na parte leste da Pennsylvania, ficavam 95% do carvão de antracito do país e lá se desenvolveu um grande número de centros comerciais — primeiro de mineração do carvão — que depois se transformaram em centros de transporte, atraindo outros setores que usavam o carvão como combustível.

Surgiu um grande número de indústrias em Ohio, fato que espelhava sua grande base de recursos naturais, enquanto Chicago se transformou em uma grande cidade mercantil. Com sua boa rede hidrográfica e suas ferrovias, Chicago redistribuía produtos agrícolas do oeste e produtos industriais do leste. Tudo isso fazia parte de um processo durante o qual o país criou um grande número de centros no nordeste.

Seria um erro dizer que todas as novas indústrias eram imitativas. Os empresários americanos logo aproveitaram as oportunidades criadas pelos mais modernos departamentos de ciências. Por exemplo: em meados da década de 1880, em Rochester, Nova York, George Eastman aperfeiçoou uma pequena máquina fotográfica manual (a Kodak), que constituiu a base do maior fabricante mundial de equipamento fotográfico. Foi nessa época que os progressos na eletricidade e no aço começaram a mudar — e muito — os tipos de produtos que podiam ser fabricados. Os americanos aproveitaram todas as chances oferecidas por essa nova onda tecnológica. George Westinghouse inventou um freio a ar para trens antes de fundar a Westinghouse Electric Company para produzir geradores e aparelhos elétricos. Ao mesmo tempo, Thomas Edison, que começara como operador de telégrafo, iniciou experiências com a tecnologia dessa máquina antes de inventar o fonógrafo e construir a primeira usina elétrica do país, em Nova York. Mas, com exceção desses exemplos, os principais homens de negócios e as empresas dos Estados Unidos raramente foram pioneiros na tecnologia.[2]

O ambiente industrial americano era muito maior do que o da Grã-Bretanha e foi a expansão das ferrovias no século XIX que ligou essa vasta extensão territorial, criando um único mercado — aliás, um mercado monumental. Durante o processo, o sistema econômico foi remodelado e surgiu um novo paradigma econômico que favorecia a produção em massa, grandes empresas integradas e o evangelho da administração científica.

As ferrovias constituíram a primeira grande indústria americana e serviram de modelo organizacional para a criação de empresas de grande escala. Inicialmente, essas companhias foram administradas por comerciantes, que dividiam as funções entre si. Mas, à medida que a escala dos negócios aumentou, deixou de ser possível donos-administradores controlarem uma atividade comercial desse porte. Chegaram à conclusão de que era preciso contratar outros homens para fazer o serviço por eles e, à medida que as ferrovias se expandiram, surgiu a necessidade de gerentes de vários escalões.[3] Os primeiros gerentes foram recrutados do setor da construção civil, das máquinas e da engenharia; mas, com o crescimento das empresas, elas tiveram condições de recrutar pessoal entre os próprios quadros, criando uma carreira hierárquica que aumentava a lealdade dos gerentes. Havia nascido a pirâmide da companhia de sociedade anônima.

Um dos maiores problemas enfrentados por essas companhias gigantes foi a construção de uma estrutura organizacional que permitisse que a empresa fosse bem administrada. Essas companhias eram maiores do que qualquer outra firma comercial que já existira, e havia uma grande distância entre a cúpula e os operários. Para resolver essa questão da distância, foram criados hierarquias, regras e procedimentos claros para os operários seguirem. E, para superar os problemas de tamanho, as companhias foram divididas em unidades administrativas menores. Um gerente dessas unidades seria responsável pelas atividades da empresa em uma área geográfica, ou por uma determinada linha de produtos. Esses gerentes ficavam perto das operações diárias e tinham condições de resolver rapidamente os problemas à medida que surgiam. Embora esses gerentes regionais se concentrassem nos problemas do dia a dia, uma equipe central da matriz coordenava o conjunto e traçava planos com vistas a desenvolvimentos futuros. Para melhorar o processo de tomada de decisões e o fluxo de informações, foram introduzidas formas sofisticadas de contabilidade dos custos. Essas estruturas constituíram o modelo seguido por outras grandes empresas industriais.[4]

Ao melhorar o transporte nacional, as ferrovias transformaram a economia americana. Antes da chegada das ferrovias, uma firma podia ser o único fornecedor de mercadorias de uma cidade ou região porque não havia como um concorrente levar seus produtos para lá. Era comum o produtor local ter um monopólio, mas as ferrovias superaram as barreiras geográficas que criaram esses monopólios, dando às empresas a oportunidade de invadir o território de outras. Esse aumento da competição levou muitos homens de negócios a defender sua posição fundindo-se aos concorrentes e formando companhias maiores. Outra estratégia defensiva era fundir-se aos fornecedores, na tentativa de controlar o suprimento de matéria-prima. Algumas companhias fundiram-se aos distribuidores na tentativa de controlar suas atividades de comercialização. Essas fusões criaram empresas grandes e poderosas.

As fusões tornaram-se muito comuns durante a depressão da década de 1870, quando os produtores, que antes haviam expandido seu potencial de produção, encontraram-se em situações perigosas de excesso de capacidade quando o mercado entrou em declínio. O resultado foi uma feroz competição de preços, durante a qual muitas empresas faliram. No período 1871-5, o número de falências dobrou, com episódios semelhantes nas décadas de 1880 e 1890. A competição transformara-se em rivalidade destrutiva.

A primeira solução para o problema foi a formação de *pools* [coligações temporárias entre pessoas, físicas ou jurídicas], em que os produtores concordavam em fixar preços e reduzir a produção. Mas os *pools* só funcionavam quando seus membros se abstinham de produzir com todo o seu potencial. Mais cedo ou mais tarde, um deles cedia à tentação e vendia abaixo do preço combinado, fazendo com que todo o acordo desmoronasse.[5] Soluções mais duradouras para os problemas de excesso de competição surgiram com o truste [acordo, às vezes ilícito, entre empresas, com a finalidade de controlar os preços, ampliar sua força no mercado e diminuir, ou anular, a concorrência] e a *holding company* [empresa que detém a maioria das ações de outras empresas e centraliza o controle sobre estas, que são suas subsidiárias].

O truste mais famoso de todos foi o da Standard Oil, dirigido por John D. Rockefeller. Rockefeller cresceu na região norte do estado de Nova York, onde passou a infância criando e vendendo perus e trabalhando com a enxada no cultivo de batatas. Sendo muito frugal, economizou diligentemente e acabou emprestando dinheiro aos fazendeiros que o empregavam. Quando sua família se mudou para Cleveland, o jovem Rockefeller estudou contabilidade na escola e trabalhou como escriturário para um comerciante. Em 1859, havia economizado 800 dólares, o suficiente para fundar seu negócio de compra e venda de cereais e outros mantimentos para a freguesia rural.

Quando a Guerra Civil começou, Rockefeller ganhou uma pequena fortuna vendendo provisões ao Exército da União pelos preços altos típicos dos períodos de guerra, o que deu a ele um capital para investimento exatamente quando a nação estava prestes a embarcar em uma nova onda de industrialização. Percebendo as possibilidades de crescimento do setor do petróleo, usou seu dinheiro para construir a maior refinaria do país. Mas, como vimos ao longo de todo este livro, novas formas de crescimento atraem invariavelmente muita gente que deseja faturar com elas. Rockefeller logo se deu conta de que esse aumento da competição resultaria em preços mais baixos e lucros menores. Para remediar essa situação, criou uma estratégia que não envolvia só melhorias tecnológicas e administrativas, mas também a eliminação da concorrência. Foi uma estratégia que vimos implementada muitas e muitas vezes, de Virji Vora, no Guzerate, à Companhia das Índias Orientais.

Com a ajuda de alguns sócios e de banqueiros de Cleveland, Rockefeller comprou 50 concorrentes, o que fez dele a maior força do setor. Ele explorou seu poder de mercado para negociar tarifas baratas com as ferrovias que levavam o petróleo para as cidades. Essa medida, por sua vez, permitiu-lhe cobrar preços menores à sua clientela urbana, aumentando ainda mais a sua parcela do mercado. Rockefeller continuou com essa política de reduzir a competição convidando seus rivais a se associarem a ele nos negócios. Em 1881, ele fundou o Standard Oil Trust, em que 40 companhias (que controlavam 90% do refinamento do petróleo americano) entregaram suas ações a nove consignatários em troca de uma parte das companhias amalgamadas. Os consignatários administrariam as atividades combinadas e a eles foi dado o poder de fechar qualquer usina que desejassem. O consórcio conseguiu dar estabilidade ao setor e, na década de 1890, o Standard Oil Trust estava obtendo lucros fabulosos de 45 milhões de dólares por ano.

Grande parte do sucesso do Standard Oil Trust se deveu às economias de escala que suas imensas refinarias tinham condições de atender. Em 1885, uma refinaria americana média produzia de 1.500 a 2.000 barris de querosene por dia ao preço de 1,5 centavo de dólar o galão. Por outro lado, as refinarias do Standard Oil Trust conseguiam produzir 6.500 barris por dia a 0,452 o galão. Esses custos baixos deram margens de lucros colossais ao Standard Oil Trust e a Rockefeller. A estratégia de Rockefeller deu estabilidade ao setor, mas a expensas do consumidor. O Standard Oil Trust acumulou um poder de mercado substancial, por meio do qual influenciava os preços. Houve um apelo popular ao governo para esse regulamentar a companhia. Esse apelo não se baseou só em razões econômicas — também tinha preocupações sociais e éticas. A essa altura, a livre competição tinha se tornado um valor nacional arraigado. Para os americanos, as vantagens da competição eram tão evidentes por si mesmas que dispensavam o debate e muita gente supunha que a eliminação dos monopólios levaria à competição.[6] O governo respondeu aprovando uma série de leis antitruste, entre as quais a Lei Sherman, que tornava ilegais "as associações sob a forma de truste ou outra que restringisse o comércio". Agora era proibido as empresas se associarem para manipular o mercado.

Ironicamente, como as leis antitruste proibiam os consórcios de empresas ou cartéis, as firmas se deram conta de que a única resposta segura seria elas se fundirem completamente, formando empresas gigantes. Seguiu-se uma febre de fusões, com 131 no auge do processo, entre 1894-1904.[7] Foi assim que a corporação se tornou uma característica predominante do sistema econômico americano. É claro que as companhias maiores não tinham condições de absorver as menores sem o capital para fazer as aquisições, de modo que Wall Street e o setor financeiro aumentaram de importância no sistema econômico americano.

O luminar de Wall Street era John Pierpont (J.P) Morgan, que aprendera o ofício de banqueiro com o pai, que era sócio majoritário do escritório londrino de George Peabody & Co. Em Londres, Morgan descobriu como funcionava o mecanismo que bombeava capital dos mercados financeiros britânicos para as ferrovias americanas em expansão. Por fim, Morgan ampliou suas atividades bancárias, financiando indústrias em processo de consolidação. Em 1892, ele fundiu os interesses de Thomas Edison com a rival Thompson Houston Electric Company para formar a General Electric. Em 1901, ele dirigiu um grupo que comprou a Carnegie Steel e fundiu-a com a Federal Steel Company para criar o núcleo da United States Steel Corporation, um gigante responsável por 67% de todo o aço produzido nos Estados Unidos, com uma capitalização autorizada de 1,4 bilhão de dólares. Os juros cobrados pelo investimento foram uma mina de dinheiro para Morgan e Wall Street. Começara uma nova era para o comércio americano, durante a qual os bancos de Wall Street tiveram lucros fabulosos como assessores e implementadores de fusões e absorções.[8]

Mesmo que o objetivo da maioria das integrações tenha sido o poder de mercado,[9] as corporações que nasceram delas geraram outras vantagens econômicas. Grandes companhias tinham condições de explorar economias de grande escala. Isso significava que poderiam investir em maquinaria e equipamento. Com os enormes volumes de venda que essas companhias faziam, o investimento necessário para construir essas fábricas podia ser distribuído por um grande número de produtos, o que reduziria o custo unitário. Isso significava ampliar seu leque de atividades e diversificar com produtos e serviços afins que também usavam parte de suas instalações. O uso intensivo das principais instalações levou a uma queda sem precedentes nos custos de fabricação.

A utilização crescente da fábrica e das máquinas de grande escala também foi uma resposta às limitações do ambiente local. Os Estados Unidos não tinham o mesmo número de operários qualificados que a Grã-Bretanha. Na verdade, muitos dos imigrantes que chegaram aos Estados Unidos vindos do sul e do leste da Europa eram analfabetos com pouca qualificação. Nessas circunstâncias, fazia sentido aumentar o emprego de máquinas e simplificar o trabalho. O resultado foi uma mudança dramática na proporção entre capital e trabalho humano na produção.

As companhias só conseguiam justificar o investimento em fábricas grandes quando tinham um fluxo regular de produção. Para assegurar que as vendas se dariam no mesmo ritmo que a produção em grande escala, as empresas bem-sucedidas também tinham de investir em grandes redes de marketing e distribuição. A integração das instalações de produção e venda também reduzia os custos da transação; quando uma companhia fazia o próprio marketing, economizava dinheiro ao fazer esse marketing junto a seus fornecedores e também economizava nos custos de preparo e assinatura de contratos. Esse fator se tornou mais importante à medida que o elemento técnico dos produtos aumentou. Para vender um produto técnico, a equipe de vendas precisava estar familiarizada com seu produto e, quando a empresa se responsabilizava pelas próprias vendas, tinha de garantir que os vendedores possuíam as qualificações necessárias para conseguir uma vantagem de mercado.

Finalmente, essas companhias tiveram de investir em uma administração que planejasse e coordenasse essas várias atividades de produção e distribuição.[10] Esses administradores criaram estratégias de vendas e organização para os novos gigantes. Organizaram e administraram os sistemas de contabilidade e produção, assim como as regras e os regulamentos das companhias, e apresentavam relatórios sobre os resultados. Os primeiros homens que fizeram esses investimentos na produção, no marketing e na administração aumentaram os lucros e ganharam experiência. Obtiveram força competitiva com a qual repelir novos concorrentes que ameaçavam apoderar-se de uma parcela do mercado.

O respeitado economista Alfred Chandler[11] chamou esse sistema econômico de "capitalismo administrativo". Ele refletia as peculiaridades do ambiente americano. Entre elas estavam o grande mercado nacional e a grande base de recursos, além de melhorias no transporte e nas comunicações, como o telégrafo, que permitia a coordenação de atividades realizadas longe umas das outras. Nem todos os setores tinham condições de aproveitar essa nova tecnologia de produção em massa. Esses novos métodos comerciais eram mais apropriados para as indústrias nas quais era possível haver economia de escala e longo alcance. Entre esses setores grandes estavam as companhias de petróleo, de produtos químicos, de produção de açúcar, álcool e metal, indústrias que se prestavam à produção mecânica e a artigos padronizados. Mas eram menos adequados para a fabricação de têxteis, calçados, móveis e estamparias, na qual ainda predominavam as encomendas pequenas, pois aí os pedidos ainda variavam bastante de acordo com a moda.

A nova era corporativa produziu seus gurus e filósofos. Frederick Winslow Taylor assumiu a liderança depois dos experimentos que fez em Bethlehem Steel Works, onde estudou os operários trabalhando. Esses homens realizavam uma tarefa básica de transportar o ferro-gusa, mas Taylor fez uma análise científica. Seus pesquisadores descobriram que a parte mais cansativa da tarefa era levantar o ferro do chão.[12] Descobriram também que a velocidade de trabalho dos homens era influenciada pela distância em que o ferro era carregado e pela altura da rampa que eles tinham de subir. Ao analisar o trabalho cientificamente e pagar os operários com base na sua produção, e não nas horas de trabalho, Taylor concluiu que aumentaria a produção diária de 12,5 toneladas por homem para 47,5 toneladas. Taylor sugeriu que os homens fossem cientificamente selecionados para a tarefa e que as tarefas deviam ser divididas em partes extremamente especializadas para maximizar os benefícios da especialização. Essa "administração científica" fez muito no sentido de ajudar os produtores a definir seus processos de manufatura em função das oportunidades criadas pelo mercado de massas. Taylor também contribuiu imensamente para o aumento da eficiência da indústria americana do aço com a introdução de ferramentas de alta velocidade.

Taylor não foi o Confúcio dos Estados Unidos. Seus escritos diziam respeito exclusivamente à produção, não a relações sociais. Apesar disso, sua obra passou a definir a liderança americana. Por exemplo: em um artigo publicado em 1901, Charles Schwab, o presidente-fundador da US Steel, declarou que a liderança industrial dos Estados Unidos havia sido conquistada graças ao manuseio e à transformação de matérias-primas da terra de "forma científica". Com isso, os custos chegaram a seu nível mais baixo, seguindo a regra de que, quanto maior a produção, menor o seu custo. Essa regra permitiu "a consolidação da empresa científica", em contraposição ao desperdício do sistema empresarial individualista, competitivo. Desse modo, o "consórcio industrial", e não "o fabricante individual", deu aos Estados Unidos "o controle industrial do mundo".[13]

À medida que as empresas cresciam, precisavam de um suprimento regular de administradores qualificados e, por isso, as instituições de ensino começaram a dar cursos de administração. Tornou-se possível obter formação acadêmica em contabilidade e o primeiro livro sobre a contabilidade dos custos foi publicado na década de 1880.[14] A Wharton School of Commerce and Finance [Escola Wharton de Comércio e Finanças], da Universidade da Pensilvânia, foi a primeira faculdade a oferecer cursos sobre negócios. Na década que se seguiu a 1899, surgiram escolas de comércio nas universidades de Chicago, Califórnia, Nova York e Harvard. Os engenheiros formados também começaram a sair em grande número das universidades depois da década de 1880, quando o Massachusetts Institute of Technology, as Universidades de Purdue e Wisconsin e o Instituto de Tecnologia Stevens fundaram, todos eles, departamentos de engenharia mecânica.[15] Essas instituições formaram os mandarins americanos que maximizariam a eficiência de seu sistema econômico.

A mudança dos métodos de produção também teve um impacto sobre a sociedade. Um deles foi uma divisão crescente entre os funcionários *white-collars* [colarinhos brancos, da camisa social], responsáveis pelo planejamento e pela tomada de decisões, e os trabalhadores *blue-collars* [colarinhos azuis, do macacão], que executavam suas ordens.[16] À medida que esse novo sistema econômico começou a se consolidar, aumentou o fosso entre os ricos e os pobres. Em 1890, 1% da população, correspondente ao topo da pirâmide social, era dono de 51% de todas as propriedades, enquanto os 44% da base possuíam só 1,2%.[17] Era uma receita de instabilidade social e um grupo de ativistas que lutava pela justiça social devida às mulheres pressionou o governo para ele adotar políticas sociais, ao passo que o clero e outros autores que tinham espírito público também expressaram sua preocupação com os membros da base do sistema econômico.

Esse mundo de grandes corporações estava muito longe dos pequenos produtores e das liberdades individuais defendidos por Benjamin Franklin e seus contemporâneos. Em *Wealth Against Commonwealth* [A riqueza contra o bem comum], Henry Demarest Lloyd lançou um ataque violento contra o poder corporativo e logo recebeu apoio dos jornais, com reportagens que denunciavam as práticas dos barões usurpadores e dos homens de negócios bem-sucedidos.

> O mundo, enriquecido por milhares de gerações de trabalhadores braçais e pensadores, conseguiu uma opulência que pode dar a todos os seres humanos uma abundância jamais sonhada sequer pelas utopias. Mas, entre essa abundância que está amadurecendo nos galhos de nossa civilização e os povos famintos dela estão "os atravessadores", os sindicatos, os trustes, os consórcios...

Magnatas ricos tornaram-se anti-heróis comuns nos romances populares. Como Henrique, o Navegador, quatro séculos antes, as corporações precisavam legitimar o novo método de crescimento que estavam desenvolvendo, e fizeram isso de uma forma que distorceu os conceitos originais defendidos pelos patriarcas fundadores. Os novos líderes empresariais afirmaram que suas companhias eram extensões naturais da atividade do mercado. Declararam que o mercado competitivo era a sobrevivência dos mais aptos e que suas firmas eram as mais aptas. E também procuraram legitimar seu status dizendo ser defensores do individualismo e da livre competição, e que era o governo quem mais ameaçava esse processo natural. Não viam ironia alguma no fato de suas corporações oligopolistas estarem reduzindo a competição e o papel do indivíduo na economia.

Embora houvesse protestos contra a corporização da economia, um número crescente de americanos empregava-se nelas. O mundo dos pequenos produtores, onde homens e mulheres trabalhavam para si mesmos, foi substituído por outro em que os homens vendiam sua força de trabalho às corporações, enquanto as mulheres ficavam em casa cozinhando, lavando, costurando e cuidando das crianças. O crescimento econômico não frustrou esses operários, pois os salários reais aumentaram 70% entre 1865 e 1890. Como observou um imigrante italiano, nos Estados Unidos, "o trabalho era recompensado com abundância".[18] Embora o número de miseráveis fosse muito grande, a história do americano comum era a história do imigrante que chegara só com a roupa do corpo e acabara tendo conta no banco, belas casas e filhos com diploma universitário. O sonho americano foi construído graças ao surgimento de uma nova onda de prosperidade econômica.

De 1870 até a Primeira Guerra Mundial, o PNB dos Estados Unidos quintuplicou, ao passo que o britânico só dobrou.[19] O país transformou-se em muito pouco tempo, deixando de ser uma economia predominantemente agrícola e passando a ser um gigante industrial. Esse desenvolvimento não foi uniforme nem sem problemas. Em seu caminho rumo à liderança, a nação enfrentou uma série de calamidades econômicas, entre as quais as depressões de 1857, 1873 e 1893. Mas, na virada do século, os Estados Unidos estavam surgindo como a terra dos gigantes econômicos, com um sistema baseado na produção e na distribuição em massa e que explorava economias de escala e longo alcance, padronização e uso intensivo de recursos naturais. Conseguiu adotar muitas inovações europeias e, com seu sistema distinto, estava gerando um volume de produção muito superior a qualquer coisa que o mundo vira antes. O mundo da grande empresa, dos arranha-céus, dos telefones e dos automóveis havia chegado.

Há numerosos exemplos de inovações europeias aperfeiçoadas nos Estados Unidos pelo fato de o ambiente local acomodar economias de escala maiores; no entanto, o mais conhecido deles é o automóvel. O automóvel foi construído em torno do motor de combustão interna inventado por um belga, Etienne Lenoir. Mas pôr os motores de Lenoir para funcionar era uma coisa cara e eles precisavam ser aperfeiçoados para poder ter uso comercial. Foi um alemão, Nicholas August Otto, que acabou apresentando um projeto de um motor barato. Karl Benz aproveitou um dos motores de Otto e construiu o que hoje é considerado o primeiro automóvel a gasolina, um triciclo motorizado.

Foi na França que a indústria automobilística decolou, como mostram as palavras que hoje associamos a esse setor: garagem, chofer e automóvel são todos termos de origem francesa. Há muitas razões pelas quais a França foi o berço dessa indústria. Em primeiro lugar, o governo francês tinha construído estradas excelentes para transportar seus exércitos. Essas estradas tornavam o fato de dirigir um carro muito mais agradável lá do que nos outros países. Em segundo lugar, a Paris do *fin de siècle* era a cidade mais vibrante da Europa. Atraía playboys brasileiros, grão-duques russos e jovens ingleses, todos querendo desfrutar a *joie de vivre*. Esses homens criaram um mercado florescente para as novidades da moda, entre as quais os automóveis e os aeroplanos eram as mais recentes. Com esse mercado em vista, muitas oficinas metalúrgicas francesas começaram a produzir carros como mais um artigo das linhas de produtos já existentes.

Enquanto os playboys brasileiros dirigiam seus veículos pelas ruas de Paris, Henry Ford estava trabalhando como engenheiro-chefe da Edison Illuminating Company em Detroit. Em suas horas de folga, ele brincava com motores a gasolina e fabricou seu primeiro automóvel em 1896. Sua primeira empresa foi a Detroit Automobile Company. Ele esperava capitalizar-se graças ao interesse crescente por veículos motorizados, mas a companhia faliu. Sua empresa seguinte foi a Henry Ford Motor Company.

Mas, depois de apenas quatro meses, ele teve uma desavença com os sócios e foi posto no olho da rua. A companhia acabou sendo reorganizada e rebatizada com o nome de Cadillac Automobile Company, a nau capitânia da General Motors Corporation. As primeiras experiências empresariais de Ford foram um fracasso gritante. Em 1903, ele tentou de novo, fundando a Ford Motor Company, com capital de um comerciante de carvão de Detroit. Finalmente teve uma empresa bem-sucedida sob sua batuta e que logo se tornou uma das quatro maiores fábricas do país.

A essa altura, a indústria automobilística era caracterizada pela produção por lotes, como comprova o grande número de produtores. Em 1904, havia 178 fabricantes de automóveis nos Estados Unidos.[20] Embora a produção em massa tivesse uma longa tradição bem consolidada na indústria americana, ainda não havia sido usada na produção de carros. O motor de um carro ainda era um produto artesanal feito à mão. As peças não eram produzidas com modelos compatíveis, de modo que a maioria delas, que saíam de oficinas mecânicas, precisavam ser modificadas para se encaixar em um carro. Por fim, as técnicas de estudo do trabalho, do tipo defendido por Frederick Taylor, foram aplicadas a esse setor e, com o desenvolvimento de máquinas operatrizes, as firmas americanas tiveram a oportunidade de produzir peças padronizadas precisas em grande escala.

Até esse momento, os carros eram brinquedinhos dos ricos. Ford percebeu que, se fosse possível produzir carros baratos, surgiria todo um novo mercado constituído de médicos, engenheiros e caixeiros-viajantes. Sua estratégia foi produzir um desenho. Se fosse possível fabricar grandes quantidades, os custos diminuiriam permitindo que mais gente pudesse se dar ao luxo de comprar automóveis. Em 1907, o preço médio dos carros construídos nos Estados Unidos era de 2.150 dólares. No ano seguinte, Ford lançou o modelo T por 800 dólares. O carro foi um grande sucesso e logo a demanda colossal exigiu técnicas de produção mais rápidas. Para satisfazer a demanda, a linha de montagem foi introduzida nas fábricas de Ford por Clarence W. Avery, um jovem com diploma universitário que havia sido contratado recentemente pela companhia. Com uma produção maior e economias de escala também maiores, o preço do carro caiu para 345-360 dólares em 1916 e mais ainda em 1926, quando chegou a 220-260 dólares.[21]

Ford foi um produto do seu ambiente. Surfou uma onda desencadeada por novos avanços na engenharia e pelo aumento da maior e mais rica classe média do mundo. Esses fatores sustentaram a introdução da fabricação em massa de automóveis em uma escala que nenhum outro ambiente teria permitido. Em 15 anos, Ford construiu a maior e mais lucrativa empresa do mundo.[22] Em 1915, a indústria automobilística era o terceiro setor dos Estados Unidos. Em 1923, era o número um, uma posição que manteve durante 50 anos.

Embora mais tarde Ford tenha sido eleito o empresário do século, cometeu muitos erros graves. Na década de 1920, Ford apegou-se por tempo demais à receita de sucesso do Modelo T e não se deu conta de que o mercado havia mudado. Enquanto estava sob a liderança de Alfred P. Sloan, a General Motors implementara uma nova política produtiva, oferecendo um grande número de carros de qualidades e preços diferentes para satisfazer as diferentes necessidades dos consumidores.

Sloan também deu à General Motors uma estrutura organizacional mais eficiente. De acordo com essa nova estrutura, a direção ficava no QG, enquanto a tomada de decisões era descentralizada no nível da divisão. Ford, por outro lado, não investiu o suficiente em uma estrutura administrativa. Tinha uma crença inabalável de que as empresas não precisavam de administradores. No fim da década de 1920 sua companhia era um sorvedouro de dinheiro e deu prejuízo quase todos os anos até 1947. Tudo quanto ela tinha para sobreviver era a sua disponibilidade de caixa, que manteve Ford à tona d'água ao longo de uma série de erros administrativos graves.

Apesar desses erros, a indústria automobilística americana continuaria a maior do mundo durante as décadas seguintes. Com estruturas de organização hierárquica, técnicas de produção em massa que não exigiam operários muito qualificados e grandes investimentos em maquinaria, o setor gerou economias de escala para as quais nenhuma outra nação era páreo.

Até agora, em todo capítulo deste livro, a industrialização ofereceu boas condições para os empresários do transporte. Industrialização queria dizer que um país transportava cargas, aumentava o capital disponível para o investimento e expandia a demanda por serviços de transporte. Na primeira metade do século XIX, a economia dos Estados Unidos passou realmente a ter uma grande frota mercante, mas a maior parte dela foi destruída durante a Guerra Civil, um período em que a Grã-Bretanha saltou à sua frente com suas tecnologias do vapor e do ferro. A era das embarcações a vapor exigiu métodos diferentes daqueles usados na era da madeira e da vela, e os americanos demoraram a reconstruir sua frota com essa nova tecnologia, e com bons motivos. A indústria americana estava crescendo tão rapidamente nessa época que o mercado nacional oferecia oportunidades melhores do que o transporte para o investimento.

O transporte internacional que havia ainda estava nas mãos de estrangeiros, em particular dos ingleses. A indústria americana estava sobrecarregada com custos elevados, como os dos salários, por exemplo. A *Scientific American* publicou uma reportagem em 1872, segundo a qual o marinheiro americano médio ganhava 40 dólares por mês, ao passo que o britânico ganhava 12; um engenheiro de primeira ganhava 240 por mês nos Estados Unidos, três vezes mais do que seu congênere britânico.[23] A indústria também estava sobrecarregada com o preço elevado dos navios locais. Os donos de navios britânicos podiam comprar vapores com casco de ferro por um terço do preço dos americanos.[24] Embora os americanos tenham desenvolvido uma indústria florescente do ferro, sua especialidade eram os trilhos, os pregos e as estruturas de metal para pontes. Os navios exigiam formas e chapas que as fábricas locais não tinham *know-how*, nem capacidade, para produzir.[25]

O preço alto dos navios locais não podia ser contornado por meio da importação, por causa das tarifas caras que protegiam a indústria nacional.[26] No fim do século XIX, as ligações entre a comunicação e o transporte eram suficientemente regulares para os donos de navios americanos comprarem facilmente navios ingleses, mas a lei ditava que as companhias americanas tinham de comprar seus navios em casa. Essa política pretendia desenvolver o *know-how* de construção naval, necessário à Marinha.

Vimos acima que os construtores navais britânicos desfrutaram os benefícios de uma proteção legislativa semelhante durante seu período inicial de crescimento, mas os homens que compravam essas embarcações e navegavam nelas também eram protegidos da competição estrangeira e, por isso, tinham condições de absorver os custos mais altos. Os donos de navios americanos não tinham essa mesma proteção, de modo que tiveram de competir com grande desvantagem contra a nação que era a líder dos transportes. A política do governo apoiava o setor de construção naval a expensas de seus donos e operadores de navios. Paradoxalmente, o crescimento lento da construção naval dependeu da riqueza dos donos de navios. De forma muito semelhante àquela com que a legislação protecionista amarrou os donos dos navios a um setor protegido e dispendioso de construção naval, os donos dos navios também estavam amarrados a uma indústria do ferro protegida e dispendiosa. As tarifas protecionistas davam aos fabricantes de artigos de ferro a oportunidade de cobrar preços altos em casa.[27] Desse modo, a legislação protecionista de múltiplas camadas prejudicou seriamente os operadores de navios.

Os problemas causados pelo ferro não impediram a inovação no setor da construção naval com madeira. Durante as décadas de 1880 e 1890, as escunas de quatro e cinco mastros e mais de mil toneladas eram comuns. Foi construído até um navio de sete mastros. Mas essa trajetória tecnológica tinha menos potencial do que a tecnologia dos navios de ferro a vapor, usada pelos britânicos. Do lado positivo, foi criado um grande número de instituições para melhorar a tecnologia da produção marítima dos Estados Unidos. Em 1874, foram fundadas escolas em todas as principais cidades portuárias, na esperança de que uma boa formação gerasse tripulações competentes e reduzisse o número apavorante de encalhes, colisões e incêndios que flagelavam os navios americanos.[28] O United States Naval Institute [Instituto Naval dos Estados Unidos] e o United States Naval War College [Colégio de Guerra Naval dos Estados Unidos] foram fundados para incentivar a solução de problemas navais e marítimos. Um grande avanço institucional foi a criação da Secretaria do Comércio e da Repartição de Navegação dentro do Ministério da Fazenda. Essas instituições deram à indústria órgãos políticos e administrativos dentro do governo para supervisionar a Marinha Mercante e dar informações sobre as condições comerciais.

Embora os lucros obtidos pelos navios de bandeira americana envolvidos no comércio exterior não fossem atraentes, a atividade marítima ainda conseguia investimentos. Os americanos fizeram grandes investimentos nas rotas de transporte nacional que eram protegidas por leis de cabotagem que proibiam a competição estrangeira. Durante esse período, a tonelagem no transporte das costas marítimas e nos lagos aumentou visivelmente.[29] O número de rotas nas quais os americanos podiam velejar protegidos da competição estrangeira aumentou à medida que o território dos Estados Unidos se expandiu. A vitória na Guerra Hispano-Americana deu aos americanos duas novas colônias: Porto Rico e Filipinas. Ambas precisavam de serviços de transporte. Neste mesmo ano, 1898, o Havaí também foi anexado. Agora as rotas para esses novos territórios eram protegidas por leis americanas que estavam em vigor em todo o seu litoral. Esse fato deu aos operadores de navios a oportunidade de desenvolver sua capacidade sem ter de enfrentar a todo-poderosa Grã-Bretanha. A companhia Matson Navigation foi fundada na década de 1890 para transportar petróleo para as usinas de açúcar do Havaí. A American-Hawaiian Steamship Company, criada em 1899 e com acionistas das plantations de cana-de-açúcar, também se beneficiou com a exclusão das linhas estrangeiras.

Muitos americanos que queriam investir em transporte internacional registraram seus navios em nações estrangeiras para fugir dos elevados custos cobrados por seu país. Entre as firmas que investiram dessa forma no transporte estavam a Munson Steamship, a Grace Lines e a United Fruit, que passaram a oferecer serviços de transporte para o Caribe e a América Latina. Essas empresas navegavam com a bandeira britânica, pois os salários e navios locais eram simplesmente caros demais. Em 1901, o número de navios de transporte internacional de propriedade de americanos, mas que navegavam com bandeiras estrangeiras, era 75% daqueles que cruzavam os mares com a bandeira americana.[30] Sem uma mudança na política das tarifas, seria necessário um aperfeiçoamento monumental na construção de embarcações antes que essas pudessem navegar com a bandeira de seu país.

Muitas companhias já tinham investido antes em navios construídos com ferro durante a Guerra Civil. Percebendo que o governo ia precisar de navios com casco de ferro, investiram em novas máquinas e na expansão dos estaleiros. Por exemplo: W. Cramp and Sons, uma empresa de construção naval da Filadélfia, deixou a madeira e passou a construir com ferro durante a guerra: foi ela quem fabricou a primeira embarcação de ferro para a Marinha nortista. Mas o setor estava longe de ser competitivo; as dificuldades nos métodos de corte eram tão grandes que Charles Cramp declarou: "Nos primeiros tempos, o monte de lixo era o maior volume que havia no estaleiro."[31]

O pai da construção naval com ferro nos Estados Unidos foi John Roach, que havia aprendido o ofício de fazer moldes em uma fábrica de lingotes de ferro-gusa, em Nova Jersey, antes de fundar sua própria companhia. Por meio de uma combinação de aquisições e expansão interna, ele construiu "a melhor fábrica de motores marítimos dos Estados Unidos".[32] O estaleiro Roach foi crucial para os americanos alcançarem os britânicos: em 1881, ele foi o primeiro a usar ferramentas elétricas pneumáticas e, em 1883, o primeiro a fabricar chapas de metal adequadas. Também foi a primeira companhia americana a construir um petroleiro, o *Standard*, para a Standard Oil Company. Dessa forma, a empresa expandiu gradativamente a sua capacidade produtiva.

Os estaleiros americanos dependiam da Europa, que era sua fonte de transferência tecnológica e de aumento da produtividade. Charles Cramp levou seu engenheiro-chefe em uma missão de pesquisa na Grã-Bretanha, onde suas discussões incluíram a tecnologia da mecânica composta. Um dos homens com quem conversaram foi o engenheiro-chefe da linha de transporte britânica *Italy*, que acabaram contratando e levando para os Estados Unidos. Em 1872, o estaleiro estava construindo navios com motores compostos para a American Steamship Company.[33]

O governo também desempenhou um papel vital no processo de modernização da construção naval. Quando o Congresso ratificou o aço como o material preferido para os navios de guerra, a demanda da Marinha deu oportunidade a muitos de investir em fábricas de navios com casco de aço.[34] Essa atividade gerou um complexo industrial militar baseado nos estaleiros de Roach e Cramp, e nas fábricas de ferro e aço de Carnegie, Midvale e Bethlehem. A Marinha ajudou a facilitar a transferência de tecnologia.[35] Quando ela importou projetos de motores da Grã-Bretanha para o cruzador americano *Baltimore,* deu ao estaleiro Cramp a chance de criar motores mais potentes baseados no motor de expansão tríplice. A política adotada pela Marinha de colocar oficiais seus em companhias de artilharia europeias também abriu caminho para a transferência de tecnologia à medida que os oficiais ganhavam experiência com ela e a levavam para os Estados Unidos. Os contratos de construção naval com a Marinha também proporcionaram fundos por meio dos quais os estaleiros puderam melhorar suas instalações.

À medida que a indústria da construção naval aumentou seu investimento e seu *know-how*, a diferença de preço entre os navios americanos e os britânicos começou a diminuir. No início da década de 1880, era de 25%, e reduziu para 15% em 1888.[36] Mas a indústria ainda sofria com a pequena demanda, que não lhe permitia chegar ao mesmo nível de especialização dos estaleiros britânicos.

No fim do século XIX, a tonelagem total que navegava com bandeira americana era substancialmente menor do que a da Grã-Bretanha. Mas o crescimento da economia doméstica aumentou o número de companhias do setor. Muitas delas começaram a investir em transporte porque precisavam carregar suas mercadorias. No oceano Pacífico, a Oceanic Steamship Company foi fundada por um empresário de São Francisco, Claus Spreckels, para transportar açúcar de suas plantações do Havaí para a refinaria na Califórnia. A Great Northern Railroad Company fundou a Great Northern Steamship Company em 1900, depois que seus trilhos chegaram a Seattle, na esperança de começar a prestar serviços de transporte com base no Pacífico que complementassem seus serviços de transporte em terra. A Dollar Steamship Company foi criada para transportar a madeira de que precisava.

A integração vertical também deu novas empresas ao setor no oceano Atlântico. A Pennsylvania Railroad era a maior companhia do mundo na época e o maior exemplo de capital corporativo. Querendo desenvolver um sistema de transporte contínuo do meio-oeste dos Estados Unidos até a Europa, a ferrovia criou ligações transatlânticas com Liverpool e Antuérpia. Portanto, junto com um pequeno grupo de investidores, ela fundou a International Navigation Company. A única outra empresa americana no Atlântico também foi fundada por uma ferrovia. A Baltimore and Ohio Railroad criou a Atlantic Transport Company. Não é mera coincidência que outras ferrovias fora de Nova York também quisessem explorar essa rota.[37] Nova York estava se afirmando como parada inicial e final próspera, com ligações com o transporte europeu no Atlântico. As companhias do Sul tiveram de desenvolver seu transporte marítimo em seus próprios portos para competir (embora ambas as empresas tenham acabado por acrescentar Nova York como porto terminal de suas operações).

Essas jovens companhias americanas eram arraia miúda em um grande lago. Infelizmente, a competição cada vez maior do transporte florescente dos franceses e dos alemães estava levando o mercado a uma saturação em que os mais fracos perderiam. J.P. Morgan, o grande financista de Wall Street, considerou a competição ridícula. No mesmo dia, vários navios partiram às pressas de Nova York na tentativa de ser os primeiros a chegar à Europa. Se tivessem distribuído suas embarcações de forma mais racional, o resultado teria sido um serviço mais confiável e mais lucrativo. Morgan foi responsável por muitas fusões do setor durante esse período e agora tocava o transporte com sua varinha mágica. As duas companhias americanas fundiram-se e depois se incorporaram à White Line Star e à Leyland Line, ambas britânicas. A nova empresa, a International Merchant Marine (IMM), tornou-se a quarta maior corporação industrial do mundo, perdendo somente para a US Steel, a Standard Oil e a American Tobacco Company. Com 130 vapores, era a maior frota mercante do mundo de propriedade de uma única companhia, embora a maioria de seus navios ainda navegasse com bandeiras britânicas.[38]

Mas esse grande aglomerado de transporte não foi tão bem-sucedido quanto as corporações de terra firme. Para financiar a fusão, a companhia havia contraído grandes dívidas e a união não levou à redução dos custos de operação. Na verdade, alguns custos aumentaram com as tentativas de melhorar a coordenação entre as várias unidades. A gota d'água foi o lançamento em abril de 1912 de um navio de muito prestígio. Esse navio era o *Titanic*. O naufrágio do *Titanic* não foi só um desastre que custou muitas vidas humanas; também foi um desastre financeiro. Em termos de parcela de mercado, a ação preferencial da IMM caiu de 51 dólares por unidade para 3 dólares, ao passo que a ação ordinária declinou de 3,75 dólares para 0,63. O iceberg não afundou só o *Titanic*.[39] Em 1915, a companhia estava no tribunal de falências e só foi salva por causa da deflagração da Primeira Guerra Mundial.

A Primeira Guerra Mundial afetou dramaticamente o transporte global ao oferecer uma forma incipiente de proteção industrial. A Grã-Bretanha e outras nações europeias tiraram sua frota mercante do mercado para usá-la no esforço de guerra. Na sua ausência, os americanos aproveitaram a oportunidade para entrar naqueles setores vazios devido ao que havia sido uma competição intransponível. Com isso, as companhias americanas aumentaram seu *know-how*, sua experiência e seus investimentos em novos mercados estrangeiros. Os americanos desfrutaram os benefícios da neutralidade e do frete caríssimo do período da guerra, o que incentivou o investimento no setor. Pessoas como John D. Rockefeller e Averell Harriman (filho de um magnata ferroviário) foram atraídas por essa indústria pelos retornos elevados que ela estava tendo então.

No oceano Pacífico, os donos de navios japoneses também se beneficiaram com a Primeira Guerra Mundial, pois os mercados asiáticos abriram-se completamente para os produtos japoneses. Isso redundou na abertura de uma oportunidade imperdível para os homens de negócios japoneses aumentarem seu capital, *know-how* e sua experiência, e o transporte japonês conheceu uma prosperidade sem precedentes. Sua rede de rotas cresceu a ponto de incluir a África, a costa leste da América do Sul e todas as regiões do sudeste da Ásia. A tonelagem japonesa passou de 1.514 mil toneladas de peso bruto em 1913 para 2.841 mil em 1919, e a capacidade de carga aumentou em 70%.[40] Agora o Japão ocupava o terceiro lugar entre as maiores nações marítimas do mundo, atrás da Grã-Bretanha e dos Estados Unidos. Esse *boom* das atividades japonesas não aconteceu graças ao governo, e sim aos empresários. Depois de 50 anos de tutela governamental, o país havia adquirido as tecnologias de construção de navios a vapor com as quais o setor agora podia desencadear processos próprios.

Para os americanos, a Primeira Guerra Mundial permitiu que acontecesse um alinhamento entre seus objetivos militares e de transporte, há muito esperado. Fazia muito tempo que o presidente Woodrow Wilson via a Marinha Mercante como um pilar importante do sistema de poder e prestígio no globo.[41] Ele combinou uma redução nas tarifas e a expansão do comércio exterior com uma política de apoio para desenvolver uma frota mercante vigorosa. Deparou-se inicialmente com uma resistência feroz do setor privado, segundo o qual a nação estava se afastando dos princípios da livre iniciativa. Mas o aumento das atividades no período da guerra aumentou também a demanda por transporte. Essa mudança de situação permitiu que o presidente Wilson promulgasse a Lei do Transporte de 1916, que instituía a Junta de Transportes dos Estados Unidos, para "promover, investigar, regulamentar e administrar o setor dos transportes".[42]

Uma das primeiras tarefas da junta foi a criação da Emergency Fleet Corporation (EFC) [Corporação da Frota de Emergência], responsável por satisfazer as necessidades do esforço de guerra dos Estados Unidos. A "ponte de navios" para a França que resultou daí tornou-se o maior empreendimento industrial já visto no país. Atender às necessidades de transporte de uma guerra do outro lado do Atlântico exigiu um investimento maciço em novos estaleiros. Inicialmente, a EFC foi prejudicada por sua falta de experiência, e os administradores foram aprendendo na base da tentativa e erro. É difícil imaginar uma coisa dessas em um ambiente comercial competitivo sem a proteção da guerra e de suas demandas. No começo de uma curva de aprendizado quase vertical, houve atrasos, desperdícios e numerosos choques de personalidades e políticas.[43] Apesar disso, com o tempo, esses administradores dominaram o *know-how* indispensável e o americanizaram com suas técnicas de produção em massa.[44]

A produção do estaleiro de Hog Island, na Filadélfia, era fenomenal. No seu auge, empregou 34 mil operários e conseguia produzir mais do que todos os estaleiros britânicos juntos. Tão grande era o número de lançamentos do estaleiro Cramps que, em vez de trazer dignitários da cidade para lançar os navios na água, alguém telefonava para o restaurante da companhia, que mandava uma cozinheira vigorosa chamada Maggie e ela quebrava uma garrafa de champanhe no casco do navio e o lançava na água.[45] No fim da guerra, os Estados Unidos tinham a maior Marinha Mercante do mundo, com 13,5 milhões de toneladas.[46] Mas uma coisa é ter navios; outra é conseguir administrá-los de forma competitiva. Depois que a guerra terminou, o volume de transporte necessário no Atlântico declinou à medida que os concorrentes europeus começaram a voltar e os americanos não tinham informações sobre os mercados de fora do Atlântico, onde operaram durante a guerra. E, para piorar as coisas, os marinheiros americanos ainda eram os mais caros do mundo. Por causa disso, a Grã-Bretanha logo se estabeleceu novamente em suas antigas rotas.

Os anos seguintes foram de excesso de oferta. Havia empresas demais no mercado e muitas companhias naufragaram. Mas aí o governo dos Estados Unidos reconhecia o valor de uma Marinha Mercante e promulgou uma série de leis para ajudar o setor e oferecer subsídios. Entre elas estava a Lei da Marinha Mercante de 1920, segundo a qual os empresários privados tiveram a chance de receber autorização para registrar seu excesso de navios de guerra em "rotas de comércio essencial", ganhando experiência, com a qual poderiam comprá-los. Em 1936, a Lei da Marinha Mercante criou a Comissão Marítima dos Estados Unidos. Sob a direção de Joseph Kennedy, a comissão administrou empréstimos baratos para a construção de novas embarcações.[47] Mas, tendo sido redigida durante a depressão, a maior preocupação da nova lei era o emprego, de modo que ela incluiu uma cláusula que exigia que 100% das tripulações fossem de americanos nos cargueiros e de 90% nos navios de passageiros que estavam querendo subsídios. As condições de trabalho da tripulação foram protegidas por um sistema tríplice de fiscalização obrigatória e um padrão mínimo para os alojamentos. Por mais bem-vindas que essas mudanças tenham sido para uma força de trabalho subempregada, os braços americanos continuaram caros, o que solapou a competitividade de sua frota.

Ao contrário dos altos salários americanos, os japoneses eram produtores que pagavam pouco e tinham custos de produção baixos, o que lhes dava uma vantagem particular em um mercado deprimido. A frota japonesa era constituída principalmente de antigos navios importados de segunda mão e sua idade era a segunda mais alta do mundo.[48] Os salários japoneses também eram muito menores do que os de seu maior concorrente[49] e o crescimento de sua economia doméstica alimentou a demanda por serviços de transporte. Por causa disso, durante os anos de depressão — 1929-1939 —, quando a frota americana diminuiu em média 2,4% ao ano, a britânica reduziu em média 1,1% ao ano e a japonesa cresceu 3%.[50] Outro operador de baixo custo que surgiria nessa época foi a Grécia, com um crescimento de 3,5%. Os noruegueses também continuaram se desenvolvendo muito, com base no alto grau de flexibilidade diante das alterações do mercado. Apesar disso, no começo da Segunda Guerra Mundial, os britânicos ainda tinham a maior frota do mundo, seguidos pelos Estados Unidos e pelo Japão. Mas as coisas estavam prestes a mudar.

12

CARVÃO, PETRÓLEO E UM RITMO MAIS VELOZ DE MUDANÇA

> O carvão — *il carbone!* Eu sabia que o queríamos. A Inglaterra — *l'Inghilterra* — ela era o carvão. E o que ela faz? Ela o vende muito caro [...]. O preço. O câmbio! — *il cambio*... Não posso dar um passo sem esse desgraçado *cambio*, o câmbio lançado sobre a minha cabeça... Na Itália, não há escapatória. Diga duas palavras que o indivíduo começa a mastigar jornais velhos e a socá-los dentro de você. Não há escapatória. Você se torna — se for inglês — *l'Inghilterra, il carbone* e *il cambio*; e, como na Inglaterra, você é tratado a carvão e câmbio.
>
> D.H. Lawrence, *Sea and Sardinia*

Quando a Primeira Guerra Mundial começou, a Grã-Bretanha era um país fabulosamente rico. Possuía o maior império que o mundo jamais vira. Governava um quarto da população mundial, mais de 19 milhões de quilômetros quadrados de terra[1] e continuava crescendo. Com as tecnologias mais sofisticadas da época, criou um sistema econômico que integrava o mundo todo e no coração desse vasto sistema estava Londres, o centro das finanças e do comércio internacional.

O carvão era o combustível que movimentava o sistema. Era sua a energia que estava por trás do ferro, do aço e dos ramos da engenharia. Alimentou a construção de navios, permitiu que eles navegassem e deu à Grã-Bretanha uma carga de exportação que lhe possibilitou cobrar preços mais baratos para transportar mercadorias nas viagens de volta. As minas de carvão e os distritos industriais estavam espalhados por todo o país, onde empresas administradas por famílias empregavam operários altamente especializados que se mudavam de uma firma para outra segundo os ditames do mercado. Seus produtos muito procurados eram levados para mercados do mundo inteiro em navios britânicos. Na viagem de volta, esses navios levavam manteiga, açúcar, chocolate, tabaco e carne para mimar o consumidor inglês.

Qualquer um que vivesse nessa época acreditaria facilmente que os ingleses eram superiores por desfrutar tanta riqueza e governar um quarto do mundo. A verdade era evidente por si mesma e, como os chineses antes deles, os britânicos ficaram arrogantes. Como declarou Donald Hoare em *God is an Englishman* [*Deus é inglês*], "não é pelo que eles fizeram, e sim pelo que eram, que o destino os recompensou tão prodigamente".

Foi uma era que deixou uma impressão indelével na psique britânica. Produziu uma visão de mundo inglesa que impregnou as tradições políticas, sociais e comerciais do país. Talvez as mais importantes delas fossem as instituições de ensino. A elite britânica mandava os filhos para as escolas públicas, onde eram educados segundo os ideais aristocráticos de honra e liderança social. Os estudantes recebiam uma excelente formação moral que os preparava para carreiras do setor militar, do funcionalismo público e da vida política, assim como para o exercício do direito, da medicina e da teologia. Infelizmente, embora acabassem sendo ótimos administradores do vasto império da Grã-Bretanha, esses mandarins ingleses não eram incentivados a desenvolver a aptidão para os negócios. A ideia de maximizar a fortuna individual ou nacional parecia mesquinha quando o país dispunha de tais riquezas. Essa atitude para com o comércio pode ser vista na literatura da época. Por exemplo: em *Tom Brown's School Days* [*Os dias de escola de Tom Brown*], o diretor adverte Tom:

> Você fala de "trabalhar para ganhar a vida" e de "fazer algum bem verdadeiro ao mundo" ao mesmo tempo... Mantenha essa segunda frase à sua frente como o seu único objetivo, que assim vai estar certo, quer ganhe seu pão, quer não; mas, se se dedicar à primeira, é muito provável que se reduza a apenas ganhar dinheiro.

Essa aversão a "apenas ganhar dinheiro" era mais pronunciada ainda nas universidades. O currículo de Oxford e Cambridge pretendia criar um cavalheiro exemplar que pudesse assumir a liderança moral e espiritual do país. Foi um *ethos* que influenciou os negócios até o século XX já estar bem avançado. Por exemplo: um estudo sobre executivos da Shell Oil, a maioria formada em Cambridge e Oxford, descobriu que eles não gostavam de falar de petróleo como um líquido lucrativo, e sim como parte de um dever cívico.[2]

Esses princípios de honra e valor social não eram muito diferentes daqueles que vigoraram no Japão, onde se tornaram um trunfo. Mas no Japão houve uma tentativa deliberada de promover a indústria e o comércio como carreiras respeitáveis. Talvez a maior diferença entre os dois países seja que na Grã-Bretanha havia pouca ciência no currículo. A ciência e o trabalho manual para ganhar dinheiro não eram endossados por uma sociedade que via cada vez mais a indústria como uma área indigna de um nobre. O problema não seria tão grave não fosse o fato de a escola pública ser o modelo das escolas estatais.

Isso foi interpretado como um afastamento dos ingleses da indústria, um processo que começou em meados do século XIX.[3] O engenheiro Isambard Brunel, que foi o pioneiro no uso do parafuso e do ferro nos navios a vapor, mandou os filhos para Harrow, onde o ensino não os prepararia para seguirem os passos do pai. Depois de ter êxito, os homens de negócios compravam terras e retiravam-se para o campo. Ali desfrutavam o prestígio de serem proprietários de terras e lançavam mão de toda a parafernália dos nobres. Era um processo muito semelhante ao da China, onde os mercadores bem-sucedidos compravam terras e pagavam para os filhos serem educados como intelectuais confucionistas. Algo parecido aconteceu também na Espanha e na Holanda do século XVIII, um processo que reconhece que, depois de certo grau de sucesso econômico, as pessoas buscam objetivos que não são materiais, como o prestígio social. Por causa disso, as melhores cabeças da Grã-Bretanha divorciaram-se do mundo do comércio e da indústria.

Nas cidades, os diretores das empresas distanciavam-se do quadro de funcionários; suas salas de reuniões tinham uma atmosfera de clube masculino que alimentava políticas prudentes. Em nenhum lugar isso era mais evidente do que no respeitado Institute of Directors, que ocupava três mansões em Belgrave Square. Seu diretor-geral explicou certa vez que "os diretores são uma espécie de aristocracia; devem ser homens de muitos talentos e devem ter outros interesses além dos negócios [...] você poderia dizer que somos uma rede gigantesca de gente fina".[4] O objetivo desses industriais aristocráticos não era buscar o crescimento econômico com todas as suas forças, e sim o refinamento. O resultado foi uma cultura administrativa presa às tradições, que valorizava mais a estabilidade do que o crescimento e que resistiu às reformas institucionais.

Esses valores impregnaram também o governo. Os conservadores, em particular, acreditavam que as forças econômicas deveriam se acomodar aos tipos já consolidados de relações sociais. O conflito e a mudança com resultados incertos deveriam ser evitados, e o materialismo deveria ser minimizado. No desejo de estabilidade, a regulamentação venceu o *laissez-faire*. A semelhança com a China, onde os mandarins procuravam preservar a harmonia social, é impressionante.

É fácil criticar esse conservadorismo, tachando-o de irracional, mas o desejo de evitar a desarmonia e o conflito social era uma questão muito concreta. A mudança econômica da Grã-Bretanha implicou custos sociais que os americanos não tiveram de enfrentar. Os Estados Unidos tiveram dificuldades por causa da escassez de mão de obra qualificada, de modo que a mecanização intensa poderia acontecer sem resistência. Por outro lado, a Grã-Bretanha possuía operários altamente especializados que teriam sofrido uma desestruturação profunda com a mudança para uma indústria mecanizada que utilizava força de trabalho desqualificada. Por causa disso, na Grã-Bretanha não houve a mesma necessidade de fábricas mecanizadas em grande escala. Tanto os patrões quanto os empregados mostraram certa preferência por tentar tirar o máximo proveito possível das tecnologias existentes, apesar da redução inevitável da renda e, em alguns casos, de perda de qualidade.[5]

A ideia de que a Grã-Bretanha se afastou da indústria e da tecnologia pode extrapolar seus limites. O país ainda estava introduzindo um grande número de inovações importantes. Se você tivesse pagado 1 xelim para entrar no Olympia Motor Show [Exposição de Motores Olympia] de 1910, teria visto muitos sinais da atividade empresarial britânica. Novos veículos foram mostrados por H.F.S. Morgan, de 29 anos, que administrava uma fábrica de motores e uma companhia de ônibus em Malvern Link. Os carros de três rodas que apresentou na exposição logo começaram a receber encomendas que ajudaram a fazer decolar a Morgan Motor Company. Também estava exposto um carro da Rolls-Royce, uma empresa fundada quatro anos antes, quando Frederic Henry Royce, que tinha uma empresa que trabalhava com eletricidade e mecânica, fabricou seu primeiro veículo e procurou Charles Stewart Rolls, que vendia carros em Londres. Os dois combinaram seus conhecimentos e experiência para formar uma nova companhia, e não demorou nada para o seu Silver Ghost ser considerado "o melhor carro do mundo" pelo periódico *Autocar,* prova da qualidade das manufaturas inglesas.

Ao mesmo tempo, Courtaulds, fabricante de fios e tecidos da Inglaterra, comprou uma firmazinha americana que tinha a patente para produzir seda artificial. A ideia de seda artificial era problemática, mas Courtaulds estava aberto a novas propostas, que foram devidamente recompensadas. Com o nome de rayon, seu investimento de 100 mil dólares produziu 100 milhões na primeira década de existência. Outro industrial dinâmico era o magnata do sabonete britânico, William Lever, que naquele ano comprou uma companhia da África Ocidental para garantir o suprimento de azeite de dendê. Sua empresa já tinha fábricas de sabonete na Austrália, no Canadá, nos Estados Unidos, na Alemanha e na Suíça.

Havia inúmeros sinais de dinamismo industrial em toda a economia britânica; mas, embora a economia estivesse crescendo em termos absolutos, sua posição perante outras nações estava se deteriorando. Por exemplo: embora a Grã-Bretanha não tivesse escassez de empresários na indústria automobilística, seu maior fabricante, Wolseley, construía três mil carros por ano em 1913. Por outro lado, no ano seguinte a fábrica de Henry Ford fabricava mil chassis por dia, um ritmo de produção que não seria atingido por nenhum fabricante europeu nos próximos 40 anos.[6]

A diferença de atitude em relação à tecnologia também pode ser vista no ensino. Na época da Primeira Guerra Mundial, a Alemanha diplomava 3 mil engenheiros por ano, enquanto os Estados Unidos formaram 4.300 em suas escolas de engenharia. As universidades britânicas diplomavam apenas 350 pessoas em todos os ramos das ciências, da tecnologia e da matemática.[7] O mundo da tecnologia e do comércio estava ganhando impulso e deixando a Grã-Bretanha para trás. Enquanto os Estados Unidos e a Alemanha estavam desenvolvendo um ensino baseado na nova ciência, os talentos britânicos não estavam recebendo a educação necessária para gerar avanços tecnológicos. Um exemplo interessante dessa perspectiva aconteceu na virada do século, quando um doador ofereceu 100 mil libras para a fundação de uma escola de arquitetura naval em Cambridge, mas ficou descontente ao saber que os estudantes teriam de se formar em grego e acabou retirando a oferta.[8] Até a Royal Society, a academia britânica de ciências, distanciou-se ainda mais da indústria, concentrando-se na ciência pura.[9]

O efeito disso pode ser visto na indústria da construção naval, que sofreu uma terrível escassez de quadros de cientistas tarimbados. Enquanto os construtores de navios japoneses recebiam uma enxurrada de jovens diplomados nas ciências marítimas, as instituições acadêmicas britânicas produziam poucos com conhecimentos semelhantes. O resultado foi diminuir as despesas e concentrar-se na pesquisa e no desenvolvimento de produtos. Os construtores de navios mostraram pouca confiança na capacidade de os cientistas contribuírem para o setor. Os navios ingleses sempre haviam sido construídos por homens práticos, sem formação científica, que sempre produziram os melhores navios do mundo. A seus olhos, os cientistas não sabiam construir navios. "Achavam que só os homens que haviam passado pelo aprendizado completo nos estaleiros e nas oficinas teriam condições de conhecer a fundo os problemas implícitos na construção naval e chegar a soluções satisfatórias."[10]

Os fabricantes britânicos continuaram com suas velhas receitas de sucesso. Enquanto a Grã-Bretanha enfatizava os valores do "homem prático" e os tipos de tecnologia que os levara a ter êxito no passado, outras nações estavam adquirindo conhecimentos mais profundos da tecnologia marítima. Um exemplo da abordagem científica limitada à construção naval foi o desenvolvimento da turbina por Parsons. A turbina foi originalmente uma invenção inglesa, mas o seu desenvolvimento se deu de uma forma pragmática, sem nenhuma tentativa de compreender, por exemplo, a física e a matemática fundamentais para o seu desenho. Os aperfeiçoamentos ficaram por conta de outros países, principalmente o Japão, a Holanda, a Suécia e a Alemanha. Em 1958, os gastos com pesquisa e desenvolvimento de produtos na construção naval britânica era de 1% do volume líquido das despesas com empregados.[11]

O sistema econômico britânico havia produzido maneira própria de pensar, que se estendeu ao local de trabalho. O êxito americano era comparado com uma Grã-Bretanha que tinha como alicerces os valores de humanismo, honra e perícia. Até importantes revistas de engenharia criticavam as ideias americanas de administração científica, comentando que "há maneiras justas e maneiras injustas de diminuir os custos do trabalho".[12] Os ingleses tinham orgulho de seu êxito e da forma como o conquistaram. Wayne Harkin, do Texas, observou esse orgulho ao inspecionar estaleiros britânicos:

> Vi entre esses homens um verdadeiro orgulho por aquilo que fazem e, na verdade, têm o direito a esse orgulho. Existem artesãos habilidosos por toda parte. O que mais me impressionou foi o fato de terem conseguido melhorar a qualidade do trabalho com as instalações.[13]

Quando a Primeira Guerra Mundial começou, os ingleses desfrutavam um comércio saudável com base naqueles setores que caracterizaram a Revolução Industrial: os tecidos, o carvão, o ferro e o aço ainda contribuíam com dois terços dos ganhos com exportações da Grã-Bretanha.[14] A antiga onda econômica ainda proporcionava um grau elevado de prosperidade, mas o mundo estava mudando, mercados estavam sendo perdidos e nações como os Estados Unidos e a Alemanha estavam abrindo novas estradas para o desenvolvimento.

A ascensão industrial desses países começou depois da introdução de restrições comerciais que protegiam seus mercados da competição britânica. Os Estados Unidos, a Alemanha e a França, todos eles introduziram tarifas no século XIX. Até as colônias britânicas na Austrália e no Canadá aprovaram barreiras protecionistas para promover as manufaturas domésticas. Como os holandeses no século XVIII, agora os britânicos tiveram de lutar contra o declínio dos mercados e a ascensão de concorrentes de países que um dia haviam comprado seus produtos. Mas a Alemanha e os Estados Unidos não estavam querendo só imitar. Criaram novos métodos de organização e desenvolveram novos produtos baseados em inovações tecnológicas nos setores do aço, das substâncias químicas e da eletricidade. Com base nessas novas tecnologias, essas nações começaram a conquistar uma parcela de mercado cada vez maior, ao passo que a parcela da Grã-Bretanha continuava declinando, como mostra a tabela seguinte:

Porcentagem da produção industrial mundial das cinco principais nações entre 1870 e 1938[15]

Nações	1870	1913	1926-9	1936-8
Grã-Bretanha	31,8	14,0	9,4	9,2
Estados Unidos	23,3	35,8	42,2	32,2
Alemanha	13,2	15,7	11,6	10,7
França	10,3	6,4	6,6	4,5
Japão	—	1,2	2,5	3,5

Embora a indústria britânica estivesse muito comprometida com as tecnologias, não ignorou completamente as novas oportunidades. A importância de novas indústrias estava aumentando tanto em termos de moeda estrangeira quanto de volume da renda nacional.[16] Surgiram muitas empresas com base nas novas tecnologias e formas organizacionais; a

Dunlop Rubber Company e a Nobel Explosives (mais tarde ICI) estiveram entre as primeiras a estruturar a administração interna segundo os moldes americanos. A Courtaulds foi uma companhia que cresceu graças às novas tecnologias e instituiu imensas economias de escala com base no volume. Essas empresas conquistaram uma posição extremamente competitiva no mercado global. Mas, em termos gerais, a transição foi lenta demais para colher os frutos do crescimento que outros já estavam saboreando. Agora a tecnologia e o comércio estavam mudando em um ritmo mais rápido do que os ingleses jamais tinham visto. Para aproveitar as novas oportunidades, eles precisariam responder mais depressa do que estavam acostumados a fazer, mas o apego excessivo a setores antigos e a fórmulas de sucesso do passado deixaram a Grã-Bretanha vulnerável às mudanças da economia internacional.

A lentidão de resposta da Grã-Bretanha teve uma série de razões. Em alguns setores, os pioneiros americanos estabeleceram-se tão depressa no mercado britânico que as firmas locais nem tiveram chance de reagir.[17] Em alguns casos, a adoção das novas tecnologias foi atrapalhada por fatores ambientais. A Grã-Bretanha não tinha as Cataratas de Niágara, nem os rios de correnteza rápida dos Alpes europeus que pudessem gerar energia hidrelétrica e que permitiram aos americanos e aos alemães explorar a eletricidade e os produtos químicos. A falta de energia hidrelétrica também afetou a produção de metais não ferrosos, como o alumínio. Essa situação tem muitas semelhanças com aquela vivida 150 antes, quando os holandeses, que não tinham carvão, não conseguiram se adaptar às novas tecnologias de produção da Grã-Bretanha.

Uma das maiores barreiras à mudança foi, ironicamente, o alto grau de eficiência que havia na Grã-Bretanha. A nação dispunha de um mercado de trabalho constituído de operários altamente especializados, o que pode ser visto na indústria têxtil, na qual os americanos e os japoneses enfrentavam escassez de mão de obra qualificada e barata, de modo que adotaram a roca de fiar, movida por uma roda, que podia ser operada pelo trabalhador com pouca qualificação. A nova máquina permitiu grandes economias aos novos concorrentes. Os britânicos, que não enfrentavam problemas de escassez de mão de obra qualificada, não teriam obtido os mesmos benefícios com a nova tecnologia e, por isso, não a adotaram. Essa é uma situação irônica porque a indústria têxtil britânica tinha suplantado a produção de tecidos na Índia dois séculos antes em circunstâncias muito parecidas. A Índia tinha uma mão de obra qualificada e barata para trabalhar na indústria têxtil, de modo que não mecanizou sua produção como fizeram os ingleses. Esse é mais um exemplo da natureza recorrente das forças que levam um país a cair em uma armadilha.[18]

A natureza do mercado britânico também criou uma barreira para a adoção de muitas das novas tecnologias de produção que estavam chegando da América. Os Estados Unidos podiam explorar as novas tecnologias de produção em massa porque tinham um mercado de massas para o qual vender. O mercado britânico era muito menor e não conseguia sustentar as mesmas economias de escala.[19]

Juntos, esses exemplos mostram a importância do ambiente. Nenhum homem de negócios ou empresário consegue mudar o ambiente de acordo com suas necessidades. Talvez os ingleses pudessem ter ignorado o mercado de trabalho eficiente e barato e comprado máquinas novas; mas, se a demanda por seus produtos diminuísse, eles ficariam em uma situação difícil e com máquinas caras. Máquinas dispendiosas eram uma despesa fixa que tinha de ser paga, independentemente da renda. Por outro lado, o trabalho era uma despesa variável que executava as mesmas tarefas. O trabalho podia ser contratado e demitido à vontade, dependendo das condições do mercado. Se o ambiente não apoiava essas novas tecnologias, não fazia sentido investir nelas.

A adoção de técnicas industriais estrangeiras também foi inibida pela estrutura industrial. A indústria britânica caracterizava-se por pequenas empresas familiares que não tinham condições, por si sós, de acumular o capital necessário para investir em redes de produção, administração e distribuição de grande escala que estavam levando os Estados Unidos para a liderança industrial. Com menos capital e o desejo da família de manter o controle sobre a companhia, as firmas britânicas hesitaram em arriscar investir em novos produtos e processos.[20] Talvez esperássemos que elas se dessem as mãos, levantassem fundos no mercado de ações ou pedissem empréstimos aos bancos, como os americanos fizeram, mas o desejo que as famílias tinham de manter o controle significava que relutaram em aumentar sua dívida ou em buscar fundos no mercado de ações.

Com menos capital, as firmas britânicas nunca fizeram investimentos que lhes permitiriam beneficiar-se com economias de escala. Quando houve mudanças, elas foram menores, mais parecidas com passos evolutivos dentro dos limites da antiga forma de organização. Se as companhias britânicas tivessem se fundido, continuariam usando as mesmas fábricas de antes que as famílias de antes continuariam administrando. Não houve tentativa de fechá-las e construir fábricas grandes que permitissem economias de escala. Nas salas de reuniões das companhias recém-fundidas, os diretores negociariam o preço e a produção, mas pouco se fez no sentido de integrar as instalações de uma forma que assimilasse as divisões antigas. As economias de escala por trás do êxito americano continuavam sendo um objetivo fugidio.

As famílias que administravam essas companhias tornaram-se forças conservadoras. Enquanto nos Estados Unidos os gerentes eram promovidos cada vez mais graças à sua eficiência, os membros das famílias inglesas tornaram-se líderes hereditários da empresa familiar. Em parte alguma isso podia ser visto tão vividamente quanto na indústria têxtil, que, entre 1880 e 1940, foi o maior setor econômico em termos de produção, disponibilidade de caixa e emprego. Escrevendo em 1928, John Maynards Keynes observou o seguinte:

> É provável que não exista em Manchester nenhum salão suficientemente grande para receber todos os diretores de fábricas de algodão, eles podem ser contados aos milhares. Uma das primeiras coisas deve ser demitir a vasta maioria desses indivíduos, mas esses diretores são exatamente as pessoas a quem essa proposta deveria ser feita.[21]

As famílias não eram as únicas forças atuando na economia. Outras forças também se entrincheiraram dentro das empresas. Os operários qualificados mais experientes criaram sindicatos fortes que ergueram uma barreira à adoção da produção automatizada. Essa situação não foi amenizada pela confiança tradicional dos administradores no mercado de trabalho. Os operários sabiam que o mercado determinava seu futuro e que eles podiam ser demitidos a qualquer momento. Sabendo que seu futuro não dependia de uma empresa isolada, os operários protegeram-se definindo seu emprego não em termos de qualquer firma em particular, e sim em termos de direito a trabalhar com determinados tipos de máquinas ou material.[22] Os sindicatos foram organizados para reforçar esses direitos e surgiu a demarcação das fronteiras. Quando um empregador contratava um operário que não fazia parte do sindicato para operar uma determinada máquina, enfrentava protestos industriais em grande escala.

As linhas de demarcação também foram resultado de um elevado grau de especialização entre os operários altamente qualificados e, nos capítulos anteriores deste livro, vimos que graus elevados de especialização podem se tornar uma barreira quando se trata da introdução de mudanças técnicas. Essas divisões dificultaram coordenar o trabalho tão eficientemente quanto no Japão, onde os operários identificavam-se com as empresas para as quais trabalhavam e cooperavam com as várias máquinas e materiais que usavam. As linhas de demarcação também transformaram a mudança técnica em um processo longo, difícil e dispendioso. À medida que a economia declinava e a situação dos operários ficava mais incerta, os sindicatos tomavam a defensiva, reagindo vigorosamente até a pequenas modificações nas máquinas e no material.

Os britânicos tinham orgulho de sua herança industrial, em que a honra, o humanismo e a perícia eram valores vitais. O êxito dera-lhes uma autoconfiança saudável, como aconteceu com os chineses e outros antes deles, e inoculou neles um sentimento de superioridade moral que criou uma barreira para adotar ideias estrangeiras. Viam os americanos como pessoas obcecadas com tamanho, velocidade, mecanização e dinheiro. Industriais aristocráticos como Peter Menzies, da ICI, desprezavam o materialismo americano, dizendo que seria um erro "imitar os americanos". Samuel

Courtaulds (1876-1942), presidente da companhia que levava o seu nome, admirava as proezas técnicas dos americanos, mas até ele confessou que:

> Vi a chamada americanização da Europa com uma aversão extrema. Duvido que os ideais de vida americanos — puramente materialistas como são — vão levar finalmente a uma nação trabalhadora satisfeita quando o alvoroço da expansão constante chegar ao fim.[23]

Nessa mesma época, o primeiro-ministro Stanley Baldwin garantiu tanto ao comércio quanto ao público em geral que não havia necessidade de abandonar os hábitos tradicionais em favor de outros estrangeiros, aparentemente mais bem-sucedidos.[24] Mais uma vez, é muito grande a similaridade com a China, onde as tecnologias estrangeiras de produção foram rejeitadas pelo desejo de proteger os valores do país.

Mas a economia britânica continuava declinando. Com a perda constante de status econômico, a necessidade de mudar era evidente para todos. O governo Atlee (1945-51) foi o primeiro a dar prioridade máxima ao aumento da produtividade industrial e criou uma série de medidas para implementar as mudanças. A mais célebre delas foi a formação do Conselho Anglo-Americano de Produtividade (Caap) em 1948. O Caap era uma organização não governamental constituída por membros que representavam tanto a administração quanto o trabalho e incluía delegados de empregadores dos Estados Unidos. Talvez pareça estranho que os americanos estivessem dispostos a ajudar concorrentes potenciais; mas, depois da Segunda Guerra Mundial, como parte de seu interesse pela prosperidade europeia que gerou o Plano Marshall, eles estavam ansiosos por aumentar a produtividade britânica.[25]

A inclusão dos americanos deveria ter tornado o processo de transferência de tecnologia relativamente fácil. O Conselho certamente teve acesso irrestrito às informações. O programa incluiu visitas a fábricas dos Estados Unidos, troca de técnicas de produção, mensuração da produtividade e outros dados econômicos. Foram criadas 49 equipes, responsáveis por setores específicos, e mais 17 foram encarregadas de pesquisar temas especiais, como contabilidade administrativa. Esses grupos revelaram muitos fatores que levaram à alta produtividade dos Estados Unidos, entre os quais o uso extensivo de máquinas e a compreensão dos trabalhadores de que havia necessidade de aumentar a produtividade e as técnicas administrativas, como os métodos modernos de controle e avaliação de custos, planejamento da produção e estudos sobre o trabalho.

Apesar desse fluxo irrestrito de informações, o Caap não conseguiu ter um grande impacto, e por muitas razões. A resistência das forças econômicas foi uma delas; a Federação das Indústrias Britânicas, o principal órgão de representação dos empregadores, inicialmente recebera o Caap de braços abertos, pois acreditava que o Conselho acabaria com muitos dos comentários negativos que eram feitos sobre a administração inglesa. Para grande frustração sua, na verdade os resultados confirmaram o malogro da técnica administrativa da Grã-Bretanha, o que levou muitos empresários a adotarem uma atitude defensiva. Parte de sua resistência à mudança se baseava em uma lógica bem sólida. Grande parte das observações do Caap foi dedicada à divulgação do evangelho da administração científica que muitos consideravam imprópria para a indústria britânica, pois a nação não possuía o mercado de massas dos Estados Unidos, que oferecera tantas oportunidades lá. A segunda razão do impacto mínimo do Caap foi que muitas das firmas menores do país — as que mais precisavam de reforma — não se envolveram com o programa. Esses problemas ilustram as dificuldades de implementar mudanças mesmo quando todos concordam com a sua necessidade.

Infelizmente, as equipes e os relatórios de produtividade do Caap eram simplesmente inadequados para resolver problemas tão arraigados. Uma ação vigorosa do governo teria ajudado; mas, por razões ideológicas, ele não estava preparado para assumir um papel mais intervencionista no funcionamento da indústria. O momento também não ajudou, pois o ambiente criado logo depois da guerra era extremamente lucrativo para as firmas britânicas que estavam operando em um mercado de vendas, o que deve ter solapado o sentimento de urgência dos empregadores. O ambiente do pós-guerra na Grã-Bretanha também desejava estabilidade, a expensas do crescimento econômico. O que fazia um contraste muito grande com a França, que havia sido ocupada pela Alemanha e que aproveitou a chance de aumentar sua produtividade com técnicas americanas.

O compromisso com a reforma também foi solapado pela incerteza. Os novos métodos americanos — com grandes investimentos e administração burocrática — eram superiores em épocas de crescimento estável e expansão dos mercados de massa, mas ninguém sabia se essas condições se manteriam. Os produtores britânicos tinham enfrentado recessões prolongadas e estavam preocupados com a possibilidade de que, se o *boom* do pós-guerra fosse seguido de uma queda brusca, eles ficariam com investimentos dispendiosos de grande escala. O velho método de produção, que contava com o mercado de pequenas despesas gerais, talvez fosse mais flexível durante períodos de instabilidade. Essa incerteza minou o compromisso com a mudança.

O Caap não conseguiu os resultados desejados, mas isso não impediu que chegasse à conclusão de que era necessário introduzir mudanças. A perda da liderança industrial era inegável. Em muitos setores, a redução da lucratividade e o colapso de grandes fabricantes acabaram levando à aceitação da necessidade de uma reforma profunda. No entanto, as mesmas velhas barreiras de sempre reapareceram. Praticamente todas as propostas de racionalização da construção naval, da engenharia e da indústria do algodão encontraram resistência porque os conservadores não conseguiam aceitar uma reforma constitucional séria.[26]

À medida que o clima de incerteza e a desconfiança foram se consolidando, solaparam as tentativas de coordenar as várias propostas de reforma que haviam sido apresentadas. Isso pode ser visto na relação entre a Shipbuilding Employers Federation [Federação dos Empregadores da Construção Naval] — a instituição patronal — e os sindicatos. As negociações da reforma foram feitas em um ambiente de medo que o outro lado fosse tentar introduzir as mudanças mais convenientes para si. Por causa disso, na maioria dos casos os resultados chegaram somente à modificação local do sistema de trabalho.

Durante a segunda metade da década de 1960, a questão tornou-se mais urgente e finalmente houve mudanças significativas na organização do trabalho. Os empregadores locais negociaram uma série de acordos de produtividade que ofereciam uma segurança maior no emprego em troca de mais flexibilidade e de um intercâmbio maior entre os trabalhadores qualificados. Reconhecendo a gravidade da crise, os construtores navais aceitaram a necessidade de reforma e o sistema de trabalho em vigor foi modificado. Mas, mesmo quando ambas as partes concordavam, essa concordância não levava a um êxito maior da administração burocrática do trabalho. Repetindo: o resultado foi apenas de ajustes localizados nas formas organizacionais existentes e não levou a melhorias substanciais em termos de competitividade. As técnicas de planejamento continuavam rudimentares, ao passo que operários qualificados e os gerentes das unidades continuavam desempenhando um papel vital na coordenação do trabalho. Os empregadores britânicos não conseguiram implementar o novo sistema porque não tinham experiência com métodos mais burocráticos. Como os mandarins da China, suas tentativas de reforma foram limitadas pela própria base de conhecimentos e capacidades e, também como na China, o investimento na qualificação que havia sido feito e as forças conservadoras arraigadas mantiveram a Grã-Bretanha na sua trilha econômica provada e comprovada.

A Grã-Bretanha perdeu a onda econômica que outras nações estavam surfando e tornou-se "o doente da Europa". Um dos principais economistas da época era *sir* Alec Cairncross, diretor do Instituto de Desenvolvimento Econômico. Ele sintetizou a situação difícil da Grã-Bretanha no período 1945-77 ao declarar que o país havia tomado consciência "de problemas econômicos agudos e aparentemente insolúveis: as dificuldades causadas pelo atraso crônico em relação a outros países em termos de desenvolvimento econômico, falta de orgulho e autoconfiança e dado a surtos de frustração, desespero e, às vezes, de desatino".[27]

Esses exemplos de competitividade em queda podem ser vistos no setor de transportes. Em 1890, mais de 10 milhões de toneladas de carga viajaram com a bandeira britânica, um volume fabuloso que representava aproximadamente 50% do total global.[28] No entanto, durante os 50 anos seguintes, a parcela britânica do transporte mundial reduziu-se dramaticamente. Em 1960, sua parcela de mercado caíra para 16% e logo diminuiria mais ainda. Mas é bom lembrar que, nesse período, o transporte britânico total crescera realmente para quase 21 milhões de toneladas. Infelizmente, outras nações estavam crescendo em um ritmo muito mais veloz. A Grã-Bretanha não governava mais os sete mares.

A vantagem competitiva da Grã-Bretanha tivera como base uma política de ajuda do governo, tecnologia e organização superiores, indústrias de apoio, qualificação da força de trabalho, experiência e boa reputação. Esses três últimos fatores perderam sua importância quando as outras nações alcançaram o nível de desenvolvimento da Grã-Bretanha e adquiriram os conhecimentos e a experiência de que precisavam para competir. Uma a uma, as outras fontes de competitividade também secaram. Há duas explanações de peso para o eclipse britânico. Uma delas[29] diz que o transporte inglês refletia a situação da economia britânica como um todo; a outra considera as barreiras à flexibilização dentro do setor.

A primeira explanação do declínio britânico baseia-se no fato de que o transporte era parte integrante da economia do país e reflete acuradamente tanto sua eficiência relativa quanto sua competitividade internacional. A perda da competitividade da construção naval britânica não amenizou em nada a situação difícil em que se encontrava o transporte. Teoricamente, isso não deveria ter sido problema se, como hoje, fosse relativamente fácil comprar navios de outros países. Mas os donos dos navios britânicos continuavam comprando tonelagem dos estaleiros britânicos, mesmo sendo possível adquirir embarcações melhores e mais baratas no exterior. As velhas relações e as velhas formas de fazer negócio eram difíceis de mudar. Por exemplo: saber que era possível construir petroleiros mais baratos no continente durante a década de 1930 não levou a compras no exterior; era só mais um motivo para não comprar nenhum petroleiro. Os donos apegavam-se a seu comportamento de antes e queixavam-se dos preços britânicos.

Essa forma de agir contrariava a teoria econômica que sugere que os donos dos navios deveriam ter apelado para construtores navais mais baratos e mais eficientes. Na realidade, as relações comerciais são duradouras e os donos dos navios fizeram muitas compras de embarcações britânicas em um gesto de boa vontade em relação a seus compatriotas, o que custou caro a alguns deles. Na década de 1960, a P&O continuava a fazer encomendas à Fairfield Shipbuilders, mesmo que os japoneses pudessem lhe fornecer navios muito mais baratos. Quando a Fairfield faliu em 1965, a P&O foi crucificada por sua condição de credor sem garantia real. Como disse *sir* Donald Anderson, presidente da companhia: "Nosso gesto de boa vontade em relação à construção naval britânica acabou nos saindo muito caro e não ajudou o setor em nada."[30]

Essas relações íntimas entre construtor e dono de navio surgiram nos anos de sucesso, quando elas aumentavam o fluxo de informações e levaram a uma eficiência maior. Vínculos comerciais desse tipo eram um investimento que demorava a frutificar e a funcionar bem. Mas essas relações íntimas podem se tornar uma fraqueza quando uma das partes se torna ineficiente e prejudica a outra, ou quando a comunicação continua baseada em hábitos antigos e não muda com o tempo. Essa foi uma ligação particularmente perniciosa, dada a natureza integrada da indústria na Grã-Bretanha.

O transporte também foi afetado pela queda da competitividade das indústrias que forneciam carga, em particular o carvão. O transporte britânico tinha conseguido uma vantagem competitiva visível pelo fato de ter uma carga de exportação como o carvão que, na época dos motores a vapor, tinha uma vasta demanda global.[31] Infelizmente, as exportações de carvão diminuíram com o surgimento do petróleo, o aumento da produção estrangeira de carvão e um uso mais eficiente dele, que reduziu seu consumo. Entre 1913 e 1938, as exportações do carvão britânico caíram pela metade, passando de 77 milhões de toneladas para 38 milhões e depois diminuíram ainda mais, chegando a 7 milhões em 1960.[32] O declínio do carvão foi particularmente nocivo para os cargueiros britânicos, que estavam bem-adaptados a ele.

O efeito do carvão enquanto indústria de apoio tem um bom exemplo na British Steamship Company, sediada em Cardiff. Na virada do século,

Cardiff era o maior porto de exportação de carvão do mundo[33] e possuía uma grande frota de cargueiros que viajavam para o Mediterrâneo, o mar Negro e a América Latina, onde a carga de volta era constituída de cereais. A British Steamship Company foi uma de uma série de empresas fundadas por John Cory, um líder dos comerciantes litorâneos.[34] Em 1854, ele começou negócio próprio, com base em uma associação íntima com os Cory Brothers, exportadores de carvão de Cardiff, e William Cory and Sons, que operavam navios carvoeiros. Cory utilizou veleiros até 1874, quando comprou seus primeiros navios a vapor e aproveitou a onda de prosperidade gerada pelas novas tecnologias do carvão, do ferro e do vapor. Em 1884, ele tinha 19 vapores em sua frota. Como outras empresas britânicas da época, essa era uma firma de propriedade de uma família e administrada por ela, e seus filhos entraram nela como sócios em 1885, o mais velho assumindo a direção dos negócios com a morte do pai. Em 1891, a companhia havia se tornado a maior importadora de minério de ferro de Gales do Sul. Na época da deflagração da Primeira Guerra Mundial, a companhia tinha 23 cargueiros e um mercado mundial para seu tipo exclusivo de carvão.

A Primeira Guerra Mundial custou caro à empresa: as perdas da época da guerra deixaram sua frota pela metade. Mas o pior ainda estava por vir com o declínio das exportações de carvão. O transporte de Cardiff sofreu muito e, em 1923, mais da metade dos donos de cargueiros da cidade faliu. Uma boa administração financeira permitiu que os Cory sobrevivessem, mas outros lados dos negócios da companhia estavam em declínio, em particular as importações de minério de ferro, que cessaram em 1927. Na época da Segunda Guerra Mundial, a companhia tinha apenas três cargueiros e acabou perdendo todos eles em meio às hostilidades.

Sendo a experiência o único ativo remanescente, eles sobreviveram fretando navios e fazendo compras ocasionais, entre as quais o único navio a motor da companhia, adquirido em 1959. Mas os navios estavam ficando cada vez maiores e mais caros, e a empresa familiar não podia se dar ao luxo de construir um cargueiro grande e dispendioso. Em 1989, a empresa deixou de ser uma companhia de transporte; os membros estavam trabalhando como intermediários ou agentes de outras empresas, operando com o nome de Raymond Cory. Era uma firma bem-administrada, subindo e descendo nas costas da onda industrial das tecnologias do carvão e do ferro.

A ascensão e a queda da British Steampship Company da família Cory sublinha a importância dos fatores ambientais para o êxito de uma empresa, principalmente as indústrias de apoio e a demanda de consumo. Mas também havia barreiras internas ao crescimento.[35] O período crítico para o transporte britânico foi entre 1920 e mais ou menos 1958, quando houve mudanças profundíssimas nas formas do comércio, na competição, nos navios, nas cargas e nos passageiros. A indústria britânica demorou a se adaptar a essas mudanças. Era uma indústria que pretendia manter sua posição de supremacia, e não absorver mudanças. Quando ela acordou, o mundo já havia dado outros passos à frente.

Uma das barreiras internas foi aquele traço humano recorrente, a arrogância. Como os holandeses, os espanhóis e os chineses antes deles, os britânicos descobriram com a experiência que eram os donos de navios mais competitivos do mundo. Tendo ocupado essa posição durante muito, muito tempo, a maioria esmagadora achava que era um fato a indústria britânica ser a melhor do mundo por definição.[36] Quando a competição internacional ficou séria, essa ideia estava tão arraigada que a perda da supremacia passou praticamente despercebida.[37]

Uma das mudanças cruciais que houve nessa época foi a chegada do motor a diesel, que questionou a supremacia do vapor. Os britânicos não eram avessos a inovar com essa tecnologia e, na verdade, desempenharam um papel importante nos primórdios do desenvolvimento e da aplicação da propulsão marítima a diesel. Os britânicos construíram a maior embarcação transoceânica do mundo, um petroleiro encomendado pelo Royal Dutch/Shell Group.[38] Os donos de navios britânicos demoraram a adotar essa tecnologia, apegando-se ao vapor. Nos primeiros tempos, havia bons motivos para esse apego ao vapor. O cargueiro a vapor havia sido aperfeiçoado a ponto de se tornar eficiente, confiável e econômico. Por outro lado, os primeiros motores a diesel tinham tendência a se estragar quando não estavam em condições ideais. Mesmo depois de resolvidos os problemas tecnológicos, ainda havia incerteza sobre a disponibilidade do petróleo. Para cada pessoa que afirmava que o futuro nos daria suprimentos abundantes de óleo diesel a baixo preço, havia muitas outras anunciando que as reservas de petróleo logo estariam esgotadas, ou que as companhias que controlavam sua distribuição nunca permitiriam que o público usuário usufruísse a vantagem do preço baixo.

Durante a Primeira Guerra Mundial, muitos navios do mundo inteiro, inclusive os britânicos, passaram a usar o petróleo, o que ajudou a acabar com essas incertezas. Mas isso não levou a uma conversão em massa. Um dos motivos foi o momento em que isso aconteceu. Na Primeira Guerra Mundial, uma grande proporção da frota britânica foi destruída e os donos de navios ingleses aproveitaram a oportunidade para comprar substitutos com a nova tecnologia; mas, devido à escassez de navios, os preços do frete estavam muito altos e os donos estavam ansiosos para conseguir embarcações o mais rápido possível. Isso significou produção local de vapores, navios construídos durante a guerra e aquisições estrangeiras.[39] Na década de 1920, quando as questões de disponibilidade de petróleo e confiabilidade do motor foram resolvidas, esses homens de negócios chegaram à conclusão de que estavam com uma montanha de investimento empatada na tecnologia antiga. E, para piorar as coisas, a economia tinha sofrido uma reviravolta e a indústria passou por uma depressão. Nessas circunstâncias, pouca gente estava preparada para investir em navios novos. Por causa disso, em 1925 os navios a motor constituíam só 3,9% da frota mercante britânica, enquanto na Suécia eles eram 21,4%, 18,1% na Dinamarca e 12,9% da Noruega.[40]

As reservas de recursos domésticos também contribuíram para a persistência britânica com o motor a vapor que usava o carvão como combustível. As principais vantagens econômicas do petróleo eram que ele exigia menos espaço e seu consumo como combustível era menor.[41] Economias de 30% a 50% no preço do combustível tornaram a nova tecnologia atraente, principalmente para países como a Noruega, que tinha de importar seu combustível. A Grã-Bretanha tinha carvão próprio de alta qualidade, mas não tinha petróleo, de modo que as vantagens econômicas não eram tão grandes assim para ela. A Grã-Bretanha não tinha de pagar os custos do transporte na importação de seu combustível e tinha uma certeza maior a respeito das reservas de carvão de que ainda dispunha.

Na década de 1930, as vantagens do navio a motor ainda não estavam muito bem-definidas. Por exemplo: a T.&J. Harrison (a Charente Steam Ship Company), uma firma de Liverpool, estudou meticulosamente, a partir de 1925, o potencial dos navios a motor para aumentar sua lucratividade.[42] Sua pesquisa foi extremamente profissional e orientada pelo princípio de que toda e qualquer inovação deve aumentar o lucro de todo o leque de interesses com o qual a companhia está envolvida. Fizeram testes com um grande número de meios de propulsão e aplicaram a análise de investimento DCF, mas continuaram encomendando motores a vapor movidos a carvão na década de 1930. Em 1935, os navios a motor ainda eram somente 16,6% da frota britânica, enquanto eram 48,6% na Suécia, 41,9% na Dinamarca e 36,6% na Noruega.[43] Os escandinavos também estavam usando navios mais rápidos do que os britânicos, que pareciam acreditar piamente que navios mais lentos teriam um desempenho econômico superior.[44]

Fazendo grande contraste com a hesitação dos homens de negócios britânicos, o governo japonês estava promovendo ativamente a construção dos novos "navios a explosão", mais um exemplo do papel-chave que os governos podem desempenhar para dirigir o avanço tecnológico. Mas a construção dos navios nem sempre foi benéfica para a iniciativa privada e, às vezes, o governo agia mais motivado pelo prestígio do que pela eficiência. Saber se era necessário ou não adotar os novos motores a diesel foi uma questão muito controvertida e, embora trouxesse consigo lucros maiores e custos operacionais menores, os custos iniciais maiores nem sempre garantiram o lucro esperado.[45]

A primeira tentativa que os japoneses fizeram para usar motores a diesel foi em 1923, quando a OSK fez uma experiência com uma embarcação pequena que operava na rota de um mar interior.[46] Esse sucesso levou a seu emprego em navios de emigrantes que iam para a América do Sul. Nos dois anos seguintes, a Mitsui e a NYK também começaram a usar diesel em algumas de suas rotas. A introdução bem-sucedida do diesel por essas companhias foi seguida pela introdução competitiva de navios grandes, modernos, de alta velocidade. Através do canal do Panamá, os navios da OSK conseguiram velocidades recordes até Nova York. A rota de Nova York era caracterizada por cargas de valor elevado e a velocidade era uma arma competitiva. Por causa disso, era um serviço lucrativo até no meio da depressão.[47] Mas nem todas as rotas se beneficiaram com o aumento de velocidade.

Como o japonês, o governo britânico introduziu uma série de medidas para ajudar sua indústria, entre as quais um projeto batizado de sucata e construção, de acordo com o qual os donos de navios receberiam empréstimos se transformassem em sucata a tonelagem antiga e a substituíssem por navios modernos. Mas, ao contrário do Japão, onde uma proposta semelhante levou à modificação da frota, os donos dos navios ingleses demoraram a responder, e o projeto foi revogado.[48] O governo britânico também deu incentivos aos donos de navios e obrigou o setor a fundar o Comitê de Administração do Transporte em Cargueiros para promover a cooperação entre os construtores navais. O comitê teve êxito em limitar parte dos efeitos negativos da competição durante a depressão. Mas o governo britânico tinha menos influência sobre sua indústria do que seu congênere japonês, e as forças da decadência continuaram se consolidando.

Muitos dos problemas da indústria podem ser atribuídos à sua estrutura. Repetindo: a estrutura da indústria era uma consequência de seu legado histórico, que gerou duas formas principais, os navios que transportavam passageiros e os navios que transportavam cargas. Os navios de passageiros viajavam em horários regulares entre portos específicos em datas específicas. Ao longo de sua história, às vezes o mercado dos navios de passageiros passou por períodos em que a competição foi acirrada. Já em 1850, algumas companhias de navios de passageiros sentiram a necessidade de concordar com um preço mínimo do frete.[49] O movimento de fazer acordos entre as companhias ganhou impulso na década de 1870, depois da abertura do canal de Suez. Esse canal reduziu drasticamente a duração das viagens para o Oriente, de modo que diminuiu também o número de navios necessários ao transporte de mercadorias. Agora havia navios demais no mercado mundial e muitas firmas adotaram medidas defensivas, entre as quais a cooperação com outras linhas. Empresas concorrentes fundiram-se muitas vezes, criando linhas como a Union-Castle, a Shaw Savill and Albion e a Elders and Fyffe, sendo a combinação dos nomes uma prova desse processo de fusão.

Uma segunda medida defensiva foi limitar a competição entre as empresas formando consórcios. Um consórcio de transporte era um cartel no qual as linhas em operação em rotas semelhantes concordavam em regulamentar a competição entre elas e restringir a entrada de rivais na rota. Muitos clientes dessas companhias ficaram descontentes com essa situação, como seria de se esperar. A natureza de cartel desses acordos impunha restrições ao comércio que diminuíam a competição, exatamente aquilo que a Lei Sherman foi aprovada para combater nos Estados Unidos. Mas um estudo da Comissão Real dos Circuitos de Transporte realizado em 1906-9 (e outras investigações semelhantes) chegou à conclusão de que os consórcios eram necessários para assegurar a estabilidade dos preços, a regularidade do serviço e instalações melhores.[50]

Em geral, os economistas esperam que esse tipo de declínio na competição leve a um ritmo mais lento de inovação, e parece que foi isso que aconteceu. Os acordos para a formação dos consórcios proporcionaram estabilidade, mas deram pouco incentivo para romper com as atitudes comerciais convencionais. Os homens de negócios britânicos do mercado de linhas de passageiros evitaram explicitamente a competição agressiva e tiveram uma tendência avassaladora de não tomar nenhuma medida que pudesse levar a represálias. Por outro lado, operadores estrangeiros com uma parcela de mercado pequena não eram restringidos por esses temores e aproveitaram entusiasticamente as oportunidades que tiveram de conquistar o mercado dessas linhas cada vez menos eficientes. Enquanto os britânicos procuravam estabilidade, os estrangeiros inovavam com serviços mais baratos e melhores para sua clientela.

A flexibilidade também foi prejudicada pelo êxito passado que havia criado companhias grandes. A cada aumento de tamanho, os donos de navios que estavam na cúpula dessas empresas distanciavam-se ainda mais de suas embarcações e do cheiro da maresia. À medida que foram ficando isoladas dos comandantes dos navios mercantes e das informações comerciais que eles traziam, as companhias de transporte de passageiros passaram a ser administradas cada vez mais por homens com experiência em contabilidade e negociações. Trabalhando nos seus escritórios, cada vez mais eles julgavam as atividades em função das folhas de balanço, e não dos inúmeros problemas competitivos de uma determinada rota. Um reflexo dessa mudança foi a posição social mais elevada que desfrutavam agora; os donos dos navios tornaram-se figuras de proa da sociedade, os compradores de terras e os homens agraciados com títulos de nobreza. Por meio desse processo de aristocratização, a elite comercial distanciou-se das atividades e dos problemas vitais do setor.

Outro aspecto da estrutura organizacional da administração que prejudicou sua capacidade de adaptação foi o fato de a empresa ser uma propriedade familiar. Como em outros setores britânicos, as famílias acabaram constituindo forças conservadoras. Os membros das famílias ainda dominavam a mesa da diretoria e não seriam substituídos por talentos inquestionáveis. Isso tornou o setor menos atraente para homens competentes e ambiciosos, de modo que ele sofreu com a falta de bons administradores.[51]

O processo de fusão e a formação de consórcios que ocorreram no mercado de transporte de passageiros não atingiram o setor dos cargueiros. Os cargueiros não viajavam em datas e horários regulares como as linhas de passageiros. Iam para todos os cantos do mundo onde, a qualquer momento, houvesse demanda por seus serviços. Esse era o lado flexível do setor, uma flexibilidade imposta pelo mercado. Os donos de cargueiros eram homens de negócios individualistas que sentiam um orgulho particular com as façanhas dos navios que levavam o nome de sua família. Esse orgulho lhes dava um incentivo pessoal que faltava aos administradores das companhias maiores de transporte de passageiros.

O mercado dos cargueiros era uma arena extremamente competitiva de pequenas empresas concorrentes. A teoria econômica ortodoxa sugere que, dado o grau elevado de competição, seria de se esperar que os donos dos cargueiros britânicos tivessem mais flexibilidade do que as companhias de transporte de passageiros. Mas a competição não levou ao rigor que seria de se esperar. Na verdade, o transporte britânico de cargas estava condenado, declinando de 60% da frota na virada do século para menos de 20% em 1960.

Há muitas razões para essa decadência. Mas destaca-se o fato de que o apego obstinado a velhos comportamentos e velhas crenças mostrou ser uma força muito mais poderosa sobre o setor do que a competição. Em uma nação de altos salários, os donos de cargueiros ingleses precisavam no mínimo manter-se um passo à frente dos concorrentes que pagavam baixos salários com a adoção de embarcações maiores e mais rápidas; mas, em 1914, o avanço estava praticamente parado. O setor acreditava que o cargueiro-padrão que saía dos estaleiros britânicos era o navio ideal para competir no mercado. O cargueiro confiável era para os ingleses o que o *fluyt* havia sido para os holandeses, um excelente recurso comercial com o qual aprenderam a maximizar economias. Os donos de navios conheciam bem essas embarcações e construíam suas estratégias em torno delas. Os donos de cargueiros "eram avarentos por natureza, enfrentavam as pressões competitivas com economias constantes nos tipos tradicionais de navios, raramente tinham uma visão mais ampla e procuravam reduzir custos (ou aumentar a receita) gastando dinheiro nos navios criados para as condições da época".[52]

Enquanto os britânicos apegavam-se tenazmente a seus veículos polivalentes, outras nações criavam embarcações mais especializadas para satisfazer as necessidades de determinados setores. Por exemplo: os escandinavos estavam fazendo um uso cada vez maior de compartimentos refrigerados para o comércio de frutas no Mediterrâneo e mostravam uma flexibilidade e uma capacidade de tomar iniciativas que faziam um contraste enorme com os britânicos, apegados a atitudes tradicionais.[53] Para os britânicos, não parecia racional construir navios especializados quando veículos polivalentes adaptáveis tinham tido tanto êxito no passado.

A categoria de embarcações especializadas que estava crescendo mais rapidamente era a dos petroleiros, um reflexo da demanda florescente por petróleo. Embora a tonelagem mundial do petroleiro tenha aumentado verticalmente, passando de 11 milhões de toneladas em 1939 para 38 milhões em 1960,[54] os britânicos demoraram a aproveitar as oportunidades que essa embarcação oferecia. Os donos dos cargueiros estavam presos na armadilha das velhas ideias do que era um bom navio e, para o proprietário britânico, os petroleiros não eram navios de verdade, mas oleodutos flutuantes.[55] Por causa disso, quando a Anglo-Saxon, uma companhia britânica de petróleo, pôs à venda toda a sua frota de petroleiros para levantar capital para a exploração, poucas empresas do ramo mostraram interesse.[56] Mas foi uma oportunidade para os noruegueses, que compraram a maioria esmagadora dos navios e conquistaram uma posição sólida em uma parte do setor que estava em crescimento.

Uma consideração financeira que contribuiu para a tomada de decisões conservadora foi o lucro comparativo. Nos primeiros tempos, o mercado dos petroleiros oferecia margens de lucro menores do que aquelas às quais os britânicos estavam acostumados, de modo que eles não consideraram a possibilidade de entrar nesse mercado, o que deixou uma janela aberta para um novo concorrente. Essa perspectiva conservadora também significou que os britânicos demoraram a reconhecer os benefícios do aumento de tamanho. O tamanho oferecia uma série de vantagens econômicas.[57] Em 1958, a construção de um navio de cinco mil toneladas custava 85 libras por tonelada, mas o preço era de 35 libras por tonelada em uma embarcação de 20 mil toneladas. Um navio grande exigia um motor dez vezes mais potente, mas sua capacidade de transporte de carga era 40 vezes maior. Os custos operacionais médios também diminuíam com o tamanho. Por exemplo: acima de 65 mil toneladas, os custos com a tripulação mantinham-se estáveis.

Uma explanação possível para essa incapacidade de aumentar o tamanho dos navios é o tamanho pequeno dos portos britânicos, que limitava a capacidade de manobra dos grandes petroleiros e dos grandes cargueiros. E seus administradores pareciam ter plena consciência das limitações de manobra dos petroleiros maiores nos terminais britânicos de petróleo. Dado que um petroleiro de rotas internacionais jamais visitaria a Grã-Bretanha, essa era uma consciência inútil, mas os homens de negócios tomam decisões com base na percepção que têm das coisas e, muitas vezes, o ambiente local distorce a percepção das mudanças globais.

Outra razão pela qual as empresas familiares de cargueiros não conseguiram aumentar de tamanho foi a falta de capital para adotar embarcações maiores, como os petroleiros.[58] A possibilidade de levantar dinheiro por meio de empréstimos ou de emissão de ações existia; mas, como as outras companhias de propriedade familiar dessa época, essas evitaram o capital de fora para poder manter o controle da empresa nas mãos de membros da família. Evitar o capital externo também foi reflexo de velhas práticas comerciais. Essas companhias haviam crescido a partir de núcleos bem pequenos que reinvestiram os lucros. O financiamento externo nunca havia sido um fator vital, segundo sua visão de mundo. Na verdade, durante o século XIX, algumas companhias aproveitaram realmente a oportunidade de tomar empréstimos, mas as grandes dívidas as deixaram vulneráveis à depressão de 1904-11. Muitas linhas faliram e o setor aprendeu a lição de cor. A regra implícita transformou-se em conservadorismo financeiro.[59] Por causa disso, o pequeno proprietário de dois ou três cargueiros não se arriscaria a fazer um empréstimo para comprar navios grandes. Apegou-se àquilo que sabia fazer melhor e às lições que a história lhe ensinara. Essas práticas faziam um grande contraste com as técnicas financeiras inovadoras introduzidas por empresários estrangeiros como Daniel Ludwig, dos Estados Unidos, e Aristóteles Onassis e Stavros Niarchos, da Grécia. Esses empresários financiaram uma expansão rápida com empréstimos enormes. Obtiveram esses empréstimos depois de assinar contratos de frete de longo prazo com companhias petrolíferas. Os contratos proporcionaram o fluxo de caixa necessário para pagar os empréstimos.[60]

Também é preciso levar em conta o grande número de distrações, incertezas e pistas falsas existentes ao longo de todo esse período. Houve um grande número de fatores que poderiam ter impedido os empresários britânicos de ver a necessidade de aumentar o tamanho de suas embarcações. Durante a Primeira Guerra Mundial e imediatamente após, os donos de navios britânicos conseguiam obter grandes lucros sem introduzir mudanças técnicas. Essa situação foi seguida pela depressão, que tornou os novos investimentos uma opção desinteressante e, depois, a escassez de transporte do pós-guerra e os grandes lucros obtidos novamente pareciam corroborar o acerto das estratégias tradicionais.[61]

A mudança e a incerteza dificultaram o processo de tomada de decisões. Por exemplo: no período inflacionário que se seguiu à Segunda Guerra Mundial, havia a expectativa de que, depois do surto inicial de atividade, haveria uma queda brusca, como aconteceu depois da Primeira Guerra Mundial. O efeito dessa incerteza sobre a tomada de decisões é ilustrado por *sir* John Denholm, da J.&J, que explicou o seguinte:

> Quando a Segunda Guerra acabou, meu irmão e eu chegamos à conclusão de que tínhamos de cair fora ou mergulhar de cabeça na história. Teríamos feito bem se tivéssemos vendido tudo nessa época, mas tomamos a outra decisão e saímos na frente, enquanto as outras firmas esperavam pela queda brusca que nunca aconteceu... Parecia injusto fazer nossos acionistas arcarem com as consequências do jogo [...] em 1951, tínhamos sete navios, todos eles construídos ou comprados por preços que jamais teríamos tido condições de pagar se tivéssemos esperado para ver o que ia acontecer.[62]

A J.&J. Denholm expandiu-se, mas muitos outros donos de cargueiros ficaram imóveis, esperando a tal queda repentina nos preços da construção naval para acabar sendo testemunhas de 16 anos de alta dos preços.

A decadência relativa da Grã-Bretanha quando comparada a outras nações aconteceu em uma época em que o comércio mundial estava se intensificando, o que levou ao crescimento e à estabilidade nas cargas que a Grã-Bretanha transportava, mas disfarçou o fato de que caminhos mais rápidos para o desenvolvimento estavam sendo abertos por outros países, que estavam aumentando sua parcela de mercado. Os britânicos tinham entrado no século XX nas costas das tecnologias do carvão, do ferro e do vapor, as empresas familiares adquiriram *know-how*, experiência e formas eficientes de fazer negócios. O êxito comprovou que as técnicas britânicas eram as melhores, e eram mesmo. Mas, quando chegaram técnicas superiores, a indústria britânica ficou presa na armadilha dos sistemas de ideias e práticas que diminuíram seu ritmo de mudança. A Grã-Bretanha não estagnou, como mostram as inovações que ela absorveu sistematicamente. A diferença era que as outras nações estavam se desenvolvendo e difundindo seus novos procedimentos mais rapidamente.

Embora a Grã-Bretanha não fosse mais a oficina do mundo, em seu período de supremacia ela fez uma única mudança que mais tarde viria em seu socorro. Tinha levado a língua inglesa para os quatro cantos do mundo. Posteriormente, essa vantagem seria explorada com a ajuda das tecnologias da informática, desenvolvidas originalmente pelos americanos. O setor de serviços da Grã-Bretanha reafirmou-se e, no início do século XXI, a economia britânica era a quinta maior do mundo.

13

TSUNAMI NO PACÍFICO

Temo que tudo quanto fizemos foi despertar um gigante adormecido e enchê-lo com uma determinação terrível.

Tora, Tora, Tora

Embora não haja provas de que o almirante japonês Yamamoto, de pé no tombadilho de um porta-aviões em Pearl Harbor, tenha realmente dito essa frase citada em *Tora, Tora, Tora,* parece que ela captou seus pensamentos sobre a guerra com os Estados Unidos, que possuíam uma base de recursos que, depois de mobilizada, faria picadinho dos japoneses.

A Segunda Guerra Mundial teve um impacto profundo sobre a economia americana. Obrigou a nação a mobilizar seus recursos de uma forma espetacular. Em todo o país surgiram fábricas produzindo aço, tanques, aviões e navios, todas utilizando as mais recentes técnicas de produção em massa. A produção subiu verticalmente e o desemprego da depressão chegou ao fim. No período de cinco anos entre 1940-45, o índice das manufaturas saltou de 66 para 110, enquanto o PNB mais do que dobrou.

A guerra também estimulou progressos na medicina e na tecnologia. Por exemplo: a escassez de borracha levou ao desenvolvimento da borracha sintética. Surgiram novos tratamentos médicos; foram construídos aviões a jato que conseguiam voar com uma velocidade três vezes maior do que os aeroplanos de antes da guerra e, no setor da eletrônica, o rádio de ondas curtas e o radar (uma invenção britânica) foram apenas dois de muitos avanços. Esse período deu aos americanos um respeito renovado pelo poder da ciência em uma situação semelhante àquela da Espanha no século XVI. A Espanha cresceu graças a seus recursos naturais, mas a riqueza que ela gerou permitiu-lhe promover tecnologias que aumentaram ainda mais sua força competitiva.

Esse novo respeito pela ciência pode ser visto no rápido aumento dos gastos com pesquisa e desenvolvimento de produtos (P&D). Em 1969, as despesas americanas com P&D já eram mais do que o dobro das da Grã-Bretanha, Alemanha, França e do Japão juntas.[1] Metade dos investimentos era do governo, por meio de instituições como a National Science Foundation, o National Institute of Health, a National Aeronautics and Space Administration (Nasa) e, a mais importante de todas, o Ministério da Defesa. Nesse ninho nasceu um grande número de tecnologias. O computador surgiu graças às despesas militares e aos interesses de pesquisa do MIT, da IBM e da AT&T. O semicondutor foi desenvolvido privadamente pelos Bell Laboratories graças à previsão de demanda pelo governo. A Nasa e o Exército foram os maiores compradores iniciais e forneceram fundos substanciais para o seu desenvolvimento.

Embora a porcentagem de engenheiros e cientistas que saiu das universidades fosse pequena em comparação com aqueles diplomados em outras disciplinas, o número puro e simples de estudantes garantiu um fluxo regular de trabalho qualificado. Eles conseguiram emprego em cidades do sul e do sudeste como Houston, San Diego e Los Angeles, onde as novas indústrias estavam sediadas. Em consequência dessa onda de inovação, agora os Estados Unidos tinham dois pilares para reforçar sua supremacia econômica: indústrias de produção em massa e indústrias de tecnologia de ponta. No quarto de século que se seguiu à Segunda Guerra Mundial, os Estados Unidos tiveram a economia mais produtiva do mundo, com uma produção por operário entre 30% e 50% maior do que seus concorrentes mais próximos.[2] O sistema econômico americano estava gerando produção em um nível que nenhum país jamais conseguira antes.

Mais do que nunca, os Estados Unidos eram um mundo corporativo. Os 598 bilhões de dólares dos ativos das corporações americanas em 1950 aumentaram, passando para 1,207 trilhão no fim da década. Para um número crescente de americanos, a estrada que levava à prosperidade estava sendo aberta dentro da corporação, e não por meio da iniciativa privada, o que afetou a natureza da liderança comercial dos Estados Unidos. O famoso economista John Kenneth Galbraith[3] observou que o empresário de antes, com imaginação e coragem para arriscar dinheiro, era uma espécie em extinção. O sistema econômico dos Estados Unidos tinha amadurecido e agora exigia pessoas com qualificações organizacionais. Agora a liderança estava nas mãos do "tecnocrata", um executivo instruidíssimo que administrava o que era, comprovadamente, um sistema econômico eficiente. O tecnocrata era o mandarim americano.

A sociedade corporativa gerou uma prosperidade sem precedentes. O consumidor americano gostava de jogar boliche, de assistir a filmes em 3D, de programas de perguntas e respostas na TV, de automóveis e aparelhos eletrodomésticos, e podia escolher entre um grande número de carros, sorvetes e pastas de dente. O número de famílias com aparelho de TV subiu verticalmente, passando de 5 milhões em 1950 para 45 milhões em 1960. No mesmo período, as licenças de veículos subiram de 40,3 milhões para 61,5 milhões.[4] Com a corporização, os antigos valores do individualismo estavam morrendo, mas encontraram novas formas de expressão no entretenimento. Os jovens achavam Marlon Brando irresistível em sua motocicleta, Elvis Presley com seus ritmos provocantes e James Dean com sua rebeldia sem causa. Muitos surfaram essa onda de prosperidade, embora seus benefícios não tenham sido distribuídos igualmente por todos:

> [...] a opulência do país não aconteceu para acabar somente nas mãos de quem a merecia. Muita gente enriqueceu mais por um golpe de sorte do que por seu bom senso, mais pelo cálculo egoísta do que pela virtude moral. Outros continuaram pobres por ter tido o azar de morar na parte errada do país.[5]

A distribuição da riqueza pode não ter sido igualitária, mas os Estados Unidos tiveram uma abundância sem precedentes na história. Nenhuma outra nação jamais sonharia em levar o homem à Lua; mas, para os americanos, era apenas uma questão de tempo e da aplicação correta de seus vastos recursos.[6]

As forças que moldaram a prosperidade americana também afetaram o setor do transporte dos Estados Unidos. Durante a Segunda Guerra Mundial, foi criada a Administração do Transporte de Guerra (ATG) para garantir que as necessidades específicas do momento fossem atendidas. A guerra fez uma demanda colossal de transporte através dos oceanos Atlântico e Pacífico, significando que a produção dos estaleiros americanos precisava aumentar, e o resultado foi que o número de navios construídos atingiu níveis de tirar o fôlego. Com o uso de técnicas de produção em massa e contratos que recompensavam o desempenho, 12,5 milhões de toneladas de navios foram lançadas na água por estaleiros americanos só em 1943.[7]

A ATG também implementou um programa ambicioso de treinamento para formar oficiais e marinheiros para trabalhar nas embarcações. Esse programa incluiu a fundação da Academia da Marinha Mercante dos Estados Unidos, sete navios de treinamento e escolas em todo o país. Durante a guerra, essas instituições formaram 270 mil marinheiros, 10 mil oficiais, 7.500 radiotécnicos e 5.300 comissários de bordo. A frota mercantil americana quadruplicou de tamanho, enquanto as frotas de seus concorrentes foram dizimadas. No fim da guerra, 130 companhias de transporte e 4.500 embarcações deram aos Estados Unidos impressionantes 60% da tonelagem mundial.

E, para coroar, os Estados Unidos dispunham então da tecnologia marítima mais avançada do mundo. Cientistas e engenheiros americanos assumiram a vanguarda com aperfeiçoamentos do desenho dos navios e melhoraram suas peças. O Departamento de Transporte Americano, um importante classificador de seguros, tinha laboratórios próprios que faziam pesquisas em tecnologia de desenho, construção e máquinas. O Comitê de Assessoria à Pesquisa Marítima (CAPM) foi criado pela Academia Nacional de Ciências e pelo Conselho de Pesquisa Nacional. Em 1958, a Matson Navigation Company tornou-se a primeira empresa a usar computadores no desenho de navios. Depois agiu através do CAPM para convencer a administração marítima a realizar um estudo amplo de pesquisa operacional com vistas a obter navios mercantes melhores.

Foi uma era de avanço competitivo e tecnológico. Os americanos foram os primeiros a aplicar a energia nuclear no transporte mercantil em 1959, quando o primeiro cargueiro que usou essa energia como combustível, o *Savannah,* foi lançado ao mar. Mas as preocupações com a radiação e outros problemas ambientais interromperam essa linha de pesquisa. Os americanos também introduziram inovações na tecnologia de manipulação da carga, entre as quais o *roll-on/roll-off* [método de transporte em que os veículos entram na embarcação no começo da viagem e saem dela no fim] e o Lash [**L**ighter **A**board **SH**ips] em que são usadas balsas para carregar o navio, dando a esse o acesso a áreas que, sem elas, ele não teria condições de servir. Também introduziram a tecnologia que revolucionaria o transporte — a conteinerização.

A conteinerização foi uma inovação do governo ou, mais particularmente, dos militares. Durante a Segunda Guerra Mundial, a Administração do Transporte de Guerra estava sobrecarregada com suas exigências monumentais de manipulação de cargas.[8] Para aumentar a velocidade do carregamento e descarregamento, esse órgão começou a encher os navios com engradados de tamanhos semelhantes. Isso reduziu dramaticamente o tempo e os custos da manipulação da carga. A ATG publicou seus resultados em muitos periódicos, mas a iniciativa privada demorou a perceber o potencial da inovação, o que só aconteceu 12 anos depois da guerra, quando a Sea-Land Service usou navios-contêineres pela primeira vez entre a Costa do Golfo e Nova York. Mas nunca é fácil ser pioneiro de novas tecnologias, e as despesas acabaram minando a situação financeira da Sea-Land.

Grace Line foi a primeira companhia a adotar contêineres em rotas internacionais, mas enfrentou problemas quando os estivadores da Venezuela se recusaram a descarregar os navios por medo de perder o emprego.[9] A difusão da nova tecnologia também foi frustrada pelas regulamentações do governo, pelos consórcios de navios a vapor, pelos problemas tecnológicos e pelo volume puro e simples das despesas.[10] Essas experiências ilustram a dificuldade de ser vanguarda, mesmo depois que o governo já superou muitos dos custos iniciais de desenvolvimento do produto.

A vantagem econômica dos contêineres deriva de sua capacidade de reduzir custos. Antes dos contêineres, carregar e descarregar eram atividades que consumiam muito tempo. Metade do tempo de viagem do navio era gasto no porto, e não em alto-mar, e os custos do trabalho portuário respondiam por 80% dos custos totais da viagem. Com os contêineres, o tempo gasto no porto foi reduzido em 4/5, uma redução monumental dos custos.[11] Em 1966, os primeiros contêineres apareceram no Atlântico Norte, e sua presença mostra que o transporte, como outros setores americanos, era um ramo inovador e lucrativo. Muitos executivos americanos achavam que, como as empresas de seu país tinham assumido a liderança na tecnologia dos contêineres, não precisavam mais de subsídios para ajudá-las a competir.

A facilidade de manusear os contêineres permitiu a criação de um sistema de transporte integrado, realização pioneira da Seatrain [Mar-trem] em 1971. Como seu nome sugere, a Seatrain combinava a viagem de trem em contêiner pelos estados, conectada com navios de ambas as costas. Os aumentos de velocidade foram tais que uma rota Nova York-Tóquio passou a levar só 20 dias, comparados aos 30 dias oferecidos por todas as rotas marítimas através do canal do Panamá. Essa melhoria foi facilitada pelo desenvolvimento dos computadores, que ajudaram a manter o controle do movimento dos contêineres.

Enquanto a Grã-Bretanha estava vivendo seu declínio relativo e os Estados Unidos pareciam um titã invencível, o Japão continuava imitando as principais tecnologias econômicas. O ambiente empresarial japonês era muito diferente daquele da Grã-Bretanha e dos Estados Unidos, de modo que as tecnologias importadas tinham de ser modificadas para se acomodar às necessidades locais e aos hábitos de comportamento. Durante esse processo, o Japão desenvolveu um sistema econômico exclusivamente seu, que reduziu os custos e aumentou o valor desses setores.

Um exemplo importante de modificação feita para se harmonizar com o ambiente local foi a administração do trabalho. Nos primeiros tempos da industrialização do Japão, o país enfrentou uma escassez de mão de obra qualificada. Por causa disso, as empresas pilhavam os quadros de funcionários umas das outras, criando uma situação em que todos os produtores achavam difícil manter seus empregados. Para resolver essa situação, os empregadores resolveram assinar contratos de respeito à mão de obra uns dos outros. Mas era inevitável que a pressão por funcionários levasse a novos ataques aos quadros alheios. Alguns diziam que o mercado resolveria os problemas de trabalho, como acontecera no Ocidente, mas havia sido criado um conflito agudo com os valores tradicionais. A maioria dos patrões achava que as relações patrão-empregado deveriam ser orientadas pelos princípios tradicionais das relações pai-filho. Para essas pessoas, os princípios monetários e os direitos definidos pela lei não tinham papel nenhum, de modo que o sistema japonês de emprego permanente surgiu com o pagamento baseado na idade. Essa solução estava em harmonia com os operários que chegavam às fábricas vindos das áreas rurais, como mostrava a estabilidade, a hierarquia e o senso de comunidade aos quais estavam acostumados em suas aldeias.

A necessidade de mão de obra qualificada originou outro traço exclusivamente japonês do sistema de trabalho. Com poucas instituições de ensino apropriadas, as companhias tinham de assumir a responsabilidade pelo treinamento de seus empregados. O desenvolvimento de cursos realizados no local de trabalho foi uma característica das empresas japonesas que se manteve até hoje.

Os japoneses mostraram engenho na superação dos pontos fracos de seu ambiente, e em parte alguma isso é mais claro do que no setor do algodão, outro ramo que havia se desenvolvido com o apoio do governo. O setor tivera dificuldade para adquirir máquinas têxteis importadas devido aos custos e à escassez de moedas estrangeiras. A manufatura doméstica dessas máquinas poderia ter aliviado a pressão por importações, mas era complicada por causa da escassez de ferro. Esse problema foi solucionado por um carpinteiro chamado Sakichi Toyoda (1867-1930). Essa solução do problema foi o tear de madeira. Depois de combinar teares de várias fontes, ele fundou a Toyoda Automatic Looms Works [Fábrica de Teares

Automáticos Toyoda]. Teve tanto êxito que acabou vendendo sua patente para a Platt Brothers, na época o maior fabricante de teares do mundo. A família Toyoda usou o dinheiro dessa venda como capital inicial para a ideia seguinte: a produção de automóveis.

Na década de 1930, o Exército japonês interessou-se pelo desenvolvimento da produção doméstica de veículos motorizados para garantir seu suprimento para transporte militar. Ao mesmo tempo, o Ministério do Comércio estava preocupado com a posição dominante que a GM e a Ford tinham no mercado japonês de carros e o efeito que ela estava tendo sobre o balanço de pagamentos. Ambos os órgãos governamentais achavam que o país precisava de um produtor nacional de automóveis e pediram às principais firmas de comércio, a Mitsui, a Mitsubishi e a Sumitomo, para diversificar e entrar no ramo automobilístico. Mas todas as três acreditavam que seria difícil demais competir com os gigantes americanos. Felizmente, dois empresários estavam dispostos a fazer uma tentativa. Ambos tinham diploma do Departamento de Engenharia Técnica da Universidade de Tóquio e tinham companhias que eles desejavam tornar tão grandes quanto as três *zaibatsu* (megacorporações). Também foram motivados pelo desejo nacionalista de ver o Japão desenvolver uma base industrial forte. A situação é lembrada por Eiji Toyoda, presidente da Toyota entre 1967 e 1981:

> O governo pedira repetidamente às empresas japonesas que entrassem no ramo da produção de veículos, mas quase ninguém estava disposto a levantar a mão e dizer "Vamos nessa".
>
> E então, justamente quando o governo estava começando a pensar que não tinha outra opção além de depender da GM e da Ford, dois homens aceitaram o desafio: nosso Kiichiro e Yoshuke Ayukawa, da Nissan. Os dois foram chamados pelo governo, que lhes disse: "Agora que a Toyota e a Nissan estão começando a produzir veículos motorizados, digam-nos que medidas de apoio gostariam que tomássemos." A resposta dada por Kiichiro e Ayukawa foi essencialmente a mesma: "Até agora, as medidas de apoio do governo foram absolutamente inúteis. Minha empresa não necessita de ajuda." Ambos concordaram que era melhor ir em frente sozinhos, sem assistência do governo.[12]

Apesar desse corajoso espírito empresarial, a Toyota e a Nissan estavam lutando contra gigantes e não tinham a menor chance de vencer. "A Toyota e a Nissan podem entrar no ramo e trabalhar o máximo que puderem, mas nunca vão conseguir alcançar a GM, nem a Ford." Por causa disso, o governo introduziu a "lei relativa à fabricação de veículos motorizados". Essa legislação restringia o volume de produção de companhias estrangeiras a 3 mil carros por ano. A GM e a Ford já estavam vendendo um volume próximo desse, de modo que todo o desenvolvimento futuro do mercado seria canalizado para as companhias japonesas. Eiji Toyoda lembra: "Olhando para trás agora, foi um golpe muito suave do governo contra os fabricantes de carros estrangeiros." Mas nem isso foi o suficiente para ajudar Toyoda naquele tempo, pois os japoneses estavam no início de uma curva de aprendizado quase vertical:

> [...] durante algum tempo, entre o fim de 1936 até o começo de 1937, não conseguimos vender os veículos que fabricamos. Uma razão, claro está, era a economia em depressão; no entanto, o mais importante era que nosso produto simplesmente não conseguia satisfazer os requisitos indispensáveis [...] se não consertássemos o que havia de errado com nossos carros e caminhões, jamais conseguiríamos vendê-los. Mas era preciso mais do que um apertozinho em um parafuso aqui, outro acolá. E depois que consertamos tudo quanto havia de errado, ainda tínhamos de sair a campo e reconquistar a confiança do consumidor. Se não agíssemos imediata e eficazmente, a companhia ia falir. Só isso.
>
> Ou ao menos era o que pensávamos. A situação mudou de repente quando a guerra na China foi deflagrada e o Exército comprou todos os nossos caminhões, acabando com todo o nosso estoque.[13]

Em março de 1937, a diretoria da Toyoda Automobile Loom Works resolveu separar a fabricação de automóveis do resto da companhia. Antes a firma havia resolvido substituir o "d" de Toyoda por "t", e foi assim que nasceu a Toyota Motor Company. O crescimento subsequente da empresa foi um exemplo das economias de escala clássicas. Seu objetivo era fabricar um veículo que pudesse ser vendido por 2.400 ienes aproximadamente, para ter condições de competir com as firmas americanas. Em outubro de 1936, a Toyota produziu 150 carros por 2.948 ienes. No mês seguinte, produziu 200 veículos por 2.761 ienes. A Toyota tinha plena consciência de que, quanto mais carros produzisse, tanto mais barata seria sua fabricação; apesar disso, a fábrica existente só tinha capacidade de produzir 500 veículos por mês. Reconhecendo a importância das economias de escala, a companhia resolveu construir uma fábrica que pudesse produzir mais ou menos 1.500 veículos por mês, trabalhando com toda a sua capacidade; os custos de produção caíram para 1.850 ienes. Na nova fábrica, um grande número de inovações cruciais foi introduzido por Kiichiro Toyoda. A primeira delas foi um novo desenho revolucionário:

> A ideia de Kiichiro era passar para um sistema de produção inteiramente novo. Ele achava que isso eliminaria grandes estoques de material e peças, acabando com a necessidade de depósitos. Reduzir o estoque também reduzia o gasto de capital. Se, depois que esse sistema de produção estivesse funcionando, conseguíssemos vender nosso produto final antes de fazer os devidos pagamentos de nossos materiais e peças, não teríamos mais necessidade alguma de capital operacional.
>
> O que Kiichiro tinha em mente era produzir a quantidade necessária das peças de que precisava por dia. Para transformar essa ideia em realidade, cada passo isolado do processo, gostasse ele ou não, teria de ser traduzido para esse sistema de fluxo de produção. Kiichiro batizou o processo de conceito de "em cima da hora".[14]

"Em cima da hora" foi uma inovação que reduziu drasticamente os custos associados à armazenagem de suprimentos. A outra inovação crucial que faria história nasceu da má qualidade dos carros:

> Toda loja tinha três gerentes, dos quais um era responsável pelo controle de qualidade. Aqui a intenção de Kiichiro era detectar todo e qualquer produto defeituoso e corrigir os processos falhos, fossem quais fossem. A tarefa do gerente de controle de qualidade não era só diferenciar entre um

> produto bom e outro ruim, mas encontrar uma forma de consertar o que tinha de ser consertado, fosse o que fosse — na maquinaria, no equipamento ou nas ferramentas — para evitar a fabricação de produtos defeituosos.
>
> Depois da guerra, estudamos controle de qualidade e incorporamos ativamente esse conceito a nossas operações. A ideia básica por trás do CQ, de "criar qualidade do produto no processo de sua fabricação", é essencialmente idêntica ao conceito de Kiichiro. Essa foi a ideia que devia ter ocorrido a todos e Kiichiro certamente não era um gênio por ter chegado a ela. O que o diferenciou dos outros foi sua iniciativa de pôr a ideia em prática.[15]

Esse foco na qualidade não se restringiu à Toyota. Muitos japoneses tinham consciência de sua inferioridade técnica, pois seus produtos eram considerados artigos de segunda. A busca de qualidade tornou-se um dos temas mais importantes do Japão do pós-guerra. Já em 1950, os japoneses convidaram W. Edwards Deming, um estatístico do Departamento do Censo dos Estados Unidos, para dar palestras sobre métodos relativos ao monitoramento estatístico da qualidade dos produtos de uma empresa. As companhias japonesas deram início a uma cruzada em prol da qualidade, cada qual tentando chegar ao grau mínimo de defeitos (o prêmio nacional para a melhoria da qualidade dos produtos, instituído desde 1951, tem o nome de Prêmio Deming).

Em julho de 1950, Eiji Toyoda foi aos Estados Unidos, onde teve a oportunidade de inspecionar as fábricas da Ford. Embora tenha aprendido muito com a viagem, ficou impressionado pelo fato de que "Detroit não está fazendo nada que a Toyota já não saiba". Mas ele se deu conta de que era possível alcançar os Estados Unidos. Há comparações claras com a situação do século XVI, quando o holandês Jan van Linschoten revelou os métodos de transporte dos portugueses e acabou com o mito de sua supremacia. No entanto, por mais modernas que fossem as técnicas japonesas, ainda tinham um longo caminho pela frente até chegar às economias de escala dos americanos. As fábricas de Detroit estavam com uma produção enorme, para a qual o Japão não era páreo. Mas, à medida que a economia japonesa crescia e o mercado de carros se expandia, os japoneses também passaram a conseguir economias de escala em sua produção.

Ao visitar uma das fábricas de carros dos Estados Unidos, Eiji ficou sabendo que "ninguém da Ford sabe de tudo o que acontece por ali". A declaração ilustrou o quanto os métodos de produção americanos haviam se especializado. As fábricas americanas estavam cheias de indivíduos especializados e concentrados apenas em suas tarefas. Nenhum operário tinha o conhecimento completo do processo como um todo. Ao ouvir isso, Eiji pensou consigo mesmo: "Talvez vocês não tenham ninguém assim na Ford, mas temos na Toyota." É claro que a Toyota era menor, de modo que tinha menos dificuldade de conhecer a totalidade das operações, mas essa diferença também refletia o que estava se tornando uma abordagem distintamente japonesa da produção. Em vez de operários especializados, esperava-se que os trabalhadores japoneses dominassem um grande número de tarefas. Isso lhes dava uma compreensão maior de seu trabalho e da maneira como ele afetava outras atividades da firma.[16] O resultado foi flexibilidade e ausência de problemas de demarcação. Também levou a uma troca de informações e coordenação maiores, de modo que os problemas podiam ser resolvidos por indivíduos que cooperavam e tinham um grau maior de entendimento do que se passava a seu redor. Por exemplo: uma sala de controle de engenharia ficava ao lado da oficina de engenharia e a equipe de profissionais se alternava entre as duas para facilitar a troca de informações e desestimular o desenvolvimento de centros de trabalho isolados. O resultado foi os operários terem plena consciência da maneira pela qual seus atos influenciavam a operação como um todo e adquirirem uma noção melhor dos objetivos comuns que iam além da tarefa que executavam. Essa flexibilidade era um trunfo evidente para uma empresa à medida que o ambiente global entrava em uma fase de instabilidade maior.

Outra consequência do tamanho menor das fábricas japonesas foi a relação íntima entre tecnologia e administração. A administração preferia trabalhar na fábrica, e não em um escritório, o que significava que os diretores ficavam mais perto dos problemas à medida que eles iam acontecendo e podiam enfrentá-los com mais eficiência. Isso também ajudou a diluir as fronteiras entre operário e diretoria, o que levou a um grau de cooperação que fazia um grande contraste com o Ocidente, onde as divisões entre os *blue-collars* e os *white-collars* eram a norma. Os diretores *white-collars* dos Estados Unidos, com seus diplomas de escolas de comércio e faculdades de administração de empresas, operavam em escritórios distantes do chão da fábrica. Operavam como especialistas frios, preocupados basicamente com finanças e controle, mas não tinham a experiência de participação ativa dos gerentes japoneses.[17] Os gerentes americanos exerciam o controle necessário para assegurar a execução dos métodos de produção em massa que haviam adotado, mas a expensas da flexibilidade.

Outra diferença crucial entre o sistema econômico japonês e o americano era o papel do governo. Como a Segunda Guerra Mundial havia destruído qualquer resquício de atividade de mercado, o governo japonês assumiu vigorosamente o papel de planejamento e coordenação que havia tido durante o período pós-Meiji. Em 1946, foi instituída a Diretoria de Estabilização Econômica para criar planos de reconstrução da economia destruída pela guerra, pois era óbvio que não se podia contar com o mercado nessas circunstâncias. Rebatizada mais tarde de Órgão de Planejamento Econômico, ela definiu objetivos de investimento, poupança, emprego, produção e comércio exterior, e criou planos detalhados para o investimento na infraestrutura da nação.

O governo japonês tinha condições de influenciar muito a indústria por meio de seu controle de capital. No fim da guerra, poucas empresas tinham o capital necessário para financiar a expansão, de modo que ficaram dependentes dos bancos, o que levou a uma situação inusitada, na qual as companhias pediam aos bancos empréstimos muito superiores à sua capacidade de pagá-los, resultando em proporções de dívida/patrimônio líquido que os ocidentais considerariam alarmantes.[18] Dado o elevado índice de empréstimos (proporção entre empréstimos e depósitos), os próprios bancos ficaram dependentes do Banco Central (o Banco do Japão). Essa série de relações deu ao Banco do Japão um controle enorme sobre o crédito do país, e o governo usou-o como recurso para o investimento direto. Através do banco, o governo podia escolher os setores e as empresas que receberiam financiamento.[19] Ele criou uma lista de setores com acesso preferencial ao crédito e reforçou essa medida com generosas reservas para depreciação que estimulavam o investimento em determinados setores. Quando eram combinadas aos investimentos do próprio governo, essas medidas permitiram ao governo influenciar profundamente a direção do investimento na economia.

O outro braço crucial da política econômica japonesa era o Ministério do Comércio e da Indústria Internacional (MCII). As políticas do ministério contradiziam o pensamento econômico da época, segundo o qual um país devia ater-se ao que fazia melhor, isto é, à sua vantagem comparativa. Nesse momento, o Japão havia adquirido uma vantagem comparativa em setores que empregavam pouca tecnologia, como a produção de têxteis, mas o MCII percebeu que, se a nação se concentrasse em suas exportações tradicionais, confinaria toda a sua economia a um crescimento lento. Em vez de seguir a lógica predominante e explorar seus pontos fortes, o MCII preferiu nadar contra a corrente e entrar nos setores modernos.[20] Foi assim que a indústria japonesa entrou em um segundo período de tentativa de alcançar o Ocidente.

Para ajudar no processo de modernização, o MCII protegeu sua indústria nascente da competição estrangeira com uma série de medidas, entre as quais o controle das importações, um sistema de cotas, tarifas sobre o comércio de mercadorias e regulamentação da entrada de capital estrangeiro. Também forneceu subsídios, empréstimos baratos e políticas especiais de depreciação.[21] O governo não era a única força propulsora da modernização. "Do operário braçal ao presidente da companhia, todo mundo, de uma forma ou de outra, foi levado de roldão pelo fervor pela inovação e pela educação. Patentes americanas foram compradas, os métodos de administração usados nos Estados Unidos foram estudados e foram introduzidas formas organizacionais desse país."[22]

O MCII tinha plena consciência de que um fator crucial do êxito americano era o tamanho de suas empresas e as economias de escala que elas geravam. O MCII também acreditava que as companhias de grande escala tinham mais condições de promover a mudança técnica. Para criar força competitiva, ele encorajou fusões entre as firmas mais importantes, principalmente em setores de capital intensivo, em que as economias de escala tinham uma vantagem evidente. Mas, em vez de concentrar recursos em um campeão nacional, o MCII promoveu a rivalidade oligopolística, em que um pequeno número de empresas competiam entre si. O MCII orientava o investimento de tal maneira que foi possível evitar a competição exagerada. As empresas não podiam fazer um investimento tão grande que desestabilizasse o mercado.[23] O resultado foi a competição controlada. Essa política preservava a competitividade, uma vez que as empresas procuravam aumentar sua parcela de mercado ao mesmo tempo que diminuíam o risco de investimento excessivo. Quando combinadas com a proteção ao comércio, que gerava um mercado doméstico cativo, essas políticas davam às companhias japonesas uma certeza maior e lucros mais polpudos. Isso lhes permitia índices maiores de investimento e a melhoria da qualidade de seus produtos, o que acabaria por levá-las a conquistar mercados no exterior.

O MCII não aplicou a mesma política em todos os setores. Auxiliou indústrias escolhidas a dedo, que ele acreditava que levariam a um caminho de crescimento acelerado, e, no início da década de 1950, favoreceu o desenvolvimento rápido da energia elétrica, da construção naval, do carvão e do aço. Nos anos seguintes, outros setores foram promovidos, entre os quais a indústria petroquímica, a maquinaria pesada e os automóveis. Em 1957, acrescentou a eletrônica e a borracha sintética e, em 1958, a construção de aviões. Sob a batuta do MCII, a estrutura econômica do país passou da indústria leve, de trabalho intensivo, para automóveis e navios de aço, dos quais o Japão se tornou o maior produtor mundial.[24]

Saber com precisão em que setores investir envolve um grau elevado de previsão de mudanças sociais e tecnológicas. No Japão, isso aconteceu em um grau jamais visto em qualquer outra sociedade.[25] O MCII abriu o diálogo com as indústrias, os cientistas e os tecnólogos universitários, ficando bem-informado sobre os processos em curso. As visões do futuro resultantes daí não foram apresentadas como previsões acuradas, nem como base de planos inflexíveis. Proporcionaram uma direção ampla do progresso econômico e tecnológico, o que deu confiança às empresas na hora de fazer investimentos de longo prazo em pesquisas, desenvolvimento de produtos, softwares, equipamentos e treinamento.

O governo japonês não ditou às empresas o que fazer: operou por meio do consenso. O objetivo era apoiar a iniciativa privada, não substituí-la. O resultado foi uma relação governo-empresas muito diferente daquela do Ocidente. Um observador comenta a situação:

> Muitas vezes, os esforços para produzir nova tecnologia podem ser feitos cooperativamente, em vez de se basear na competição entre as empresas. O governo pode orientar essa atividade de colaboração selecionando firmas com qualificações apropriadas [...] essa relação entre o setor público e privado existe no Japão.[26]

Mas o desenvolvimento de uma relação efetiva entre o governo e as empresas levou tempo, e o MCII foi criticado muitas vezes por ir longe demais. Essa relação íntima entre governo e iniciativa privada fazia um contraste muito grande com a situação dos Estados Unidos, onde havia pouca cooperação. O governo americano manietava a indústria com regulamentações, em uma relação que não tinha o apoio encontrado no Japão.

A economia e a sociedade japonesas foram reformadas pela entrada de tecnologias estrangeiras de produção. A engenharia inversa, em que os produtos estrangeiros eram desmontados para se saber como eram feitos, foi um método crucial de importação de tecnologias. À medida que os produtos iam sendo desmontados, os engenheiros viam como é que eles haviam sido desenhados e fabricados. Isso levou a uma forma integrada de pensar sobre o design dos produtos e o processo de fabricação. O que era muito diferente do que acontecia nos Estados Unidos, onde o design do produto e o processo de fabricação eram considerados funções distintas. Enquanto no Ocidente o desenvolvimento dos produtos passava por uma série de estágios separados, o sistema japonês era mais flexível e os vários estágios eram organizados de acordo com as necessidades do momento.[27]

Enquanto os japoneses desenvolviam sistemas de fabricação mais eficientes e flexíveis, os americanos contentavam-se em usar seus velhos métodos. Não que tenham fechado as portas à inovação; na verdade, recebiam-na de braços abertos; mas a inovação era nos produtos, não na maneira como eram fabricados. Enquanto os americanos dedicavam dois terços de suas despesas com P&D a novos produtos, os japoneses concentravam seu orçamento de P&D nos processos de fabricação dos produtos. A ênfase nos processos e nas instalações da fábrica permitiu aos japoneses reduzir substancialmente os custos de produção e aumentar sua competitividade.

Essas abordagens diferentes refletiram-se na educação. As escolas de comércio e as faculdades de administração dos Estados Unidos ofereciam poucos cursos sobre produção.[28] No fim da década de 1980, só 6% dos diplomas universitários americanos eram de engenharia, enquanto esse número era de 20% no Japão e de 37% na Alemanha.[29] Como os britânicos antes deles, os americanos estavam ficando para trás dos japoneses. Os gerentes americanos, que já haviam sido os melhores do mundo, não estavam equipados com os conhecimentos necessários para perceber os novos rumos que a tecnologia global estava tomando.

No início da década de 1980, Robert Hayes e William Abernathy eram professores de Harvard, provavelmente a principal instituição educacional voltada para o comércio.[30] Eles identificaram um grande número de pontos fracos nos cursos das escolas de comércio dos Estados Unidos. Criticaram os cursos de administração de empresas de seu país por formarem gerentes-gerais sem especialização em nenhum setor ou tecnologia. Os cursos de administração e comércio permitiam aos bacharéis a entrada em uma empresa desconhecida, que geriam por meio de controles financeiros, conceitos de portfólio e uma estratégia voltada para o mercado. Sem experiência prática, concentravam-se mais na redução de custos em curto prazo do que no desenvolvimento da competitividade tecnológica em longo prazo. Essa visão de curto prazo significou que novos empreendimentos arriscados não eram valorizados. Como declarou um gerente: "Por que arriscar dinheiro em novos negócios quando há por toda parte boas oportunidades de obter lucros com pouco risco?" Efetivamente, os mandarins americanos aprenderam a maximizar o sistema em vigor por meio de instrumentos financeiros como retornos do investimento (RDI), usados para avaliar o desempenho dos administradores.

Quando se depararam com a competição recente dos japoneses, os americanos apegaram-se às suas velhas fórmulas de sucesso, em particular os sistemas de produção em massa, as organizações hierárquicas e a crença de que as transações do mercado eram a melhor forma de lidar com concorrentes externos. Um estudo sobre o declínio da produtividade americana, realizado pelo MIT, mostrou que os administradores continuavam usando estratégias obsoletas que tinham dado certo nos áureos tempos:

> Em setor após setor, os estudos da comissão encontraram administradores e operários tão apegados às velhas formas de fazer as coisas que não conseguiam entender o novo ambiente econômico. Desafiados por concorrentes estrangeiros mais fortes e pela produtividade estagnada, reagiram apegando-se mais tenazmente ainda aos modos de produção e organização que associam ao apogeu da supremacia econômica americana. Em certa medida, foi a própria magnitude dos êxitos passados que impediu a adaptação a um novo mundo.[31]

Como os chineses e os britânicos antes deles, os americanos tinham ficado arrogantes por causa de suas muitas façanhas. "O predomínio da ciência e da tecnologia americanas nas primeiras décadas do pós-guerra era tão grande que as companhias conseguiam operar como se os laboratórios americanos fossem os únicos a gerar conhecimentos úteis", e essa atitude os deixou cegos para os progressos que estavam acontecendo no exterior.

Os velhos hábitos de comportamento manifestaram-se em todos os setores da indústria. Nos Estados Unidos, a administração do trabalho confiava nas velhas receitas de sucesso: sistemas de produção em massa que criavam empregos altamente especializados e sem nenhuma flexibilidade. Quando o *know-how* ficou obsoleto, os administradores americanos confiaram no mercado, jogando os operários descartados no mercado de trabalho, onde se procuravam trabalhadores mais adequados. Por outro lado, as companhias japonesas enfrentavam os problemas de qualificação no próprio local de trabalho, onde os operários eram mantidos e passavam por um novo treinamento. Por exemplo: quando novas técnicas de produção em massa foram introduzidas nos estaleiros japoneses, o processo levou à obsolescência de alguns empregos e à necessidade de novas qualificações. Em vez de demitir os operários, os patrões instituíram cursos de treinamento para os trabalhadores que sabiam estar empregados em uma base vitalícia, de modo que eles adotaram as mudanças com pouca resistência. O resultado foi uma redução de 32% nas horas/homem por tonelada de construção entre 1953 e 1956.[32] Com menos medo de perder o emprego, havia menos probabilidade de os operários se oporem à inovação.

Os conflitos no Japão também foram minimizados pelo fato de os sindicatos serem organizados em nível de empresa. Ao contrário do Ocidente, onde os sindicatos foram estruturados com base nas qualificações e nos ofícios, os operários japoneses pertenciam ao sindicato da empresa, independentemente do emprego que tinham. Isso amarrava os sindicatos à firma e reduzia o temor de que uma qualificação qualquer se tornasse redundante. Por isso houve uma abertura maior para a mudança, mesmo quando ela tornava velhas qualificações dispensáveis. Esses sindicatos ajudaram a consolidar a consciência de que a empresa e os operários estavam no mesmo barco e tinham os mesmos objetivos.

Por outro lado, a falta de cooperação era uma característica predominante da economia americana. O estudo sobre o declínio industrial dos Estados Unidos realizado pelo Massachusetts Institute of Technology encontrou pouca cooperação entre as empresas, dentro delas ou entre operários e administradores:

> A iniciativa privada e a competição são os alicerces sobre os quais as economias de mercado são construídas e qualquer coisa que possa solapá-las tende a ser vista com desconfiança. Mas a cooperação e a busca de objetivos comuns também são essenciais. É preciso buscar o equilíbrio entre os dois polos. À medida que o ambiente muda, às vezes a balança também tem de mudar.[33]

No interior das companhias, as velhas formas organizacionais baseadas no controle hierárquico e em indivíduos extremamente especializados não promoviam a cooperação. As hierarquias dificultavam a comunicação e a coordenação, enquanto os operários, concentrados em suas tarefas especializadas, raramente conseguiam ver alguma coisa além de sua tarefa imediata. A ênfase em trabalhadores polivalentes fazia uma falta gritante. Quando as inovações eram introduzidas, em geral se transformavam em ilhas, isoladas do resto da organização que não se envolvera com o processo inicial. É fácil ver as semelhanças com a Índia do século XVIII e a China do século XIX, quando os trabalhadores ficaram tão especializados que não foram introduzidas inovações que exigiam uma visão ampla.

A mentalidade de mercado também influenciou profundamente a maneira de as empresas americanas se relacionarem com os fornecedores. As relações com as companhias que compravam e vendiam seus produtos eram vistas como transações de mercado nas quais os fornecedores recebiam pouca ajuda de seus compradores e, muitas vezes, envolviam-se em negociações competitivas. Por outro lado, as firmas japonesas criaram grandes grupos empresariais em que as companhias estabeleciam relações de cooperação com seus fornecedores que podiam envolver troca de informações e pesquisas, equipe de apoio e capacidade produtiva. A companhia que era o núcleo desses grupos oferecia cursos de treinamento para ajudar a aumentar o nível de qualificação dos trabalhadores, ou oferecia recursos para auxiliar na melhoria desse nível. Essas relações permitiam às companhias centrais implementar inovações sem suportar o peso restritivo de uma burocracia administrativa.[34] Ao mesmo tempo, a competição entre as companhias-satélites aumentava os padrões dos produtores.

Os grupos empresariais japoneses tinham um banco associado a eles que lhes proporcionava uma série de vantagens.[35] Quando uma firma enfrentava problemas financeiros, a reorganização dirigida pelo principal banco podia acontecer antes do que aconteceria se fosse orientada pelo sistema financeiro do mercado, o que ajudava a evitar a falência. Esses bancos tinham horizontes financeiros mais amplos do que acionistas querendo um retorno imediato de seu investimento. Estavam mais interessados em encontrar soluções que mantivessem a empresa funcionando enquanto estrutura viável. O que fazia um grande contraste com os Estados Unidos, onde os bancos operavam através do mercado com um interesse frio e distante.

Havia outras características unificadoras no compromisso dos japoneses com o crescimento. A nação também tinha um sentimento de vulnerabilidade por causa da limitação de sua base de recursos. Nascidos em uma terra de poucos recursos, os japoneses tiveram de criar mudanças e manter-se atentos às transformações do mercado mundial. Outro fator psicológico foi o patriotismo. Nos anos do pós-guerra, o desempenho econômico foi uma maneira de restaurar o orgulho nacional perdido durante o conflito. Os homens de negócios japoneses mostravam grande patriotismo e preocupação com a prosperidade do país em longo prazo.

Essa atitude patriótica pode ser vista na postura de um mecânico de automóveis de Hamamatsu, Soichiro Honda. O Sr. Honda tocou seu negócio de conserto de veículos durante 20 anos; e então, em 1948, começou a produzir motocicletas. Em várias ocasiões a sua empresa chegou perto da falência, mas ele perseverou: "Mesmo que a minha companhia entre em falência por causa da velocidade com que estou expandindo minha fábrica, a fábrica em si vai continuar sendo usada para o desenvolvimento da indústria japonesa. De modo que vou assumir o risco."[36] A perspectiva de longo prazo da qual o Sr. Honda é um exemplo faz um grande contraste com os horizontes de curto prazo dos administradores americanos, sempre conscientes de que é preciso dar um retorno aos investidores. Isso levou à preferência pelos retornos de curto prazo a expensas de investimentos mais longos, um resultado do sistema financeiro baseado no mercado.

A nova forma de fazer negócios levou o Japão ao sucesso, como a efervescência do comércio exterior do país deixou claro. A parcela japonesa das exportações mundiais subiu de 7,8% em 1972 para 8,9% em 1984. O mais impressionante de tudo foi a ascensão espetacular dos fabricantes de carros. Em 1962, os japoneses passaram à frente dos italianos. Em 1964, ultrapassaram a França, a Grã-Bretanha em 1966 e a Alemanha em 1967. Finalmente, em 1980, o Japão surgiu como o maior produtor mundial de carros, apossando-se da coroa que os Estados Unidos usaram durante 50 anos. Esse êxito baseou-se na orientação do governo, nas abordagens cooperativas a problemas comuns a várias empresas, na administração excelente e em um espírito empresarial inspirado no samurai. O resultado final foi um aumento considerável da qualidade do produto e da produtividade. Novas técnicas administrativas, como a "em cima da hora", técnicas de controle de qualidade e todo o conceito de *kaizen* (melhoria constante) permitiram ao Japão reduzir custos e aumentar o valor dos produtos, com os quais conquistou o mundo.

Por outro lado, os Estados Unidos, presos na armadilha das leis governamentais, dos sindicatos e da cultura individualista do livre mercado, perderam a supremacia em muitos setores. Essa economia produziu uma lógica que enfatizava o retorno do investimento, as relações baseadas no mercado e uma competição acirrada. Os americanos nascidos da filosofia do livre mercado desprezavam a intervenção do governo. A seus olhos, os japoneses estavam trapaceando com a quantidade de ajuda que recebiam do governo. Achavam que essa trapaça não levaria a um progresso duradouro e continuaram acreditando que as velhas leis, como a regulamentação antitruste, promoveriam a eficiência e, por conseguinte, o progresso. Mas esse raciocínio ignorava que seus concorrentes não estavam amarrados a essas leis ou velhas formas de pensar.

> Sempre me perguntam se é possível fazer uma pequena fortuna no setor de transportes dos Estados Unidos e sempre respondo: "Sim — se você começar com uma grande fortuna."
>
> Conrad H.C. Everhard, presidente da Dart Container Line

O setor dos transportes foi o primeiro campo de batalha dos valores comerciais: a cultura japonesa de cooperação versus a cultura americana do individualismo do livre mercado. Até a década de 1930, a Dollar Line manteve a supremacia na rota São Francisco-Oriente usando embarcações de excelente qualidade. Mas essa rota havia se tornado um alvo do governo japonês e, para aumentar sua força competitiva, ele incentivou duas de suas empresas, a TKK e a KYK, a se fundirem. Para tornar a fusão mais atraente, o governo deu-lhes um subsídio generoso que lhes permitiria financiar a compra dos novos navios com motor a explosão, necessários para a conquista dessa rota.[37]

Nessa época, a Dollar Line estava sofrendo com a administração perdulária e logo declinou perante o rival japonês fortalecido.[38] Para evitar a falência, a Dollar Line foi absorvida pela Comissão Marítima dos Estados Unidos, de propriedade do governo, que mudou o nome da companhia para American President Lines. Na cultura americana de livre mercado, a maioria acreditava que a administração do governo seria ineficiente. Mas ela liberou a empresa da necessidade de satisfazer os acionistas com lucros imediatos e também eliminou todas as preocupações com lutas pelo poder. A única preocupação da companhia era oferecer um serviço de transporte de boa qualidade. Com uma injeção de capital, boa administração e uma demanda maior por causa da guerra, a empresa ressurgiu forte e lucrativa, produzindo um recorde ininterrupto de eficiência que fazia um contraste muito grande com a maioria das operadoras privadas.[39] Tornou-se a maior empresa de transporte do Pacífico.

Essa não era a única companhia administrada pelo governo. Durante a depressão, o governo juntou os pedaços de um grande número de empresas em condições precárias e transformou-as em entidades lucrativas; mas o governo dos Estados Unidos sabia que o eleitorado não toleraria isso por muito tempo e, quando a guerra terminou, fez de tudo para não se contrapor aos interesses privados. Ao vender a produção excedente dos navios construídos na época da guerra, o governo deu às companhias privadas, inclusive às estrangeiras, a preferência de compra das melhores embarcações. A American President Lines só teve acesso a um modesto programa de compras depois de enterrada toda e qualquer insinuação de socialismo.[40] Reconhecendo que a linha estava algemada, um dos executivos da companhia aproveitou a oportunidade e fundou a própria empresa, a Pacific Far East Line, com uma equipe extraída da companhia governamental. As firmas japonesas rejubilaram-se com o fato de, em vez de enfrentar um rival forte, agora lutarem contra uma competição americana dividida;

seguiu-se uma batalha de tal porte que, em 1953, a Pacific Far East Line foi obrigada a operar com subsídios para conseguir sobreviver.

Outro grande empresário americano nascido da cultura do livre mercado foi Hans Isbrandtsen, um dissidente com pouco apreço pelos subsídios do governo ou por acordos de consórcio. Nos anos imediatamente seguintes à Segunda Guerra Mundial, Isbrandtsen prestou um serviço de Nova York ao Japão através do canal de Suez. Conseguiu uma posição dominante, com a qual seus navios transportavam 26% das cargas japonesas enviadas para o Oriente.[41] Nessa época, um grande número de firmas europeias operava linhas para o Oriente graças à formação de um consórcio. Isbrandtsen acreditava na livre iniciativa e no espírito competitivo. Ignorou os acordos sobre preços e baixou os seus. Os consórcios reagiram baixando seus preços também, e Isbrandtsen baixou os seus novamente, até trabalhar próximo de seus custos operacionais. Os preços caíram verticalmente em uma luta amarga e as coisas chegaram a tal ponto que Isbrandtsen não sabia mais se estava ou não suplantando a concorrência. Em uma tentativa desesperada de acabar com essa guerra, Isbrandtsen foi a Tóquio. Os japoneses foram receptivos, mas as linhas europeias que operavam no consórcio estavam ansiosas por enterrar o furão. Isbrandtsen foi derrotado e morreu de ataque cardíaco. A linha que saía do Japão com destino ao Oriente foi cancelada, uma consequência de sua independência agressiva e crença na competição acirrada. Por fim, os navios japoneses praticamente conquistaram o monopólio do transporte de seu país e logo se propuseram enfrentar os navios americanos em áreas do mundo antes consideradas reservas dos Estados Unidos.

Há outros exemplos em que a cultura da livre competição criou deficiências econômicas. As companhias americanas voltadas para o mercado operaram frequentemente em resposta a sinais de curto prazo do mercado, o que as deixou deficientes em termos de longo prazo. Por exemplo: a Guerra da Coreia criou uma demanda colossal por transporte de cargas e levou a um dilúvio de investimentos. Muitas companhias americanas levantaram empréstimos para comprar navios e acabar descobrindo, quando a guerra terminou, que haviam ficado com dívidas enormes e excesso de capacidade. À medida que os anos foram passando e as embarcações foram ficando obsoletas, as companhias de transporte descobriram que não dispunham do capital necessário para substituir seus navios cada vez menos competitivos.

O ciclo de *boom*/depressão gerado pela Guerra da Coreia também afetou as linhas de transporte japonesas, mas o governo foi em seu socorro, oferecendo empréstimos com juros baixos a projetos de transporte aprovados por ele. Dado o grau de endividamento do setor, o governo adquiriu muita influência no sentido de dirigir o investimento desse ramo de atividades. Os subsídios eram vinculados à compra e à construção de novos navios.[42] Por isso, apesar das condições financeiras dificílimas, a frota do Japão continuou na vanguarda do progresso tecnológico. O esquema de subsídios era administrado com flexibilidade, adaptando-se às mudanças à medida que elas aconteciam. A prioridade máxima foi dada aos paquetes, pois muitos acreditavam que eles tinham as melhores condições de satisfazer as necessidades de exportação da indústria leve japonesa. Mas, à medida que a economia doméstica se reestruturava, suas necessidades de transporte mudaram. Em particular, as indústrias de engenharia pesada e química estavam tendo um crescimento rápido, o que gerou uma demanda enorme por navios muito grandes que transportassem cargas pesadas como minério de ferro e petróleo. A política do governo mudou para se acomodar a essas alterações.

A tendência japonesa de construir navios cada vez maiores e mais especializados estava sendo um complemento muito importante para os acontecimentos do exterior. Em 1956, as hostilidades no Oriente Médio levaram ao fechamento temporário do canal de Suez, de modo que os navios foram obrigados a percorrer todo o caminho ao redor da África para chegar aos campos de petróleo da Pérsia e da Arábia. Isso aumentou os custos do transporte, de modo que petroleiros maiores e mais econômicos passaram a ser construídos para compensar o aumento dos custos. Depois que o benefício de redução de custos dos grandes navios se tornou realidade, o movimento no sentido de construir embarcações maiores ganhou vida própria. As políticas do governo japonês foram sensíveis a essas mudanças. Mas não se deve exagerar a sabedoria do governo japonês.

O mercado estava mudando para um tipo de navio no qual os japoneses estavam começando a se especializar. Era uma forma de mudança favorável do mercado, não muito diferente daquela que houve no oceano Índico durante o século XVIII, quando o mercado passou a adotar um navio no qual os ingleses haviam se especializado.

Enquanto os japoneses se modificavam com o tempo, a visão empresarial americana não conseguia perceber o fim dos paquetes de passageiros. A visão empresarial foi prejudicada imediatamente depois da guerra por uma escassez aguda de veículos de passageiros; no entanto, o mais importante foi os americanos não terem conseguido perceber a mudança no mercado que resultou da redução dos imigrantes que atravessavam o Atlântico e do progresso da aviação. Um grande número de empresas americanas, entre as quais a American Export Lines, a Moore McCormack e a United States Lines, todas sofreram por causa de seu apego aos paquetes. Os passageiros e os imigrantes sempre haviam sido um componente de peso do transporte americano. Os japoneses nunca tiveram esse tipo de experiência com imigrantes; sua maior preocupação era suprir suas ilhas (felizmente, surgiu a possibilidade de fazer uso dos paquetes americanos graças à demanda crescente por cruzeiros de inverno no Caribe ensolarado).

Uma parte do setor em que os americanos assumiram inicialmente a liderança foi o mercado de petroleiros. Durante a Segunda Guerra Mundial, a Comissão Marítima dos Estados Unidos formou a maior frota de petroleiros do mundo e sua parcela de mercado era tal que ela estava em condições de impor seus preços de frete. Os concorrentes estrangeiros preferiram deixar seus preços subirem e alcançarem os da Comissão a tentar vencer esse rival forte baixando os seus.[43] O Ministério da Fazenda dos Estados Unidos estava tendo lucros espetaculares de 20 milhões de dólares mensais graças a essa postura. Mas a força operacional, a lucratividade e a eficiência da Comissão Marítima eram irrelevantes em uma cultura baseada na livre iniciativa. Os americanos não tolerariam empresas estatais. O governo foi obrigado a vender seus navios para o setor privado (salvo os navios mantidos para dar apoio naval).

A tarefa de defender a parcela de mercado do setor de petroleiros recaiu sobre um grupo heterogêneo de recém-chegados, chamados de "os independentes". Os operadores estrangeiros que haviam relutado em conquistar a parcela de mercado da Comissão não hesitaram em nocautear seus novos concorrentes americanos um após outro. Com custos operacionais mais baixos, as companhias estrangeiras reduziram seus preços a níveis com os quais os americanos não tinham condições de competir. Desesperados, os independentes, que antes haviam pressionado o governo para encerrar as atividades da Comissão Marítima, agora corriam até ele pedindo socorro. A Guerra da Coreia deu-lhes certo alívio, pois aumentou a demanda por serviços de transporte.

Não demorou muito para acontecer um outro exemplo em que o mercado deixou de gerar uma eficiência duradoura. Quando o canal de Suez aumentou a demanda por petroleiros, um grande número de investidores privados dos Estados Unidos logo fez encomendas dessas embarcações para aproveitar os preços altos, que acabaram desembocando em uma queda brusca do valor dos petroleiros depois que o canal reabriu em 1957. Os investidores americanos continuaram respondendo aos sinais do mercado e, quando este os frustrou, eles culparam a competição injusta do governo, escolhendo como bode expiatório a frota que a Marinha operava com objetivos próprios. Como declarou La Pedraja, que estudou o transporte americano durante esse período:

> [...] querendo enriquecer depressa, os especuladores pouco conheciam da história volátil dos petroleiros, nem queriam conhecer; mais uma vez ofereceram capital quando não era aconselhável, enquanto em outras situações vividas pelo setor de transporte não houve investimento nos navios e nas instalações indispensáveis.[44]

O independente mais bem-sucedido de todos foi Daniel Ludwig. Nascido em uma família bem próspera, o pai, o avô e vários tios tinham sido capitães de navios ou construtores navais. Ludwig ganhou uma valiosa experiência no setor trabalhando primeiro para um fabricante de velas de navios e depois como engenheiro naval. Foi essa experiência que o diferenciou de muitos outros independentes que eram meros investidores reagindo aos sinais do mercado. Fundou sua primeira firma durante a Primeira Guerra Mundial, um momento perfeito, dado que os preços elevados da época da guerra estavam proporcionando grandes lucros, mas suas primeiras atividades comerciais não foram tão bem-sucedidas assim. Foi só quando ele estava chegando aos 40 anos é que conseguiu usar sua experiência para entrar no mercado florescente do petróleo.

Ludwig foi um pioneiro de muitas práticas comerciais novas. Foi um dos primeiros a construir um petroleiro assinando um contrato para transportar petróleo para uma companhia petrolífera e a fazer empréstimos junto aos bancos com base nos ganhos garantidos pelo contrato. Foi assim que ele adquiriu petroleiros sem pôr um centavo do seu bolso nas transações.[45] Também esteve na vanguarda de muitos outros processos novos que os britânicos demoraram a valorizar. Sua empresa, a National Bulk Carriers, havia introduzido um novo tipo de petroleiro, o OBO, que conseguia transportar minério, grandes volumes de carga e petróleo. Nessa época, os cargueiros que transportavam minério em geral eram embarcações pequenas que levavam a carga a seu destino no exterior, onde descarregavam e voltavam vazias. Um navio mais versátil poderia voltar com cargas diferentes, daí o êxito do OBO. Esse navio permitiu a Ludwig entrar em novos mercados, entre os quais o de transporte de carvão, minérios e cereais. Também dava retornos mais elevados, pois agora a embarcação levava cargas tanto na ida quanto na volta da viagem. Ludwig procurou construir navios maiores, plenamente consciente de que, quanto maior a embarcação, tanto menores os custos operacionais. No fim da Segunda Guerra Mundial, essa companhia tinha a quinta maior frota de petroleiros dos Estados Unidos e ele tinha um estaleiro perto de Norfolk, Virgínia.

Ludwig também tomou consciência de que os lucros fabulosos do setor dos petroleiros eram ganhos com o transporte de petróleo do Oriente Médio para os Estados Unidos. Os magnatas do transporte grego, Aristóteles Onassis e Stavros Niarchos, estavam indo bem nessas rotas usando navios excedentes da época da guerra, comprados ao governo dos Estados Unidos, que licenciaram em lugares como a Libéria, para escapar das leis americanas. Ludwig queria alcançar os gregos e, para isso, no início da década de 1950, seus navios passaram a viajar com a bandeira panamenha e ele conseguiu reduzir seus custos empregando trabalhadores estrangeiros. As condições a bordo de seus navios eram atrozes e ele ficou célebre por causa de sua avareza; os marinheiros evitavam trabalhar para ele o máximo possível.

As atividades comerciais de Ludwig não se restringiam ao transporte. Ele diversificou e participava de um grande número de atividades internacionais, como a construção de refinarias e a perfuração de poços. Seus investimentos em petróleo lhe permitiram usufruir um *boom* industrial à medida que um número cada vez maior de americanos passou a depender de carros e de caminhões para o transporte. Apesar disso, ele fechou seu estaleiro americano na Virgínia e abriu outro no Japão, mais uma vez para escapar dos elevados custos dos Estados Unidos. Em 1951, assinou um contrato de dez anos com o governo japonês para assumir o antigo estaleiro de Kure, em Hiroshima. O contrato especificava que construtores navais e engenheiros japoneses deviam ter livre acesso ao estaleiro e permissão para examinar todos os aspectos de seu processo de construção. Essa cláusula desempenhou um papel importante na modernização dos estaleiros japoneses com as melhores técnicas de solda e construção com blocos do mundo. Ludwig ajudou os japoneses a obter *know-how*, com o qual depois eles suplantariam os americanos.

A decisão de Ludwig de licenciar seus navios com bandeiras estrangeiras logo foi copiada por outros donos de petroleiros, entre as quais as empresas petrolíferas. Em uma nova fase de comércio globalizado, essas companhias compravam seus navios na Ásia, ou em qualquer outro lugar que quisessem. Podiam usar trabalho de baixo custo do fornecedor mais barato do momento, além de ficarem liberadas dos altos padrões de segurança e design que o governo dos Estados Unidos impunha a suas embarcações. A Libéria, o Panamá e Honduras tornaram-se bandeiras de conveniência com as quais os petroleiros americanos viajavam então. A proporção de importações de petróleo transportadas por petroleiros com bandeira americana caiu de 81% em 1945 para 4% em 1961.

A fuga para essas bandeiras estrangeiras poderia ter sido interrompida se os americanos tivessem introduzido inovações que reduzissem custos, principalmente os de mão de obra, mas o trabalho organizado, interessado em conseguir sua parte no bolo, havia se tornado uma grande força no setor. Em 1936, os marinheiros americanos ganhavam pouco mais do que os operários de fábrica dos Estados Unidos; mas, no fim da década de 1960, ganhavam quase 200% mais do que seus congêneres fabris. Em terra, os sindicatos acabavam com a competitividade do setor e impediam as companhias americanas de aproveitar plenamente as inovações tecnológicas. Por exemplo: embora houvesse necessidade de apenas sete homens para carregar e descarregar contêineres, os donos de navios da Costa Leste tinham de empregar um grupo de 21.[46]

Uma tecnologia que poderia ter reduzido os custos do trabalho era a automação. Embora os americanos tenham tido um grande desenvolvimento na área da inteligência artificial, demoraram a transferi-lo para o setor de transportes. A demora americana em adotar a automação a bordo de seus navios já foi descrita como "um enigma incongruente". Mas, ao adotar tecnologia marítima, "é necessário prestar atenção ao ambiente em que ela vai operar", e a hostilidade dos sindicatos era um fator que limitava certos progressos, particularmente o manejo da carga.[47]

Talvez valha a pena comparar a adoção da automação nos transportes pelos americanos com sua adoção igualmente lenta da tecnologia robótica em outros setores. Uma razão importante para a demora da adoção de robôs por companhias americanas é que elas esperavam um retorno de 30% em relação a seu investimento, ao passo que os japoneses estavam dispostos a aceitar um retorno de 20%. Se os japoneses tivessem feito as mesmas exigências dos americanos, seu investimento nessa tecnologia teria sido metade do que foi.[48] Isso mostra mais uma vez o problema de confiar no RDI (Research, Development, and Inovation) [Pesquisa, Desenvolvimento e Inovação]. Além de paralisar a inovação, quando surgem novos concorrentes os antigos investidores podem ser obrigados a aceitar temporariamente uma taxa de retorno mais baixa, uma medida que os controles financeiros dificultam.

Os custos crescentes do trabalho também foram problema para os japoneses, embora eles tenham conseguido introduzir uma série de inovações para reduzi-los, em particular o primeiro navio do mundo a ser construído de forma inteiramente automatizada em 1961. Embora ambas as nações tenham enfrentado o mesmo problema, os japoneses tiveram êxito com essa tecnologia por causa da natureza de seu sistema econômico. Ele foi resultado da cooperação entre os construtores navais japoneses, os donos dos navios e os sindicatos, que aceitaram as mudanças apesar de elas pouparem trabalho.[49] O avanço tecnológico e a fusão não teriam acontecido sem a colaboração dos sindicatos. Embora o sindicato dos marinheiros tenha um passado de poucas greves, em comparação com outros sindicatos japoneses, em geral ele foi realista ao aceitar a tecnologia e as medidas de racionalização, vendo-as como oportunidades de barganhar condições melhores, o que foi facilitado pelo emprego vitalício, que cria uma base sólida para a identificação do operário com a empresa. Por causa disso, o Japão conseguiu uma redução mais rápida do uso da mão de obra do que qualquer outro país, assim como a introdução de tipos mais sofisticados de embarcações. Isso permitiu à indústria japonesa manter sua competitividade internacional, mesmo que os custos do trabalho estivessem aumentando muito. Em todas as áreas da competição, os japoneses ganharam força com a cooperação. As companhias japonesas tinham o hábito de ajudar umas às outras por meio da troca de informações e, já em 1955, oito linhas japonesas começaram a cobrar o mesmo preço de frete. Os donos de cada uma delas diziam que o mesmo preço era mera coincidência, mera consequência de usarem as mesmas técnicas de definição dos preços. Admitiam fazer um ou outro almoço de negócios juntos, mas esses encontros eram apenas um hábito de antes da guerra, "para aumentar nossos conhecimentos com a troca de informações em uma reunião puramente social".[50] Para os americanos, isso era fraude e, se tentassem fazer a mesma coisa, seriam punidos pelas leis antitruste.

O governo japonês reconhecia que uma competição muito acirrada seria contraproducente e incentivou a formação de consórcios para racionalizar a comercialização e as viagens. Em outros momentos, promoveu a fusão pura e simples, embora ela nem sempre fosse muito popular, pois muitas empresas queriam preservar a identidade e a autonomia. A maior tentativa de reduzir o excesso de competição foi depois de 1962, quando o Conselho de Racionalização do Setor de Transportes e Construção Naval produziu um modelo de reconstrução influenciado pela experiência das firmas britânicas de transporte do início do século XX, quando elas se fundiram para formar grupos maiores. A proposta japonesa era formar aglomerados de companhias-satélites em torno de uma empresa que seria o núcleo. A participação na reestruturação era incentivada com a ajuda financeira do governo.

Embora a reconstrução significasse que algumas companhias sofreriam restrições indesejadas e tenha levado a alguns atritos entre os operários das firmas em processo de fusão, as uniões deram certo. Organizaram-se em seis grandes grupos (entre os quais o NYK e o Mitsu-OSK) 90% da frota marítima do Japão. A competição reduzida colocou as empresas em uma situação financeira melhor. As companhias de transporte que se fundiram ficaram mais diversificadas, operando um grande número de navios — de passageiros, de cargas, petroleiros e até cargueiros especializados —, o que deu maior flexibilidade para enfrentar as mudanças do ambiente comercial. Também fortaleceu a posição das empresas frente aos sindicatos, gerou economias de escala e deu a elas melhores condições para levantar grandes quantias de capital a taxas de juros mais baixas. Essas empresas tiveram condições de distribuir mais os riscos e tinham mais recursos para obter acesso a clientes vitais. Por fim, permitiu-lhes recorrer a grandes embarcações, que modelariam o futuro do setor. Essas vantagens as fortaleceram muito *vis-à-vis* os concorrentes americanos, que não podiam se fundir devido à lei antitruste. A reestruturação do setor teve grande êxito e, em setembro de 1967, todas as companhias estavam pagando dividendos.[51]

O setor mais estável e fortalecido financeiramente que surgiu depois desse processo estava em condições melhores para implementar mudanças tecnológicas e assumir riscos. Uma mudança tecnológica que não teria sido possível sem a reorganização foi a conteinerização, cuja introdução também foi possibilitada pela intervenção do governo. Ele criou grupos de contêineres para eliminar o excesso de competição e, mais uma vez, a assistência financeira foi o que induziu a cooperação. Em 1973, redes de contêineres operavam em todas as rotas importantes do Japão. Mais um caso de cooperação do governo que deu certo.

Enquanto o governo japonês incentivava a cooperação, o governo americano incentivava a competição. Vimos o quanto a legislação antitruste negou aos americanos a chance de criar empresas mais competitivas por meio de fusões.[52] A lei americana baseava-se na lógica da competição do livre mercado. Como observa La Pedraja,

> [...] um apego emocional a uma forma idílica de livre mercado impediu os Estados Unidos de combinar seus recursos para colher os benefícios comerciais gerados por uma frota mercante no comércio exterior. Em vez disso, o governo preferiu subsidiar concorrentes, dilapidando recursos em uma rivalidade dispendiosa.[53]

O governo americano não incentivou a cooperação, nem o avanço técnico e, à medida que o tempo foi passando, a administração governamental do transporte foi ficando cada vez mais ineficiente. Desempenhou um papel importante no declínio do setor. O sistema de subsídios do governo logo ficou obsoleto e restringia seus beneficiários a rotas comerciais e *modus operandi* antiquados. Como observa Whiteburst, ele também amarrava as companhias americanas a condições restritivas que aumentavam os custos e limitavam a competitividade:

> Primeiro, os Estados Unidos exigem um contato permanente por meio do rádio e do telégrafo. O que, por sua vez, exige o emprego de dois funcionários adicionais para operar o rádio, a um custo mensal de 9.800 dólares. Ter um médico a bordo de um navio de passageiros não é uma exigência dos contratos internacionais. Mas, nos navios com bandeira americana que transportam mais de 49 passageiros, é preciso ter um médico. Tradicionalmente, quando um navio americano recebe o certificado de navio de passageiros e transporta mais de 12 pessoas, leva também um médico. O custo mensal adicional é de 1.600 dólares.[54]

As regulamentações americanas constituíram um atraso histórico por não reconhecerem os avanços da navegação e das comunicações. Os navios eram muito mais rápidos e seguros do que quando a regulamentação foi promulgada, ao passo que agora é possível obter diagnósticos e recomendações de tratamento médico por meio dos computadores. Por outro lado, os donos dos navios japoneses conseguiram reduções de custos significativas nessa área. Em comum acordo com seus sindicatos, eliminaram a necessidade de os navios terem um médico a bordo em 1962 e reduziram o número de operadores de rádio de três para dois. Também houve uma mudança completa na maneira de determinar o volume necessário de mão de obra. Antes o número de tripulantes era fixado para o setor como um todo e dependia do tamanho e do tipo dos navios. Agora os donos dos navios determinam esse número depois de consultar os sindicatos.

Teoricamente, os subsídios do governo e os empréstimos favoráveis deveriam ter facilitado a vida das companhias de transporte dos Estados Unidos, mas eles se faziam acompanhar da restrição de que os navios utilizados precisavam ter sido construídos em estaleiros americanos. O valor dessa restrição era grande, considerando que um navio americano médio que transporte contêineres custa 118 milhões de dólares, enquanto o mesmo modelo construído no Japão custa 61 milhões.[55] A proteção do governo só reduziu a necessidade de os construtores navais americanos serem eficientes.[56]

A necessidade de mudança resultou na substituição da Comissão Marítima dos Estados Unidos por um grande número de juntas e conselhos que reconheciam as diferentes funções da administração e da regulamentação. Mas não interrompeu o processo de decadência. A Comissão Marítima Federal, criada em 1961, tornou-se o paraíso dos advogados com suas regras cada vez mais complexas. As salvaguardas impostas para impedir os abusos do passado geraram muita papelada e atrasos que neutralizaram parcialmente os benefícios dos subsídios. Em vez de responder rápida e efetivamente, ela caiu gradativamente em uma mentalidade quase jurídica, com procedimentos judiciais inoportunos e desajeitados.[57]

Em 1966, a parcela do comércio exterior marítimo dos americanos que era transportada em navios com a bandeira dos Estados Unidos caiu para 7,2%, depois de um apogeu de 57,6% em 1947. No início da década de 1980, caiu ainda mais, chegando a 4%.[58] Os americanos ainda possuíam um grande número de embarcações que viajavam com bandeiras estrangeiras e que não eram licenciadas em seu país nem empregavam tripulação americana. Foi um novo período de globalização em que as nações nas quais vigoravam os altos salários agora distribuíam seus investimentos produtivos pelo mundo inteiro a fim de manter a competitividade dos custos.

Apesar de ser uma nação que paga salários altos, o Japão conseguiu manter sua posição durante mais tempo, usando novas formas de produção que deram um valor substancialmente maior ao dinheiro dos consumidores. Os novos métodos japoneses foram aplicados a setor após setor, criando camadas de superioridade industrial. O êxito japonês no transporte repetiu-se na construção naval, no aço, nos automóveis e na eletrônica. Os japoneses descobriram novas maneiras de criar valor e reduzir custos e, com isso, geraram uma onda de crescimento econômico que levou o povo japonês a um novo patamar de prosperidade.

14

UM MUNDO EM PROCESSO DE TRANSFORMAÇÃO ACELERADA

Os negócios mudaram o mundo para sempre e o ritmo da mudança está aumentando exponencialmente. Só se passaram 40 anos desde que o célebre economista John Kenneth Galbraith escreveu que o empresário americano era uma "figura cada vez menor", substituída pelos "tecnocratas", homens e mulheres que dirigiam as empresas. Com a perda dessas dinâmicas personagens econômicas, a indústria americana parece estar em decadência.

Em 1979, Ezra Vogel publicou o best-seller *Japan as Number One* [Japão, o número um], no qual reconhecia que havia ocorrido uma mudança na supremacia industrial. Durante a década seguinte, companhias como a Sony, a Honda, a Toyota e a Toshiba levaram de roldão tudo quanto estava à sua frente. Os japoneses apropriaram-se dos setores do automóvel, do aço, da construção naval e da eletrônica de consumo, enquanto o "cinturão de ferrugem" transformou-se em um novo termo geográfico que designava a região que um dia foi o coração industrial dos Estados Unidos. Com sua riqueza recém-adquirida, os japoneses começaram a comprar os símbolos americanos. Em sua lista estavam o Columbia Studios, o campo de golfe Pebble Beach e o Rockefeller Center de Nova York. O Japão parecia invencível.

Mas, na década de 1990, o crescimento do Japão deparou-se com um obstáculo imprevisto e duas causas sobressaíram. A primeira era a estrutura social subjacente à economia. As relações hierárquicas e as pessoais haviam disfarçado um grande número de ineficiências que precisavam ser resolvidas: mais um exemplo do quanto o atraso histórico das estruturas sociais afeta o caminho tomado pela economia. A segunda causa também era familiar. Toda onda de crescimento das nações tem suas bolhas de especulação. Vimos o caso dos holandeses no século XVIII, quando, em lugar de aplicar seu dinheiro em empreendimentos produtivos, muitos investidores preferiram especular com os preços altos das tulipas, com resultados devastadores para os envolvidos. Os Estados Unidos tiveram muitas fases especulativas, sendo a mais espetacular de todas aquela que aconteceu no fim da década de 1920, quando a especulação no mercado de ações levou à quebra de Wall Street em 1929.

No início da década de 1990, a febre especulativa tomou conta do Japão, e os investidores especularam não com ações ou tulipas, mas com terras. Em 1985, o Ministério da Fazenda do Japão baixou as taxas de juros, o que facilitou a tomada de empréstimos e a compra de terras. Com muito dinheiro para emprestar, os bancos relaxaram nas suas exigências e muitos empréstimos foram feitos na base das relações pessoais. Os japoneses fizeram muitos empréstimos e, com tantos compradores no mercado, os preços dos imóveis foram às nuvens. Os proprietários de terras gostaram de ver o valor de seus bens aumentar e logo perceberam que poderiam usá-los como garantia para tomar empréstimos e comprar mais terras. O resultado foi uma espiral de preços inflacionados da terra e das dívidas. Os preços da terra subiram tanto que começaram a dizer que o valor dos jardins do Palácio Imperial do centro de Tóquio era equivalente a todo o estado da Califórnia, ou a todo o Canadá. É claro que todas as bolhas acabam estourando e a quebra inevitável aconteceu. O Japão entrou em uma crise econômica com um excedente de construção civil, dívidas elevadas e um setor financeiro abalado. Preservou as capacidades produtivas que havia construído, mas sua onda econômica descarrilhou.

As ondas econômicas nunca são homogêneas. Sempre têm suas bolhas e seus fermentos de investimento especulativo que não fazem nada em favor da melhoria das capacidades produtivas de um país. Por mais óbvio que o desperdício seja aos olhos de qualquer observador, elas nunca deixam de seduzir os investidores dispostos a especular nos mercados. Os seres humanos são atraídos por uma nova fonte de riqueza como gafanhotos por um campo de trigo, todos querendo a sua parte. Durante o processo, há muita destruição. É notável que enquanto o Japão estava passando por sua crise, os Estados Unidos estavam com o próprio surto de especulação do mercado "ponto.com". Felizmente, o Federal Reserve System (Fed) [Banco Central americano], sob a liderança de Allan Greenspan, adotou uma política monetária inteligente que aumentou as taxas de juros e impediu que a bolha chegasse às alturas vertiginosas do Japão.

O Japão não é mais a estrela que está subindo no Oriente. Duas potências antigas estão novamente em ascensão. Um estudo recente[1] reconhece que uma China e uma Índia revitalizadas podem acabar substituindo os Estados Unidos como as nações mais poderosas da Terra e os Estados Unidos se tornariam uma potência de segunda grandeza. Há duas forças por trás dessa mudança: suas populações maiores e o crescimento econômico. Esse estudo, realizado por Emilio Casetti, da Universidade Estadual de Ohio, fez uma série de projeções e elas mostraram que, em primeiro lugar, a China se tornaria tão poderosa quanto os Estados Unidos. A projeção de paridade mais próxima seria para 2014 e a mais distante, para 2050. O americano médio ainda vai ser muito mais rico do que o chinês médio; mas, graças à população mais numerosa, a economia chinesa vai ser do mesmo tamanho da americana e vai ter condições de dispor do mesmo volume de orçamento militar.

Mais preocupante para os americanos era que, em um dado momento, a China vai suplantar dramaticamente o poder dos Estados Unidos. No futuro, é de se esperar que suas posições se invertam. Casetti fez uma série de projeções para determinar quando a China vai obter sobre os Estados Unidos uma vantagem semelhante àquela que os Estados Unidos tiveram sobre a China em 1995. A projeção mais próxima para essa inversão sugere que a China pode chegar a ser o número um já em 2032. A ideia de que ainda durante nossa vida os Estados Unidos deixem de ser a maior potência mundial tem uma série de implicações para a dinâmica global, mas não é um dado.

O crescimento da China tem sido impulsionado pelos mesmos processos que analisamos ao longo deste livro, um processo de imitação e aquisição de capacidades durante o qual ela está obtendo o *know-how* para fabricar produtos que vão ser levados para os mercados do mundo. Entre 1978 e 1999, a economia chinesa cresceu em média 9,5% ao ano. A ironia é que grande parte desse crescimento se deve, na verdade, às nações ocidentais que estão introduzindo atividades produtivas estrangeiras no país. No início do século XXI, a China foi a nação que mais recebeu investimento estrangeiro direto, o que está alimentando sua modernização tecnológica.[2]

Para a China ultrapassar dramaticamente os Estados Unidos, ela ainda precisa passar por um processo de inovação e, no momento, ela não tem o investimento necessário em ciência e educação para conseguir isso. Mas as coisas estão mudando. Em 1964, o índice de analfabetismo da China era de 52%; em 1999, havia caído para 17%. O investimento em educação, tanto o público quanto o privado, está crescendo, e aqui também as nações estrangeiras estão ajudando no processo, fundando universidades na China e levando estudantes chineses para sua terra natal. Apesar disso, a China tem um longo caminho pela frente e é improvável que suplante os Estados Unidos em uma base *per capita* em um futuro próximo.

É claro que há outros problemas que podem afetar o crescimento da China. Em primeiro lugar, uma população que está envelhecendo rapidamente vai afetar a produtividade de sua força de trabalho. Em segundo lugar, tem recursos limitados. Em terceiro, passar para uma economia inovadora mais dinâmica vai exigir reformas institucionais e legislativas às quais o governo pode resistir, inclusive em áreas como propriedade intelectual, movimento de liberalização do povo e dos recursos e a própria estrutura do governo. A economia chinesa vai acabar chegando a um tamanho que vai exigir mudanças também nas formas administrativas. Se a China quiser chegar à supremacia, vai ter de considerar uma descentralização e uma democracia maiores. Finalmente, a China vai passar por dores de parto e pelas bolhas que estudamos neste livro. Elas vão retardar o ritmo do progresso.

Nem todas as mudanças no interior da China foram positivas. O crescimento econômico não tem sido homogêneo e o movimento em favor de uma economia de livre mercado viu muitos antigos funcionários públicos perderem o cargo, deixando a nação com uma taxa de desemprego excepcionalmente elevada de 17%. Mais alarmante ainda é o efeito sobre o meio ambiente. Em 2005, o Ministério dos Recursos Hídricos declarou que 70% dos rios e lagos da China estavam poluídos e que mais de 400 mil pessoas morrem todos os dias por causa da poluição do ar. Esses problemas podem ter chegado a seu extremo na China, mas refletem forças que também atuaram no Ocidente. Os Estados Unidos continuam sendo o maior produtor de gases com efeito estufa.

A ascensão da China e da Índia levanta uma questão: será que o Ocidente vai chegar a níveis de empobrecimento vistos no Oriente no último século? Será que o Ocidente vai conseguir escapar das armadilhas que levaram outras nações à ruína? Parece uma pergunta boba de se fazer em uma época em que os Estados Unidos foram revitalizados por novos setores que estão levando a uma nova época de progresso industrial. A década de 1990 foi um período de crescimento saudável das economias americana e britânica à medida que as tecnologias da informação (TI) e as biotecnologias se consolidaram. A revolução da TI ajudou a aumentar enormemente a produtividade em um grande número de setores e aumentou o acesso à informação, o que levou os mercados a funcionar com mais eficiência e a reduzir os custos das transações. Aumentou a eficiência da administração da cadeia de fornecedores e melhorou a comunicação entre consumidores e fabricantes. A revolução da TI também gerou produtos, sendo a internet o mais espetacular deles; e os empresários, cuja extinção havia sido prevista por Galbraith, ressurgiram.

Sob essa luz, alguns podem dizer que a decadência da economia americana, discutida nos dois últimos capítulos, foi apenas um ajuste temporário, um reflexo da eficiência do livre mercado enquanto os Estados Unidos descartavam aquelas indústrias nas quais não tinham mais condições de competir devido a seus elevados custos de trabalho. Mas esse argumento tem uma série de pontos fracos. Em primeiro lugar, ignora o fato de que os custos do trabalho japonês também subiram substancialmente nesse período. O Japão ainda avançava e mantinha sua posição em muitos setores apesar dos custos altos de sua força de trabalho. Esse argumento também ignora uma questão vital: por que os Estados Unidos estagnaram nessas indústrias enquanto o Japão continuou inovando e introduzindo novas formas de aumentar o valor de seus produtos e reduzir os custos graças a um processo de aperfeiçoamento constante? O outro detalhe a observar é que o *boom* americano ocorreu na década de 1990, depois do colapso de muitos setores. Não foi uma situação em que os recursos foram retirados de setores decadentes e transferidos para setores em ascensão em decorrência de sinais do mercado. As indústrias americanas decaíram por causa da competição superior e o país sofreu uma grande desestruturação durante o processo. É claro que muitas indústrias do cinturão de ferrugem entraram em colapso por ter caído na armadilha de seus velhos hábitos de comportamento em uma época em que os concorrentes estavam passando por um processo de modernização e inovação.

O fato de a força econômica americana ter alcançado novas alturas recentemente, graças a novas tecnologias, sugere que a armadilha em que ela caiu tem os seus limites. Parece que o sistema educacional dos Estados Unidos não foi atingido por inteiro e mostrou capacidade de adaptação ao novo. Talvez a regeneração americana também reflita a diversidade do sistema econômico do país. O número de tecnologias de produção usadas e de artigos fabricados é muito maior do que aquele que existiu no Guzerate, por exemplo. É notável que os japoneses não tenham querido competir em todos os setores de que os Estados Unidos participam. O avanço japonês aconteceu em um número limitado de indústrias, principalmente a eletrônica, os automóveis e o aço. A economia japonesa não é nem de longe tão diversificada quanto a americana, de modo que não foi possível lançar um ataque frontal.

Outros fatores podem estar em ação para reduzir as chances de uma estagnação futura, principalmente nosso maior domínio da administração das mudanças. Nos últimos 20 anos, o estudo da administração produziu uma série de textos sobre a maneira de implementar mudanças. No entanto, mesmo com os conhecimentos mais recentes a respeito dos processos psicológicos, sociais e organizacionais, a introdução de mudanças não está isenta de armadilhas. Por exemplo: David Collins[3] identificou dificuldades enfrentadas pelos administradores na hora de impor suas ideias de mudanças a outros quando essas ideias entram em conflito com processos sociais arraigados. Os programas de mudança enfrentam crenças e atitudes que foram impressos na sociedade por meio de um processo de reforço cultural. O comportamento que foi aprendido e reforçado ao longo dos anos pode ser muito difícil de mudar, principalmente quando esse comportamento ajudou a criar grupos muito coesos.

A administração da mudança está incrustada em questões de política, conflito e controle. Os defensores da mudança organizam-se contra os oponentes em lutas repetidas e alianças efêmeras. Por baixo dessa paisagem há incerteza e desconfiança. Pode haver incerteza sobre o quanto as mudanças ambientais vão durar e sobre a necessidade de mudança. Também vai haver incerteza sobre o quanto uma determinada solução é apropriada. A troca de informações durante o processo de mudança pode ser prejudicada por boatos e rumores que moldam e distorcem as expectativas. A desconfiança é alimentada pelo medo de que uma das partes vai ganhar com a mudança a expensas de outras.

Mesmo que a administração consiga introduzir as mudanças adequadas, o velho regime ainda pode criar problemas, como limitação dos recursos, uso continuado de um *know-how* ultrapassado e sistema de incentivo mal dirigido. Por fim, depois que a mudança for introduzida, pode levar anos para os resultados aparecerem. É um período de perda relativa, em que os áureos tempos e os dias de glória pedem um retorno ao passado.

Em 1995, John Kotter,[4] da Harvard Business School, observou que entre as mais de 100 empresas americanas que ele viu tentando se remodelar, só algumas tiveram êxito. O que estava alimentando o índice elevado de fracassos era a dificuldade de administrar um programa de mudança. No fim do século XX, implementar mudanças em uma companhia ainda era muito complicado, apesar de haver mais conhecimento.

Esses problemas antigos estão afetando até os setores mais modernos. Em *Only the Paranoid Survive* [Só os paranoicos sobrevivem], Andrew Grove, o diretor-executivo da Intel, dá um depoimento interessante sobre as mudanças que influenciam a indústria dos computadores. A Intel havia sido uma empresa extremamente bem-sucedida na fabricação de memórias de computador. Mas a nova competição japonesa a estava desalojando de sua posição. Grove descreve muitas das forças que agiram para inibir a mudança. Diz ele que os diretores-executivos são o centro de palácios fortificados "e as notícias de fora têm de atravessar muitas camadas de pessoas desde a periferia, onde está a ação". Por isso, o diretor-executivo é muitas vezes o último a saber quando há mudanças. É o mesmo problema que vimos na corte chinesa durante a dinastia Ch'ing.

Grove também falou das lógicas e dos sistemas de crenças que impregnaram a Intel e dificultaram o consenso sobre a necessidade de mudança:

> A companhia tinha algumas crenças que eram tão fortes quanto dogmas religiosos, relacionadas à importância das memórias enquanto espinha dorsal de nossas atividades de produção e venda. Uma delas era que as memórias eram nossos "motores tecnológicos". O que isso significava era que sempre desenvolvemos e refinamos primeiro nossas tecnologias de produtos de memória porque eram mais fáceis de testar... A outra crença era o dogma da linha completa de produtos. De acordo com ela, nossos vendedores precisavam de uma linha completa de produtos para fazer um bom trabalho frente a nossos clientes.[5]

Essas crenças se baseavam em uma lógica convincente e haviam sido cruciais para o êxito do passado. Determinaram as prioridades da companhia na hora de alocar recursos e tomar decisões. Como diz Groves: "Nossas prioridades eram definidas por nossa identidade; afinal de contas, as memórias *éramos* nós." A Intel concentrou-se naquelas áreas enquanto o mundo a seu redor estava mudando. Houve uma mudança substancial no ambiente competitivo e o diretor-executivo passou por uma crise comercial que o levou a enfrentar todas as forças da incerteza com que se depararam os homens que tomaram decisões nos séculos anteriores:

> É uma experiência muito pessoal. Descobri o quanto você se sente pequeno e indefeso ao enfrentar uma força que é "10 vezes" maior do que aquela à qual está acostumado. Senti a confusão que toma conta de você quando algo fundamental muda no seu ramo e senti a frustração que surge quando as coisas que deram certo para você no passado não servem para mais nada.

Felizmente para a Intel, uma parte de seus negócios estava crescendo rapidamente: os microprocessadores. Depois de se livrar das memórias, a Intel tornou-se líder no mercado de microprocessadores, o que levanta uma questão: o que teria acontecido à Intel se ela não tivesse essa opção?

De que magnitude é a força de um indivíduo para resistir às pressões da necessidade de mudança? É tentador interpretar as explorações de Marco Polo e Cristóvão Colombo como indivíduos que mudaram a marcha do tempo, mas isso é simplificar demais as coisas. Esses indivíduos foram produto das forças a seu redor. Marco Polo só conseguiu viajar para a China por causa da paz que Kublai Khan havia instaurado nas rotas comerciais do Oriente. Colombo só conseguiu viajar para oeste, atravessando o Atlântico, por causa dos avanços da tecnologia do transporte que o precederam. Da mesma forma, os empresários da biotecnologia e da TI de nossos dias estão surfando a onda de oportunidades criadas por aqueles que vieram antes deles. É errado ver a história como uma procissão de grandes homens e mulheres. Os empresários são como gotas d'água: são carregados pelas ondas e, com isso, contribuem para a força dessa onda. Portanto, se alguém perguntar se os empresários surfam as ondas ou criam as ondas, a resposta é que fazem as duas coisas.

Um fator que poderia diminuir as chances de haver estagnação em nível nacional é a globalização, uma vez que as companhias vão ficar menos dependentes de seu ambiente doméstico. Em uma economia global, os suprimentos podem ser adquiridos do provedor mais eficiente do mundo, o que leva a um uso muito mais eficiente dos recursos. Um dono de navio pode obter financiamento em Londres, construir seu navio na Coreia, instalar nele equipamentos americanos, contratar uma tripulação das Filipinas e licenciar a embarcação na Libéria ou na Grécia. Depois o navio pode ser posto para prestar serviços entre o Oriente Médio e o Japão.

O desenvolvimento da economia global sugere que as economias nacionais vão ser menos importantes na definição do caminho do crescimento global no futuro. Embora certamente vá haver uma flexibilidade maior, seria um erro exagerar seu efeito, pois seria ignorar a maneira pela qual um setor se desenvolve. A economia nacional tem muito peso no sentido de ajudar uma nação a conseguir as capacidades iniciais para ter êxito em um determinado setor. O mercado doméstico é onde a indústria nascente aprende a andar. Um setor é produto de outros setores, da demanda do consumidor, da demanda militar e de uma miríade de outros fatores que podem existir ou não no ambiente local.

Embora o ambiente doméstico esteja perdendo seu impacto, ainda parece ser um fator importante para o êxito industrial de um país. Considere o exemplo da Noruega, uma nação transportadora que parece primar nas rotas distantes de sua base original. É por isso que julgamos irrelevante o seu ambiente doméstico. Mas o transporte norueguês depende muito do aglomerado industrial com sede no país, que inclui 20% do mercado mundial de seguros de navios e 15% da classificação da frota mundial, produtores de equipamentos navais, instalações educacionais e casas de corretagem. O sistema econômico doméstico ainda parece estar desempenhando um papel importante, mesmo que em um nível menor do que aquele do século XII.

Ao receber de braços abertos o impacto da globalização e de seus efeitos sobre a flexibilidade, também precisamos reconhecer seus muitos efeitos negativos. Ao remover as tarifas alfandegárias, a globalização reduz as opções de muitos países. Por exemplo: elimina a possibilidade de uma nação imitar um líder do mercado sob proteção comercial. É claro que há outras alternativas de apoio. O início do desenvolvimento industrial do Japão não aconteceu sob a proteção de tarifas alfandegárias, mesmo que depois da Segunda Guerra Mundial suas barreiras comerciais tenham se tornado lenda. Sem algum tipo de proteção, a globalização vai favorecer aquelas nações que já dispõem das principais tecnologias de produção.

Há outros fatores preocupantes associados à globalização e, mais uma vez, o transporte talvez seja o melhor setor para ilustrá-los. Em um mercado internacional, os consumidores compram serviços do fornecedor mais barato, o que pressiona os outros provedores a reduzir os custos, o que inclui a diminuição dos níveis de segurança. Em 1959, a porcentagem de navios perdidos no mar foi de apenas 0,28%. Vinte anos depois, esse número dobrou para 0,56%.[6] Dados os avanços colossais da segurança de navegação e construção, esse número é alarmante, mas não é difícil encontrar uma explicação para ele. Os piores casos são as bandeiras de conveniência de baixo custo. Por exemplo: em 1978, 473 navios foram perdidos. Entre eles, a Grécia perdeu 87 (2,3% de seu transporte total), o Chipre perdeu 31 (3,21%) e o Panamá perdeu 62 (1%). Esses números são dramaticamente superiores à média mundial de 0,42% e a média mundial seria menor ainda se não incluísse essas nações.

Em resposta à pressão do mercado, os donos dos navios reduzem o número dos tripulantes a níveis perigosos, usam embarcações velhas que mal conseguem navegar, sobrecarregam o navio de mercadorias, economizam no controle da poluição e contratam equipes mal treinadas. Infelizmente, os custos da perda de navios não compreendem somente a perda de vidas humanas e cargas, mas também os efeitos de derramamentos de petróleo e outros danos ao meio ambiente.

Na maioria dos países, o governo impõe medidas de controle para que o mercado não empurre a segurança para o mínimo denominador comum. Mas, em um mercado global aberto, os contratos são assinados com o fornecedor mais barato. Alguns dos padrões resultantes são deploráveis. O *Pacific Charger* era um navio de 10 mil toneladas licenciado na Libéria e de propriedade de um grupo de interesses do Japão, de Hong Kong e de Taiwan. Na sua primeira viagem, ele encalhou na Nova Zelândia e descobriram que o comandante do navio tinha um certificado, mas não havia feito nenhum exame. Havia comprado seu diploma liberiano por 20 dólares. Ninguém a bordo sabia operar um radar. Em outro incidente informado às autoridades, um navio tentou navegar para as Bermudas usando somente um atlas comum. É claro que nem todos os donos de navios vão empregar esses prestadores de serviços baratos, mas às vezes os exportadores dispõem de pouco dinheiro, ou são pura e simplesmente gananciosos, e recorrem a esse tipo de operadores.

A Organização Marítima Internacional tentou melhorar a situação obtendo um consenso internacional sobre questões vitais. Mas negociar com numerosos governos é um processo lento e, mesmo quando se chega a um acordo, não há garantia alguma de que ele vai ser implementado. Alguns governos simplesmente não têm dinheiro para fiscalizar os donos dos navios e outros não têm vontade de fazer isso, principalmente quando os serviços de transporte significam renda para o país.

Os economistas viam o mundo econômico em termos relativamente estáticos. O seu era um mundo de oferta e procura e mercados flexíveis, no qual a história não tinha importância. A seus olhos, os empresários respondiam a forças de mercado quando lhes eram impostas mudanças. As suas eram economias de tempo que definem o funcionamento do comércio. Essas economias incluem o momento certo de entrar em um mercado e a sutileza entre as vantagens de ser o primeiro versus os custos do pioneirismo, ou de alguém que chega tarde demais. No entanto, o mais importante são os legados dos investimentos históricos sobre a atividade produtiva futura. Um país com um legado histórico de capacidades em uma determinada área de comércio tem muitas vantagens. Por outro lado, a falta dessas capacidades pode lançar uma nação em uma espiral descendente.

O Ocidente só domina a economia internacional há dois séculos e meio. É muito pouco tempo na história da atividade econômica. Ignoramos as economias de tempo por nossa própria conta e risco. Há forças na economia que vão ajudar a adaptação à mudança e a capacidade de continuar competitivo. Entre elas temos a globalização e nosso maior conhecimento da administração da mudança, mas ainda estamos longe de uma situação de tranquilidade. A questão mais problemática é a lógica limitada da mente humana e nossos investimentos culturais que reforçam nossa maneira de pensar.

Até os sistemas econômicos mais flexíveis têm fatores que restringem nossas opções futuras. A própria palavra "investimento" reconhece que aquilo em que investimos hoje vai determinar de que atividades vamos participar amanhã. O investimento não diz respeito só a máquinas e capital. Refere-se a capacidades, relações sociais e maneiras de pensar. Portanto, o caminho que leva ao crescimento de uma economia baseia-se nos conhecimentos teóricos e práticos que seus membros adquiriram no passado, pois eles afetam a forma de agir dos empresários. Só um empresário temerário ou tolo investiria em um setor ou em um mercado que não conhece nem na teoria nem na prática. Nosso futuro é determinado por nosso passado.

Apesar desses comentários, o Ocidente não precisa temer a ascensão do Oriente. Mesmo que haja áreas de competição, a ascensão do Oriente representa uma era de excitação e oportunidades. Nações estrangeiras ricas são necessárias para fornecer mercados para nossas indústrias. Basta lembrar que a China e o Guzerate cresceram juntos e que foi Malaca que permitiu esse crescimento. Precisamos de centenas de Malacas no mundo inteiro junto com as quais possamos crescer.

NOTAS

Introdução

1. Landes, David S., *The Wealth and Poverty of Nations,* W.W. Norton, Nova York e Londres (1998), p. 157.
2. Ibid., p. 55.
3. Ibn Khaldun, *Muqaddimah,* Rosenthal, Franz (org.), Princeton (1967).
4. Ibid., II, pp. 271-2.
5. Chang, Pin-tsun, "The evolution of Chinese thought on maritime foreign trade from the sixteenth to the eighteenth century", *International Journal of Maritime History,* vol. 1, nº 1, junho de 1989, pp. 51-64.

1. As riquezas do Oriente

1. Merson, John, *Roads to Xanadu: East and West in the Making of Modern World,* Weidenfeld & Nicolson, Londres (1989), p. 29.
2. Balazs, E., *Chinese Civilisation and Bureaucracy: Variations on a Theme,* Yale University Press, New Haven e Londres (1964), p. 16.
3. Elvin, Mark, *The Pattern of the Chinese Past,* Eyre Methuen, Londres (1973), p. 121.
4. Ibid., p. 131.
5. Lin, Lee Chor, "Textiles in Sino-South East Asian trade: Song, Yuan, and Ming dynasties", em Scott and Gay, *Sout East Asia and China: Art Interaction and Commerce* (1995), pp. 171-86.
6. Jones, E., Frost, L., White, C., *Coming Full Circle: An Economic History of the Pacific Rim,* Westview Press, Boulder, Colorado e Oxford (1993), p. 25.
7. Shiba, Yoshinobu (trad. de Mark Elvin), *Commerce and Society in Sung China,* Michigan Abstracts of Chinese and Japanese Works on Chinese History, nº 2 (1970), p. 154.

8. Adshead, S.A.M., *China in World History,* 2ª ed., St. Martin's Press, Nova York (1995), p. 115.
9. Ibid., p. 114.
10. Elvin, *Pattern of Chinese Past,* pp. 174-5.
11. Citado em Shiba, *Commerce and Society,* p. 212.
12. Ibid., p. 185.
13. Ibid., p. 207.
14. Ibid., p. 171.
15. Adshead, *China in World History,* p. 117.
16. Balazs, *Chinese Civilisation,* p. 10.
17. Ibid., pp. 17-18.
18. Murphey, Rhoads, *The Treaty Ports and China's Modernization: What Went Wrong?,* Michigan Papers on Chinese Studies nº 7, University of Michigan Centre for Chinese Studies (1970), p. 17n.
19. Ibid., p. 13.
20. Levathes, Louise, *When China Ruled the Seas: The Treasure Fleet of the Dragon Throne 1405-33,* Simon & Schuster, Nova York (1994), p. 43.
21. Needham, Joseph, *Science and Civilisation in China,* vol. 4, Parte III, Seções 21 e 22, Cambridge University Press (1971), pp. 601, 612.
22. Dupoizat, M.F., "The ceramic cargo of a Song dynasty junk found in the Philippines and its significance in the China-South East Asian trade", em Scott e Gay (1995), pp. 205-24.
23. Needham, Joseph, "Poverties and triumphs of the Chinese scientific tradition", em Crombie, A.C. (org.), *Scientific Change: Historical Studies in the Intellectual, Social, and Technical Conditions for Scientific Discovery and Technical Invention from Antiquity to the Present,* Heinemann, Londres (1963), pp. 131-2.
24. Gang Deng, *Chinese Maritime Activities and Socioeconomic Development c. 2100 BC-1900 AD,* Greenwood Press, Connecticut (1997).
25. Ibid., p. 46.
26. Citado em Levathes, *When China Ruled the Seas,* p. 41.
27. Ibid., p. 41.
28. Merson, *Roads to Xanadu,* p. 61.
29. Levathes, *When China Ruled the Seas,* pp. 41-3.
30. Needham, *Science and Civilisation in China,* p. 476.
31. Levathes, *When China Ruled the Seas,* p. 43.
32. Medley, Margaret, *The Chinese Potter: A Practical History of Chinese Ceramics,* 3ª ed., Phaidon Press, Oxford (1989), p. 170.

33. Gang Deng, "An evaluation of the role of Admiral Zheng He's voyages in Chinese maritime history", *International Journal of Maritime History,* vol. 7, nº 2 (1995), p. 175.
34. Gang Deng, *Chinese Maritime Activities,* p. 86.
35. Citado em Shiba, *Commerce and Society,* p. 32.
36. Ibid., p. 33.
37. Gungwu, Wang, "Merchants without empire: the Hokkien sojourning communities", em Tracy, James, *The Rise of Merchant Empires: Long Distance Trade in the Early Modern World 1350-1750,* Cambridge University Press (1990), pp. 400-422.
38. Gang Deng, *Chinese Maritime Activities,* p. 113.
39. Beamish, J., "The significance of yuan blue and white exported to South East Asia", em Scott e Gay, *South East Asia and China,* pp. 225-51.
40. Père d'Entrecolle, citado em Sullivan, Michael, *The Arts of China,* Thames & Hudson, Londres (1973), p. 225.
41. Medley, Margaret, *Chinese Potter,* p. 171.
42. Rossabi, Morris, "The reign of Khuilai Khan", em Francke e Twitchett (orgs.), *The Cambridge History of China* (1994), pp. 414-89.
43. Gang Deng, "Admiral Zheng He's voyagens".
44. Chang, Pin-tsun, "The evolution of Chinese thought on maritime trade from the sixteenth to eighteenth century", *International Journal of Maritime History,* 1, 1º. de junho de 1989, pp. 51-64
45. Needham, *Science and Civilisation,* p. 509.
46. Levathes, *When China Ruled the Seas,* pp. 177-9.
47. Chang, "Evolution of Chinese thought", p. 54; Meilink-Roelofsz, M.A.P., *Asian Trade and European Influence in the Indonesian Archipelago between 1500 and about 1630,* Martinus Nighoff, The Hague (1962), p. 74.
48. Levathes, *When China Ruled the Seas,* p. 177.
49. Merson, *Roads to Xanadu,* pp. 75-7.
50. Gang Deng, *Chinese Maritine Activities,* p. 93.
51. Ishii, Yoneo (org.), *The Junk Trade from Southeast Asia: Translations from the Tosen Fusetsu-gaki, 1674-1723,* Institute of Southeast Asian Studies, Singapura (1998).
52. Sar Desai, D.R., *South East Asia: Past and Present,* Vikas Publishing House, Nova Délhi (1981).
53. Citado em Wade, Geoff, "Melaka in Ming Dynasty texts", *Journal of the Malaysian Branch of the Royal Asiatic Society* 70 (1) (1997), pp. 31-69.
54. Ma Huan, "Ying-yai sheng-lan", tradução de J.V.G. Mills, "The overall survey of the ocean's shores", Hakluyt Society, Cambridge University Press (1970), p. 113.

55. Meilink-Roelofsz, *Asian Trade,* p. 74.
56. Pires, Tomé, *Suma Oriental,* vol. II, Hakluyt Society, Londres (1944), p. 286.

2. Têxteis e especiarias

1. Barbosa, Duarte, *The Book of Duarte Barbosa,* Hakluyt Society, Londres (1918), vol. 1, p. 108.
2. Chaube, J., *History of the Gujarat Kingdom 1458-1537,* Munshiram Manoharlal Publishers, Nova Délhi (1975).
3. Mookerji, Radha Kumud, *Indian Shipping: a History of the Seaborne Trade and Maritime Activity of the Indians from the Earliest Times,* Kitab Mahal, Allahabad (1962).
4. Citado em Chaube, *History of the Gujarat Kingdom,* p. 107.
5. Citado em Gopal, Surendra, *Commerce and Crafts in Gujarat: 16th and 17th Centuries,* People's Publishing House, Nova Délhi (1975), p. 186.
6. Barbosa, *Book of Duarte Barbosa,* p. 142.
7. Gopal, *Commerce and Crafts,* p. 188.
8. Das Gupta, A., *Indian Merchants and the Decline of Surat c. 1700-1750,* Franz Steiner, Wiesbaden (1979), p. 2.
9. Steensgaard, N., "The growth and composition of the long distance trade of England and the Dutch Republic before 1750", em Tracy, James (org.), *The Rise of Merchant Empires: Long Distance Trade in the Early Modern World 1350-1750,* Cambridge University Press (1990), pp. 102-52; Habib, Ifran, "Merchant communities in pre-colonial India", em Tracy, James, *Rise of Merchant Empires,* pp. 371-99.
10. Gopal, *Commerce and Crafts,* p. 121.
11. Arasaratnam, Sinnappah, *Maritime India in the Seventeenth Century,* Oxford University Press, Délhi (1994), pp. 13-14.
12. Pearson, M.N., *Merchants and Rulers in Gujarat: The Response to the Portuguese in the 16th Century,* University of California Press, Berkeley (1976), p. 11.
13. Pires, Tomé, *Suma Oriental,* vol. II, Hakluyt Society, Londres (1944), p. 270.
14. Gopal, *Commerce and Crafts,* p. 3.
15. Pires, *Suma Oriental,* vol. I, pp. 4, 2.
16. Lewis, Archibald, "Maritime skills in the Indian Ocean 1368-1500", *Journal of the Economic and Social History of the Orient,* vol. XVI (1973), p. 238-64.
17. Pires, vol. I, p. 45.
18. Ravichander, A., "Coastal society of Gujarat in the sixteenth century", *Studia,* Lisboa (1989), pp. 161-80.

19. Barbosa, *Book of Duarte Barbosa,* p. 19.
20. Citado em Pearson, *Merchants and Rulers in Gujarat,* pp. 108-9.
21. Gopal, *Commerce and Crafs,* p. 122.
22. Ibid., pp. 124-5.
23. Pelsaert, Francisco, *Jahangir's India: The Remonstrative of Francisco Pelsaert,* tradução de W.H. Moreland e P. Geyl, Jayyed Press, Délhi (1972), p. 60.
24. Richards, John F., *The Mughal Empire,* Cambridge University Press (1993), p. 58.
25. Naqvi. H.K., *Urban Cities and Industries in Upper India 1556-1803,* Asia Publishing House, Londres (1968).
26. Ibid., p. 136.
27. Richards, *Mughal Empire,* p. 62.
28. Das Gupta, A., *Merchants of Maritime India 1500-1800,* Variorum, Aldershot (1994), I, p. 422.
29. Richards, *Mughal Empire,* pp. 60-1.
30. Citado em Pearson, *Merchants and Rulers of Gujarat,* p. 91.
31. Alpers, Edward, "Gujarat and the trade of East Africa *c.* 1500-1800", *The International Journal of African Historical Studies* 9 (1976), pp. 22-44.
32. Arasaratnam, *Maritime India in the Seventeenth Century,* p. 267; Das Gupta, *Merchants of Maritime India,* I, p. 421.
33. Tavernier, J.B., *Travels in India,* II 43-4, tradução de Ball, V., revisão de Cooke, W., Londres (1925), citado em Habib, Ifran, "Merchant communities in precolonial India", p. 384.
34. Pires, *Suma Oriental,* vol. I, p. 41.
35. Burnell, A.C. (org.), *The Voyage of John Huygen van Linschoten to the East Indies,* The Hakluyt Society, LXXX, Londres (1885), vol. I, p. 60.
36. Das Gupta, *Merchants of Maritime India,* vol. I, p. 419.
37. Gokhale, B.G., *Surat in the Seventeenth Century,* Scandinavian Institute of Asian Studies Monograph Series nº 28, Curzon Press (1979); Arasaratnam, *Maritime India in the Seventeenth Century,* op. cit., p. 175.
38. Ravichandar, "Coastal society of Gujarat", p. 170; Alpers, op. cit., p. 28.
39. Chaudhuri, K.N., *Trade and Civilisation in the Indian Ocean: An Econommic History from the Rise of Islam to 1750,* Cambridge University Press (1985), p. 211.
40. Meilink-Roelofsz, M.A.P., *Asian Trade and European Influence in the Indonesian Archipelago between 1500 and about 1630,* Martinus Nighoff, The Hague (1962), pp. 63-4; Ravichandar, "Coastal society of Gujarat", p. 167; Pearson, M.N.,

Coastal Western India: Studies from the Portuguese Records, Concept Publishing, Nova Délhi (1981), p. 138.

41. Citado em Pearson, *Coastal Western India,* p. 136.
42. Dale, Stephen Frederic, *Indian Merchants and Eurasian trade 1600-1750,* Cambridge University Press (1994), p. 74.
43. Ravichandar, "Coastal society of Gujarat", p. 168.
44. Gopal, *Commerce and Crafts,* pp. 199-203.
45. Alpers, "Gujarat and the Trade of East Africa", p. 31.
46. Das Gupta, *Merchants of Maritime India,* vol. III, p. 13.
47. Das Gupta, *Indian Merchants and the Decline of Surat* e *Merchants of Maritime India.*
48. Manguin, P.Y., "Late medieval Asian shipbuilding in the Indian Ocean", *Moyen Orient et Ocean Indien,* 2, 2 (1986), pp. 13-15.
49. Gang Deng, *Maritime Sector Institutions and Sea Power of Premodern China,* Greenwood Press, Connecticut (1999), p. 164.
50. Manguin, P.Y., "The vanishing jong: insular Southeast Asian fleets in trade and war (fifteenth to seventeenth centuries)", em Reid, Anthony (org.), *Southeast Asia in the Early Modern Era: Trade, Power and Belief,* Cornell University Press, Ithaca e Londres (1993), p. 203.

3. Deus, ouro e glória

1. Lopez, Robert S., *The Commercial Revolution of the Middle Ages, 950-1350,* Prentice Hall, Nova York (1971), pp. 60-62.
2. Hunt, Edwin S. e Murray, J., *A History of Business in Medieval Europe 1200-1500,* Cambridge University Press (1999), pp. 69-70.
3. Ibid.
4. Lopez, *Commercial Revolution,* p. 76.
5. North, D.C. e Thomas, R.P., *The Rise of the Western World,* Cambridge University Press (1973), p. 56.
6. Mauro, Frederic, "Merchant communities 1350-1750", em Tracy, James (org.), *The Rise of Merchant Empires,* Cambridge University Press (1990), pp. 255-86.
7. Citado em Mollar du Jourdin, M., *Europe and the Sea,* Blackwell, Oxford (1993), p. 117.
8. North e Thomas, *Rise of the Western World,* p. 56.
9. Pearson, M.N., "Merchants and states", em Tracy, James (org.), *The Political Economy of Merchant Empires,* Cambridge University Press (1991), pp. 41-116.

10. Sobre o desenvolvimento dos primórdios da tecnologia europeia, ver Mokyr, Joel, *The Lever of Riches: Technological Creativity and Economic Progress,* Oxford University Press (1990).
11. Menard, Russell, R., "Transport costs and long range trade 1300-1800: was there a European transport revolution in the early modern era?" em Tracy, James, *Political Economy of Merchant Empires,* p. 239.
12. Para dispor de uma obra definitiva sobre o desenvolvimento do transporte europeu, ver Unger, Richard, *The Ship in the Medieval Economy 600-1600,* Croom Helm, Londres (1980).
13. Unger, Richard, "Ships of the Late Middle Ages", em Hattenford, John B. (org.), *Maritime History: Vol. I, The Age of Discovery,* Krieger Publishing Company, Flórida (1996), pp. 35-50.
14. Menard, "Transport costs", pp. 228-75.
15. Unger, *The Ship in the Medieval Economy,* p. 277.
16. Friel, Ian, "The carrack: the advent of the full rigged ship", em Gardiner, R. e Greenhill, B. (orgs.), *Cogs, Caravels and Galleons,* Brassey, Londres (1994), p. 86.
17. Bill, Jan, "Ship Construction, Tools, and Techniques", em Gardiner e Greenhill, *Cogs, Caravels and Galleons,* pp. 151-9; Unger, *The Ship in the Medieval Economy,* op. cit., p. 226.
18. Unger, *The Ship in the Medieval Economy,* op. cit., p. 277.
19. Kennedy, Paul, *The Rise and Fall of British Naval Mastery,* Penguin, Harmondsworth (1976), p. 16.
20. Verlinden, Charles, "Italian influence in Iberian colonisation", *The Hispanic American Maritime Review,* vol. XXXIII, maio de 1953, nº 2.
21. Russell, P., *Prince Henry 'The Navigator': A Life,* Yale University Press, New Haven (2000), pp. 120-8.
22. Ibid., p. 146.
23. Verlinden, Charles, "Background and beginnings of Portuguese maritime expansion", em Hattendorf, *Maritime History,* pp. 53-68.
24. Russell, P.E., *Portugal, Spain and the African Atlantic, 1343-1490,* Variorum, Aldershot (1995), p. 11 XI· Boxer, C.R., *The Portuguese Seaborne Empire,* Hutchinson, Londres (1969), p. 26.
25. Citado em Russell, *Prince Henry 'The Navigator',* p. 110.
26. Ibid., pp. 120-8.
27. Ibid., p. 256.

28. Verlinden, Charles, "The big leap under Dom Jao II: from the Atlantic to the Indian Ocean", em Hattendorf, *Maritime History,* pp. 149-80.
29. McNeill, W.H., *The Rise of the West,* University of Chicago Press (1963).
30. Phillips, William D. e Phillips, Carla, "Columbus and the European background: the first voyage", em Hattendorf, *Maritime History,* pp. 149-80.
31. Ibid., p. 155.
32. Fernandez-Armesto, F., "The sea and chivalry in late medieval Spain", em Hattendorf, J.B. (org.), *Maritime History: Vol. I, The Age of Discovery,* pp. 123-135; Lundhal, Mats, "Spain and the conquest of America", em Lundhal (org.), *Themes in International Economics,* Ashgate Publishing, Aldershot (1998), pp. 99-134.
33. Milton, G., *Nathaniel Nutmeg,* Hodder & Stoughton, Londres (1999), p. 25.
34. Duncan, T. Bentley, "Navigation between Portugal and Asia in the sixteenth and seventeenth centuries", em Van Kley, E.J. e Pullapilly, C.K. (orgs.), *Asia and the West,* Cross Roads (1986), p. 6.
35. Zandvliet, K., *Mapping for Money: Maps, Plans, Topographical Paintings, and their Role in Dutch Overseas Expansion during the 16th and 17th Centuries,* Batavian Lion International, Amsterdã (1998), p. 17.
36. de Jesus, Teodoro Dos Martines Lopes, M., "Seamen, soldiers, and crew of the Carreira da Índia in the second half of the 18th century", em Mathews, K.S. (org.), *Shipbuilding and Navigation in the Indian Ocean Region AD 1400-1800,* Munshiram Manoharlal Publishers, Nova Délhi (1997), pp. 132-9.
37. Duncan, "Navigation between Portugaland Asia", p. 23.
38. Magalhães Godinho, V., "The Portuguese and the 'Carreira da Índia', 1497-1810", em Brujin, Jaap R. e Gaastra, Femme S. (orgs.), *Ships, Sailors, and Spices: East India Companies and their Shipping in the 16th, 17th and 18th Centuries,* Neha, Amsterdã (1993), pp. 1-48.
39. Hunt e Murray, *History of Business,* p. 219.
40. Pearson, "Merchants and states", p. 78.
41. Boxer, *Portuguese Seaborne Empire,* p. 30.
42. Sar Desai, D.R., *South East Asia, Past and Present,* Vikas Publishing House, Nova Délhi (1981), p. 84.
43. Meilink-Roelofsz, M.A.P., *Asian Trade and European Influence in the Indonesian Archipelago between 1500 and about 1630,* Martinus Nighoff, The Hague (1962), p. 125.
44. Pearson, M.N., *Merchants and Rulers in Gujarat: The Response of the Portuguese in the 16th Century,* University of California Press, Berkeley (1976), p. 40.

45. Steensgaard, N., *Carracks, Caravans and Companies,* Copenhague (1973), ou *The Asian Trade Revolution of the Seventeenth Century: The East India Companies and the Decline of the Caravan Trade,* University of Chicago Press (1973).
46. Pearson, *Merchants and Rulers in Gujarat,* p. 102.
47. Phillips, Carla Rahn, "The growth and composition of trade in the Iberian empires 1450-1770", em Tracy, *The Rise of Merchant Empires,* op. cit., pp. 34-101.
48. Boxer, *Portuguese Seaborne Empire,* p. 221.
49. Pearson, "Merchants and states", p. 81.
50. Sayous, A.E., "Partnership in the trade between Spain and America and also the Spanish colonies in the sixteenth century", *Journal of Economic and Business History I* (1928), pp. 282-301.
51. Citado em Lundhal, *Themes in International Economics,* p. 108.
52. Ibid., p. 107.
53. Citado em Galbraith, J. Kenneth, *A History of Economics: The Past as the Present,* Penguin, Harmondsworth (1987), p. 35.
54. Parry, J.H., *The Spanish Seaborne Empire,* Hutchinson, Londres (1966), p. 169.
55. Haring, C.H., *Trade and Navigation between Spain and the Indies in the Time of the Hapsburgs,* Harvard University Press (1963), p. 59.
56. Parry, *Spanish Seaborne Empire,* pp. 56-7.
57. Ibid., p. 125.
58. Haring, C.H., *The Spanish Empire in America,* Harbinger Books, Nova York (1963), p. 304.
59. Phillipis, Carla Rahn, "Growth and composition of trade", pp. 77-8.
60. Hoberman, Louis Schell, *Mexico's Merchant Elite, 1590-1660: Silver, State, and Society,* Duke University Press (1991), p. 130.
61. Sayous, "Partnerships in the trade", p. 283.
62. Ibid., p. 296.
63. Pike, Ruth, *Aristocrats and Traders: Sevillian Society in the Sixteenth Century,* Ithaca, Nova York (1972), pp. 106-7.
64. Ibid., p. 50-1.
65. Kamen, Henry (1983), *Spain 1469-1714: A Society of Conflict*, Longman (1983), p. 104.
66. Citado ibid., pp. 104-5.
67. Parry, *Spanish Seaborne Empire,* p. 125.
68. Kamen, *Spain,* p. 114.

69. Elbl, Martin e Phillips, Carla Rahn, "The caravel and the galleon", em Gardiner e Unger, *Cogs, Caravels, and Galleons;* Clayton, Lawrence A., "Ships and empire: the case of Spain", *The Mariner's Mirror,* vol. 62, nº 3 (1976), p. 239.
70. Parry, *Spanish Seaborne Empire,* p. 134.
71. Citado em Elbl e Phillips, "Caravel and the galleon", p. 107.
72. Lundhal, *Themes in International Economics,* p. 11.

4. Os industriais do norte

1. Boyajian, J.C., *Portuguese Trade in Asia under the Hapsburgs: 1580-1640,* Johns Hopkins University Press, Baltimore (1993), pp. 42, 65, 70.
2. Reid, Anthony, "The unthreatening alternative: Chinese shipping to Southeast Asia 1567-1842", *Review of Indonesian and Malaysian Affairs,* 27 (1993), p. 15.
3. Parry, J.H., *The Spanish Seaborne Empire,* Hutchinson, Londres (1966), p. 240.
4. Unger, Richard, *The Ship in the Medieval Economy 600-1650,* Croom Helm, Londres (1980), p. 277.
5. Hope, Ronald, *A New History of British Shipping,* John Murray, Londres (1990), p. 68.
6. Ryan, A.N., "Bristol, the Atlantic, and North America 1480-1509", em Hattendorf, John B. (org.), *Maritime History: Vol. I, The Age of Discovery,* Krieger Publishing Company, Flórida (1996), pp. 241-55; Hope, *New History,* p. 75.
7. Hope, *New History,* p. 61.
8. Cummins, John, *Francis Drake: The Lives of a Hero,* Weidenfeld & Nicolson, Londres (1995), p. 14.
9. Haring, C.H., *The Spanish Empire in America,* Harbinger Books, Nova York (1963), p. 14.
10. Davis, Ralph, *The Rise of English Shipping Industry n the Seventeenth and Eighteenth Centuries,* Macmillan, Londres (1962), p. 4.
11. Hope, *New History,* pp. 93-8.
12. Ibid., p. 104.
13. Keay, John, *The Honourable Company: a History of the English East India Company,* HarperCollins, Londres (1991), p. 52.
14. Davis, Ralph, *A Commercial Revolution: English Overseas Trade in the Seventeenth and Eighteenth Centuries,* The Historical Association (1967), p. 7.
15. Hope, *New History,* pp. 144-50; Starkey, D., "The economic and military significance of British privateering, 1702-83", *The Journal of Transport History,* vol. 9, nº 1 (1988), pp. 50-9.

16. Cummins, *Francis Drake,* p. 73; Milton, G., *Nathaniel's Nutmeg,* Hodder & Stoughton, Londres (1999), p. 30.
17. Milton, *Nathaniel's Nutmeg,* p. 35.
18. Ibid., p. 52.
19. Andrews, Kenneth R., "The Elizabethan seaman", *The Mariner's Mirror,* vol. 68, nº 3 (1982), pp. 245-62.
20. Schama, S., *The Embarrassment of Riches: An Interpretation of Dutch Culture in the Golden Age,* Random House, Nova York (1987).
21 Van Zanden, J.L., *The Rise and Decline of Holland's Economy: Merchant Capitalism and the Labour Market,* Manchester University Press (1993), p. 39.
22. Israel, J.I., *Dutch Primacy in World Trade 1585-1740,* Clarendon Press, Oxford (1989), p. 18.
23. De Vries, J. e van de Woude, A., *The First Modern Economy,* Cambridge University Press (1997), pp. 356-8.
24. Ibid., p. 667.
25. Israel, *Dutch Primacy in World Trade,* p. 50.
26. Unger, Richard, *Dutch Shipping Before 1800,* Van Gorcum, Assen, The Netherlands (1978), p. 35.
27. Mokyr, *Lever of Riches,* p. 69.
28. Citado em Unger, *Dutch Shipping Before 1800,* p. 44.
29. de Vries e Van der Woude, *First Modern Economy,* p. 694.
30. Van Zanden, *Rise and Decline,* p. 39.
31. Unger, *Dutch Shipping Before 1800,* p. 6.
32. Bosscher, P.,"The Industrial Revolution in the northern Netherlands", Congress on the Conservation of Industrial Monuments, Bochum, 1978.
33. Unger, *Dutch Shipping Before 1800,* pp. 7, 8.
34. Israel, *Dutch Primacy in World Trade,* p. 62.
35. Parker, G., "Europe and the wider world 1500-1700: the military balance", em Tracy, James (org.), *The Political Economy of Merchant Empires: State Power and World Trade 1350-1750,* Cambridge University Press (1991), pp. 161-95,
36. Parr, Charles McKew, *Jan van Linschoten: The Dutch Marco Polo,* Thomas Y. Crowell, Nova York (1964).
37. Zandvliet, K., *Mapping for Money: Maps, Plans, Topographical Paintings, and their Role in Dutch Overseas Expansion during the 16th and 17th Centuries,* Batavian Lion International, Amsterdã (1998), p. 40.

38. Boxer, C.R., *The Dutch Seaborne Empire 1600-1800,* Hutchinson, Londres (1965), p. 22.
39. Israel, *Dutch Primacy in World Trade,* p. 68.
40. Bruijn, Jaap R., "Productivity, profitability, and costs of private and corporate Dutch ship owning in the seventeenth and eighteenth centuries", em Tracy, James (org.), *The Rise of Merchant Empires: Long Distance Trade in the Early Modern World 1350-1750,* Cambridge University Press (1990), pp. 174-94; Neal, L., "The Dutch and English East India Companies compared: evidence from the stock and foreign exchange markets", em Tracy, James, *The Rise of Merchant Empires,* pp. 195-223.
41. Bruijn, Jaap R. e Gaastra, Femme S., *Ships, Sailors, and Spices: East India Companies and their Shipping in the 16th, 17th and 18th Centuries,* Neha, Amsterdã (1993), p. 189.
42. Steensgaard, N., *Carracks, Caravans, and Companies,* Copenhague (1973), ou *The Asian Trade Revolution of the Seventeenth Century,* University of Chicago Press (1973), p. 409.
43. Boxer, *Dutch Seaborne Empire,* p. 206.
44. Israel, *Dutch Primacy in World Trade,* p. 21; Bruijn, *Ships, Sailors, and Spices,* p. 184.
45. de Vries e Van der Woude, *First Modern Economy,* pp. 398-401.
46. Israel, J.I., *Empires and Entrepots: The Dutch, the Spanish Monarchy, and the Jews 1585-1713,* Hambledon Press, Londres (1990).
47. Emmer, P., *The Dutch in the Atlantic Economy 1580-1880,* Variorum, Aldershot (1998), p. 70.
48. Schama, op. cit., p. 345; Israel, *Dutch Primacy in World Trade,* pp. 76-8.
49. de Vries e Van der Woude, *First Modern Economy,* p. 149.
50. Ibid., p. 147.
51. Schama, *Embarrassment of Riches,* pp. 348-9.

5. A crise na Espanha e a Idade de Ouro holandesa

1. Reformador português citado em Scammel, G.V., *The World Encompassed,* Methuen (1981), p. 290.
2. Harring, C.H., *The Spanish Empire in America,* Harbinger Books, Nova York (1963), p. 313.
3. Kamen, Henry, *Spain 1469-1714: A Society of Conflict,* Longman, 1983, p. 193; Parry, J.H., *The Spanish Seaborne Empire,* Hutchinson, Londres (1966), p. 399; Boxer, C.R., *The Portuguese Seaborne Empire,* Hutchinson, Londres (1969), p. 146.

4. Parry, *Spanish Seaborne Empire,* p. 230; Boxer, *The Portuguese Seaborne Empire,* op. cit., p. 117.
5. Cipolla, Carlo M., *Guns, Sails and Empires: Technological Innovation and the Early Phases of European Expansion 1400-1700,* Pantheon Books, Nova York (1965), pp. 86-7.
6. Padre Vincenzo Maria, citado em Cipolla, *Guns, Sails, and Empires,* pp. 88-9.
7. Hoberman, Louis Schell, *Mexico's Merchant Elite, 1590-1660: Silver, State, and Society,* Duke University Press (1991), pp. 14-5; Phillips, Carla Rahn, "The growth and composition of trade in the Iberian empires 1450-1770", em Tracy, James, *The Rise of Merchant Empires: Long Distance Trade in the Early Modern World 1350-1750,* Cambridge University Press (1990), pp. 86-8.
8. Harring, *Spanish Empire in America,* 308.
9. Steensgaard, N., "The growth and composition of the long distance trade of England and the Dutch Republic before 1750", em Tracy, James, *Rise of Merchant Empires,* p. 118.
10. Israel, J.I., *Dutch Primacy in World Trade 1585-1740,* Clarendon Press, Oxford (1989).
11. Kamen, *Spain,* p. 161.
12. Landes, David, *The Wealth and Poverty of Nations,* W.W. Norton, Nova York e Londres (1998), p. 173.
13. Parry, *Spanish Seaborne Empire;* Landes, *The Wealty and Poverty of Nations,* p. 173.
14. Elliot, J.H., "The Decline of Spain", em Cipolla, Carlo M. (org.), *The Economic Decline of Empires,* Methuen, Londres (1970), pp. 168-95.
15. Usher, A.P., "Spanish ships and shipbuilding in the sixteenth and seventeenth centuries", em *Facts and Figures in Economic History for E.F. Gay,* Harvard University Press (1932), p. 197.
16. Citado em Clayton, "Ships and empire: the case of Spain", *Mariner's Mirror,* vol. 62, nº 3, p. 242.
17. Citado em Usher, "Spanish ships and shipbuilding", p. 197.
18. Boxer, C.R., *The Dutch Seaborne Empire 1600-1800,* Hutchinson, Londres (1965), p. 155-7.
19. Ibid., p. 161-6.
20. Saul, John Ralston, *Voltaire's Bastards,* Penguin, Canadá (1992), p. 114.
21. Boyajian, J.C., *Portuguese Trade in Asia under the Hapsburgs 1580-1640,* Johns Hopinks University Press, Baltimore (1993), p. 191.
22. Magalhães Godinho, V., "The Portuguese and the 'Carreira da Índia', 1497-1810", em Brujin, Jaap R. e Gaastra, Femme S., *Ships, Sailors, and Spices: East*

India Companies and their Shipping in the 16th, 17th and 18th Centuries, Neha, Amsterdã (1993), p. 46.

23. Elliot, J.H., *The Count Duke of Olivares: The Statesman in an Age of Decline,* Yale University Press, New Haven, Mass. (1986), p. 157.
24. Pearson, M.N., *Merchants and Rulers in Gujarat: The Response to the Portuguese in the 16th Century,* University of California Press, Berkeley (1976), pp. 4-5.
25. Ibid., p. 125.
26. Gokhale, B.G., *Surat in the Seventeenth Century,* em Scandinavian Institute of Asian Studies, Monograph Series nº 28, Curzon Press (1979).
27. Arasaratnam, Sinnappah, *Maritime India in the Seventeenth Century,* Oxford University Press, Délhi (1994), p. 194.
28. Unger, Richard, *Dutch Shipbuilding Before 1800: Ships and Guilds,* Van Gorcum, Assen-Amsterdã (1978).
29. Gokhale, *Surat.*
30. Gopal, Surendra, *Commerce and Crafts in Gujarat: 16th and 17th Centuries,* People's Publushing House, Nova Délhi (1975), p. 111.
31. Das Gupta, A., *Merchants of Maritime India 1500-1800,* Variorum, Aldershot (1994), I, p. 495.
32. Van Zanden, J.L., *The Rise and Decline of Holland's Economy: Merchant Capitalism and the Labour Market,* Manchester University Press (1993), pp. 72-7.
33. Boyajian, *Portuguese Trade in Asia,* p. 146.
34. Das Gupta, *Merchants of Maritime India,* op. cit., I, p. 417.
35. Ibid., p. 432.
36. Arasaratnam, *Maritime India in the Seventeenth Century* (1994), pp. 197-8; Das Gupta, *Merchants of Maritime India,* II, p. 40.
37. Gungwu, Wang, "Merchants without empire: the Hokkien soujourning communities", em Tracy, James, *Rise of Merchant Empires,* p. 409.
38. Ishii, Yoneo (org.), *The Junk Trade from Southeast Asia: Translations from the Tosen Fusetsu-gaki, 1674-1723,* Institute of Southeast Asian Studies, Singapura (1988), p. 220n; Reid, Anthony, "The unthreatening alternative: Chinese shipping to Southeast Asia 1567-1842", *Review of Indonesian and Malaysian Affairs,* 27 (1993), p. 28.
39. Reid, "The unthreatening alternative", p. 28.

6. A riqueza dos holandeses

1. Citado em Schama, S., *The Embarrassment of Riches: an Interpretation of Dutch Culture in the Golden Age,* Random House, Nova York (1987).

2. Israel, J.I., *Dutch Primacy in World Trade 1585-1740,* Clarendon Press, Oxford (1989), p. 258.
3. Schama, *Embarrassment of Riches,* p. 172.
4. Ibid., p. 189.
5. Ibid., p. 172.
6. Ibid., p. 303.
7. Ibid., p. 169.
8. Ibid., pp. 165-84.
9. Ibid., p. 346.
10. *Sir* William Patten, inspetor da Marinha britânica, citado no diário de Pepys, ver ibid., p. 234.
11. Citado em Schama, *Embarrassment of Riches,* p. 231.
12. Davis, Ralph, *The Rise of the English Shipping Industry in the Seventeenth and Eighteenth Centuries,* Macmillan, Londres (1962), pp. 311-12; Wilson, Charles, *England's Apprenticeship 1603-1763,* Longman, Londres (1965), p. 267.
13. Citado em Wilson, *England's Apprenticeship,* p. 165.
14. Davis, *Rise of the English Shipping Industry,* pp. 12-13.
15. Wilson, *England's Apprenticeship,* p. 184.
16. Davis, *Rise of the English Shipping Industry,* p. 65.
17. Milton, G., *Nathaniel's Nutmeg,* Hodder & Stoughton, Londres (1999), p. 252.
18. Marshall, P., "Private British trade in the Indian Ocean before 1800", em Das Gupta, A. e Pearson, M.N. (orgs.), *India and the Indian Ocean 1500-1800,* Oxford University Press (1987), p. 279.
19. Steensgaard, N., "The growth and composition of the long distance trade of England and the Dutch Republic before 1750", em Tracy, James, *The Rise of Merchant Empires: Long Distance Trade in the Early Modern World 1350-1750,* Cambridge University Press (1990), p. 113.
20. Chaudhuri, K.N., *The Trading World of Asia and the English East India Company 1660-1760,* Cambridge University Press (1978), pp. 282-5.
21. Davis, *Rise of the English Shipping Industry,* p. 388.
22. De *A New Discourse of Trade* (1693), citado em Chaudhuri, *Trading World of Asia,* p. 5.
23. Wilson, *England's Apprenticeship,* p. 223.
24. Citado em Mokyr, Joel, *The Lever of Riches: Technological Creativity and Economic Progress,* Oxford University Press (1990), p. 240.
25. Davis, *The Rise of the English Shipping Industry,* op. cit., p. 24.

26. Ibid., p. 390.
27. Kennedy, Paul, *The Rise and Fall of British Naval Mastery,* Penguin, Harmondsworth (1976), p. 19.
28. Price, Jacob M., "Transaction costs: a Note on merchant credit and the organization of private trade", em Tracy, James (org.), *The Political Economy of Merchant Empires: State Power and World Trade 1350-1750,* Cambridge University Press (1991), p. 295; Walton, G.M., "Obstacles to technical diffusion in ocean shipping, 1675-1775", em *Explorations in Economic History* 8 (1970), pp. 123-40.
29. Davis, *Rise of the English Shipping Industry,* pp. 300, 313-14.
30. North, D.C., "Sources of productivity change in ocean shipping 1600-1850", *Journal of Political Economy* 76 (1968), pp. 953-70.
31. French, C., "Merchant shipping of the British Empire", em Gardiner, R. e Bosscher, P., *The Heyday of Sail: The Merchant Sailing Ship 1650-1830,* Brassey, Londres (1995), pp. 10-33.
32. Menard, Russel R. (1991), "Transport costs and long range trade 1300-1800: was there a European transport revolution in the early modern era?" em Tracy, James, *Political Economy of Merchant Empires,* pp. 228-75.
33. Ibid., p. 256; Austen, Ralph A., *African Economic History: Internal Development and External Dependency,* Heinemann, Portsmouth (1987), p. 82.
34. Wilson, *England's Apprenticeship,* p. 186.
35. Bosscher, P., Introdução à obra de Gardiner e Bosscher, *Heyday of Sail,* pp. 7-9.
36. Lind, J., *A Treatise of the Scurvy. In Three Parts. Containing an Inquiry into the Nature, Causes and Cure of the Disease,* Kincaid & Donaldson, Edimburgo (1753), p. viii.
37. De Vries, J. e van der Woude, A., *The First Modern Economy,* Cambridge University Press (1997), p. 437.
38. Geyl, Pieter, *The Netherlands in the Seventeenth Century 1609-1648,* vol. 1, Ernst Benn, Londres, edição revista (1961); Chaudhuri, K.N., *Trade and Civilisation in the Indian Ocean: An Economic History from the Rise of the Islam to 1750,* Cambridge University Press (1985), p. 87.
39. McPherson, Kenneth, *The Indian Ocean: A History of People and the Sea,* Oxford University Press, Nova Délhi (1993), p. 204.
40. Citado em Geyl, *The Netherlands in the Seventeenth Century,* vol. 2, p. 348.
41. Boxer, C.R., *The Dutch Seaborne Empire 1600-1800,* Hutchinson, Londres (1965), pp. 165-7.
42. Bruijin, Jaap R. e Gaastra, Femme S., *Ships, Sailors, and Spices: East India Companies and their Shipping in the 16th, 17th and 18th Centuries,* Neha, Amsterdã (1993),

p. 196; Hoving, A.J., "Seagoing ships of the Netherlands", em Gardiner, R. e Bosscher, P. (orgs.), *The Heyday of Sail: The Merchant Sailing Ship 1650-1830,* Brassey, Londres (1995), pp. 34-54.

43. Citado em Boxer, C.R., "The Dutch economic decline", em Cipolla, C., *The Economic Decline of Empires,* Methuen, Londres (1970), p. 259.
44. Referência de Boxer, *Dutch Seaborne Empire,* p. 72.
45. Schama, *Embarrassment of Riches,* p. 597.
46. Boxer, *Dutch Seaborne Empire,* pp. 31, 47.
47. Wilson, *England's Apprenticeship,* p. 10.
48. Unger, Richard, *Dutch Shipbuilding Before 1800,* Van Gorcum, Assen, Holanda (1978).
49. Boxer, *Dutch Seaborne Empire,* p. 105.
50. Hoving, "Seagoing ships of the Netherlands", p. 41.
51. Boxer, "Dutch economic decline", p. 260; Unger, *Dutch Shipbuilding Before 1800,* op. cit., p. 9.
52. Boxer, "Dutch economic decline", p. 262.
53. Citado ibid., p. 238.

7. A Grã-Bretanha domina os sete mares

1. Arasaratnam, Sinnappah, *Maritime India in the Seventeenth Century,* Oxford University Press (1994), p. 88.
2. Das Gupta, A., *Merchants of Maritime India 1500-1800,* Variorum, Aldershot (1994), XII, p. 111; Das Gupta, A., *Indian Merchants and the Decline of Surat c. 1700-1750,* Franz Steiner, Wiesbaden (1979), pp. 137-8.
3. Richards, John F., *The Mughal Empire,* Cambridge University Press (1993), p. 288.
4. Das Gupta, *Merchants of Maritime India,* IX, pp. 148-62.
5. Ibid., p. 150.
6. Richards, op. cit., pp. 278-9
7. Das Gupta, *Merchants of Maritime India,* I, p. 433.
8. Ibid., VI, p. 195.
9. Marshall, P., "Private British trade in the Indian Ocean before 1800", em Das Gupta, A. e Pearson M.N., *India and the Indian Ocean 1500-1800,* Oxford University Press (1987), pp. 276-300.
10. Das Gupta, *Merchants of Maritime India,* op. cit., X, p. 232; Arasaratnam, Sinnappah, *Maritime Trade, Society, and European Influence in Southern Asia 1600-1800,* Variorum, Aldershot (1995), XIV, pp. 31, 36-7.

11. Arasaratnam, *Maritime Trade, Society, and European Influence,* XIV, p. 39.
12. Das Gupta, *Merchants of Maritime India,* VII, p. 134.
13. Defoe, Daniel, *A Tour Through England and Wales,* vol. 2, J.M. Dent & Sons, Londres (1948), p. 133.
14. McKendrick, N., "Commercialization and the economy", em McKendrick, N., Brewer, Kohn e Plumb, J.H., *The Birth of a Consumer Society: The Commercialization of Eighteenth Century England,* Europa, Londres (1982).
15. Os exemplos seguintes foram extraídos de McKendrick, ibid., a menos que seja citada uma outra fonte.
16. Lichtenberg, G.C., *Lichtenberg's Visits to England,* tradução e revisão de Mare, M.L.e Quarrel, W.H., Clarendon Press, Oxford (1938).
17. Strauss, R. (org.), "A trip through the Tonw" (1735), citado em McKendrick, "Commercialization", p. 60.
18. Wilson, C., *England's Apprenticeship 1603-1763,* Longman, Londres (1965).
19. Mokyr, Joel, *The Lever of Riches: Technological Creativity and Economic Progress,* Oxford University Press (1990), p. 377.
20. Kenwood, A.G., e Lougheed, A.L., *Technological Diffusion and Industrialisation Before 1914,* Croom Helm, Londres (1982), p. 106.
21. Wedgwood, Josiah, *Letters,* Farrer, Katherine (org.), publicação da autora (1903), vol. 2, p. 420-5, citado em Klingender, Francis, *Art and Industrial Revolution,* Evelyn, Adams & Mackay, Chatham (1968), p. 112.
22. Wadsworth, Alfred P. e de Lacy Mann, Julia, *The Cotton Trade and Industrial Lancashire 1600-1780,* Manchester University Press (1931), p. 503.
23. Klingender, *Art and Industrial Civilisation,* pp. 5-7.
24. Tylecote, Andrew, *The Long Wave in the World Economy: The Current Crisis in Historical Perspective,* Routledge, Londres (1992), p. 42.
25. Mokyr, *Lever of Riches,* p. 111.
26. Marx, Karl, *Selected Works,* vol. II (1942), citado em Klingender, *Art and the Industrial Revolution.*
27. Britton, John, *Autobiography* (1850), vol. I, pp. 128-9.
28. Pollard, Sidney e Robert, Paul, *The British Shipbuilding Industry 1870-1914,* Harvard University Press (1979), p. 14.
29. Burton, Anthony, *The Rise and Fall of British Shipbuilding,* Constable, Londres (1994), p. 65.
30. Greenhill, B., "Steam before the screw", em Gardiner, R. e Greenhill, Basil, *The Advent of Steam The Merchant Steamship before 1900,* Conway Maritime Press, Londres (1993), pp. 11-27.

31. Lambert, A., "The Ship Propeller Company and the promotion of screw propulsion 1836-1852", em Gardiner e Greenhill, op. cit., pp. 136-45.
32. Ibid., p. 145.
33. MacKenzie-Kennedy, C., *The Atlantic Blue Riband: Evolution of the Express Liner,* Ebor Press, York (1993), pp. 6-9.
34. Greenhill, "Steam before the screw", p. 26.
35. Griffiths, D., "Marine engineering development in the nineteenth century", em Gardiner e Greenhill, "Advent of steam", p. 106.
36. Davies, P.N., "British shipping and world trade", em Yui, T. e Nakagawa, K. (orgs.), *Business History of Shipping: Strategy and Structure,* Atas da Conferência Fuji, Universidade de Tóquio (1985), pp. 39-85.
37. Howarth, D. e Howarth, S., *The Story of P&O,* Weidenfeld & Nicolson, Londres (1986), p. 73.
38. Hope, Ronald, *A New History of British Shipping,* John Murray, Londres (1990), p. 341.
39. Smith, Adam, *An Inquiry into the Nature and Causes of the Wealth of Nations, Book IV,* J.M. Dent & Sons, Londres (1921), p. 73.
40. Keay, John, *The Honourable Company: A History of the English East India Company,* HarperCollins (1991), pp. 451-2.
41. Harley, C. Knick (1988), "Ocean freight rates and productivity 1740-1930: the primacy of mechanical invention confirmed", *Journal of Economic History,* 48 (4), pp. 851-76.
42. Smith, Crosbie, "Britain's shipbuilders: the years of progress 1840-1914", *Transport History* (1980), vol. 11, pp. 258-72.
43. Pollard e Robertson, *British Shipbuilding Industry,* p. 62.
44. Ibid., p. 46.
45. Ibid., pp. 92-3; MacKenzie-Kennedy, *Atlantic Blue Riband,* p. 42.
46. MacKenzie-Kennedy, *Atlantic Blue Riband,* p. 10.
47. Ibid., p. 183.
48. Chandler, Alfred D., *Scale and Scope: The Dynamics of Industrial Capitalism,* Belknap Press, Harvard (1990), p. 265.
49. Lewis, Arthur W., *The Evolution of the International Economic Order,* Princeton University Press, N.J. (1978), p. 7.
50. Duncan, T. e Foggarty, J., *Australia and Argentina on Parallel Paths,* Melbourne University Press (1984).

51. Green, E., "Very private enterprise: ownership and finance in British shipping, 1825-1940", em Yui e Nakagawa, op. cit., pp. 219-48; Hope, op. cit., p. 316.
52. Sturmey, S.G., *British Shipbuilding and World Competition,* Athone Press, Londres (1962), p. 395.
53. Hope, *New History,* p. 318; Middlemiss, Norman L., *Travels of the Tramps: Twenty Tramp Fleets,* Shield Publication, Newcastle (1989), vol. 1, p. 10; Sturmey, *British Shipbuilding,* p. 395.
54. Hope, *New History,* p. 338.
55. Kennedy, Paul, *The Rise and Fall of the Great Powers,* Unwin & Hyman (1988), p. 152.

8. Mudanças no Ocidente

1. Krooss, Herman E. e Gilbert, Charles, *American Business History,* Prentice Hall, Englewood Cliffs, Nova Jersey (1972).
2. McCusker, John J., "The rise of the shipping industry in colonial America", em Kilmarx, R.A., *American's Maritime Legacy: A History of the US Merchant Marine and Shipbuilding Industry since Colonial Times,* Westview, Boulder, Colorado (1979), pp. 1-26.
3. Bates, W.W., *American Marine: The Shipping Question in History and Politics,* Houghton Mifflin, Boston e Nova York (1892), p. 95.
4. Doerflinger, T.H., "Commercial specialization in Philadelphia's merchant community, 1750-1791", *The Business History Review* (1893), 57 (1), pp. 20-49.
5. Brognan, H., *Longman History of the United States of America,* Longman, Nova York (1985), p. 122.
6. Myers, Gustavus, *History of the Great American Fortunes,* The Modern Library, Nova York (1907), pp. 95-8.
7. Bauer, Jack K., "The golden age", em Kilmarx, *America's Maritime Legacy,* pp. 27-64.
8. Cochran, T.C., *200 Years of American Business,* Basic Books, Nova York (1977), p. 26.
9. Licht, W., *Industrializing America: The Nineteenth Century,* Johns Hopkins University Press, Baltimore e Londres (1995), p. 117.
10. Poulson, B., "Economic history and economic development: an American perspective", em Weiss, T. e Schaefer, D., *American Economic Development in Historical Perspective,* Stanford University Press (1994), pp. 70-83.

11. Em dólares de 1910-14. Weiss, T., "Economic growth before 1860: revised conjectures", em Weiss e Schaefer, *American Economic Development,* pp. 11-27.
12. Geisst, Charles R., *Wall Street: A History,* Oxford University Press, Nova York (1997).
13. Chandler, A., "Patterns of American railroad finance, 1830-50", *The Business History Review* (1954), 28 (3), pp. 248-63.
14. Bates, *American Marine,* p. 146.

9. Mudanças no Oriente

1. Teng, Ssu Yu e Fairbank, John K., *China's Response to the West,* Harvard University Press, Cambridge, Mass. (1954), p. 19.
2. Adshead, S.A.M., *China in World History,* 2ª ed., St. Martin's Press, Nova York (1995), p. 296.
3. Braudel, F., *Civilisation and Capitalism,* Collins, Londres (1984), vol. 1, p. 151.
4. Jones, E., Frost, L, e White, C., *Coming Full Circle: An Economic History of the Pacific Rim,* Westview Press, Boulder, Colorado e Oxford (1993), p. 28.
5. Elvin, Mark, *The Pattern of the Chinese Past,* Eyre Methuen, Londres (1973), pp. 284-7.
6. Ibid., p. 258.
7. Murphey, Rhoads, *The Treaty Ports and China's Modernization: What Went Wrong?,* Michigan Papers in Chinese Studies nº 7, University of Michigan Centre of Chinese Studies (1970), p. 8.
8. Adshead, *China in World History,* p. 319.
9. Crossen, C., *The Rich and How They Get That Way,* Nicholas Brealey Publishing, Londres e Naperville (2000), pp. 171-94.
10. Jones, E.L., "The real question about China: Why was the Song economic achievement not repeated?" *Australian Economic History Review* XXX (1990), *Pattern of Chinese Past,* pp. 7-8; Elvin, op. cit., p. 204.
11. Jones, "The real question about China", p. 11.
12. Teng e Fairbank, *China's Response to the West,* p. 17.
13. Elvin, *Pattern of Chinese Past,* pp. 225-34.
14. Lenz, W., "Voyages of Admiral Zheng He before Columbus", em Mathews, K.S. (org.), *Shipbuilding and Navigation in the Indian Ocean Region AD 1400-1800,* Munshiram Manoharlal Publishers, Nova Délhi (1997), p. 152.

15. Wong, Chu-Ming, "Commentary", em Crombie, A.C., *Scientific Change: Historical Studies in the Intellectual, Social, and Technical Conditions for Scientific Discovery and Technical Invention from Antiquity to the Present,* Heinemann, Londres (1963), pp. 166-7.
16. Balazs, E., *Chinese Civilisation and Bureaucracy: Variations on a Theme,* Yale University Press, New Haven e Londres (1964), p. 32.
17. Jones, Frost e White, *Coming Fuil Circle,* p. 3; Landes, David S., *The Unbound Prometheus: Technological Change and Industrial Development in Western Europe from 1750 to the Present,* Cambridge University Press (1969).
18. Elvin, *Pattern of China Past,* p. 277.
19. Ibid., p. 277.
20. Medley, Margaret, *The Chinese Potter: A Practical History of Chinese Ceramics,* 3ª ed., Phaidon Press, Oxford (1989), p. 265.
21. Atterbury, Paul (org.), *The History of Porcelain,* Orbis Publishing, Londres (1982), p. 127.
22. Needham, Joseph, "Poverties and triumphs of the Chinese scientific tradition", em Crombie, *Scientific Change,* p. 139.
23. Hao, Yen Ping, *The Comprador in Nineteenth Century China: Bridge between East and West,* Harvard University Press, Cambridge, Mass. (1970), p. 7.
24. Adshead, *China in World History,* p. 246.
25. Murphey, *Treaty Ports,* p. 13; Elvin, *Pattern of Chinese Past,* p. 292.
26. Mokyr, Joel, *The Lever of Riches: Technological Creativity and Economic Progress,* Oxford University Press (1990), p. 234.
27. Jones, Frost e White, *Coming Full Circle,* p. 29.
28. Jones, "The real question", p. 18.
29. Morse, H.B., *The Guilds of China,* Longman, Green, Londres (1909), p. 27.
30. Elvin, *Pattern of Chinese Past,* p. 314.
31. Reid, Anthony, "The unthreatening alternative: Chinese shipping to Southeast Asia 1567-1842", *Review of Indonesian and Malaysian Affairs,* 27 (1993).
32. Davis, Ralph, *The Rise of the English Shipping Industry in the Seventeenth and Eighteenth Centuries,* Macmillan, Londres (1962), pp. 298-9.
33. Das Gupta, A.:, *Merchants of Maritime India 1500-1800,* Variorum, Aldershot (1994), p. 155.
34. Reid, "The unthreatening alternative", p. 28.
35. Wong, Lin Ken, "The trade of Singapore 1819-69", *Journal of the Malaysian Branch of the Royal Asiatic Society,* vol. 33, Parte 4, dezembro de 1960, p. 123.

36. Kennedy, P., *The Rise and Fall of the Great Powers,* Unwin & Hyman (1988).
37. Downs, J., "American merchants and the China opium trade, 1800-1840", *The Business History Review* (1968), 42 (4), pp. 418-42.
38. Swisher, Earl, "Chinese intellectuals and the Western impact, 1838-1900", *Comparative Studies in Society and History* (1958), 1 (1), pp. 26-37.
39. Teng e Fairbank, *China's Response,* pp. 266-9.
40. Forrest, D., *Tea for the British,* Chatto & Windus, Londres (1973).
41. Merson, John, *Roads to Xanadu: East and West in the Making of the Modern World,* Weidenfeld & Nicolson, Londres (1989), p. 156.
42. Citado em Teng e Fairbank, *China's Response,* p. 76.
43. Ibid., pp. 86-7.
44. As tentativas de adoção da construção naval moderna são descritas por Chen, Gideon, *The Pioneer Promoters of Modern Industrial Technique in China: Three Studies,* Paragon Book Reprint Corporation, Nova York (1968).
45. Citado em Chen, ibid., p. 30.
46. Ibid., p. 19.
47. Ibid., p. 32.
48. Ibid., p. 46.
49. Ibid., p. 15.
50. Ibid., p. 15.
51. Ibid., p. 40.
52. Extraído de Tso Wen-hsiang-kung Tsou-kao, citado em Teng e Fairbank, *China's Response,* pp. 82-3.
53. Liu, K.C., "Steamship enterprise in nineteenth century China", *Journal of Asian Studies* 18 (1959).
54. Cheng, Sheng-shih Wei-yen, citado em Liu, ibid., p. 444.
55. Hao, *The Comprador,* pp. 98-9, 120-4.
56. Ibid., pp. 4, 147.
57. Murphey, *Treaty Ports,* p. 53.
58. Teng e Fairbank, *China's Response,* p. 90.
59. Forrest, *Tea for the British.*

10. A Terra do Sol Nascente

1. Roberts, J.G., *Black Ships and Rising Sun: The Opening of Japan to the West,* Julian Messner, Nova York (1971).

2. Ibid., p. 10.
3. Ibid., p. 28.
4. Allen, G.C., *A Short Economic History of Japan,* 4ª ed., Macmillan, Londres (1981), p. 23.
5. Westney, D. Eleanor, *Imitation and Innovation: The Transfer of Western Organisation Patterns to Meiji Japan,* Harvard University Press, Cambridge, Mass. (1987).
6. Miwa, R., "Maritime policy in Japan: 1868-1937", em Yui, T. e Nakagawa, K. (orgs.), *Business History of Shipping: Strategy and Structure,* Atas da Conferência Fuji, Universidade de Tóquio (1985), pp. 132-52.
7. Burks, Ardath W., "Tokugawa Japan: post feudal society and change", em Burks, Ardath W. (org.), *The Modernizers: Overseas Students, Foreign Employees, and Meiji Japan,* Westview Press, Boulder, Colorado (1985), pp. 9-32.
8. Amioka, S., "Changes in Educational Ideals and Objectives (From Selected Documents, Tokugawa era to the Meiji Period)", em Burks, *The Modernizers,* pp. 323-57; Hirschmeier, Johannes e Yui, Tsunehiko, *The Development of Japanese Business 1600-1980,* 2ª ed., George Allen & Unwin, Londres (1981), pp. 11-13.
9. Hirschmeier e Yui, *Development of Japanese Business,* p. 47.
10. Allen, *Short Economic History of Japan,* p. 24; e Fukasaku, Yukiko, *Technology and Industrial Development in Pre-war Japan: Mitsubishi Nagasaki Shipyard 1884-1934,* Routledege, Londres (1992).
11. Fukasaku, *Technology and Industrial Development,* p. 17; e Masao, Watanabe, "Science across the Pacific: American-Japanese scientific and cultural contacts in the late nineteenth century", em Burks, *The Modernizers,* pp. 369-92.
12. Allen, *Short Economic History,* p. 26.
13. Citado em Murphey, Rhoads, *The Treaty Ports and China's Modernization: What Went Wrong?,* Michigan Papers in Chinese Studies nº 7, University of Michigan Centre of Chinese Studies (1970), p. 30.
14. Yoshio, Sakata (1985), "The beginning of modernization in Japan", em Burks, *The Modernizers,* pp. 69-84; Amioka, "Changes in educational ideals", p. 328.
15. Madoka, Kanai, "Fukui: domain of a Tokugawa collateral daimyo: its tradition and transition", em Burks, *The Modernizers,* pp. 33-68.
16. Yoshio, "Beginning of modernization in Japan", p. 74.
17. Madoka, "Fukui", p. 64.
18. Burks, Ardath W., "Japan's outreach: the Ryugakusei", em Burks, *The Modernizers,* pp. 145-60.

19. Minoru, Ishizuki, "Overseas study by Japanese in the early Meiji period", em Burks, *The Modernizers,* pp. 161-86.
20. Masao, W., "Science across the Pacific", em Burks, *The Modernizers,* p. 370.
21. Citado em Hirschmeier e Yui, *Development of Japanese Business,* p. 107.
22. Fukasaku, *Technology,* p. 28.
23. Allen, *Short Economic History,* p. 29.
24. Yoshio, "The beginning of modernization", p. 79.
25. Jones, Hazel, "The Griffis thesis and Meiji policy toward hired foreigners", em Burks, *The Modernizers,* pp. 219-53.
26. Brown, S.D., "Okubu Toshimichi: his political and economic policies in early Meiji Japan", *Journal of Asian Studies* (1961-62), 21 (2), pp. 183-97.
27. Stinchcombe citado em Westney, D. Eleanor, *Imitations and Innovations: The Transfer of Western Organisation Patterns to Meiji Japan,* Harvard University Press, Cambridge, Mass. (1987), p. 16.
28. Westney, *Imitations and Innovations,* p. 10.
29. Fukasaku, *Technology,* p. 25.
30. Ibid., p. 20.
31. Allen, *Short Economic History,* p. 40.
32. Fukasaku, *Technology,* p. 21.
33. Ibid., pp. 20-1.
34. Hirschmeier e Yui, *Development of Japanese Business,* p. 96.
35. Ibid., p. 98.
36. Ibid., p. 126.
37. Ibid., p. 142.
38. Ibid., p. 122.
39. Ibid., p. 11.
40. Fukasaku, *Technology,* pp. 17-22.
41. Chida, Tomohei e Davies, Peter N., *The Japanese Shipping and Shipbuilding Industries: a History of their Modern Growth,* Athlone Press, Londres (1990), p. 5.
42. Miwa, "Maritime policy in Japan: 1868-1937", em Yui e Nakagawa, *Business History of Shipping,* p. 124.
43. Fukasaku, *Technology,* p. 21.
44. Chida e Davies, *Japanese Shipping and Shipbuilding,* p. 6.
45. Yui e Nakagawa, *Business History,* p. xiv; Miwa, "Maritime policy in Japan: 1868-1937", pp. 125-6.
46. Citado em Hirschmeier e Yui, *Development of Japanese Business,* p. 139.

47. Chida e Davies, *Japanese Shipping,* p. 6.
48. Ibid., p. 8.
49. Ibid., p. 89.
50. Nakagawa, K., "Japanese shipping in the nineteenth and twentieth centuries: strategy and organization", em Yui e Nakagawa, *Business History,* pp. 1-33.
51. Ibid., p. 4.
52. Chida e Davies, *Japanese Shipping,* p. 10.
53. Yui e Nakagawa, *Business History* (1985), p. xvii.
54. Chida e Davies, *Japanese Shipping,* p. 9.
55. Miwa, "Maritime policy in Japan: 1868-1937", p. 132.
56. Chida e Davies, *Japanese Shipping,* p. 17.
57. Miwa, "Maritime policy in Japan: 1868-1937", p. 130.
58. Yui e Nakagawa, *Business History,* p. xvii; Miwa, "Maritime policy in Japan: 1868-1937", p. 133.
59. Hirschmeier e Yui, *Development,* p. 6; Tatsuki, M., "Comment", em Yui e Nakagawa, *Business History,* pp. 307-8; Chida e Davies, op. cit., p. 11.
60. Hirschmeier e Yui, *Development,* p. 191.
61. Yui e Nakagawa, *Business History,* p. 16.
62. Ibid., p. 6.
63. Fukasaku, *Technology,* p. 23.
64. Yui e Nakagawa, *Business History,* p. xviii.
65. Nakagawa, "Japanese shipping", p. 314.

11. A era corporativa

1. Ray, Edward John, "Changing patterns of protectionism: the fall in tariffs and the rise in non-tariff barriers", em Frieden, Jeffrey A. e Lake, David A., *International Political Economy: Perspectives on Global Power and Wealth,* 4ª ed., Routledege, Londres (1991), p. 343.
2. Krooss, H.E. e Gilbert, C., *American Business History,* Prentice Hall, Nova Jersey (1972), p. 147.
3. Licht, Walter, *Industrializing America: The Nineteenth Century,* Johns Hopkins University Press, Baltimore e Londres (1995).
4. Krooss e Gilbert, *American Business History,* pp. 155-8.
5. Ibid., pp. 176-80; Chandler, Alfred D., *Scale and Scope: The Dynamics of Industrial Capitalism,* Belknap Press, Harvard (1990), p. 25.

6. Krooss e Gilbert, *American Business History,* p. 184.
7. Licht, *Industrialization,* p. 158.
8. Geisst, C.R., *Deals of the Century,* John Wiley & Sons, Nova Jersey (2004).
9. Galambos, L, "The Trimph of Oligopoly", em Weiss, T. e Schaefer, D. (orgs.), *American Economic Development in Historical Perspective,* Stanford University Press (1994), pp. 241-53.
10. Chandler, *Scale and Scope,* p. 8.
11. Ibid., p. 9.
12. Taylor, F.W., *The Principles of Scientific Management,* W.W. Norton, Nova York (1967); Wrege, C.D. e Perroni, A.G., "Taylor's pig tale: a historical analysis of Frederick W. Taylor's pig iron experiments", *The Academy of Management Journal* (1974), 17 (1), pp. 6-27.
13. Citado em Misa, Thomas J., *A Nation of Steel: The Making of Modern America 1865-1925,* Johns Hopkins University Press, Baltimore (1995), p. 166.
14. Krooss e Gilbert, *American Business History,* p. 158.
15. Chandler, *Scale and Scope,* p. 82.
16. Misa, *Nation of Steel,* pp. 200-1.
17. Licht, *Industrializing America,* p. 183.
18. Weisberger, Bernard A., *Many People, One Nation,* Houghton Mifflin, Boston (1987), p. 217.
19. Chandler, *Scale and Scope,* p. 52.
20. Laux, James M., *In First Gear: The French Automobile Industry to 1914,* Liverpool University Press (1976), p. 79.
21. Chandler, A., *Giant Enterprise: Ford, General Motors, and the Automobile Industry: Sources and Readings,* Harcourt, Brace & World (1964).
22. Bloomfield, G., *World Automotive Industry,* David e Charles (1978), pp. 26-7.
23. Bauer, Jack K., *A Maritime History of the United States: The Role of America's Seas and Waterways,* University of South Carolina Press (1988), p. 286.
24. Ibid., p. 242.
25. Ibid., p. 289.
26. Safford, J.J., "The United States merchant marine in foreign trade, 1800-1939", em Yui, T. e Nakagawa, K. (orgs.), *Business History of Shipping: Strategy and Structure,* Atas da Conferência Fuji, Universidade de Tóquio (1985), pp. 91-118.
27. Allin, Lawrence C., "The Civil War and the period of decline, 1861-1913", em Kilmarx, R.A. (org.), *America's Maritime Legacy: A History of the US Merchant Marine and Shipbuilding Industry since Colonial Times,* Westview Press, Boulder, Colorado (1979), pp. 65-110.

28. Ibid., p. 72.
29. Safford, "The United States merchant marine in foreign trade", p. 100.
30. Ibid.
31. Citado em Thiesen, William H., "Building an 'American Clyde': The development of iron shipbuilding on the Delaware River", dissertação apresentada na Reunião Anual da Pennsylvania Historical Association, Filadélfia (1997), p. 19.
32. Baker, William A., "Commercial shipping and shipbuilding in the Delaware Valley", dissertação apresentada à Sociedade de Arquitetos Navais e Engenheiros Marítimos (1976), pp. 1-23.
33. Heinrich, Thomas R., *Ships for the Seven Seas: Philadelphia Shipbuilding in the Age of Industrial Capitalism*, Johns Hopkins University Press, Baltimore (1997).
34. Misa, *Nation of Steel,* pp. 96-7; Bauer, *A Maritime History of the United States,* p. 290; Heinrich, *Ships for the Seven Seas,* p. 105.
35. Heinrich, *Ships for the Seven Seas,* p. 103; Misa, *Nation of Steel,* p. 98.
36. Heinrich, *Ships for the Seven Seas,* p. 107.
37. Navin, Thomas e Sears, Marion, "A study in merger formation of the International Mercantile Marine", *Business History Review* (1954), vol. 28, nº 4, pp. 291-328.
38. De la Pedraja, René, *The Rise and Decline of US Merchant Shipping in the Twentieth Century,* Twayne's Evolution of American Business Series nº 8, Twayne Publishers, Nova York (1992), pp. 8-9.
39. Clark, J. e Clark, M., "The International Mercantile Marine Company: a financial analysis", *American Neptune* (1957), vol. 57, nº 2, pp. 137-54.
40. Yui e Nakagawa, *Business History of Shipping,* p. xx.
41. Safford, Jeffrey J., "World War I maritime policy and the national security: 1914-1919", em Kilmarx, *America's Maritime Legacy,* pp. 111-48.
42. Bauer, *A Maritime History of the United States,* ibid., p. 299.
43. Bauer, p. 298.
44. Heinrich, *Ships for the Seven Seas,* p. 94.
45. Ibid., p. 165.
46. Bauer, *A Maritime History of the United States,* p. 301.
47. De la Pedraja, *Rise and Decline of US Merchant Shipping,* p. 113.
48. Nakagawa, K., "Japanese shipping in the nineteenth and twentieth centuries: strategy and organization", em Yui e Nakagawa, *Business History of Shipping,* p. 3.
49. Miwa, Ryoichi, "Government and the Japanese shipping industry, 1945-64", *Journal of Transport History,* março de 1985, p. 144.
50. Sturmey, S.G., *British Shipping and World Competition,* Athlone Press, Londres (1962), p. 392.

12. Carvão, petróleo e um ritmo mais veloz de mudança

1. Kennedy, Paul, *The Rise and Fall of the Great Powers,* Unsin & Hyman (1988), p. 224.
2. Sampson, A., *Company Man: The Rise and Fall of Corporate Life,* Random House, Londres (1995).
3. Weiner, H.J., *English Culture and the Decline of the Industrial Spirit 1850-1980,* Cambridge University Press (1981).
4. Citado em ibid., p. 149.
5. Lazonick, William, *Business Organisation and the Mith of the Market Economy,* Cambridge University Press (1991).
6. Bloomfield, G., *World Automotive Industry,* David & Charles, Newton Abbott (1978), p. 1.
7. Noble, D., *America by Design*, Oxford University Press, Nova York (1977); Freeman, C., "Formal scientific and technical institutions in national systems of innovation", em Lundwall, Bengt-Ake (org.), *National Systems of Innovation: Towards a Theory of Innovation and Interactive Learning,* Pinter Press (1992), pp. 169-87.
8. Pollard, Sydney e Robertson, Paul, *The British Shipping Industry 1870-1914,* Harvard University Press, Cambridge, Mass. (1979), p. 144.
9. Von Tunzelann, G.N., "Technical progress during the Industrial Revolution", em Floud, R.C. e McCloskey, D.N., *The Economic History of Britain since 1700, Vol. 1, 1700-1860,* Cambridge University Press (1981).
10. Pollard e Robertson, *British Shipping Industry,* p. 148.
11. Burton, Anthony, *The Rise and Fall of British Shipbuilding,* Constable, Londres (1994), p. 222.
12. Citado em Weiner, *English Culture,* p. 143.
13. Citado em Burton, *Rise and Fall,* p. 236.
14. Harley, C.K. e McCloskey, D.N., "Foreign trade: competition and the expanding international economy", em Floud, R.C. e McCloskey, D.N. (orgs.), *The Economic History of Britain since 1700, vol. 2, 1860 to the 1970s,* Cambridge University Press (1981), pp. 50-69.
15. Baseado em Hilgerdt, F., "Industrialization and foreign trade", Tabela da Liga das Nações, em Dicken, Peter, *Global Shift: Industrial Change in a Turbulent World,* Harper & Row, Londres (1986), p. 14.
16. Harley e McCloskey, "Foreign trade", p. 69.

17. Chandler, Alfred D., *Scale and Scope: The Dynamics of Industrial Capitalism,* Belknap Press, Harvard (1990), pp. 275-9.
18. Sandberg, L.G., "The entrepreuner and technological change", em Floud e McCloskey, *Economic History of Britain,* vol. 2, pp. 99-120.
19. Alford, B.W.E., "New industries for old? British industry between the wars", em Floud and McCloskey, *Economic History of Britain,* vol. 2, p. 330.
20. Chandler, *Scale and Scope,* p. 335.
21. Citado em Chandler, *Scale and Scope,* p. 333.
22. Lorenz, Edward, "Organisational inertia and competitive decline: the British cotton, shipbuilding, and car industries, 1945-1975", *Industrial and Corporate Change* (1994), vol. 3, nº 1.
23. Citado em Weiner, *English Culture,* p. 142.
24. Ibid.
25. Tomlinson, Jim, "The failure of the Anglo-American Council of Productivity", *Business History,* vol. 33 (1991), nº 1, pp. 82-92.
26. Lorenz, "Organisational inertia", p. 338.
27. Cairncross, Alec, "The postwar years 1945-77", em Floud e McCloskey, *Economic History of Britain,* vol. 2, pp. 370-415.
28. Sturmey, S.G., *British Shipping and World Competition,* Athlone Press, Londres (1962), p. 4.
29. Davies, P.N., "British shipping and world trade", em Yui, T. e Nakagawa, K. (orgs.), *Business History of Shipping: Strategy and Structure,* Atas da Conferência Fuji, Universidade de Tóquio (1985), pp. 80-1.
30. Citado em Howarth, D. e Howarth, S., *The Story of P&O,* Weidenfeld & Nicolson (1986), p. 171.
31. Davies, "British shipping and world trade", p. 80; Sturmey, *British Shipping and World Competition,* pp. 61, 70-3.
32. Hope, Ronald, *A New History of British Shipping,* John Murray, Londres (1990), pp. 368, 399.
33. Middlemiss, Norman, *Travels of the Tramps: Twenty Tramp Fleets,* Shield Publications, Newcastle (1989), vol. 1, p. 11.
34. Ibid., pp. 109-13.
35. Sturmey, *British Shipping.*
36. Ibid., p. 96.
37. Ibid., p. 396.
38. Fletcher, Max, "From coal to oil in British shipping", *The Journal of Transport History,* vol. III, nº 1 (1975), p. 6.

39. Ibid., p. 10.
40. Robertson, Alex J., "Backward British businessmen and the motor ship, 1918-39· the critique reviewed", *The Journal of Transport History,* vol. 9, nº 2 (1988), p. 193
41. Fletcher, "From coal to oil", p. 5.
42. Robertson, "Backward British businessmen", p. 196.
43. Ibid.
44. Sturmey, *British Shipping,* p. 352.
45. Sugiyama, K. (1985), "Shipbuilding finance of the *shasen* shipping firms: 1920s-1930s", em Yui e Nakagawa (orgs.), pp. 255-72.
46. Yui (1985): xxii.
47. Nakagawa, K., "Japanese shipping in the nineteenth and twentieth centuries: strategy and organization", em Yui e Nakagawa, p. 14.
48. Sturmey, *British Shipping,* p. 109.
49. Hope, *New History of British Shipping,* p. 318.
50. Davies, "British shipping and world trade", p. 60.
51. Sturmey, *British Shipping,* p. 396.
52. Ibid., p. 78.
53. Ibid., p. 94.
54. Ibid., p. 262.
55. Hope, *New History,* p. 369.
56. Sturmey, *British Shipping,* p. 76.
57. Hope, *New History,* p. 416.
58. Sturmey, *British Shipping,* p. 61.
59. Ibid., pp. 106-7.
60. Strange, J., "Oil tankers, chemical carriers, and gas carriers", em Gardiner, R. e Greenhill, Basil (orgs.), *The Shipping Revolution: The Modern Merchant Ship,* Conway Maritime Press, Londres (1992), p. 66.
61. Sturmey, *British Shipping,* p. 400.
62. Citado em Hope, *New History,* p. 399.

13. Tsunami no Pacífico

1. Nelson, Richard R. e Wright, Gavin, "The rise and fall of American technological leadership: the postwar era in historical perspective", *Journal of Economic Literature* (1992), vol. XXX, pp. 1931-64.

2. Dennison, Edward e Puillier, Jean-Pierre, *Why Growth Rates Differ,* Brookings Institution, Washington DC (1967), referência em ibid.
3. Galbraith, J.K., *The New Industrial State,* 2ª ed., Andre Deutsch, Londres (1967), p. 58.
4. Snowman, D., *America since 1920,* Heinemann, Londres (1980), p. 137.
5. Ibid., p. 141.
6. Dertouzos, Michael L., Lester, Richard K., Solow, Robert M. e a MIT Commission on Industrial Productivity, *Made in America: Regaining the Productive Edge,* Massachusetts Institute of Technology Press, Cambridge, Mass. (1989), p. 24.
7. Bauer, Jack K., *A Maritime History of the United States: The Role of America's Seas and Waterways,* University of South Carolina Press (1988), pp. 309-11.
8. De la Pedraja, René, *A Historical Dictionary of the US Merchant Marine and Shipping Industry,* Greenwood Press, Connecticut (1994), p. 150.
9. De la Pedraja, René, *The Rise and Decline of the US Merchant Shipping in the Twentieth Century,* Twayne's Evolution of American Business Series, nº 8, Twayne Publishers, Nova York (1992), p. 218.
10. Safford, J.J., "The United States merchant marine in foreign trade, 1800-1939" em Yui, T. e Nakagawa, K. (orgs.), *Business History of Shipping: Strategy and Structure,* Atas da Conferência Fuji, Universidade de Tóquio (1985), pp. 91-118.
11. De la Pedraja, *A Historical Dictionary,* p. 151.
12. Toyoda, E., *Toyoda Fifty Years in Motion: An Autobiography of the Chairman,* Kodansha International (1985), p. 49.
13. Ibid., p. 53.
14. Ibid., p. 57.
15. Ibid., pp. 58-9.
16. Aoki, Masahiko, "Towards an economic model of the Japanese firm", *Journal of Economic Literature* (1990), vol. XXVII, pp. 1-27.
17. Hayes, Robert H. e Abernathy, William J., "Managing our way to economic decline", *Harvard Business Review* 58 (1980), pp. 67-77.
18. Allen, G.C., *A Short Economic History of Japan,* 4ª ed., Macmillan, Londres (1981), p. 206.
19. Ibid., p. 227.
20. Zimbalist, A., Sherman, H.J. e Brown, S., *Comparing Economic Systems,* 2ª ed., Harcourt Brace Jovanovich, edição internacional (1989), p. 54.
21. Ohkawa, K. e Kohama, H., *Lectures on Developing Economies: Japan's Experience and its Relevance,* University of Tokyo Press (1989).

22. Hirschmeier, Johannes e Yui, Tsunehiko, *The Development of Japanese Business 1600-1980,* 2ª ed., George Allen & Unwin, Londres (1981), p. 315.
23. Amdsden, Alice H. e Singh, Ajit, "The optimal degree of competition and dynamic efficiency in Japan and Korea", *European Economic Review,* 38 (1994), pp. 941-51.
24. Johnson, C., *MITI and the Japanese Miracle,* Stanford University Press (1982), p. 240.
25. Freeman, C., "Japan: a new national system of innovation", em Dosi, G., Freeman, C., Nelson, R., Silverberg, G. e Soete L. (orgs.), *Technical Change and Economic Theory,* Pinter Press, Londres (1988), p. 333.
26. Citado em Ohkawa e Kohama, *Lectures on Developing Economies,* p. 286.
27. Freeman, "Japan", p. 337; Aoki, "Towards an economic model".
28. Hayes e Abernathy, "Managing our way", p. 74.
29. Dertouzos et al., *Made in America,* p. 21.
30. Hayes e Abernathy, "Managing our way", p. 68.
31. Dertouzos et al., *Made in America,* p. 46.
32. Chida, Tomohei e Davies, Peter N., *The Japanese Shipping and Shipbuilding Industries: A History of their Modern Growth,* Athlone Press, Londres (1990), p. 113.
33. Dertouzos et al., *Made in America,* p. 21.
34. Lazonick, William, *Business Organisation and the Myth of the Market Economy,* Cambridge University Press (1991), p. 38.
35. Aoki, "Towards an economic model".
36. Citado em Allen, *Short Economic History of Japan,* p. 234.
37. Miwa, R., "Maritime policy in Japan: 1868-1937", em Yui e Nakagawa (orgs.), *Business History of Shipping,* pp. 123-52.
38. De la Pedraja, *Rise and Decline of US Merchant Shipping,* op. cit., p. 100.
39. Ibid., p. 163.
40. Ibid., p. 172.
41. Ibid., p. 176.
42. Chida e Davies, *Japanese Shipping and Shipbuilding Industries,* p. 101.
43. De la Pedraja, *Rise and Decline of US Merchant Shipping,* p. 159.
44. Ibid., p. 162.
45. De la Pedraja, *A Historical Dictionary,* pp. 324-8.
46. Bauer, *A Maritime History,* p. 323.
47. Whitehurst, Clinton H., *The US Merchant Marine: In Search of an Enduring Maritime Policy,* United States Naval Institute, Annapolis, Md (1983), p. 146.

48. Mansfield, Edwin, "Industrial innovation in Japan and the United States", *Science* 241, vol. 1 (1988), pp. 1769-74.
49. Chida e Davies, *Japanese Shipping,* p. 152.
50. Citado em de la Pedraja, *Rise and Decline of US Merchant Shipping,* p. 178.
51. Chida e Davies, *Japanese Shipping,* p. 145.
52. Bauer, *A Maritime History,* p. 321.
53. De la Pedraja, *Rise and Decline of US Merchant Shipping,* p. 283.
54. Whitehurst, *US Merchant Marine,* p. 42.
55. Ibid, p. 105.
56. De la Pedraja, *Rise and Decline of US Merchant Shipping,* p. 219.
57. Ibid.
58. Whitehurst, *US Merchant Marine,* p. 105.

14. Um mundo em processo de transformação acelerada

1. Castelli, Emilio, "Power shifts and economic development: when will China overtake the USA?", *Journal of Peace Research,* nº 40 (2003), pp. 661-75.
2. "China ahead in foreign direct investment", *OECD Observer,* nº 237 (2003), p. 56.
3. Collins, David, *Organizational Change: Sociological Perspectives,* Routledege, Londres (1998).
4. Kotter, John P., "Leading change: why transformation efforts fail", *Harvard Business Review,* março-abril de 1995, pp. 59-67.
5. Grove, Andrew, *Only the Paranoid Survive,* Currency, Nova York (1999), p. 91.
6. Hope, Ronald, *A New History of British Shipping,* John Murray, Londres (1990), p. 458.

BIBLIOGRAFIA

GRÃ-BRETANHA

Alford, B.W.E., "New industries for old? British industry between the wars", em Floud, R.C. e McCloskey, D.N. (orgs.), *The Economic History of Britain since 1770,* vol. 2, Cambridge University Press (1981), pp. 308-31.

Anderson, G.M., "The economic organization of the East India trade", *Journal of Economic Behaviour and Organization* (1983), vol. 4, pp. 221-38.

Andrews, Kenneth R., "The Elizabethan seaman", *Mariner's Mirror* (1982), vol. 68, nº 3, pp. 245-62.

Burton, Anthony, *The Rise and Fall of British Shipbuilding,* Constable, Londres (1994).

Cairncross, Alec, "The poswar years, 1945-77", em Floud, R.C. e McCloskey, D.N. (orgs.), *The Economic History of Britain since 1770,* Cambridge University Press (1981), vol. 2, pp. 370-415.

Central Office of Information, *British Industry Today: Shipping,* Londres (1974).

Chaudhuri, K.N., "The English East India Company's shipping (*c.*1660-1760)", em Bruijin, Jaap R. e Gaastra, Femme S. (orgs.), *Ships, Sailors, and Spices,* Neha, Amsterdã (1993), pp. 49-80.

Corbett, E.C., "The screw propeller and merchant shipping, 1840-1865", em Gardiner, B. e Greenhill, B. (orgs.), *The Advent of Steam: The Merchant Steamship before 1900,* Conway Maritime Press, Londres (1993), pp. 83-105.

Cummins, John, *Francis Drake: The Lives of a Hero,* Weidenfeld & Nicolson, Londres (1995).

Davies, P.N., "British shipping and world trade", em Yui, T. e Nakagawa, K. (orgs.), *Business History of Shipping: Strategy and Structure,* Atas da Conferência Fuji, Universidade de Tóquio (1985), pp. 39-85.

Davis, Ralph, *A Commercial Revolution: English Overseas Trade in the Seventeenth and Eighteenth Centuries,* The Historical Association, Londres (1967).

Duncan, T. e Foggarty, J., *Australia and Argentina on Parallel Paths,* Melbourne University Press (1984).

Fletcher, Max E., "From coal to oil in British shipping", *The Journal of Transport History* (1975), vol. 3, nº 1.

Floud, R.C. e McCloskey, D.N., *The Economic History of Britain since 1770; vol. 1, 1700-1860,* Cambridge University Press (1981).

——, D.N., *The Economic History of Britain since 1770: vol. 2, 1860 to the 1970s,* Cambridge University Press (1981).

Gardiner, R. e Greenhill, B. (orgs.), *Sails Last Century: The Merchant Sailing Ship, 1830-1930,* Conway Maritime Press, Londres (1993).

Green, E., "Very private enterprise: ownership and finance in British shipping, 1825-1940", em Yui, T. e Nakagawa, K. (orgs.), *Business History of Shipping: Strategy and Structure,* Atas da Conferência Fuji, Universidade de Tóquio (1985), pp. 218-48.

Greenhill, B., "Introduction", em Gardiner, R. e Greenhill, B., *The Advent of Steam: The Merchant Steampship before 1900,* Conway Maritime Press, Londres (1993), pp. 7-10.

——, "Steam before the screw", em Gardiner, R. e Greenhill, B., *The Advent of Steam: The Merchant Steamship before 1900,* Conway Maritime Press, Londres (1993), pp. 11-27.

Harley, C.K.,"Aspects of the economics of shipping, 1850-1913", em Lewis, R. Fischer e Panting, G.E. (orgs.), *Change and Adaptation in Maritime Histor: The North Atlantic Fleets in the Nineteenth Century,* St. Johns, Terra Nova (1985).

——, "Ocean freight rates and productivity, 1740-1930: the primacy of mechanical invention confirmed", *Journal of Economic History,* 48 (4) (1988), pp. 851-76.

Harley, C.K. e McCloskey, D.N., "Foreign trade: competition and the expanding international economy", em Floud, R.C. e McCloskey, D.N. (orgs.), *The Economic History of Britain since 1770: vol. 2, 1860 to the 1970s,* Cambridge University Press (1981), pp. 50-69.

HMSO, *Decline in the UK Registered Merchant Fleet,* Londres (1987).

Hope, Ronald, *A New History of British Shipping,* John Murray, Londres (1990).

Howarth, D. e Howarth, S., *The Story of P&O,* Weidenfeld & Nicolson, Londres (1986).

Keay, John, *The Honourable Company: A History of the English East India Company,* HarperCollins, Londres (1991).

Kennedy, Paul, *The Rise and Decline of British Naval Mastery,* Penguin, Londres (1876).

Klingender, Francis, *Art and the Industrial Revolution,* Evelyn, Adams & Mackay, Chatham (1968).

Knowles, L.C.A., *Economic Development of the Overseas Empire,* vol. 1, 2ª ed., George Routledge & Sons, Londres (1928).

Lambert, A., "The Ship Propeller Company and the promotion of screw propulsion, 1836-1852", em Gardiner, R. e Greenhill, B., *The Advent of Steam: The Merchant Steamship before 1900,* Conway Maritime Press, Londres (1993), pp. 136-45.

Lloyd, T.O., *The British Empire, 1558-1893,* Oxford University Press (1984).

Lorenz, Edward, "Organisational inertia and competitive decline: the British cotton, shipbuilding, and car industries, 1945-1975", *Industrial and Corporate Change,* vol. 3, nº 1 (1994).

McCloskey, D.N., "The Industrial Revolution, 1780-1860", em Floud, R.C. e McCloskey, D.N. (orgs.), *The Economic History of Britain since 1770,* vol. 1, Cambridge University Press (1981), pp. 103-27.

McCracken, Grant, *Culture and Consumption,* Indiana University Press, Bloomington e Indianapolis (1988).

MacGregor, David R., "The wooden sailing ship: over 300 tons", em Gardiner, R. e Greenhill, B. (orgs.), *Sails Last Century,* Conway Maritime Press, Londres (1993), pp. 20-41.

McKendrick, N., "Commercialization and the economy", em McKendrick, N., Brewer, K. e Plumb, J.H., *The Birth of a Consumer Society,* Europa, Londres (1982).

MacKenzie-Kennedy, C., *The Atlantic Blue Riband: Evolution of the Express Liner,* Ebor Press, York (1993).

Marshall, P., "Private British trade in the Indian Ocean before 1800", em Das Gupta, A. e Pearson, M.N. (orgs.), *India and the Indian Ocean 1500-1800,* Oxford University Press (1987), pp. 276-300.

Middlemiss, Norman L., *Travels of the Tramps: Twenty Tramp Fleets,* vol. 1, Shield Publication, Newcastle (1989).

Milton, G., *Nathaniel's Nutmeg,* Hodder & Stoughton, Londres (1999).

North, D.C., "Sources of productivity change in ocean shipping, 1600-1850", *Journal of Political Economy* 76 (1968), 953-70.

Plumb, J.H., "Commercialization and society", em McKendrick et al., *The Birth of a Consumer Society,* Europa, Londres (1982), pp. 265-334.

Pollard, Sidney e Robertson, Paul, *The British Shipbuilding Industry, 1840-1914,* Harvard University Press (1979).

Robertson, Alex J., "Backward British businessmen and the motor ship, 1918-39: the critique reviewed", *The Journal of Transport History,* vol. 9, nº 2 (1988).

Roger, N.A.M., *The Safeguard of the Sea: A Naval History of Britain,* vol. 1, Harper-Collins, Londres (1997).

Rolt, L.T.C., *Isambard Kingdom Brunel,* 6ª ed., Longman, Londres (1970).

Root, J.W., *Trade Relations of the British Empire,* J.W. Root, Liverpool (1903).

Rose, M.E., "Social change and the Industrial Revolution", em Floud, R.C. e Mc-Closkey, D.N. (orgs.), *The Economic History of Britain since 1770,* vol. 1, Cambridge University Press (1981), pp. 253-75.

Ryan, A.N., "Bristol, the Atlantic and North America, 1480-1509", em Hattendorf, John B. (org.), *Maritime History: vol. 1, The Age of Discovery,* Krieger Publishing Company, Flórida (1996), pp. 241-55.

Sandberg, L.G., "The entrepreneur and technological change", em Floud, R.C. e McCloskey, D.N. (orgs.), *The Economic History of Britain since 1770,* vol. 2, Cambridge University Press (1981), pp. 99-120.

——, *Lancashire in Decline: A Study in Entrepreneurship, Technology, and International Trade,* Ohio State University Press, Columbus (1974).

Scammel, G., "European seamanship in the great age of discovery", *Mariner's Mirror,* vol. 68, nº 4 (1982).

Smith, Adam, *An Inquiry into the Nature and Causes of the Wealth and Poverty of Nations,* J.M. Dent & Sons, Londres (1921).

Smith, Crosbie, "Britain's shipbuilders: the years of progress, 1840-1914",*Transport History,* vol. 11 (1980), pp. 258-72.

Starkey, D., "The economic and military significance of British privateering, 1702-83", *The Journal of Transport History,* vol. 9, nº 1 (1988), pp. 50-59.

——, "The industrial development of steam", em Gardiner, R. e Greenhill, B. (orgs.), *The Advent of Steam: The Merchant Steamship before 1900,* Conway Maritime Press, Londres (1993), pp. 127-35.

Steven, Margaret, *Trade, Tactics, and Territory,* Melbourne University Press (1983).

Strange, J., "Oil tankers, chemical carriers and gas carriers", em Gardiner, R. e Greenhill, B. (orgs.), *The Shipping Revolution: The Modern Merchant Ship,* Conway Maritime Press, Londres (1992), pp. 63-83.

Stummey, S.G., *British Shipping and World Competition,* Athlone Press, Londres (1962).

Thomas, R.P., "Overseas trade and empire, 1700-1860", em Floud, R.C. e McCloskey, D.N. (orgs.), *The Economic History of Britain since 1770,* vol. 1, Cambridge University Press (1981), pp. 87-102.

Tomlinson, Jim, "The failure of the Anglo-American Council of Productivity", *Business History,* vol. 33, nº 1 (1991), pp. 82-92.

Von Tunzelmann, G.N., "Technical progress during the Industrial Revolution", em Floud, R.C. e McCloskey, D.N. (orgs.), *The Economic History of Britain since 1770,* vol. 1, Cambridge University Press (1981), pp. 143-63.

Wadsworth, Alfred P. e de Lacy Mann, Julia, *The Cotton Trade and Industrial Lancashire, 1600-1780,* Manchester University Press (1931).

Weiner, H.J., *English Culture and the Decline of the Industrial Spirit, 1850-1980,* Cambridge University Press (1981).

Williams, L.J., *Britain and the World Economy, 1919-1970,* Fontana-Collins, Londres (1971).

Wilson, Charles, *England's Apprenticeship, 1603-1763,* Longman, Londres (1965).

CHINA

Adshead, S.A.M., *China in World History,* 2ª ed., St. Martin's Press, Nova York (1995).

Atterbury, Paul (org.), *The History of Porcelain,* Obis Publishing, Londres (1982).

Balazs, E., *Chinese Civilisation and Bureaucracy: Variations on a Theme,* Yale University Press, New Haven e Londres (1964).

Beamish, J., "The significance of yuan blue and white exported to South East Asia", em Scott, Rosemary e Gay, John (orgs.), *South East Asia and China: Art Interaction and Commerce* (1995), pp. 225-51.

Braudel, F., *Civilisation and Capitalism,* vol. 1, Collins, Londres (1984).

Chang, Pin-tsun, "The evolution of Chinese thought on maritime trade from the sixteenth to eighteenth century", *International Journal of Maritime History,* 1, 1º. de junho de 1989, pp. 51-64.

Chen, Gideon, *The Pioneer Promoters of Modern Industrial Technique in China: Three Studies,* Paragon Books Corporation, Nova York (1968).

Cheong, W.E., *Mandarins and Merchants: Jardine Matheson and Co., A China Agency of the Early Nineteenth Century,* Scandinavian Institute of Asian Studies: Monograph Series, nº 26, Curzon Press (1979).

Chuimei, Ho, "Intercultural influence between China and South East Asia as seen in historical ceramics", em Scott, Rosemary e Gay, John (orgs.), *South East Asia and China: Art Interaction and Commerce* (1995), pp. 118-40.

Crammer-Byng, J.L. (org.), *An Embassy to China: Lord MacCartney's Journal, 1793-4,* Longman, Londres (1962).

Dupoizat, M.F., "The ceramic cargo of a Song dynasty junk found in the Philippines and its significance in the China-South East Asian trade", em Scott, Rosemary e Gay, John (orgs.), *South East Asia and China: Art Interaction and Commerce* (1995), pp. 205-24.

Endicott-West Elizabeth, "The Yuan government and society", em Franke, H. e Twitchett, D. (orgs.), *The Cambridge History of China* (1994), pp. 587-615.

Elvin, Mark, *The Pattern of the Chinese Past,* Eyre Methuen, Londres (1973).

Franke, H., "The Chin dynasty", em Franke, H. e Twitchett, D. (orgs.), *The Cambridge History of China* (1994), pp. 215-320.

Franke, H. e Twitchett, D. (orgs.), *The Cambridge History of China: vol. 6, Alien Regimes and Border States,* Cambridge University Press (1994), pp. 907-1368.

Gang Deng, *Chinese Maritime Activities and Socio-economic Development c.2.100 BC-1900 AD,* Greenwood Press, Conn. (1997).

——, "An evolution of the role of Admiral Zheng He's Voyages in Chinese maritime history", *International Journal of Maritime History,* vol. 7, nº 2 (1995).

——, *Maritime Sector Institutions and Sea Power of Premodern China,* Greenwood Press, Conn. (1999).

Godden, Geoffrey A., *Oriental Export Market Porcelain and Its Influence on European Wares,* Granada Publishing, Londres (1979).

Gungwu, Wang, "Merchants without empire: the Hokkien sojourning communities", em Tracy, James (org.), *The Rise of Merchant Empires: Long Distance Trade in the Early Modern World, 1350-1750,* Cambridge University Press (1990), pp. 400-422.

Hao, Yen Ping, *The Comprador in Nineteenth-Century China: Bridge between East and West,* Harvard University Press, Cambridge, Mass. (1970).

Hillier, Bevis, *Pottery and Porcelain, 1700-1914,* Weidenfeld & Nicolson, Londres (1968).

Hodder, Rupert, *Merchant Princes of the East,* Wiley, Chichester (1996).

Humble, Richard, *Marco Polo,* Weidenfeld & Nicolson, Londres (1975).

Ishii, Yoneo (org.), *The Junk Trade from Southeast Asia: Translations from the Tosen Fusetsu-gaki, 1674-1723,* Institute of Southeast Asian Studies, Singapura (1998).

Jones, E.L., "The real question about China: why was the Song economic achievement not repeated?" in *Australian Economic History Review,* vol. 30 (1990).

Jones, E., Frost, L. e White, C., *Coming Full Circle: An Economic History of the Pacific Rim.* Westview Press, Boulder, Colorado, e Oxford (1993).

Latourette, K.S., *The Chinese: Their History and Culture,* 3ª ed., Macmillan, Nova York (1960).

Lenz, W., "Voyages of Admiral Zheng He before Columbus", em Mathews, K.S. (org.), *Shipbuilding and Navigation in the Indian Ocean Region AD 1400-1800,* Munshiram Manoharlal Publishers, Nova Délhi (1997), pp. 147-54.

Levathes, Louise, *When China Ruled the Seas: The Treasure Fleet of the Dragon Throne, 1405-33,* Simon & Schuster, Nova York (1994).

Lin, Lee Chor, "Textiles in Sino-South East Asian Trade: Song, Yuan and Ming dynasties", em Scott, Rosemary e Gay, John (orgs.), *South East Asia and China: Art Interaction and Commerce* (1995), pp. 171-86.

Liu, K.C., "Steamship enterprise in nineteenth-century China", *Journal of Asian Studies* 18 (1959).

Lo, C.P., *Hong Kong,* Belhaven Press, Londres (1992).

Medley, Margaret, *The Chinese Potter: A Practical History of Chinese Ceramics,* 3ª ed., Phaidon Press, Oxford (1989).

Merson, John, *Roads to Xanadu: East and West in the Making of the Modern World,* Weidenfeld & Nicolson, Londres (1989).

Morse, H.B., *The Guilds of China,* Longman, Green, Londres (1909).

Murphey, Rhoads, *The Treaty Ports and China's Modernization: What Went Wrong?,* Michigan Papers in Chinese Studies, nº 7, University of Michigan Centre for Chinese Studies (1970).

Needham, Joseph, "Poverties and triumphs of the Chinese scientific tradition", em Crombie (org.), *Scientific Change: Historical Studies in the Intellectual, Social and Technical Conditions for Scientific Discovery and Technical Invention from Antiquity to the Present,* Heinemann, Londres (1963), pp. 117-53.

Needham, Joseph, *Science and Civilisation in China,* vol. 4, Parte III, e vol. 3, Seções 21 e 22, Cambridge (1971).

Ping Ti Ho, "Economic and institutional factors in the decline of the Chinese empire", em Cipolla, M. (org.), *The Economic Decline of Empires,* Methuen, Londres (1970), pp. 264-77.

Polo, Marco, *The Travels,* Penguin, Londres (1958).

Reid, Anthony, "The unthreatening alternative: Chinese shipping to Southeast Asia, 1567-1842", *Review of Indonesian and Malaysian Affairs* 27 (1993), pp. 13-32.

Rossabi, Morris, "The reign of Khubilai Khan", em Franke, T. e Twitchett, D. (orgs.), *The Cambridge History of China* (1994), pp. 414-89.

Scott, Rosemary e Gay, John (orgs.), *South East Asia and China: Art Interaction and Commerce,* Percival David Foundation of Chinese Art, nº 17 (1995).

Seagrave, Sterling, *Lords of the Rim: The Invisible Empire of the Overseas Chinese,* G.P. Putnam's Sons, Nova York (1995).

Shiba, Yoshinobu, *Commerce and Society in Sung China,* tradução de Mark Elvin, Michigan Abstracts of Chinese and Japanese Works on Chinese History, nº 2 (1970).

Silcock, Arnold, *An Introduction to Chinese Art and History,* 3ª ed., Faber & Faber, Londres (1947).

Speiser, Werner, *China: Art of the World — A Series of Regional Histories of the Visual Arts,* Methuen, Londres (1960).

Spence, Jonathan, *The Gate of Heavenly Peace: The Chinese and their Revolution, 1895-1980,* Faber & Faber, Londres (1982).

Sullivan, Michael, *The Arts of China,* Thames & Hudson, Londres (1973).

Teng, Ssu Yu e Fairbank, John K., *China's Response to the West,* Harvard University Press, Cambridge, Mass. (1954).

Viraphol, Sarasin, *Tribute and Profit: Sino-Siamese Trade, 1652-1853*, Council on East Asian Studies, Harvard University, Cambridge, Mass. (1977).

Watson, Andrew, *Transport in Transition: The Evolution of Traditional Shipping in China,* Michigan Abstracts of Chinese and Japanese Works on Chinese History, University of Michigan (1972).

Wong, Chu-Ming, "Commentary", em Crombie (org.), *Scientific Change: Historiccal Studies in the Intellectual, Social, and Technical Conditions for Scientific Discovery and Technical Invention from Antiquity to the Present,* Heinemann, Londres (1963), pp. 166-7.

Wong, Lin Ken, "The Trade of Singapore, 1819-69", *Journal of the Malaysian Branch of the Royal Asiatic Society,* vol. 33, Parte 4, dezembro de 1960.

EUROPA

Arruda, José Jobson de Andrade (1991), "Colonies as mercantile investments: the Luso Brazilian empire, 1500-1808", em Tracy, James (org.), *The Political Economy of Merchant Empires: State Power and World Trade, 1350-1750,* Cambridge University Press (1991), pp. 360-420.

Austen, Ralph A., *African Economic History: Internal Development and External Dependency,* Heinemann, Portsmouth (1987).

Bill, Jan, "Ship construction, tools and techniques", em Gardiner, R. e Greenhill, B. (orgs.), *Cogs, Caravels, and Galleons: The Sailing Ship, 1000-1650,* Brassey, Londres (1994), pp. 151-9.

Bosscher, P. "Introduction", em Gardiner, R. e Bosscher, P. (orgs.), *The Heyday of Sail,* Brassey, Londres (1995), pp. 7-9.

——, "Shipping economics and trade", em Gardiner, R. e Bosscher, P. (orgs.), *The Heyday of Sail,* Brassey, Londres (1995), pp. 133-51.

Boxer, C.R., "The Dutch economic decline", em Cipolla, Carlo (org.), *The Economic Decline of Empires,* Methuen, Londres (1970), pp. 235-63.

——, *The Dutch Seaborne Empire, 1600-1800,* Hutchinson, Londres (1965).

——, *The Portuguese Seaborne Empire,* Hutchinson, Londres (1969).

——, "War and trade in the Indian Ocean and the South China Sea, 1600-1650", *Mariner's Mirror,* vol. 71, nº 4 (1985), pp. 417-36.

Boyajian, J.C., *Portuguese Trade in Asia under the Hapsburgs, 1580-1640,* Johns Hopkins University Press, Baltimore (1993).

Brady, Thomas A., "The rise of merchant empires, 1400-1700: a European counterpoint", em Tracy, James, *The Political Economy of Merchant Empires: State Power and World Trade, 1350-1750,* Cambridge University Press (1991), pp. 117-60.

Bruijin, Jaap R., "Productivity, profitability, and costs of private and corporate Dutch ship owning in the seventeenth and eighteenth centuries", em Tracy, James, *The Rise of Merchant Empires: Long Distance Trade in the Early Modern World, 1350-1750,* Cambridge University Press (1990), pp. 174-94.

Bruijin, Jaap R. e Gaastra, Femme S. (orgs.), *Ships, Sailors, and Spices: East India Companies and their Shipping in the 16th, 17th and 18th Centuries,* Neha, Amsterdã (1993).

Cipolla, Carlo M. (org.), *The Economic Decline of Empires,* Methuen, Londres (1970).

——, *Guns, Sails, and Empires: Technological Innovation and the Early Phases of European Expansion, 1400-1700,* Pantheon Books, Nova York (1965).

Clayton, Lawrence A., "Ships and empire: the case of Spain", *Mariner's Mirror,* vol. 62, nº 3 (1976), pp. 235-48.

De Barros, J., "Pioneers of Portuguese navigation in the Indian Ocean", em Mathews, K.S. (org.), *Shipbuilding and Navigation in the Indian Ocean Region, AD 1400-1800,* Minshiram Manoharlal Publishers, Nova Délhi (1997), pp. 165-71.

De Jonge, C.H., *Delft Ceramics,* Pall Mall Press, Londres (1970).

Descola, J., *The Conquistadors,* Allen & Unwin, Londres (1957).

De Vries, J., *The Economy of Europe in an Age of Crisis, 1600-1750,* Cambridge University Press (1976).

De Vries, J. e van de Woude, A., *The First Modern Economy,* Cambridge University Press (1997).

Duncan, T. Bentley, "Navigation between Portugal and Asia in the sixteenth and seventeenth centuries", em Van Kley, E.J. e Pullapilly, C.K. (orgs.), *Asia and the West: Encounters and Exchanges from the Age of Explorations: Essays in Honor of Donald F. Lach,* Cross Roads, Notre Dame, Ill. (1986), pp. 3-25.

Elbl, Martin e Phillips, Carla Rahn, "The caravel and the galleon", em Gardiner, R. e Greenhill, B. (orgs.), *Cogs, Caravels, and Galleons: The Economic Decline of Empires,* Methuen, Londres (1994), pp. 91-114.

Elliot, J.H., *The Count Duke of Olivares: The Statesman in an Age of Decline,* Yale University Press (1986).

——, "The decline of Spain", em Cipolla, *The Economic Decline of Empires,* Methuen, Londres (1970), pp. 168-95.

Emmer, P., *The Dutch in the Atlantic Economy: 1580-1880,* Variorum, Aldershot (1998).

French, C., "Merchant shipping of the British empire", em Gardiner, R. e Bosscher, P. (orgs.), *The Heyday of Sail: The Merchant Sailing Ship, 1650-1830,* Brassey, Londres (1995), pp. 10-33.

Friel, Ian, "The carrack: the advent of the full rigged ship", em Gardiner, R. e Greenhill, B. (orgs.), *Cogs, Caravels, and Galleons: The Sailing Ship, 1000-1650,* Brassey, Londres (1994), pp. 77-90.

Gardiner, R. e Bosscher, P. (orgs.), *The Heyday of Sail: The Merchant Sailing Ship, 1650-1830,* Brassey, Londres (1995).

Gardiner, R. e Greenhill, B. (orgs.), *Cogs, Caravels, and Galleons: The Sailing Ship, 1000-1650,* Brassey, Londres (1994).

Geyl, Pieter, *The Netherlands in the Seventeenth Century, 1609-1648,* vols. 1 e 2, edição revista, Ernest Benn, Londres (1961).

Gies, Francis e Joseph, *Cathedral, Forge, and Waterwheel: Technology and Innovation in the Middle Ages,* HarperCollins, Nova York (1994).

Goodman, David, *Spanish Naval Power, 1589-1665: Reconstruction and Defeat,* Cambridge University Press (1997).

Haring, C.H., *The Spanish Empire in America,* Harbinger Books, Nova York (1963).

——, *Trade and Navigation between Spain and the Indies in the Time of the Hapsburgs,* Harvard University Press (1964).

Hattendorf, John B., *Maritime History: vol. I, The Age of Discovery,* Krieger Publishing Company, Flórida (1996).

Hoberman, Louis Schell, *Mexico's Merchant Elite, 1590-1660: Silver, State, and Society,* Duke University Press (1991).

Hoving, A.J., "Seagoing ships of the Netherlands", em Gardiner, R. e Bosscher, P. (orgs.), *The Heyday of Sail: The Merchant Sailing Ship, 1650-1830,* Brassey, Londres (1995), pp. 34-54.

Hunt, Edwin S. e Murray, J., *A History of Business in Medieval Europe, 1200-1500,* Cambridge University Press (1999).

Israel, J.I., *Dutch Primacy in World Trade, 1585-1740,* Clarendon Press, Oxford (1989).

——, *Empires and Entrepôts: The Dutch, the Spanish Monarchy, and the Jews, 1585-1713,* Hambledon Press, Londres (1990).

Jago, Charles, "The crisis of the aristocracy in seventeenth century Castile", *Past and Present,* 84 (1979), pp. 60-90.

Kamen, Henry, *Spain, 1469-1714: A Society of Conflict,* Longman House (1983).

Kennedy, Paul, *The Rise and Fall of the Great Powers,* Unwin & Hyman (1988).

Landes, David S., *The Wealth and Poverty of Nations,* W.W. Norton, Nova York e Londres (1998).

Lane, F., *Venice: A Maritime Republic,* Johns Hopkins University Press, Baltimore (1973).

Lee, S.J., *Aspects of European History, 1494-1789,* 2ª ed., Methuen, Londres (1984).

Lewis, Arthur W., *The Evolution of the International Economic Order,* Princeton University Press, NJ (1978).

Lobato, M., "Maritime trade from India to Mozambique: A study of Indo-Portuguese enterprise (16th to 17th centuries)", em Mathews, K.S. (org.), *Shipbuilding and Navigation in the Indian Ocean Region, AD 1400-1800,* Munshiram Manoharlal Publishers, Nova Délhi (1997), pp. 113-131.

Lopez, Robert S., *The Commercial Revolution of the Middle Ages, 950-1350,* Prentice Hall, Nova York (1971).

Lundahl, Mats, "Spain and the conquest of America", em Lundahl, Mats (org.), *Themes in International Economic,* Ashgate, Aldershot (1998), pp. 99-134.

McNeil, W.H., *The Rise of the West,* University of Chicago Press (1963).

Magalhães Godinho, V., "The Portuguese and the 'Carreira da Índia', 1497-1810", em Bruijin, Jaap R. e Gaastra, Femme S. (orgs.), *Ships, Sailors, and Spices,* Neha, Amsterdã (1993), pp. 1-48.

Mathews, K.S. (org.), *Shipbuilding and Navigation in the Indian Ocean Region, AD 1400-1800,* Munshiram Manoharlal Publishers, Nova Délhi (1997).

Mauro, Frederic, "Merchant communities, 1350-1750", em Tracy, James (org.), *The Rise of Merchant Empires: Long Distance Trade in the Early Modern World, 1350-1750,* Cambridge University Press (1990), pp. 255-86.

Menard, Russel R., "Transport costs and long range trade 1300-1800: was there a European transport revolution in the early modern era?", em Tracy, James (org.), *The Political Economy of Merchant Empires: State Power and World Trade, 1350-1750,* Cambridge University Press (1991), pp. 228-75.

Mollat du Jourdin, M., *Europe and the Sea,* Blackwell, Cambridge (1993).

Neal, L., "The Dutch and foreign exchange markets", em Tracy, James (org.), *The Rise of Merchant Empires: Long Distance Trade in the Early Modern World, 1350-1750,* Cambridge University Press (1990), pp. 195-223.

North, D.C. e Thomas, R.P., *The Rise of the Western World,* Cambridge University Press (1973).

North, M., *Art and Commerce in the Dutch Golden Age,* Yale University Press (1997).

Parr, Charles McKew, *Jan van Linschoten: The Dutch Marco Polo,* Thomas Y. Crowell Company, Nova York (1964).

Parry, J.H., *The Spanish Seaborne Empire,* Hutchinson, Londres (1966).

Pearson, M.N., "Merchants and states", em Tracy, James (org.), *The Political Economy of Merchant Empires: State Power and World Trade, 1350-1750,* Cambridge University Press (1991), pp. 41-116.

Phillips, Carla Rahn, "The growth and composition of trade in the Iberian empires, 1450-1770", em Tracy, James (org.), *The Rise of Merchant Empires: Long Distance Trade in the Early Modern World, 1350-1750,* Cambridge University Press (1990), pp. 34-101.

Phillips, William D. e Phillips, Carla, "Columbus and the European background: the first voyage", em Hattendorf, John B. (org.), *Maritime History: vol. I, The Age of Discovery,* Krieger Publishing Company, Flórida (1996), pp. 149-80.

——, "The later voyages of Columbus", em Hattendorf, John B. (org.), *Maritime History: vol. I, The Age of Discovery,* Krieger Publishing Company, Flórida (1996), pp. 181-214.

Pike, Ruth, *Aristocrats and Traders: Sevillian Society in the Sixteenth Century,* Ithaca, Nova York (1972).

Pires, Tomé, *Suma Oriental,* Hakluyt Society, Londres (1994).

Price, Jacob M., "Transactions costs: a note on merchant credit and the organization of private trade", em Tracy, James (org.), *The Political Economy of Merchant Empires: State Power and World Trade, 1350-1750,* Cambridge University Press (1991), pp. 276-97.

Roberts, J.M., *The Triumph of the West,* BBC Books, Londres (1985).

Rodrigues, Francisco, "The book of Francisco Rodrigues: rutter of a voyage in the Red Sea, nautical rules, almanac, and maps, written and drawn in the East before 1515", em Pires, Tomé, *Suma Oriental,* Hakluyt Society, Londres (1994).

Russell, P.E., *Portugal, Spain, and the African Atlantic, 1343-1490,* Variorum, Aldershot (1995).

Russell, Peter, *Prince Henry 'The Navigator': A Life,* Yale University Press (2000).

Sayous, A.E., "Partnerships in the trade between Spain and America and also in the Spanish colonies in the sixteenth century", *Journal of Economic and Business History,* I (1928), pp. 282-301.

Schama, Simon, *The Embarrassment of Riches: An Interpretation of Dutch Culture in the Golden Age,* Random House, Nova York (1987).

Sharp, Andrew, *The Voyages of Abel Janszoon Tasman,* Oxford University Press (1968).

Steensgaard, N., "The growth and composition of the long distance trade of England and the Dutch Republic before 1750", em Tracy, James (org.), *The Rise of Merchant Empires: Long Distance Trade in the Early Modern World, 1350-1750,* Cambridge University Press (1990), pp. 102-52.

Subrahmanyam, Sanjay e Thomas, Luis Felipe F.R. (1991), "Evolution of empire: The Portuguese in the Indian Ocean during the sixteenth century", em Tracy, James (org.), *The Political Economy of Merchant Empires: State Power and World Trade, 1350-1750,* Cambridge University Press (1991), pp. 298-331.

Thunberg, Carl Peter, *Travels in Europe, Africa, and Asia: Performed Between the Years 1770 and 1779,* 4 vols. Londres (1795).

Tracy, James (org.), *The Political Economy of Merchant Empires: State Power and World Trade, 1350-1750,* Cambridge University Press (1991).

——, *The Rise of Merchant Empires: Long Distance Trade in the Early Modern World, 1350-1750,* Cambridge University Press (1990).

Unger, Richard, *Dutch Shipping Before 1800,* van Gorcum, Assen, Holanda (1978).

——, "The fluyt: specialist cargo vessel, 1500-1650", em Gardiner, R. e Greenhill, B. (orgs.), *Cogs, Caravels, and Galleons: The Sailing Ship 1000-1650,* Brassey, Londres (1994), pp. 115-30.

——, *The Ship in the Medieval Economy, 600-1600,* Croom Helm, Londres (1980).

——, "Ships of the late Middle Ages", em Hattendorf, John B. (org.), *Maritime History: vol. I, The Age of Discovery,* Krieger Publishing Company, Flórida (1996), pp. 35-50.

——, "Theoretical and practical origins of methods of navigation", em Hattendorf, John B. (org.), *Maritime History: vol. I, The Age of Discovery,* Krieger Publishing Company, Flórida (1996), pp. 21-34.

Usher, A.P., "Spanish ships and shipbuilding in the sixteenth and seventeenth centuries", em *Facts and Figures in Economic History for E.F. Gay,* Harvard University Press (1932).

Van Royen, P.C., "Seamen and the merchant service, 1650-1830", em Gardiner, R. e Bosscher, P. (orgs.), *The Heyday of Sail,* Brassey, Londres (1995), pp. 152-59.

Van Zanden, J.L., *The Rise and Decline of Holland's Economy: Merchant Capitalism and the Labour Market,* Manchester University Press (1993).

Verlinden, Charles, "Background and beginnings of Portuguese maritime expansion", em Hattendorf, John B. (org.), *Maritime History: vol. I, The Age of Discovery,* Krieger Publishing Company, Flórida (1996), pp. 53-68.

——, "The big leap under Dom Jao II: from the Atlantic to the Indian Ocean", em Hattendorf, John B. (org.), *Maritime History: vol. I, The Age of Discovery,* Krieger Publishing Company, Flórida (1996), pp. 69-84.

——, "Italian influence in Iberian colonisation", *The Hispanic American Maritime Review,* vol. 33, maio de 1953, nº 2.

——, "Portuguese discoveries and international cartography", em Hattendorf, John B. (org.), *Maritime History: vol. I, The Age of Discovery,* Krieger Publishing Company, Flórida (1996), pp. 99-110.

Vicens Vives, James, "The decline of Spain in the seventeenth century", em Cipolla, Carlo (org.), *The Economic Decline of Empires,* Methuen, Londres (1970), pp. 121-67.

Walton, G.M., "Obstacles to technical diffusion in ocean shipping, 1675-1775", em *Explorations in Economic History* 8 (1970), pp. 123-40.

White, L., Jr., "What accelerated technological progress in the Western Middle Ages", em Crombie, A.C., *Scientific Change: Studies in the Intellectual, Social, and Technical Conditions for Scientific Discovery and Technical Invention from Antiquity to the Present,* Heinemann, Londres (1963), pp. 272-91.

Zandvliet, K., *Mapping for Money: Maps, Plans, Topographifical Paintings, and their Role in Dutch Overseas Expansion during the 16th and 17th Centuries,* Batavian Lion International, Amsterdã (1998).

GUZERATE E O OCEANO ÍNDICO

Alpers, Edward, "Gujarat and the trade of East Africa, *c.*1500-1800", *The International Journal of African Historical Studies,* 9 (1976), pp. 22-44.

Arasaratnam, S., *Maritime India in the Seventeenth Century,* Oxford University Press, Délhi (1994).

——, S., *Maritime, Trade, Society, and European Influence in Southern Asia, 1600-1800,* Variorum, Aldershot (1995).

Barbosa, Duarte, *The Book of Duarte Barbosa,* 2 vols., Hakluyt Society, Londres (1921).

Burnell, A.C. (org.), *The Voyage of John Huygen van Linschoten to the East Indies,* Hakluyt Society, LXXX, Londres (1885).

Chaudhuri, K.N., *Trade and Civilisation in the Indian Ocean: An Economic History from the Rise of Islam to 1750,* Cambridge University Press (1985).

——, *The Trading World of Asia and the English East India Company, 1600-1760,* Cambridge University Press (1978).

Dale, Stephen Frederic, *Indian Merchants and Eurasian Trade, 1600-1750,* Cambridge University Press (1994).

Das Gupta, A., *Indian Merchants and the Decline of Surat, c.1700-1750,* Franz Steiner, Weisbaden (1979).

Das Gupta, A., *Merchants of Maritime India, 1500-1800,* Variorum, Aldershot (1994).

Digby, Simon, "The maritime trade of India", em *Cambridge Economic History of India,* Cambridge University Press (1982), pp. 125-59.

Gokhale, B.G., *Surat in the Seventeenth Century,* Scandinavian Institute of Asian Studies, Monograph Series, nº 28, Curzon Press (1979).

Gopal, Surendra, *Commerce and Crafts in Gujarat: 16th and 17th Centuries,* People's Publishing House, Nova Délhi (1975).

Habib, Ifran, "Merchant communities in pre-colonial India", em Tracy, James (org.), *The Rise of Merchant Empires: Long Distance Trade in the Early Modern World 1350-1750,* Cambridge University Press (1990), pp. 371-99.

Hasan, A.Y. e Hill, D.R., *Islamic Technology,* Cambridge University Press (1986).

Hourani, Albert, *A History of the Arab Peoples,* Faber & Faber, Londres (1991).

Janaki, V.A., "The textile industry and trade of western India with particular reference to Gujarat in the seventeenth century", *Journal of The Maharaja Sayajirao University of Baroda,* vol. 35-6, nº 1 (1986-7), pp. 5-26.

Johnstone, T.M. e Muir, J., "Portuguese influences in shipbuilding in the Persian Gulf", *Mariner's Mirror,* vol. 48 (1962).

Lewis, Archibald, "Maritime skills in the Indian Ocean, 1368-1500", *Journal of Economic and Social History of the Orient,* vol. 16 (1973), Londres (1995).

McPherson, Kenneth, *The Indian Ocean: A History of People and the Sea,* Oxford University Press, Nova Délhi (1993).

Manguin, P.Y., "Late medieval Asian shipbuilding in the Indian Ocean", *Moyen Orient et Océan Indien,* 2, 2 (1986), pp. 13-15.

——, "The vanishing jong: insular Southeast Asian fleets in trade and war (fifteenth to seventeenth centuries)", em Reid, Anthony (org.), *Southeast Asia in the Early Modern Era: Trade, Power, and Belief,* Cornell University Press, Ithaca e Londres (1993).

Meilink-Roelofsz, M.A.P., *Asian Trade and European Influence in the Indonesian Archipelago between 1500 and about 1630,* Martinus Nighoff, The Hague (1962).

Mookerji, R.K., *Indian Shipping: A History of the Seaborne Trade and Maritime Activity of the Indians from the Earliest Times,* Kitab Mahal Private Ltd., Allahabad (1962).

Moosvi, Shireen, *The Economy of Mughul India, c.1595: A Statiscal Study,* Oxford University Press, Délhi (1987).

Moreland, W.H., *India at the Death of Akbar: An Economic Study,* Atma Ram & Sons, Délhi (1962).

——, "Ships of the Arabian Sea about AD 1500", *Journal of the Royal Asiatic Society,* Londres (1939).

Naqvi, H.K., *Urban Cities and Industries in Upper India, 1556-1803,* Asia Publishing House, Londres (1968).

Ovington, J., *A Voyage to Surat in the Year 1689,* Rawlinson, H.C. (org.), Londres (1929).

Pearson, M.N., *Coastal Western India: Studies from the Portuguese Records,* Concept Publishing, Nova Délhi (1981).

——, *Merchants and Rulers in Gujarat: The Response to the Portuguese in the 16th Century,* University of California Press, Berkeley (1976).

——, "Merchants and states", em Tracy, James (org.), *The Political Economy of Merchant Empires: State Power and World Trade, 1350-1750,* Cambridge University Press (1991), pp. 41-116.

Pelsaert, Francisco, *Jahangir's India: The Remonstrantie of Francisco Pelsaert,* trad. de Moreland, W.H. e Geyl P., Jayyed Press, Délhi (1972).

Pines, S., "What was original in Arabic science?" em Crombie (org.), *Scientific Change: Historical Studies in the Intellectual, Social, and Technical Conditions for Scientific Discovery and Technical Invention from Antiquity to the Present,* Heinemann, Londres (1963), pp. 181-205.

Quisar, A.J., *The Indian Response to European Technology and Culture, AD 1498-1707,* Oxford University Press, Délhi (1982).

——, "Shipbuilding in the Mughul empire during the seventeenth century", *Indian Economic and Social History Review* 5, 2 de junho de 1968.

Ravichander, A., "Coastal society of Gujarat in the sixteenth century", *Studia,* Lisboa (1989), pp. 161-80.

Richards, John F., *The Mughal Empire,* Cambridge University Press (1993).

Roe, *sir* Thomas, *The Embassy of Sir Thomas Roe to India, 1615-19,* Oxford University Press (1926).

Sar Desai, D.R., *Sout East Asia: Past and Present,* Vikas Publishing House, Nova Délhi (1981).

Sentence, D., "Ships and their significance in the re-appraising of Indian Ocean history", *The History of Commercial Exchange and Maritime Transport,* Seção 3, International Conference on Indian Ocean Studies, I, Perth (1979).

Steensgaard, N., *Carracks, Caravans, and Companies,* Copenhague (1973) — publicado também como *The Asian Trade Revolution of the Seventeenth Century: The East India Companies and the Decline of the Caravan Trade,* University of Chicago Press (1973).

Subrahmanyam, Sanjay, Luis, Felipe e Thomas, F.R., "Evolution of empire: the Portuguese in the Indian Ocean during the seventeenth century", em Tracy, James (org.), *The Political Economy of Merchant Empires: State Power and World Trade, 1350-1750,* Cambridge University Press (1991), pp. 298-331.

JAPÃO

Allen, G.C., *A Short Economic History of Japan,* 4ª ed., Macmillan, Londres (1981).

Amioka, Shiro, "Changes in educational ideals and objectives: from selected documents, Tokugawa era to the Meiji period", em Burks, Ardath, W. (org.), *The Modernizers: Overseas Studentes, Foreing Employees and Meiji Japan,* Westview, Boulder, Col. (1985), pp. 323-57.

Amsden, Alice H. e Singh, Ajit, "The optimal degree of competition and dynamic efficiency in Japan and Korea", *European Economic Review* 38 (1994), pp. 941-51.

Aoki, Masahiko, "Towards an economic model of the Japanese firm", *Journal of Economic Literature,* vol. 28 (1990), pp. 1-27.

Burks, Ardath W., "Japan's outreach: the ryugakusei", em Burks, Ardath W. (org.), *The Modernizers: Overseas Studentes, Foreign Employees and Meiji Japan,* Westview, Boulder, Col. (1985), pp. 145-60.

Burks, Ardath W., "The legacy: products and by-products of cultural exchange", em Burks , Ardath W. (org.), *The Modernizers: Overseas Students, Foreign Employees and Meiji Japan,* Westview, Boulder, Col. (1985), pp. 359-68.

——, *The Modernizers: Overseas Students, Foreign Employees and Meiji Japan,* Westview, Boulder, Col. (1985).

——, "The role of education in modernisation", em Burks, Ardath W. (org.), *The Modernizers: Overseas Students, Foreign Employees, and Meiji Japan,* Westview, Boulder, Col. (1985), pp. 254-64.

Burks, Ardath W. (org.), *The Modernizers: Overseas Students, Foreign Employees, and Meiji Japan,* Westview, Boulder, Col. (1985), pp. 9-32.

Chida, Tomohei e Davies, Peter N., *The Japanese Shipping and Shipbuilding Industries: A History of their Modern Growth,* Athlone Press, Londres (1990).

Conlan, R., "Japan: a dynamo fueled by human energy", trecho da Time/Life Library of Nations (1985).

Freeman, C., "Japan: a new national system of innovation", em Dosi, G., Freeman, C., Nelson, R., Silverberg, G. e Soete, L. (orgs.), *Technical Change and Economic Theory,* Pinter Press, Londres (1988).

Fukasaku, Yukiko, *Technology and Industrial Development in Pre-war Japan: Mitsubishi Nagasaki Shipyard, 1884-1934,* Routledge, Londres (1992).

Hirschmeier, Johannes e Yui, Tsunehiko, *The Development of Japanese Business, 1600-1980,* 2ª ed., George Allen & Unwin, Londres (1981).

Johnson, C., *MITI and the Japanese Miracle,* Stanford University Press (1982).

Jones, Hazel, "The Griffis thesis and Meiji policy toward hired foreigners", em Burks, Ardath W. (org.), *The Modernizers: Overseas Students, Foreign Employees, and Meiji Japan,* Westview, Boulder, Col. (1985), pp. 219-53.

Madoka, Kanai, "Fukui: domain of a Tokugawa collateral daimyo: its tradition and transition", em Burks, Ardath W. (org.), *The Modernizers: Overseas Students, Foreign Employees and Meiji Japan,* Westview, Boulder, Ccl. (1985), pp. 33-68.

Masao, Watanabe, "Science across the Pacific: American-Japanese scientific and cultural contacts in the late nineteenth century", em Burks, Ardath W. (org.), *The Modernizers: Overseas Students, Foreign Employees, and Meiji Japan,* Westview, Boulder, Col. (1985), pp. 369-92.

Minoru, Ishizuki, "Overseas study by Japanese in the early Meiji period", em Burks, Ardath W. (org.), *The Modernizers: Overseas Students, Foreign Employees, and Meiji Japan,* Westview, Boulder, Col. (1985), pp. 161-86.

Miwa, R., "Government and the Japanese shipping industry, 1945-64", *Journal of Transport History,* março de 1988.

——, "Maritime policy in Japan: 1868-1937", em Yui, T. e Nakagawa, K. (orgs.), *Business History of Shipping: Strategy and Structure,* Atas da Conferência Fuji, Universidade de Tóquio (1985), pp. 123-52.

Nakagawa, K., "Japanese shipping in the nineteenth and twentieth centuries: strategy and organisation", em Yui, T. e Nakagawa, K. (orgs.), *Business History of Shipping: Strategy and Structure,* Atas da Conferência Fuji, Universidade de Tóquio (1985), pp. 1-33.

Ohkawa, K. e Kohama, H., *Lectures on Developing Economies: Japan's Experience and its relevance,* University of Tokyo Press (1989).

Sugiyama, K., "Shipbuilding finance of the *Shasen* shipping firms, 1920s-1930s", em Yui, T. e Nakagawa, K. (orgs.), *Business History of Shipping: Strategy and Structure,* Atas da Conferência Fuji, Universidade de Tóquio (1985), pp. 255-72.

Tatsuki, M, "Comment", em Yui, T. e Nakagawa, K. (orgs.), *Business History of Shipping: Strategy and Structure,* Atas da Conferência Fuji, Universidade de Tóquio (1985), pp. 306-9.

Westney, D. Eleanor, *Imitation and Innovation: The Transfer of Western Organisation Patterns to Meiji Japan,* Harvard University Press (1987).

Wray, W.D., "NYK and the commercial diplomacy of the Far Eastern freight conference, 1896-1956", em Yui, T. e Nakagawa, K. (orgs.), *Business History of Shipping: Strategy and Structure,* Atas da Conferência Fuji, Universidade de Tóquio (1985), pp. 255-72.

Yui, T. e Nakagawa, K. (orgs.), *Business History of Shipping: Strategy and Structure,* Atas da Conferência Fuji, Universidade de Tóquio (1985).

Zimbalist, A., Sherman, H.J. e Brown, S., *Comparing Economic Systems,* 2ª ed., Harcourt Brace Jovanovich International Edition (1989).

ESTADOS UNIDOS

Abramovitz, Moses, "Catching-up, forging ahead and falling behind", *Journal of Economic History,* junho de 1986, 46 (2), pp. 386-406.

Allin, Lawrence C., "The civil war and the period of decline 1861-1913", em Kilmarx, R.A. (org.), *America's Maritime Legacy: A History of the US Merchant Marine and Shipbuilding Industry since Colonial Times,* Westview, Boulder, Col. (1979), pp. 65-110.

Baker, William A., "Commercial shipping and shipbuilding in the Delaware Valley", dissertação apresentada à Society of Naval Architects and Marine Engineers (1976).

Barsness, Richard W., "Maritime activity and port development in the United States since 1900: a survey", *The Journal of Transport History*, vol. 2, nº 3 (1974), pp. 167-84.

Bates, W.W., *American Marine: The Shipping Question in History and Politics*, Houghton Mifflin, Boston e Nova York (1892).

Bauer, Jack K., "The golden age", em Kilmarx, R.A. (org.), *America's Maritime Legacy: A History of US Merchant Marine and Shipbuilding Industry since Colonial Times*, Westview, Boulder, Col. (1979), pp. 27-64.

——, *A Maritime History of the United States: The Role of America's Seas and Waterways*, University of South Carolina Press (1988).

Chandler, Alfred D., *Scale and Scope: The Dynamics of Industrial Capitalism*, Belknap Press, Harvard, Cambridge, Mass. (1990).

——, *Strategy and Structure: Chapters in the History of Industrial Restructuring*, Harvard University Press, Cambridge, Mass. (1962).

Chapelle, Howard I., *The History of American Sailing Ships*, W.W. Norton, Nova York (1935).

Clark, A.H., *The Clipper Ship Era*, 7C's Press, Riverside, Conn. (1910).

Clark, J. e Clark, M., "The International Mercantile Marine Company: a financial analysis", *American Neptune* (1957), vol. 57, nº 2, pp. 137-54.

De la Pedraja, René, *A Historical Dictionary of the US Merchant Marine and Shipping Industry*, Greenwood Press, Conn. (1994).

——, *The Rise and Decline of US Merchant Shipping in the Twentieth Century*, Twayne's Evolution of American Business Series, nº 8, Twayne Publishers, Nova York (1992).

Dertouzos, Michael L., Lester, Richard K., Solow, Robert M. e a MIT Commission on Industrial Productivity, *Made in America: Regaining the Productive Edge*, Massachusetts Institute of Technology Press, Cambridge, Mass. (1989).

Galambos, L., "The triumph of oligopoly", em Weiss, T. e Schaefer, D. (orgs.), *American Economic Development in Historical Perspective*, Stanford University Press (1994), pp. 241-53.

Gallman, J.M., "Entrepreneurial experiences in the civil war: evidence from Philadelphia", em Weiss, T. e Schaefer, D. (orgs.), *American Economic Development in Historical Perspective*, Stanford University Press (1994), pp. 205-22.

Gardiner, R. e Greenhill, B., *The Advent of the Steam: The Merchant Steampship before 1900*, Conway Maritime Press, Londres (1993).

——, *The Shipping Revolution: The Modern Merchant Ship,* Conway Maritime Press, Londres (1992).

Geisst, Charles R., *Wall Street: A History,* Oxford University Press, Nova York (1997).

Hayes, Robert H. e Abernathy, William J., "Managing our way to economic decline", *Harvard Business Review* 58 (1980), pp. 67-77.

Heinrich, Thomas R., *Ships for the Seven Seas: Philadelphia Shipbuilding in the Age of Industrial Capitalism,* Johns Hopkins University Press, Baltimore (1997).

Hirschfield, Deborah A., "From Hog Islanders to liberty ships: the American Government and merchant ship construction in two world wars", *American Neptune* 54, primavera de 1954, pp. 85-98.

Isaksen, Mark, "Shipbuilding on the Delaware River: a brief history of the industry and eight important shipyards" (inédito) (1993).

Kay, C.J., "Changing patterns of protectionism: the fall in tariffs and the rise in non-tariff barriers", em Freiden, J.A. e Lake, D.A. (orgs.), *International Political Economy: Perspectives on Global Power and Wealth,* St. Martin's Press, Nova York (1991), pp. 338-52.

Kawahito, K., "Japanese steel in the American market: conflict and causes", *The World Economy,* vol. 4, nº 3 (1981), pp. 229-50.

Kemble, John H. e Kendall, Lan C., "The years between the wars, 1919-1939", em Kilmarx, R.A. (org.), *America's Maritime Legacy: A History of US Merchant Marine and Shipbuilding Industry since Colonial Times,* Westview, Boulder, Col. (1979), pp. 149-74.

Kilmarx, R.A. (org.), *America's Maritime Legacy: A History of US Merchant Marine and Shipbuilding Industry since Colonial Times,* Westview, Boulder, Col. (1979).

Krooss, Herman E. e Gilbert, Charles, *American Business History,* Prentice Hall, Englewood Cliffs, NJ (1972).

Licht, Walter, *Industrializing America: The Nineteenth Century,* Johns Hopkins University Press, Baltimore e Londres (1995).

McCusker, John J., "The rise of the shipping industry in colonial America", em Kilmarx, R.A. (org.), *America's Maritime Legacy: A History of US Merchant Marine and Shipbuilding Industry since Colonial Times,* Westview, Boulder, Col. (1979), pp. 1-26.

Mansfield Edwin, "Industrial innovation in Japan and the United States", *Science* 241, vol. 1 (1988), pp. 1769-74.

Misa, Thomas J., *A Nation of Steel: The Making of Modern America, 1865-1925,* Johns Hopkins University Press, Baltimore (1995).

Myers, Gustavus, *History of the Great American Fortunes,* The Modern Library, Nova York (1907).

Navin, Thomas e Sears, Marion, "A study in merger formation of the International Mercantile Marine", *Business History Review,* vol. 28, nº 4 (1954), pp. 291-328.

Nelson, R., "Institutions supporting technical change in the United States", em Dosi, G., Freeman, C., Nelson, R., Silverberg, G. e Soete, L. (orgs.), *Technical Change and Economic Theory,* Pinter Press, Londres (1988), pp. 312-29.

North, D.C. e Thomas, R.P., *The Growth of the American Economy to 1860,* Harper Torchbooks, Nova York (1968).

Patterson, J.E., *The Vanderbilts,* Harry N. Abrams Inc., Nova York (1989).

Poulson, B., "Economic history and economic development: an American perspective", em Weiss, T. e Schaefer, D. (orgs.), *American Economic Development in Historical Perspective,* Stanford University Press (1994), pp. 70-83.

Ray, Edward John, "Changing patterns of protectionism: the fall in tariffs and the rise in non-tariff barriers", em Freiden, J.A. e Lake, D.A. (orgs.), *International Political Economy: Perspectives on Global Power and Wealth,* St. Martin's Press, Nova York (1991).

Reid, Robert, "The growth and structure of multinationals in the banana export trade", em Casson, Mark (org.), *The Growth of International Business,* George Allen & Unwin, Londres (1983).

Reynolds, Clark G. "American maritime power since World War II", em Kilmarx, R.A. (org.), *America's Maritime Legacy: A History of US Merchant Marine and Shipbuilding Industry since Colonial Times,* Westview, Boulder, Col. (1979), pp. 215-54.

Safford, J.J., "The United States merchant marine in foreign trade, 1800-1939", em Yui, T. e Nakagawa, K. (orgs.), *Business History of Shipping: Strategy and Structure,* Atas da Conferência Fuji, Universidade de Tóquio (1985), pp. 91-118.

——, "World War I maritime policy and the national security, 1914-1919", em Kilmarx, R.A. (org.), *America's Maritime Legacy: A History of US Merchant Marine and Shipbuilding Industry since Colonial Times,* Westview, Boulder, Col. (1979), pp. 111-48.

Starkey, David J., "Schooner development in Britain", em Gardiner, R. e Greenhill, B. (orgs.), *Sail's Last Century,* Conway Maritime Press, Londres (1993), pp. 133-47.

Still, W.N., Watts, G.P. e Rogers, B., "Steam navigation in the United States", em Gardiner, R. e Greenhill, B. (orgs.), *The Advent of Steam: The Merchant Steamship before 1900,* Conway Maritime Press, Londres (1993), pp. 44-82.

Thiesen, William H., "Building an 'American Clyde': the development of iron shipbuilding on the Delaware River", dissertação apresentada na Reunião Anual da Pennsylvania Historical Association, Filadélfia (1997).

Weisberger, Bernard A., *Many People, One Nation,* Houghton Mifflin, Boston (1987).

Weiss, T. "Economic growth before 1860: revised conjectures", em Weiss, T. e Schaefer, D. (orgs.), *American Economic Development in Historical Perspective,* Stanford University Press (1994), pp. 11-27.

Weiss, T. e Schaefer, D. (orgs.), *American Economic Development in Historical Perspective,* Stanford University Press (1994).

Whitehurst, Clinton H., *The US Merchant Marine: In Search of an Enduring Maritime Policy,* United States Naval Institute, Annapolis, Md. (1983).

ÍNDICE ONOMÁSTICO

Este livro foi composto na tipologia
Bembo Std Regular, em corpo 11,5/15,5, e
impresso em papel off-white no Sistema Cameron
da Divisão Gráfica da Distribuidora Record.